10
18

12, AVENUE D'ITALIE. PARIS XIIIe

Sur l'auteur

Colin Harrison est né en 1960 dans la région de Philadelphie. Il est l'auteur de cinq romans, dont *Havana Room*, *Manhattan nocturne* et *L'Heure d'avant*. Également éditeur, il vit aujourd'hui à Brooklyn.

COLIN HARRISON

LA NUIT DESCEND SUR MANHATTAN

Traduit de l'anglais (États-Unis)
par Renaud Morin

10
18

BELFOND

Du même auteur
aux Éditions 10/18

Havana Room, n° 3921
Manhattan nocturne, n° 4143
▶ La nuit descend sur Manhattan, n° 4351
L'heure d'avant, n° 4494

Ce livre est une œuvre de fiction. Toute ressemblance avec des personnes réelles, vivantes ou mortes, serait pure coïncidence.

Titre original :
The Finder
(Publié par Farrar,
Straus and Giroux, New York)

ISBN 978-2-264-06154-6

Pour ma mère,
et à la mémoire de mon père.

1

Trois filles dans une voiture la nuit, roulant vers la plage de Brooklyn. Deux sont mexicaines, dix-neuf, vingt ans, jeunes et jolies – comme beaucoup de filles mexicaines qu'on croise à New York. Cheveux noirs et raides, visages doux, un optimisme candide que le travail n'a pas encore anéanti. Vêtues d'uniformes bleus identiques avec l'écusson CorpServe cousu sur la poitrine, elles sont pelotonnées dans une petite Toyota deux portes filant sur le Belt Parkway. La voiture est bruyante, pas assurée, elle a quinze ans d'âge, vaut cent vingt-cinq dollars au prix du marché, et porte des plaques de l'État de Géorgie périmées. À New York, on peut toujours trouver et vendre ce genre de véhicule. Qui se soucie de la paperasse ? C'est bon pour les gens qui ont de l'argent à jeter par les fenêtres. Et de l'argent, ces filles n'en ont pas. Elles font le ménage dans les bureaux de Manhattan. Leur journée commence à dix-neuf heures, et là, il est peut-être cinq heures du matin, juste avant l'aube. Elles sortent presque chaque nuit après le travail, une manière de dire : ce boulot ne nous bouffe pas encore. Quelques minutes à la plage assises dans la voiture, puis retour sur l'Avenue U, dans un appartement qu'elles partagent avec neuf autres personnes. Pourquoi prendre la voiture ? « Le métro, il va pas jusqu'à chez nous. » Et le bus, il met « genre, des heures ». Alors les filles conduisent. Elles fument souvent un peu d'herbe que des garçons leur ont refilée et ricanent pour rien. Laissent la fumée s'échapper par le toit ouvrant fissuré. Elles profitent de leur liberté, de leurs quelques dollars durement gagnés, de leurs identités américaines provisoires. Elles fument, boivent peut-être un peu aussi, écoutent la radio. De gentilles filles qui pouffent de rire, mais coriaces... plus coriaces que les Américaines. Entrées illégalement. Chacune en possession d'une carte verte bidon payée cent cinquante dollars. Elles sont arrivées jusqu'ici et ne sont pas encore usées, pas encore accablées d'enfants et de maris. Elles font des barbecues et des parties de volley dans un des secteurs mexicains de Marine Park. Et elles ont des mecs, quand ça leur chante, savent ce qu'il faut faire pour que leur homme se sente *muy bien*. Mais le sexe est encore une autre forme de travail. Leurs mères au pays ne savent pas... ne savent pas grand-chose. « Faites attention ! supplient-elles. Nueva York est dangereux pour des filles comme vous. » Mais c'est faux. C'est au Mexique qu'on retrouve des filles dans le désert, jambes écartées, les cheveux traînés dans la poussière, leurs yeux morts déjà dévorés par les insectes. New York, c'est grand, sûr et rempli de riches et gros *Americanos*. Les filles n'épouseront peut-être même pas des Mexicains. Qu'est-ce qui les y oblige ? Elles parlent des types dans les bureaux. Les grands qui portent si bien le costume. Tu veux te le faire, hein, je sais que t'en as envie. *No, no, es muy gordo*, trop gros. Elles rigolent. Elles voient quantité de gens puissants quitter leurs bureaux à la fin de la journée. Costumes pour les hommes, tailleurs pour les femmes. Cheveux bien coupés, montres de marque. « Des Blanches qui s'croient mieux que nous. » Ce monde de l'entreprise est si proche qu'elles pourraient, en tendant la main, le toucher de leurs ongles couleur cerise. Et pourtant, compte tenu de la stratification de la société américaine, il est peu probable qu'elles le connaissent un jour de l'intérieur. Elles sont comme les Nigérians à Londres, les Turcs à Paris, les Coréens à Tokyo, les Philippins à Riyad : étrangers dans leurs nouvelles patries. Leurs seuls atouts sont leur jeunesse et leur endurance, mais ces atouts, elles les perdront, comme elles finiront par tout perdre, y compris leur vie. Et quand on y songe, elles vont tout perdre bien plus tôt que prévu.

Cette nuit, en fait. Avant le lever du soleil. Dans quelques minutes.

La troisième fille, assise à l'arrière, est plus âgée, et ce n'est plus vraiment une fille. Mignonne, mince et chinoise. Elle parle néanmoins couramment l'anglais. Elle a appris à se débrouiller en espagnol, avec l'accent mexicain. C'est la chef des deux autres. Au début elles la craignaient, mais maintenant elles l'aiment bien, même si elles ont énormément de mal à communiquer en anglais, à cause des accents. Tu nous fais du changlais, plaisantent-elles. Elle s'appelle Jin Li, et les filles la surnomment Miss Jin, prononcé *MeezaJin*. Elle est très jolie, une beauté chinoise. Fine, avec un beau visage. Mais tellement *nerviosa* ! Toujours à tout vérifier. À leur dire où mettre les sacs-poubelle pleins pour les ascenseurs de service. Qu'est-ce qui la tracasse comme ça ? Elles travaillent dur, font du bon boulot. Il faut que tu te détendes, avaient-elles fini par lui dire. Tu sors des fois ? Elle avait secoué la tête, et elles avaient bien vu qu'elle en avait envie. Alors maintenant, presque chaque semaine, elles font une virée ensemble. Histoire d'entretenir de bonnes relations. Mais MeezaJin les tient à l'œil, elles le savent. Elle ne dit pas grand-chose, elle surveille son monde. Elles sont étrangères en Amérique mais plus chez elles que ne l'est MeezaJin, même si elle gagne beaucoup d'argent et lit l'anglais. Elle a même un petit ami blanc – ou avait, elles ne sont pas sûres. MeezaJin ne se confie pas beaucoup, genre la fille qui pourrait cacher quelque chose, qui pourrait être une sorte de « criminelle », tu vois ce que je veux dire ?

Elles ont fait leurs heures, comme chaque nuit. Il faut ranger et passer l'aspirateur. Vider les poubelles. Entre les filles et ceux qui travaillent dans les bureaux, la conversation est limitée au strict minimum : quelques *mercis* condescendants, parfois un hochement de tête de pure forme en quittant les locaux. Dans une entreprise, on ne prête guère attention aux femmes de ménage. Pourquoi en irait-il autrement ? Ce sont des *femmes de ménage*. À l'occasion, les filles tombent sur des employés qui se font une nuit blanche au bureau en mangeant de la pizza. Mais pour l'essentiel, tout ce qu'elles voient ce sont des bureaux de grosses boîtes en période de calme, le flux étouffé de l'argent circulant à travers les câbles et sur les écrans. Et ici, de toute évidence, l'argent se compte en millions, en milliards. Chaque nuit, on lustre le sol en marbre du hall. Les ascenseurs sont briqués, y compris les ascenseurs de service aux parois d'acier qu'elles sont obligées d'utiliser. Les moquettes sont shampouinées. Le type qui s'occupe des distributeurs automatiques remplit la machine à café gratuite avec vingt-quatre sortes de café et de thé. Les Indiens chargés de la maintenance informatique s'affairent comme des souris, réparent les pare-feu, installent des logiciels antispam, éliminent les virus. Chaque activité est liée à l'argent.

Un moyen d'en gagner davantage. Les vitres sont lavées, les ordinateurs sont neufs. *L'argent.* Dans chaque bureau. On peut presque le sentir. Les filles aiment bien cette proximité avec l'argent. Comme tout le monde, non ?

Dans quelle mesure ont-elles conscience que les poubelles qu'elles sortent des bureaux chaque jour sont en fait les preuves écrites de contrats, de tendances, d'idées, de conflits, de sujets sensibles, et de guerres juridiques – dont certaines, si elles venaient à tomber sous d'autres yeux, pourraient revêtir une valeur considérable ? La réponse est qu'elles n'en ont pas vraiment conscience. Elles savent tout juste lire et écrire l'espagnol et encore moins l'anglais. Rien de très surprenant. Cela a même été voulu ainsi : elles ont été embauchées par MeezaJin en raison de leur inaptitude avérée à lire l'anglais, de leur ignorance des structures complexes du capital et du pouvoir qu'elles traversent inocemment chaque nuit. En plus d'être travailleuses, elles sont naïves, et c'est ça qui compte. Une bonne partie de New York dépend de ces gens-là. Ceux qui ne savent rien. La ville a besoin de leur travail, de leur servilité et de leur peur. Vous pouviez toujours interroger ces filles devant un tribunal. *Quels documents confidentiels enleviez-vous au juste, mademoiselle Chavez ?* Elles étaient bien incapables de répondre.

Pourtant Jin Li les aime bien, ces Mexicaines. Elles sont dures à la tâche, ne se plaignent jamais. Elle sait qu'elles ne lui prêtent d'autre intention que celle de vouloir les exploiter. Elle sait aussi que les responsables des services généraux qui passent contrat avec CorpServe, des durs à cuire bardés de trousseaux de clés, de bipeurs et de talkies-walkies, ne voient en elle qu'une jolie Chinoise dont l'anglais laisse à désirer – elle fait exprès de le parler encore plus mal avec eux – et pensent qu'elle sera un peu moins chère que la concurrence. D'ailleurs ils ont raison. Les Chinois sont toujours un peu moins chers, quand ils le veulent. Ils savent comment faire, comment couper l'herbe sous le pied de la concurrence, et se rendre ensuite indispensables. Les clients de Jin Li s'empressent d'exploiter son aptitude à exploiter les autres. Les gens attendent des Chinois qu'ils se montrent brutaux envers leurs employés quand il le faut, même en Amérique, et la plupart du temps ils ne sont pas déçus.

Cette nuit-là, les deux Mexicaines ont travaillé dur à entasser des sacs en plastique bleus dans l'ascenseur de service d'un immeuble proche de la 51e Rue et de Broadway, sous la surveillance de Jin Li. CorpServe a signé un contrat pour neuf étages de l'immeuble : du seizième au dix-neuvième, le back-office d'une banque traitant des crédits à court terme, et du vingtième au vingt-quatrième, le siège d'une petite société pharmaceutique. Chaque nuit, Jin Li dirige huit équipes postées à différents endroits du centre de Manhattan et court de l'une à l'autre. L'agencement des bureaux est à peu près le même partout, avec un ascenseur de service qui permet d'accéder à une aire de chargement au niveau de la rue. C'est là qu'est stationnée l'énorme déchiqueteuse mobile de CorpServe et qu'un homme plus âgé revêtu d'un uniforme bleu assorti aux leurs jette les sacs dans la bouche aspirante qui les transforme en confettis. Cet homme est chinois, comme Jin Li, et, de temps à autre, elle descend au parking avec certains sacs, lui donne des consignes spécifiques, et attend de voir s'il s'y conforme. Le rugissement des déchiqueteuses couvre leurs voix. Ils se savent tous deux constamment épiés par des caméras de sécurité fixées au plafond, certaines pilotées à distance, et ils savent également tous deux combien il est facile d'échapper à leur surveillance. Il suffit de connaître les angles de vue. Les caméras voient le camion CorpServe mais pas l'intérieur du camion. Vous pouvez mettre de côté quelques sacs marqués à la main d'un idéogramme spécial de un ou deux centimètres, et la caméra n'en saura rien.

Les heures se sont écoulées, le boulot est fait et maintenant les filles rient, écoutent la radio latino et sentent la brume salée qui monte de l'océan. Le parking de la plage est généralement désert à cette heure. Les filles ne se font pas embêter, et, si cela devait arriver – un connard défoncé au crack, un pochard qui se la jouerait mauvais garçon –, elles ont des bombes au poivre dans leurs sacs à main. Cette nuit, elles boivent un peu de vin bon marché dans des gobelets en plastique, se trémoussent sur leurs sièges au rythme de la musique. Les Mexicaines interrogent MeezaJin sur son petit copain blanc. Je l'aimais bien ! Tellement macho pour un Blanc ! Qu'est-ce qui s'est passé ? demande l'une d'elles en se tortillant sur son siège rapiécé au ruban adhésif. Oh, tu sais… Jin Li rit mais tourne aussitôt son regard vers la plage. Ça ne pouvait pas coller. Mais elle n'entre pas dans les détails, s'avoue tout juste à elle-même la véritable raison. On l'avait obligée à rompre. Elle avait écouté ses messages lui demandant de rappeler. S'était détestée de ne pas le faire. Les choses qu'il lui faisait au lit… penser qu'elle était privée de *ça* suffisait à la rendre malade. Elle était déjà sortie avec des *gweilos* – anglais, allemands, italiens. Elle les aimait bien, bien plus que les Chinois, et celui-là sortait du lot. Et c'est peut-être pour ça qu'elle est là ce soir, pour l'oublier.

Sa vessie lui pèse à cause du vin, et elle sort discrètement du véhicule pour aller pisser dans les herbes.

Avec quelques feuilles de papier toilettes pliées dans son sac, elle enjambe la bordure du parking vers un chemin de terre qui conduit à un petit coin tranquille. Tranquille et dégoûtant. Les gens viennent y allumer des pipes de crack ou s'envoyer en l'air, alors elle fait attention avant de disparaître dans les herbes. Il faut éviter les tessons de bouteilles, les capotes usagées, les tampons, les ailes de poulet décomposées. Les filles dans la voiture ne peuvent plus la voir, et elle tend l'oreille un moment, au cas où quelqu'un serait caché ici dans les herbes. Elle n'entend rien, bien que le vent se soit levé, chargé de pluie. Elle brave l'obscurité du chemin et trouve un endroit où s'accroupir.

Elle est en train de remonter sa culotte rose quand elle entend une vibration sourde de moteur Diesel toute proche. Qu'est-ce que c'est ? Elle refait la moitié du chemin et se tapit dans l'herbe, en contrebas du parking. Deux véhicules entrent sur l'aire de stationnement, un gros pick-up, paré de phares antibrouillard et de chromes, et un énorme utilitaire, gros comme un camion poubelle mais de forme différente. Il fait trop sombre pour distinguer leurs couleurs. Ils s'arrêtent brusquement près de la petite Toyota. Le pick-up se place juste derrière la voiture, l'acculant contre la bordure du parking, tandis que le camion s'est avancé côté conducteur, à deux ou trois centimètres de la portière, qui ne peut plus être ouverte. Qu'est-ce qu'ils font ? Qu'est-ce qu'ils veulent faire ? Deux hommes baraqués descendent, un de chaque véhicule, et se précipitent vers le flanc dégagé de la petite voiture.

Cachée dans les herbes et clignant des yeux sous la pluie qui s'est mise à tomber, Jin Li voit que les deux Mexicaines ont remonté les vitres et crient à l'intérieur de la voiture.

L'un des hommes fracasse le toit ouvrant avec un marteau, puis bloque la portière avec son pied, au cas où les filles essayeraient de l'ouvrir. Pendant ce temps, l'autre homme accroche quelque chose au pare-chocs arrière – une chaîne, suppose-t-elle – puis met en marche un moteur sur le pick-up. Avec des gestes vifs, il tire un énorme tuyau enroulé sur un dévidoir fixé au camion et le traîne jusqu'au toit ouvrant. Il enfonce l'ajutage dans l'habitacle, fait jouer un levier, et maintient l'épais tuyau pendant que celui-ci déverse son contenu gargouillant sur les deux filles. Le tuyau se cabre et tressaute, le liquide est boueux, épais.

Derrière les vitres les cris redoublent.

Que doit-elle faire ? La voiture se remplit rapidement, un trait de matière sombre monte contre les vitres. La seule issue se trouve de l'autre côté du parking, où elle serait repérée. Derrière elle, des herbes coupantes et du sable. Son portable est resté dans son appartement à Manhattan, en charge. Elle ne l'apporte jamais au travail, exprès : les portables fournissent à la police une description très précise de vos allées et venues. Elle a un talkie-walkie intraçable dans son sac qu'elle utilise pour appeler les autres équipes CorpServe. Seulement sa portée effective est d'environ un kilomètre et demi, suffisante pour le centre de Manhattan mais pas ici, à Brooklyn…

Une des filles pousse la portière du conducteur à présent, la cognant contre le camion collé à la voiture. La portière s'entrebâille, pas plus. Puis une main jaillit de la vitre côté passager, vaporisant du gaz au poivre au petit bonheur. L'homme qui bloque cette portière gifle la main et la bombe valdingue sur la chaussée.

« Richie ! crie le plus grand sous la pluie. Ça suffit ! »

Jin Li cherche fébrilement le talkie-walkie dans son sac et l'allume. Rien que des grésillements parasites. « Allô ! Allô ! » appelle-t-elle en anglais. Rien.

À ce moment-là, les phares de la Toyota s'allument et le moteur se met en route. Dans une embardée la voiture vient buter sur la bordure du parking, faisant tressauter le pick-up derrière elle. Mais la chaîne accrochée au pare-chocs tient bon. Les roues arrière de la voiture patinent furieusement, et une sale odeur de caoutchouc brûlé flotte jusqu'aux herbes. Puis le moteur ralentit, comme s'il capitulait. À l'intérieur de la voiture le pied de la fille n'appuie plus sur la pédale. Quelque chose suinte de la fenêtre passager, dégouline le long de la vitre.

« Richie, connard, on dégage ! » hurle l'homme.

Celui qui tient le tuyau ne bouge pas.

« Ferme-le ! »

Le dénommé Richie relève le levier et retire le tuyau. Un excédent de matière grumeleuse tombe du toit ouvrant. La voiture est pleine. Il replace le tuyau sur le camion, puis retire la chaîne.

« Magne-toi ! »

Appuyée contre la bordure du parking, la petite voiture à cent vingt-cinq dollars reste immobile malgré les phares toujours allumés et le moteur qui broute. Le plus grand des deux hommes retire son pied de la portière passager, et fait un bond en arrière car elle s'entrouvre juste assez pour libérer un torrent limoneux. Puis il fait quelque chose d'étrange. Il passe la main dans l'ouverture pour verrouiller la portière et la claque en pesant dessus de tout son poids, après quoi il fait de même avec la portière côté conducteur.

Il a verrouillé les deux portes, constate Jin Li. Pourquoi ?

« Arrive, merde ! »

Les deux hommes regagnent précipitamment leurs véhicules respectifs. Toute l'affaire a dû prendre peut-être six minutes. Le camion fait marche arrière en décrivant un demi-cercle puis quitte le parking à vive allure. Le pick-up recule en braquant à fond, contre-braque, et suit le camion. Ils roulent phares éteints, à vive allure.

En dix secondes ils ont disparu.

Jin Li court vers la voiture. Le vent humide a tourné, et l'odeur l'a alertée. Cette odeur, elle l'a connue en Chine et la reconnaîtrait n'importe où. Les latrines publiques des petites villes. Les trous dans le sol près des immenses chantiers de construction de Shanghai où les ouvriers se soulagent au-dessus de planches découpées. Les eaux d'égout non traitées qui se déversent dans les rivières. Oui, elle connaît cette odeur.

Elle se précipite et tente d'ouvrir les portières juste pour vérifier qu'elles sont bien verrouillées. Perçoit-elle un mouvement à l'intérieur, une main qui s'agite dans le liquide sombre derrière la vitre ? Cherchant quelque chose pour briser la vitre, elle fonce jusqu'au bord du parking et tâtonne frénétiquement dans les herbes, fouillant dans les sacs plastique, les vieux journaux, les canettes de bière, tout sauf ce dont elle a besoin. Soudain elle tombe sur un gros morceau d'asphalte. Il est trop tard, non ? Comment pourrait-on... ? Elle rapporte ce bloc jusqu'à la voiture et, après trois tentatives, parvient à briser la vitre avant côté passager. Une boue épaisse jaillit, l'éclabousse, une odeur pestilentielle. Gaz fécaux. Urine fétide. Elle a un haut-le-cœur, la bile lui brûle la gorge. Elle frappe le verre de sécurité sans relâche jusqu'à former un trou assez grand pour y plonger la main. Enfin. Elle laisse tomber le bloc d'asphalte et plonge le bras dans le liquide grumeleux et froid à la recherche du dispositif de verrouillage, le verre cassé lui râpant le poignet. Elle trouve le loquet, le soulève, tire sur la poignée… la portière s'ouvre brusquement et vomit sur le parking une énorme langue d'excréments, noire et épaisse.

« Allez ! », hurle Jin Li en chinois. La puanteur est épouvantable et lui brûle les yeux. Elle tend la main et trouve une des filles. Aucun mouvement ! Il s'est écoulé trop de temps ! Sept, huit, neuf minutes peut-être ! Elle tire un bras, et le corps de la fille tombe mollement sur la chaussée, couvert d'excréments. Jin Li lui essuie le visage. Sa bouche est pleine, ses cheveux noirs sont emmêlés et trempés de merde. Elle ne respire pas. Jin Li la retourne, dégage sa bouche, appuie sur son dos. Rien ! Elle fait le tour de la voiture en courant, brise la vitre, se fait tremper, ouvre la portière, le liquide s'écoule de l'habitacle en gargouillant. La fille est inerte, effondrée sur le volant, mais Jin Li parvient à la sortir de l'habitacle et tente de la ranimer. Aucune réaction. Jin Li pleure de peur et de frustration. « Allez, allez ! » dit-elle en pressant le dos de la fille et en essuyant ce qui sort de sa bouche. Rien. Jin Li n'est même pas capable de regarder ses yeux, couverts de cet immonde magma. Les filles ont eu peur, ont hyperventilé et respiré cette vase à pleins poumons. Alors qu'elles perdaient connaissance, le liquide s'est infiltré dans leur gorge et les a étouffées. C'est comme si on les avait maintenues sous l'eau de longues minutes. Les filles gisent à présent par terre, sur le ventre, figées dans la mort, tandis qu'une flaque noirâtre s'étend sur le parking à mesure que la voiture se vide ; et la pluie, qui tombe plus dru, s'y mélange, formant de petits ruisseaux qui convergent vers les bouches d'égout au bout du parking.

Jin Li se fige en entendant une voix féminine parler espagnol avec excitation. Qui ? Elle regarde les filles. Mais les filles ont l'air – oui – *mortes*, des corps qui s'affaissent déjà doucement sur eux-mêmes. Oui, c'est vrai, se dit-elle. Mortes ! On entend maintenant de la *dance* latino. La radio est toujours allumée et la boue a reflué sous les haut-parleurs du tableau de bord. *Yo te voy a amar hasta el fin de tiempo !* bêle un chanteur.

L'aube pointe à l'horizon, éclairant la pluie qui balaye le parking.

Jin Li comprend à présent. Quelqu'un sait. Quelqu'un sait ce qu'elle faisait. Ils l'ont vue monter dans la voiture à Manhattan et l'ont suivie. C'est elle qu'ils voulaient.

Elle court. S'enfuit à travers le parking, cheveux noirs mouillés flottant derrière elle, yeux hagards, elle court pour sauver sa peau.

2

Les places du Yankee Stadium situées juste derrière le marbre sont tellement près du terrain que les perceptions ordinaires du spectateur de base-ball se trouvent faussées par la réalité. Ce qui était lointain devient proche. Ce qui était géant devient grandeur nature. Ce qui était laissé à l'imagination est un fait observable. Vous êtes si près que vous pouvez voir le visage impassible d'Alex Rodriguez lorsqu'il s'avance jusqu'au marbre. Vous pouvez voir la terre battue tomber des crampons de Derek Jeter quand il les tapote avec sa batte. Vous pouvez voir Jorge Posada, le grand receveur des Yankees, resserrer ses doigts épais sur la poignée tandis que le lanceur prend son élan. Une allée s'élève depuis l'arène, juste derrière le marbre, parfaitement centrée. Les places qui la bordent offrent ainsi les meilleurs emplacements pour juger de la perfection d'un lancer, surtout si l'on se penche à l'intérieur de l'allée pour être dans l'axe médian du terrain, l'œil rasant le dos de l'arbitre et du receveur accroupi derrière le marbre. De ce point de vue, vous avez l'impression que le lanceur *vous* lance la balle, et les spectateurs assis à ces places se surprennent à avoir un mouvement de recul lorsqu'elle atterrit dans le gant du receveur avec un bruit mat. C'est dire si l'on est près. Vous êtes là, vous êtes dans le match.

Ces places se distinguent également par la population qui les occupe : les riches et les puissants et ceux qu'ils honorent de leurs largesses. Les grandes entreprises possèdent des blocs de sièges. La direction des Yankees distribue quelques billets à des sponsors, des célébrités et des officiels de la Major League. Ainsi la demi-douzaine de places situées à la hauteur des yeux de part et d'autre de l'allée sont considérées à juste titre, par les vrais fans, comme les meilleures places du stade, plus enviables que les luxueuses loges d'entreprise et les salons VIP placés au-dessus. Pour s'en convaincre, il n'y a qu'à voir qui y est assis : les quelques élus comptent souvent un recruteur missionné par les Red Sox de Boston, l'ennemi héréditaire, armé d'un pistolet radar pour mesurer la vitesse des lancers et d'une écritoire à pinces sur laquelle noter les caractéristiques subtiles du comportement de chaque joueur. Que l'homme arbore une grosse bague de la World Series constitue un sacrilège pour les supporters des Yankees qui l'entourent. Ils se souviennent qu'en 2004 les Red Sox ont ravi le titre aux Yanks. Mais ce ne sont pas les places bon marché en haut des tribunes, où les spectateurs hurlent comme des fous quand les Yanks marquent, se cognant la bedaine et renversant leur bière dans un délire tribal. Non, ici, dans l'univers de l'argent, ce genre d'ennemi ne court aucun danger. Tout le monde est *toujours* en sûreté dans les bonnes places, parce que les hommes de la sécurité en blazer bleu sont tout près, *toujours* vigilants…

Alors qui sont ces spectateurs, exactement ? Pas vraiment un public de célébrités ou de politiciens. Alors, qui ? Seule l'administration des New York

Yankees peut savoir, match par match, qui détient des billets pour telle ou telle place, mais pour qui fréquente régulièrement cette zone, la distribution des abonnements est évidente – il y a la section Citicorp, la section Time Warner, la section Goldman Sachs, etc. Ford, ExxonMobil, HSBC, DuPont, Pfizer, Google, Japan Airlines. Cette concentration de multinationales ajoute une seconde couche de prestige à ces places ; on est assis *parmi* les élus, ce qui semblerait prouver qu'on est soi-même un élu… syllogisme gratifiant auquel il est bien difficile de résister. Disséminés au milieu de ces blocs de places occupées par les officiels et les grandes entreprises il en est de plus petits – deux, trois, ou quatre places, en général – détenus par des individus fortunés qui soignent famille, amis et associés. La section se distingue également par sa forte concentration de jolies jeunes femmes, qui n'ont pas peur de se trémousser sans retenue dans les allées étroites. D'ailleurs nombre d'entre elles observent un code vestimentaire idoine, lequel associe une casquette des Yanks rose – parfaite pour déployer une queue-de-cheval aguichante –, des lunettes de soleil, et une chemisette de l'équipe découvrant insouciamment le nombril. Leurs inhibitions diluées dans la bière, pleinement conscientes d'être environnées de kilomètres carrés de chair mâle, et nourrissant fréquemment des obsessions pas si secrètes que cela à l'endroit des célébrissimes athlètes millionnaires évoluant sur le terrain, elles profitent souvent des intermèdes musicaux hurlés par les haut-parleurs du stade pour se lever et danser avec un enthousiasme débridé de strip-teaseuses, les bras au-dessus de la tête, secouant ceci, tortillant cela, leur abandon collectif – des dizaines, des centaines de filles en train de danser – constituant une sorte d'offrande féminine ritualisée à l'intérieur du grand temple masculin et sonore du base-ball.

De sorte que, pour le dirigeant d'entreprise de sexe masculin conscient du caractère changeant de sa position en ce monde – pour le meilleur mais aussi pour le pire –, ce petit bout de terrain juste derrière le marbre offre un tel concentré de plaisirs qu'il n'est pas rare de voir les individus de ce genre se laisser aller en arrière dans leurs sièges en poussant un profond soupir de contentement et d'attente, impatients de recevoir ce qu'ils savent être leur dû.

C'était la raison pour laquelle Tom Reilly utilisait ses billets aussi souvent que possible. Son boulot consistait à faire pleuvoir des dollars sur Good Pharma, ce qui supposait de courtiser et de convaincre un flot continu d'investisseurs potentiels. Lui-même était fan des Yankees – encore qu'on puisse finir par se lasser de voir autant de matchs –, mais ce qu'il aimait *vraiment*, c'était que des places géniales mettaient les gens dans une humeur géniale. Et cette bonne humeur, il faisait en sorte de la faire durer. À la sortie du stade, la limousine emmenait son groupe directement dans l'une des meilleures boîtes, un de ces petits bars lounges très courus grouillant de top models, ou bien un club de jazz dans le centre. Il y a toujours quelque chose à faire à New York, bonnes gens ! Allemands affables, Anglais intelligents, Japonais faussement décontractés, cow-boys high-tech tout droit venus de l'Ouest profond avec leurs bottes en serpent à sept mille dollars ou Sudistes bouffeurs de gombo – donnez-moi n'importe qui ! Et *tout le monde* s'éclatait avec Tom Reilly. Leur donner du bon temps, s'assurer qu'ils retournaient à leur hôtel épuisés et ravis. Good fun = Good Pharma. Ils n'étaient plus une petite boîte. Revenus de l'année précédente : huit cents millions de dollars. Capitalisation boursière : 33,2 milliards de dollars. En progression constante. Vingt-huit pour cent l'année précédente. Regardez un peu ce qui se passe quand vous sortez ça de votre futal ! Nouveaux médicaments en phase d'essai. Priorité aux thérapies d'amélioration de la qualité de vie. *Good* Pharma = Good stuff. C'était le message, et le message, c'est le médium, coco. Mais l'entreprise était encore relativement nouvelle dans le secteur, et il fallait continuer à draguer l'investisseur. Mordillez notre action, broutez nos titres, goûtez-moi ça. Frottez un peu vos gencives avec cette pénétration de marché émergent, sniffez-en un peu. Ça vous plaît ? *Goûtez* ça… *sentez* ça – ce flot de brevets, ces produits géniaux en cours d'élaboration ? Les nouvelles applications, le marché de la pharmacie discount, l'ouverture à l'export ? Ça déchire, pas vrai ? Et puis avalez-moi certaines pilules, ou mieux encore, faites-vous un shoot avec notre action. Good Pharma ! Neuf millions de dollars investis en recherche d'image de marque : le panel a aimé le jeu de mots post-ironique dans le nom de la compagnie. À la fois branché, nouveau, futuristiquement cool dans le genre clin d'œil malin à Big Brother. « Big Pharma » (péjoratif mais perçu comme puissant et efficace) + « Good karma » (rétro-hippy, naturel, bio ou hindou ou religieux, enfin un truc humain et sympa) = « Good Pharma » ! Ils allaient sortir des trucs tellement formidables que les baby-boomers vieillissants allaient se mettre à danser le cha-cha-cha sur les parcours de golf. Se rappeler leurs devoirs de sixième, sauter sur tout ce qui bouge, maigrir en dormant, réussir des dunks au basket. Ce qui était vrai, en fait, encore qu'anecdotique. Les chercheurs de Good Pharma avaient recruté deux *vieux* joueurs de la NBA pour un essai sur la thérapie des cartilages, et les deux géants noirs sérieusement ralentis avaient retrouvé une telle pêche qu'ils s'étaient remis à smasher des paniers. Le produit était fabriqué à partir de cellules osseuses clonées d'une grenouille arboricole du Brésil. Imaginez le carton lors de la mise sur le marché, imaginez les pubs sur le Net où l'on verra un Noir septuagénaire smasher un panier ! Des millions de femmes blanches à la taille épaisse allaient exiger une ordonnance ! Marquez avec Good Pharma !

Mais l'heure était au base-ball. Les Yanks dans leur tenue à fines rayures étaient sur le terrain, faisant tourner la balle de façon experte, s'échauffant sous un ciel clément de sept heures du soir. Tom, billets en main, s'installa dans les gradins avec ses deux invités, Jaime « Jim » Martinez, un investisseur cubain sexagénaire de Miami, et son protégé, un jeune homme qui avait assez de jugeote pour la fermer.

« Vous aviez raison ! acquiesça Martinez, satisfait, en constatant combien ils étaient proches du marbre. Très bonnes places.

— Absolument », marmonna Tom, le message étant « Vous le valez bien ». Une fois qu'on avait réveillé la cupidité du client, le deal était à moitié fait. Et Tom savait de quoi il parlait, parce que des deals il en avait conclu un paquet, pour un type qui avait à peine passé la quarantaine. Tom Reilly, Directeur Général en Baratinage de Gros Investisseurs. Responsable exécutif de la Fabrique de la Tendance qui Rapporte un Max. Compétences : Sourit Quand ça Fait Mal, N'a Pas Froid aux Yeux, Ment Quand Il le Faut et Parfois Quand Il ne le Faut Pas. Sait s'y prendre avec les banquiers, les chercheurs, les analystes financiers, les médias, tout le monde. Le visage public de l'entreprise. Beau mais pas trop. Pas mignon. Viril. Solide. Sain. Sûr de lui. Épouse : spécialiste prospère en médecine interne avec cabinet perso sur Park Avenue. Enfants : aucun pour l'instant. Raison invoquée :

trop occupé. Véritable raison : sperme nonchalant. Spermatozoïdes faiblards, sous-employés, anxieux. Balles foireuses, pétards mouillés. Solution : peut-être une FIV, mais ça n'emballait pas sa femme, qui, en tant que médecin, connaissait les faibles chances de réussite et celles, relativement plus élevées, de naissances prématurées. État du mariage : pouvait mieux faire.

Mais pourquoi penser à ces choses ? Il y avait du fric à se faire ! Et en la personne de Jim Martinez, assis à côté de lui, Tom Reilly subodorait une proie de choix. Martinez possédait une crinière argentée plaquée en arrière à la Pat Riley[1] et un sourire de charmeur, des attributs sans doute utiles pour représenter un groupe de capital-risque essayant de se diversifier dans les biotechnologies. Le financement du groupe provenait de médecins, d'avocats et de promoteurs immobiliers cubains établis dans le sud de la Floride et en Amérique latine. Des capitalistes purs et durs, qui haïssaient Castro. Beaucoup d'entre eux en étaient à leur troisième ou quatrième mariage, avaient des flopées de petits-enfants qui blanchissaient de génération en génération et avaient grandi avec des BMW garées dans l'allée et fréquenté les écoles privées. La pression pour gagner plus d'argent ne connaissait pas de fin, même chez les riches ! Surtout chez les riches ! Le groupe envisageait de prendre pour cinquante-quatre millions de dollars de participation dans le nouveau projet de peau synthétique mise au point par Good Pharma, ce qui voulait dire qu'ils espéraient obtenir une ristourne sur une participation évaluée à plus de soixante-deux millions, et dont Big Pharma espérait retirer environ soixante-neuf millions. D'où l'objectif de la soirée. Martinez et Tom s'appliquaient à créer une atmosphère de

1. Légendaire entraîneur de basket. *(Toutes les notes sont du traducteur.)*

fausse simplicité et de cordialité de façade afin de faciliter la négociation à couteaux tirés qui allait suivre.

Et la partie commença ! Le match, le bavardage, les préliminaires du business. Trois hommes en blazer bleu et en pantalon décontracté mais de bonne coupe. Tom commanda des bières et des hot-dogs avant de se mettre à divertir les Cubains. La première manche fut vite expédiée, tout comme la deuxième. Les Yanks menaient 2-1 sur Baltimore. Des duels de lanceurs, deux ou trois très belles phases de jeu dans le champ intérieur, dont une signée Jeter.

Ensuite, pendant le troisième tour de batte, les gros frappeurs surpayés des Yankees massacrèrent le premier lanceur des Orioles en marquant cinq points. Le match menaçait tout à coup de tourner à la farce, mais Martinez attaquait sa troisième bière et s'était tellement détendu qu'il avait commencé à expliquer que les riches investisseurs cubains de Miami perdaient patience à cause de tous ces ouragans qui compromettaient ou ralentissaient leurs projets immobiliers et n'avaient pas encore trouvé le moyen de s'implanter dans le Cuba postcastriste.

« On en a assez des risques, admit Martinez. Alors on va peut-être essayer autre chose. Voir ce que votre compagnie peut faire pour nous.

— Je pense que vous allez vous rendre compte que nous avons beaucoup à offrir, répondit Tom d'un air dégagé. Vous savez, l'info n'a pas encore vraiment circulé, mais les premières conclusions des essais cliniques montrent… »

À ce moment-là, un employé du stade apparut à l'extrémité de leur rangée. Il vérifia quelque chose écrit sur une enveloppe.

« Tom Reilly ? demanda-t-il à Martinez.

— Il est juste là », indiqua le Cubain.

Le coursier tendit l'enveloppe à Tom :

« On m'a demandé de vous remettre ça.

— Merci », dit Tom, en faisant aussitôt jaillir un billet de vingt dollars au bout de ses doigts.

Le messager détala. Tom décocha un sourire à ses invités.

« Ça ne suffit pas d'avoir une boîte mail et un téléphone dans sa poche, maintenant il faut qu'ils vous envoient des bouts de papier… »

Il déchira l'enveloppe et en retira une feuille de papier à lettres de couleur jaune avec une marge bleue. Il aurait pu se lever et en prendre connaissance dans l'allée, mais cela aurait été impoli et aurait également fait penser à une situation de crise, précisément ce qu'il voulait éviter. Si bien qu'il déplia la feuille juste assez pour jeter un rapide coup d'œil au message, qui le transperça de part en part en une région vulnérable et intime de son être. Il eut néanmoins la présence d'esprit de hocher la tête comme s'il recevait simplement la confirmation de ce à quoi il s'attendait.

« Bonnes nouvelles ? demanda le Cubain finaud de Miami.

— Mieux que bonnes, mentit Tom, un demi-sourire sur la figure tandis qu'il glissait le message dans sa poche poitrine. Nous faisons en sorte d'éviter le portable pour les infos ultra-sensibles. Ma secrétaire a envoyé un coursier… on vient de valider un gros, gros contrat, et il faut qu'on garde l'info sous le boisseau… vous comprenez. On ne peut rien annoncer pour l'instant. »

Il appuya ses propos d'un signe de tête conclusif et reporta son attention sur le match. Avait-il été convaincant aux yeux de ses invités ? Peut-être pas suffisamment.

Mais il parvint à donner le change jusqu'à la fin de la manche, puis se leva pour aller aux toilettes, où il piétina dans la longue file d'attente, puis se précipita dans une cabine, ferma la porte et s'assit pour étudier à nouveau le message dactylographié.

Tom, nous savons que vous savez qu'il y a un problème. Nous avons demandé poliment mais vous n'avez pas donné suite à nos sollicitations.

L'argent qui est en jeu est bien réel. Comme le seront les conséquences si nous ne le récupérons pas.

Répondez-nous maintenant, tant que vous le pouvez encore.

Il fut pris d'une brusque envie de vomir. Hot-dogs pleins de saloperies se mélangeant à la bière. Un malaise qui le prenait trop souvent ces derniers temps. Mais il ravala son haut-le-cœur. « J'ai encore quelques bons coups à jouer, marmonna-t-il amèrement, un tas de foutus bons coups. » Comme le quarterback des New York Giants esquivant l'assaut de deux première ligne monstrueux résolus à lui couper la route. Rapide pas de côté, recul pour se mettre un moment à l'abri, puis lancer long dans la zone d'en-but. Échapper à la ruine en sublimant son jeu. Son esprit était une masse confuse d'images sportives et de tableaux comptables de Good Pharma. Il froissa le papier jaune et le jeta dans une poubelle remplie de gobelets de bière.

Quand il regagna sa place, les deux hommes de Miami étaient… quoi ? Partis ? Il les chercha du regard dans les allées.

Un spectateur plus âgé, assis dans la rangée devant lui, se retourna.

« Vous avez vu les Cubains qui étaient assis là avec moi ? »

L'homme acquiesça d'un mouvement de tête.

« Le messager est revenu pendant que vous étiez parti. Il leur a donné une autre lettre. »

L'homme indiqua le dessous du siège et Tom bondit pour la ramasser.

Messieurs, votre hôte affable de ce soir, M. Tom Reilly, a de très gros ennuis. Il s'est peut-être rendu complice de très importantes malversations financières. Nous avons le sentiment qu'il n'est pas dans votre intérêt d'être vus en sa compagnie dans un lieu aussi fréquenté.

Une immense acclamation monta dans le stade. Rodriguez venait de réaliser un tour complet du circuit en envoyant la balle dans les gradins de milieu de terrain. La foule se leva, exultant bruyamment, tandis que le grand joueur courait en bondissant de base en base. Personne ne vit le dirigeant d'une compagnie pharmaceutique se recroqueviller dans son siège, replié en position fœtale, en plein désarroi, vomissant enfin en pensant à ce qui allait arriver.

3

Son nom est sans importance. Elle approchait la quarantaine et travaillait comme secrétaire juridique dans un cabinet de Park Avenue. La suffisance et la sottise satisfaite des avocats et des avocates de la boîte l'écœuraient. Mais elle gardait ça pour elle. Elle avait essayé le célibat et, globalement, avait été déçue. Les premières années, certains des jeunes associés essayaient de sortir avec elle, et elle se laissait inviter au restaurant, puis dans leur lit, mais il s'agissait pour ces hommes, qu'ils en aient été ou non conscients, d'auditionner des épouses. Ils parlaient d'amour et d'attachement éternel mais, au fond, cherchaient des garanties matrimoniales, voulaient, au minimum, une femme sortie d'une bonne université avec un diplôme de deuxième ou troisième cycle. Ce qui n'était pas son cas. En quelques années, le bruit commença à courir dans le cabinet qu'elle était facile, qu'elle écartait les cuisses après quelques rendez-vous, ce qui, elle le savait bien sûr, était vrai. Et alors ? Si un type vous plaisait, pourquoi attendre ? Pourquoi la qualifiait-on de *facile* ? Pourquoi pas de *passionnée* ? Oui, passionnée. Un jour, elle l'avait fait dans le bureau d'un associé après avoir travaillé jusque tard dans la nuit à préparer un document pour le tribunal. Penchée sur l'appui de fenêtre à regarder les taxis sur Park Avenue. C'était vraiment excitant. Alors, oui, elle aimait les hommes, *passionnément*. Leurs muscles, leur sexe, leurs poils. Leurs mains et leurs épaules. Même une pomme d'Adam pouvait être irrésistible. Qui pourrait le lui reprocher ? Mais quand elle fut cataloguée, les associés promis à une belle carrière jugèrent plus prudent de se détourner d'elle, et, du coup, ce furent les plus jeunes, fraîchement débarqués dans la grande ville, qui tentèrent leur chance, ainsi que certains avocats plus âgés, les divorcés, presque divorcés, et les jamais mariés. Globalement répugnants, ronfleurs, les narines en friche. Son patron, un des plus anciens *senior partners*, fermait les yeux, et, au fil du temps, les associés du cabinet et les secrétaires plus jeunes partirent travailler ailleurs ; on finit par oublier qui elle avait été et on commença à la considérer comme une de ces femmes non mariées, à présent vieillissante et solitaire, ce qui, bien qu'elle n'eût que trente-huit ans, était vrai.

L'âge aidant, son patron en était venu à dépendre de plus en plus d'elle. Elle se mit à relever d'importantes erreurs dans sa mémoire et dans sa correspondance, mais il avait le mérite de reconnaître qu'elle prolongeait sa carrière et lui reversait discrètement une partie de sa prime annuelle, ce qui était plus méritoire encore ; un arrangement secret en espèces qui venait s'ajouter à son salaire ordinaire. Elle travaillait de plus en plus tard le soir, et, peu à peu, se rendit compte qu'elle n'avait plus l'énergie ni l'espérance nécessaires pour passer en revue et trier les hommes encore disponibles, les gros, les dépressifs optimistes, les homos probables/avérés, les maniaco-pervers, tous. Qu'ils étaient décevants ! Pénibles ! Les quadras cherchaient des femmes de trente-deux ans, les trentenaires des filles de vingt-cinq ans. Elle connaissait la musique ; elle avait été à la place de ces femmes qui appréciaient l'attention des hommes plus âgés. Elle s'était pâmée devant leur sophistication, leur pouvoir, leurs cheveux poivre et sel. Bon sang. C'était quoi son problème ? Ses seins n'étaient pas tellement tombés. Elle était encore bandante, encore bonne... peut-être. Certaines de ses amies célibataires souffrant de déception ovarienne chronique avaient décidé d'avoir des enfants toutes seules. Elles achetaient du sperme sur Internet, allumaient des tas de bougies dans une pièce plongée dans le noir, se couchaient sur le dos et s'inséminaient elles-mêmes. Mais elle n'avait pas envie de devenir mère célibataire. Elle ne savait pas ce qu'elle voulait, sinon que quelque chose d'intéressant, n'importe quoi, devait arriver avant... avant qu'elle ne devienne mère !

Alors elle avait troqué son appartement cosy et hyperbranché de la 12e Rue dans Greenwich Village, où tous les Blancs de moins de cinquante ans étaient accros à Internet, pour une maison de trois chambres dans le quartier de Bay Ridge à Brooklyn, un de ces petits quartiers ethniques qui nourrissaient la ville jour après jour, encore majoritairement italien. Mais aujourd'hui le monde entier y vivait : Brésiliens, Chinois, Russes, Mexicains, Vietnamiens, Africains, et même des Irakiens. Tous travaillaient comme des brutes pour tenter de se faire une place sur la piste de danse saturée et moite qu'on appelle le turbocapitalisme américain. Ils sonnaient à votre porte pour vous demander si vous aviez du travail. « Peinture, toiture, tonte du gazon, vous voulez laver voiture, lady ? » Bay Ridge était également le quartier de ses parents, ce qui lui permettait de garder un œil sur eux. Elle acheta la maison avec l'argent que lui avait versé son vieux patron. Ce changement lui plaisait. Elle pouvait aller à la station de métro à pied, trouvait toujours une place libre sur sa ligne quand elle partait travailler et faisait deux, trois courses sur le chemin du retour. C'était commode. Mais elle menait une existence de plus en plus éteinte, de plus en plus solitaire. Elle payait ses factures, plantait des soucis, des petits pois et des laitues au printemps, buvait un verre de vin devant les infos, un autre avant d'aller se coucher. Les mois filaient. Elle lisait le journal avec application mais oubliait ce qu'elle avait lu, elle ne se rappelait jamais ses rêves, elle achetait des chaussures pour pieds sensibles, ne se donnait pas la peine de se masturber. Il ne se passait rien. Elle envisageait même d'aller à l'église, pour voir du monde. Pouvait-on imaginer plus sinistre ?

Évidemment, elle ne s'attendait plus à rencontrer quelqu'un. Mais, par un chaud samedi après-midi, elle ouvrit sa porte et aperçut un homme avec une casquette de base-ball et un tee-shirt vert dans le jardin de la maison d'à côté. Il examinait le toit, la main en visière, un petit crayon jaune et une écritoire à pince à la main. Elle en profita pour l'examiner, lui. « Salut ! » lança-t-elle tout à trac, se surprenant elle-même. Il se tourna dans sa direction et glissa son crayon dans sa poche poitrine. Ils engagèrent la conversation. La maison appartenait à son père, lui apprit-il, et il ne faisait que l'entretenir pour la location. Son vieux pick-up rouge était garé dans l'allée, et elle se rappela l'avoir déjà vu quelques fois. Il s'appelait Ray Grant. Il lui plaisait bien, ce Ray, à la manière dont les femmes peuvent parfois s'enticher d'un homme. Il semblait ne pas avoir conscience de l'effet produit par ses épaules et ses bras moulés dans son tee-shirt, de la façon dont son jean tombait sur ses hanches. Pas d'alliance en vue. Les ongles étaient propres. Ses yeux étaient d'un bleu incroyablement profond, une couleur qu'elle avait toujours adorée, et elle devina chez lui un mélange d'assurance et de réserve. Il n'allait rien lui confier, du moins pas grand-chose.

Alors… elle prit les devants ! L'invita à boire un café, et, tandis qu'ils montaient l'escalier jusqu'à la cuisine, elle entendit ses grosses chaussures derrière elle. Le café se prolongea en déjeuner tardif. Il n'était pas pressé, ne regardait pas sa montre. Pas très causant, non plus. Elle n'arrêtait pas de parler, s'excitant de plus en plus.

« Alors, comme ça, la maison d'à côté appartient à votre père ? répéta-t-elle comme la conversion languissait. Je l'ai peut-être aperçu quelquefois, quand j'y repense, mais ça fait un moment. »

Ray confirma d'un signe de tête.

« Il est malade, je suis revenu pour être avec lui.

— Malade ?

— Très malade.

— Je suis désolée… est-il… il va se remettre, je veux dire ? »

À ces mots, Ray baissa vivement les yeux avec une expression de souffrance muette. Souleva sa casquette de base-ball et la remit en place. Elle remarqua qu'il avait tous ses cheveux. Elle voyait qu'il souffrait et qu'il s'efforçait de garder sa douleur en lui. Je craque complètement pour ce type, qu'est-ce qui me prend ?

« Non, finit par répondre Ray. Il ne va pas se remettre. »

Elle se contenta de scruter ses yeux bleus.

« Je suis navrée.

— C'est un cancer rare des vaisseaux sanguins. Angiosarcome. Ils l'ont opéré, pensant que ça venait des reins. Mais la tumeur avait essaimé. Il en a, je ne sais pas, pour quelques semaines peut-être. Difficile à dire. »

Tu viens de faire sa connaissance. Ne sois pas indiscrète.

« Revenu ? demanda-t-elle quand même. Je veux dire, vous êtes revenu d'où ? »

À la façon dont il la regarda, elle sut qu'il ne répondrait pas à sa question.

« J'étais parti. Je suis rentré il y a trois mois environ.

— Oh.

— J'ai passé l'essentiel de ces cinq dernières années à l'étranger, ajouta-t-il. Pas la peine d'en dire plus.

— Même si je meurs d'envie de savoir ?

— Même si », dit-il, mais gentiment.

Elle joua avec le bord de la nappe, la pliant, la lissant, la pliant à nouveau.

« Ça m'a l'air fascinant.

— En aucune façon. »

Il est temps de changer de sujet, se dit-elle, et d'arrêter de te comporter comme une collégienne.

« Que faisait votre père avant de tomber malade ?

— Il est à la retraite depuis un bon moment. Avant, il était flic.

— Et vous, vous êtes flic ?

— Non. »

Mais il avait hésité, et cette hésitation signifiait quelque chose.

« Vous vous occupez juste de la maison de votre père, alors ?

— Oui.

— Il ne loue qu'une maison ?

— Six.

— Toutes plus ou moins du genre de celle d'à côté ?

— Il les a achetées les unes après les autres dans les années quatre-vingt, quand elles étaient bon marché. »

Elle fit le calcul. Les maisons n'avaient sans doute rien d'extravagant, mais avec la hausse ahurissante des prix de l'immobilier à New York le père malade pouvait être considéré comme un homme riche.

« Six locations ?

— Oui.

— Alors vous êtes en ville, se risqua-t-elle. Êtes-vous à la recherche d'un emploi rémunéré, sortez-vous avec cinq filles en même temps, avez-vous lu de bons bouquins récemment ? »

Ray sourit.

« Vous voulez que je réponde à ça ?

— Je suis une fille, et les filles sont curieuses. »

Il hocha la tête d'un air amusé. *C'est parti.*

« D'accord, pas de problème. Non, je ne cherche pas de travail. Je m'occupe de mon père, rien de plus. Non, je ne sors pas avec cinq filles en même temps. Je voyais quelqu'un mais elle m'a annoncé que nous deux c'était fini il y a quelques semaines de cela…

— Ça vous a brisé le cœur ? »

Il considéra la question.

« Ça m'a donné l'occasion de faire le point.

— Mouais, ça sonne terriblement faux comme réponse, et je suis polie.

— Possible. Mais j'essaye de ne pas trop m'attacher aux gens ou aux choses. Je n'y arrive pas mais j'essaye.

— Vous êtes bouddhiste ?

— Non, mais ils ont des idées intéressantes. »

Elle le dévisagea. Il était franc du collier, ce Ray Grant. Pas de baratin, pas de frime. Ça lui plaisait bien.

« Et pour ce qui est des livres, oui, je suis en train de lire quelques bons bouquins en ce moment. Est-ce que votre curiosité est satisfaite ?

— Oui, merci.

— Bon, demanda-t-il sur un ton neutre, qu'est-ce qu'on fait ?

— Qu'est-ce qu'on fait ? » répéta-t-elle, sachant pertinemment où il voulait en venir.

Ray la regarda, regarda en elle. Elle perçut la grande force qui émanait de lui, cette force qu'elle avait pressentie à la seconde où elle l'avait vu. Et cette force était à présent concentrée sur elle. Elle en avait envie mais ça lui faisait peur.

« Qu'est-ce que vous voulez faire ? insista-t-il.

— Comment ça... ? »

Il lisait en elle. Impossible de lui mentir.

« On dirait que vous avez envie de faire quelque chose, poursuivit-il, d'une voix plus feutrée. Je peux me tromper, remarquez.

— Oui, murmura-t-elle, puis, hochant la tête : J'en ai envie, oui. »

Il y eut un silence dans la cuisine, un silence parcouru de nombreux messages. Dehors, l'après-midi était devenu nuageux, et la cuisine baignait dans la pénombre. Elle se sentait nerveuse et excitée à présent.

« Allez vous déshabiller et mettez-vous au lit », lui intima Ray.

Elle ne parvint même pas à esquisser un petit sourire ironique, du genre « mais pour qui me prenez-vous ? ». Il agissait avec franchise. Il savait qui il était et qui elle était... en l'occurrence, une femme déjà plus ou moins nue.

« Qu'est-ce que vous allez faire ? commença-t-elle, respirant un peu trop vite. Je veux dire, qu'est-ce que vous allez faire pendant que j'enlève tous mes vêtements et que je deviens encore plus vulnérable ?

— Je vais passer un coup de téléphone, et puis je pense que je vais aller directement dans votre chambre et qu'on va apprendre à se connaître.

— Et après ? »

Il sourit.

« Après… à votre avis ?

— Vous allez me tuer ? »

Peut-être qu'elle plaisantait, peut-être pas. En fait, non.

« Non, dit-il.

— Promis ?

— Promis.

— Alors, très bien. » Elle s'efforça d'afficher une assurance désinvolte : « Je vous fais confiance, Ray Grant. »

Elle se leva lentement, puis disparut dans le couloir. Je dois être folle, se dit-elle. C'est la chose la plus stupide que j'aie jamais faite de toute ma vie. Elle fit mine de continuer à marcher dans le couloir mais s'immobilisa. Elle l'avait entendu allumer son portable.

« Salut, fit la voix de Ray, dont l'écho parvenait de la cuisine. Je vais être un peu en retard… non, non, tout va bien dans la maison. Le toit fera encore quelques années. Je serai là avant neuf heures… Elle a fait ta toilette ?… Bien. Et la douleur ?… Rappelle-toi, le médecin a dit que tu pouvais… je rentre tout de suite, papa, si tu as trop mal… bon, d'accord, mais je veux vraiment que tu en prennes si… il n'y a pas de raison que tu… d'accord ? Je crois qu'ils jouent encore contre Baltimore, allume la télé… Ouais, d'accord, à tout à l'heure. »

Elle l'entendit refermer le téléphone d'un claquement sec et se dépêcha de rejoindre sa chambre. Elle envoya valser ses chaussures, remonta les couvertures.

« Salut, fit Ray sur le seuil.

— Salut. »

Elle se retourna. Cela faisait des années qu'elle ne s'était pas dévêtue devant un homme. Elle n'était plus aussi appétissante qu'elle l'avait été, c'était un fait.

« Vous avez promis, vous vous rappelez ? »

Il éteignit la lumière. Ils s'embrassèrent dans le noir, puis elle se dégagea et s'assit sur le lit pour finir de se déshabiller.

« Franchement, je ne fais jamais ça, protesta-t-elle tout haut. Ça ne me ressemble pas du tout. »

Il ne dit rien.

« Votre silence est-il critique ?

— Non.

— Quoi alors ?

— Confitéorique.

— Drôle de mot. Qu'est-ce que vous confessez ?

— Ma propre faiblesse.

— Vous ne me paraissez pas faible. »

Il s'était déshabillé et se tenait à présent devant elle. Elle posa d'abord les mains sur son torse et sentit la fermeté chaude de ses pectoraux. Il était détendu, ce qui la détendit.

« Vous m'avez surpris, dit-il. Je n'ai rien vu venir.

— C'est peut-être un mensonge, murmura-t-elle, mais merci, c'est délicat de votre part. »

Elle se pencha vers lui, embrassa son ventre, et, alors qu'elle caressait le relief de ses abdominaux, ses doigts rencontrèrent une bande de chair noueuse et plissée.

« Oh, fit-elle. Qu'est-ce que c'est ?

— Cicatrice, répondit-il dans le noir, d'une voix douce. Vieille cicatrice.

— Faite par quoi ?

— Un truc très chaud. »

Mais elle entendit à peine sa réponse. Elle posa ses mains sur l'arc dur de ses fesses, caressa ses muscles. Elle avait fermé les yeux. La tête lui tournait un peu. Un jour je serai une vieille femme et il me faudra des souvenirs, se dit-elle. Ça me rend heureuse. Ses mains s'animèrent à nouveau.

« C'est bon », dit-il.

Plus tard, après qu'il ne l'eut pas tuée, elle se roula dans les draps humides. Se roula extatiquement, comme revenue d'un rêve lointain. J'avais oublié, j'avais vraiment oublié.

« Tu as faim ? murmura-t-elle. On n'a pas eu le temps de dîner ?

— Absolument. »

Ils se levèrent langoureusement, sans hâte. Dans le demi-jour, elle vit la cicatrice sur le ventre de Ray. Greffons de peau inégaux, peut-être deux ou trois opérations. Qu'est-ce que ça faisait d'avoir le ventre complètement brûlé ? Ne lui demande pas, il ne veut pas en parler.

Elle passa un peignoir tandis qu'il enfilait son pantalon. Dans la cuisine, il s'assit sur une chaise en bois pendant qu'elle préparait des pâtes et une petite salade. Ray laça ses chaussures, glissa son portable dans sa poche, remit sa casquette de base-ball. L'espace d'un instant, elle eut peur qu'il n'ait hâte de partir, peur de l'avoir déçu d'une manière ou d'une autre. Mais il s'appuya contre le dossier de sa chaise, et elle fut rassurée. Elle alluma une bougie et déboucha une bouteille de vin. Je vais porter un petit toast aux plaisirs de la chair, pensa-t-elle. Elle prit deux verres, les remplit de vin et dressa la table ; elle ne s'était pas sentie aussi bien depuis… oh, mon Dieu, des *années*. Pourvu qu'on remette ça ce soir. Je vais le retenir ici le plus longtemps possible. Elle jeta un coup d'œil à la pendule, sachant que sa mère n'allait pas tarder à appeler, exactement ce qu'elle ne voulait pas. Ce qui la conduisit à penser au père de Ray.

« Tu as besoin d'appeler ton père ? demanda-t-elle.

— Il est probablement en train de regarder le match des Yankees. Mais il faut quand même que je voie si tout va bien. »

Au téléphone ? Ou fallait-il qu'il retourne chez son père ? Elle allait poser la question quand elle remarqua les phares d'une voiture qui balayaient son allée.

« Bizarre.

— Quoi ? » s'enquit Ray.

La casserole de pâtes fumantes à la main, elle jeta un coup d'œil par la porte de la cuisine.

« Il y a une limousine dans l'allée. Un homme en sort. Il y en a d'autres. »

Elle recula d'un pas.

« Tu n'attends personne ?

— Non. » Elle regarda de nouveau. « Ils tournent autour de ta voiture.

— J'ai oublié de verrouiller les portières.

— Ils n'ouvrent pas les… ils viennent ici, je crois ! »

La silhouette massive frappa au carreau. Ray se leva. Une main tambourinait à présent contre la vitre.

« Oui ! lança-t-elle anxieusement. Qui est-ce ? »

Le carreau au-dessus de la poignée vola en éclats. Elle poussa un cri et se précipita derrière la table de la cuisine.

Une main gantée passa par le carreau cassé et ouvrit la porte. La main disparut. Entra un Chinois grand et fort en costume noir. Il s'écarta et trois autres Asiatiques firent irruption.

« Ray, fit le premier, index pointé. Vous venez avec nous. »

Ray s'interposa entre elle et les intrus, la protégeant.

« Vous êtes qui, d'abord ? »

Pas de réponse. Le premier Chinois écarta les pans de son manteau pour exhiber son arme. Deux autres se glissèrent derrière Ray.

« Madame, avertit le Chinois. N'appelez pas la police. Ou nous reviendrons ici et... – il avisa la casserole de pâtes : Et nous mangerons vos mauvaises nouilles. »

Les deux hommes plaquèrent leurs mains sur les épaules de Ray. Il fut parcouru d'un tremblement, elle le sentit, une pulsion violente aussitôt réprimée. Il la regarda.

« Tout va bien, dit-il. N'appelle pas la police. Je suis sérieux. »

Mais elle savait que ça n'allait pas bien. Elle se tenait à la porte de la cuisine tandis qu'ils entraînaient Ray au bas des marches et le poussaient à l'intérieur de la limousine.

Est-ce que cela se passait vraiment ?

Elle avait envie de crier, il fallait qu'elle crie. Ils étaient en train de l'enlever ! Les portières claquèrent et la longue voiture recula en douceur dans l'allée, puis disparut.

Que faire ? Ne devait-elle pas faire *quelque chose* ? Elle considéra les éclats de verre sur le sol de la cuisine. Ses mains tremblaient. Ils auraient pu lui faire du mal. Qu'allaient-ils faire à Ray ? Il ne connaissait pas ces hommes, mais... mais quoi ? Il avait accepté leur présence, comme s'il avait rapidement compris à qui il avait affaire. Elle décrocha le téléphone. Ray a dit de ne pas appeler, alors je n'appellerai pas. Mais si, en fait, je vais appeler. Elle commença à composer le numéro de la police. Mais elle se ravisa… cela pourrait aggraver les choses pour Ray, et elle ne pouvait pas prendre ce risque.

Elle glissa le téléphone dans la poche de son peignoir et sortit par la porte de la cuisine. Le pick-up rouge était toujours au même endroit, dans l'allée parallèle à la sienne. Elle essaya la portière côté passager. Elle s'ouvrit. Elle se hissa à l'intérieur de la cabine, consciente que la lumière du plafonnier la rendait parfaitement visible de quiconque passait en voiture ou regardait par sa fenêtre. Elle s'attendait à trouver des emballages de fast-food, des gobelets de café, les détritus qui s'accumulent d'ordinaire dans un pick-up d'homme. Elle tomba à la place sur une écritoire à pince portant le nom et l'adresse du père de Ray, ainsi que les notes que Ray avait prises sur la maison. Elle scruta son écriture serrée et appliquée. Sous l'écritoire, il y avait trois livres ; un essai sur le poids de la Chine dans l'économie mondiale, un traité philosophique sur la mort et la conscience, et une volumineuse histoire de l'Afghanistan publiée à Londres en 1936. Décidément, j'ignore tout de cet homme, se dit-elle. Elle ouvrit la boîte à gants. Factures de réparation, dûment trombonées. Sous lesquelles se trouvait un couteau de chasse de vingt-cinq centimètres au manche usé revêtu de ruban adhésif. Elle sortit le couteau de son étui sur quatre ou cinq centimètres. La lame brilla. Cela lui fit peur et elle la rengaina.

Elle entreprit ensuite de regarder sous les sièges. Sous celui du conducteur il y avait un kit d'urgence standard, avec fusées de détresse, torches, et câbles de démarrage. Elle extirpa de sous le siège passager une tennis de femme en toile jaune. Tout dans cette chaussure dénotait un sex-appeal irrésistible. Elle la mit contre son pied. Trop petite pour elle. Un adorable peton. Un pied fin et sexy attaché à des chevilles fines et sexy. Pas du tout usée, neuve. Voilà qu'elle se sentait un peu jalouse, un peu furieuse. Ray avait fait l'amour avec la femme qui avait perdu cette chaussure, ça ne faisait aucun doute. On *sent* ce genre de choses. C'était ce qu'il voulait dire en prononçant le mot « confitéorique ». Peut-être était-ce cette femme qui l'avait largué. Mais pourquoi ? Qui plaquerait un type tel que Ray ? Elle repensa soudain aux halètements qu'elle avait laissés échapper au lit, à ses mains agrippées aux draps.

Voulant désespérément découvrir quelque chose, faire quelque chose, elle continua à tâtonner sous le siège, jusqu'au fond. Ses doigts tombèrent sur un Tupperware. Elle ouvrit le couvercle. Que contenait-il… un animal mort ? Non, c'était des poils, épais, frisés et noirs. C'était répugnant ! Un petit mot était glissé à l'intérieur. Elle le saisit délicatement, veillant à ne pas toucher les poils. Le mot disait :

Salut Ray-Gun, je t'avais promis que je t'enverrais ma barbe. Qu'as-tu fait de la tienne ? Je chevauche la houle ici à Melbourne. Viens me voir si ça te dit. J'ai fait comme toi, j'ai renoncé aux mails. Trop rapides. Il faut que je ralentisse (un max). J'attends juste la prochaine mission. J'ai eu aussi des maux de tête bizarres à cause des cachets qu'ils nous ont fait prendre. Je suis en vrac, comme après chaque mission. C'est surtout l'image des petits cadavres qui me fout en l'air. Tu comprends ça, j'en suis sûr. Désolé pour ton père. Je sais à quel point tu l'aimes. Je ne suis pas certain de pouvoir continuer à faire ça. Je vais picoler et me taper des putes jusqu'à atteindre un degré supérieur de conscience. Peut-être que tu survis à ça mieux que moi. Peut-être pas. Je n'ai plus beaucoup de convictions, ne suis pas certain d'être encore un vrai Américain. Peut-être que non. Je ne me vois pas rentrer au pays, trop bizarre. S'il te vient de bonnes idées, envoie-les-moi. Fais-moi savoir si tu as une nouvelle mission. Bon, je te laisse, la houle se lève dans une heure environ.

Z

L'amas de poils recouvrait la photo de deux hommes musclés avec de longues barbes. Ray et un autre homme, vraisemblablement Z, l'auteur de la lettre. Très bronzés, tee-shirts sales, sur fond de paysage montagneux. Des soldats ? Elle ne vit aucune arme. Son regard s'attarda sur les bras et les épaules de Ray, leur force évidente. Elle savait ce que cela faisait de les sentir sous ses doigts.

Le téléphone sonna dans sa poche, la faisant sursauter. Elle plia la lettre, la fourra avec la photo dans le Tupperware, et remit la chaussure sous le siège, comme si son correspondant pouvait la voir. C'était sa mère, prête à entamer leur conversation quotidienne. Elle sauta de la cabine et retourna dans la cuisine.

« Maman, laisse-moi te rappeler. »

Mais sa mère n'était pas de cet avis, et elles commencèrent à bavarder. La visite du médecin. L'arthrite de ton père. Encore dix minutes de sa vie perdues à ça. Sans vraiment s'en rendre compte, elle se retrouva dans la chambre, en train de regarder le lit défait. Les draps semblaient encore garder quelque chose de Ray. Mais il n'était plus là.

« On dirait que tu pleures, devina sa mère. Tu pleures ? Qu'est-ce qui se passe ? »

Elle raccrocha. D'accord, elle pleurait. Elle tombe sur un type canon dans son allée, se fait baiser pendant une heure à s'en faire sortir les yeux de la tête, et alors que toute joyeuse elle lui prépare à dîner, coucou ! une bande de Chinois genre mafieux lui font passer la porte manu militari. Il y avait de quoi flipper, non ? Bien sûr que je vais pleurer ! Dans la cuisine, elle trouva une torche électrique dans le tiroir. Peut-être qu'il y avait autre chose dans le pick-up de Ray. Elle alla ouvrir la porte de la cuisine.

Le vieux pick-up rouge avait disparu, comme s'il n'avait jamais été là. Comme si Ray n'avait jamais été là, avec elle… et elle sut, avec cette certitude bizarre qui vous vient parfois d'on ne sait où, qu'elle ne le reverrait jamais.

Ils prirent le Belt Parkway en direction de Manhattan, roulant en douceur à un petit cent dix, l'océan sur leur gauche. Un gros transatlantique était en train de quitter le port, avec ses hublots qui brillaient dans le noir, une silencieuse énormité. Les quatre Chinois autour de lui ne semblèrent pas le remarquer. Ils avaient l'air perdus dans leurs pensées et donnaient l'impression de transporter un colis inanimé. Ray s'exhorta au calme. Que comptaient-ils faire… le tuer ? Il en doutait. Il entrevoyait un début de logique dans tout cela. Jin Li lui avait dit un soir au dîner qu'elle ne pouvait plus le voir, qu'elle était vraiment désolée, mais qu'il y avait certaines choses qu'elle ne pouvait expliquer. Oui, cela avait à voir avec son frère Chen, avait-elle admis, celui qui vivait à Shanghai et se prenait pour un homme d'affaires de premier plan. Elle avait paru anxieuse. Ray avait essayé d'appeler. Ils ne s'étaient pas disputés. Il s'était fait du souci pour elle, s'était maudit, et avait rappelé plusieurs fois. Mais rien, silence radio, pendant deux semaines. Un silence suffisamment long pour se dire que c'était vraiment fini. Pour se sentir seul. Peut-être que les Chinois savaient pourquoi Jin Li n'avait pas décroché son téléphone. Comment l'avaient-ils trouvé ? Ils avaient dû localiser la maison de son père, obliger celui-ci à leur dire où était Ray, se rendre à cette adresse, voir le pick-up, les lumières dans la cuisine de la jolie femme. Voir Ray assis dans la cuisine.

« Les gars, dit Ray. Il faut que j'appelle mon père, ça vous va ? »

Les hommes le regardèrent sans mot dire.

Ray sortit son portable.

« Il est malade, il faut que je voie si… »

L'un des hommes se saisit du téléphone, le passa à celui qui avait parlé à Ray dans la cuisine. Celui-ci fit défiler les numéros mémorisés. Il jeta un coup d'œil à ses acolytes, et dit quelque chose au sujet de Jin Li.

« Oui, j'ai son numéro, admit Ray. Je l'ai beaucoup appelée.

— Qui d'autre ? demanda l'homme.

— Pas grand monde », répondit Ray. Il attendit. « Alors laissez-moi appeler mon père, les gars. »

Les Chinois ne lui répondirent pas, et il se dit qu'il devait être patient, ne pas réagir de façon excessive à ce qui était, manifestement, une sorte de kidnapping. Il espérait que son père avait appuyé sur le bouton du petit boîtier électronique qui libérait un bolus de Dilaudid, un produit de synthèse beaucoup plus puissant que la morphine. La machine, reliée directement au bras de son père par une perfusion, administrait des doses à intervalles réguliers mais permettait également au malade de recevoir un nombre limité de doses supplémentaires lorsque la douleur devenait insupportable, ce qui arrivait plus fréquemment à présent. Ray espérait de tout cœur que son père avait pris les doses supplémentaires et qu'il serait K-O, qu'il dormirait pendant son absence. Il ne serait pas rentré pour neuf heures, comme il le lui avait promis. Son père s'angoissait quand Ray n'était pas là, il tripotait les couvertures, tordait douloureusement la tête vers la porte. Ray allait devoir s'en remettre à la conscience professionnelle de Gloria, l'infirmière de nuit qui s'était occupée de centaines de patients en fin de vie. Il avait installé le lit d'hôpital dans le salon, où il y avait davantage de place pour disposer les appareils et les chaises pour les visiteurs. Ray déboursait dix mille dollars par semaine pour que des infirmières libérales spécialisées en soins palliatifs veillent sur son père vingt-quatre heures sur vingt-quatre. La mutuelle de la police n'y suffisait pas. Les six maisons valaient au moins deux millions. Alors autant les dépenser. Toutes ces fenêtres réparées, ces chambres minables qu'il fallait sans cesse repeindre, plus de vingt-cinq ans à se coltiner les locataires squatteurs, les canalisations crevées, les réfrigérateurs en panne. C'était l'heure du retour sur investissement. Son père méritait ce qu'il y avait de mieux. Ray était passé à l'agence bancaire de quartier où son père avait obtenu ses premiers crédits, remboursés depuis longtemps, et avait exposé la situation. Il avait hypothéqué une des maisons, et, même en dépensant dix mille dollars par semaine, il y avait encore assez d'argent pour tenir des mois. C'était pour son père que le temps était compté.

« Hé, tenta de nouveau Ray. Et le téléphone ? »

Le Chinois en costume le regarda, appuya sur un bouton qui fit descendre la vitre et balança le téléphone dans les ténèbres qui défilaient dehors. L'air froid s'engouffra en tourbillonnant dans la voiture, puis la vitre remonta.

Le gouvernement permanent de New York, le seul pouvoir véritable et durable, réside dans la solide et discrète connivence unissant la banque et l'immobilier. Presque toutes les autres activités – télévision, édition, publicité, cabinets d'avocats, hôpitaux – sont comparativement marginales. Seuls les banques et les promoteurs sont capables de réduire à néant une partie de la ville et de la remplacer par quelque chose de nouveau. De modifier la physionomie d'un quartier, où les gens marchent, mangent et vivent, et, ce faisant, de modifier ce que les New-Yorkais disent et pensent d'eux-mêmes, de remodeler leur esprit à mesure que leur ville est remodelée sous leurs pieds. Les promoteurs détruisent le passé pour améliorer l'avenir, ils transforment le néant en quelque chose, ils écartent les humains dont ils ne peuvent rien tirer et les remplacent par des nouveaux qu'ils peuvent utiliser. Qui d'autre pouvait creuser un trou assez grand pour abriter cinq mille piscines à l'angle sud-ouest de Central Park, y ériger l'immeuble Time Warner, édifice tape-à-l'œil avec ses deux tours jumelles évoquant un diapason géant, remplir ses étages inférieurs avec exactement les mêmes boutiques spécialisées dans la pacotille de luxe qu'on trouve partout ailleurs, puis vendre les immenses appartements du dessus quarante millions de dollars pièce ?

Bien sûr, les appartements trouvèrent rapidement preneurs ; stars vieillissantes n'ayant plus le souci d'être à la page, princes saoudiens à la barbe teinte, spéculateurs londoniens, nouveaux riches espagnols, rois du pétrole russes qui avaient sorti leur magot avant que Poutine ne les en empêche, dirigeants de sociétés informatiques venus d'Inde. Nababs grands et petits, qui n'étaient pas tous conscients du fait que les penthouses du « quatre-vingtième » représentaient une sacrée prouesse architecturale pour un immeuble qui ne comptait que soixante-neuf étages.

La limousine s'arrêta devant l'immeuble, et les hommes escortèrent Ray jusqu'à une entrée latérale où se tenaient deux gardes en faction. L'interphone bourdonna, leur livrant passage, et quelques instants plus tard ils se retrouvèrent dans un gigantesque ascenseur. Comme ses ravisseurs masquaient le tableau de commande, Ray compta les secondes. Il avait appris pendant sa formation que la vitesse d'un ascenseur était d'environ douze mètres par seconde. Ils devaient donc se trouver à proximité du quarante-huitième étage quand la cabine s'immobilisa. Ils traversèrent une vaste entrée en marbre qui débouchait sur un salon immense donnant sur Columbus Circle et le nord-est de Central Park.

Un Chinois d'une trentaine d'années, très svelte, dans un costume noir sur mesure, émergea d'une autre pièce. Il détailla rapidement la tenue de Ray : chaussures de travail, vieux jean, tee-shirt vert.

« Merci monsieur Ray de venir me voir », dit-il en agitant la main en direction des canapés, une énorme montre en or au poignet.

Ils s'assirent. Les autres hommes allèrent se planter au fond de la pièce.

« Mon nom est Chen. J'ai gros problème. Et je veux que vous arrangiez ce problème. »

Ray ne dit rien.

« Voici mon problème, poursuivit le Chinois. Vous étiez petit ami avec ma sœur, Jin Li. Elle travaille pour moi à New York. Elle nous parle de vous. Elle nous dit tout sur vous. Elle vous aime beaucoup, et tout ça. Et alors, il y a peut-être quatre jours, elle ne pas apparaître.

— Elle a disparu ? Comment le savez-vous ?

— Laissez-moi finir de vous parler.

— Très bien.

— Exactement, grogna Chen. Très bien pour vous, très bien pour moi. »

Ray commença à dire quelque chose, puis se ravisa.

« Alors je parlerai maintenant. Vous écoutez. Jin Li m'appelle en Chine. Très paniquée. Comme ça. Deux filles qui sont avec elle se font tuer dans leur voiture. Les hommes du village de Brooklyn, ils mettent la merde dans la voiture. Mais pas ma sœur. Personne ne la trouve. Je ne suis pas trop surpris, monsieur Ray. Elle est, comment vous dites… débrouillarde. Trop débrouillarde, peut-être savez-vous. Elle quitte notre famille et vient à l'Amérique. Je lui donne travail pour diriger mon entreprise ici et elle n'apparaît pas. C'est ça mon problème. La police américaine ne sait pas qui tue les deux filles.

— Je ne serais pas aussi affirmatif.

— Je suis sûr. Je paye des gens pour dire certaines choses.

— Vous pouvez payer des gens, mais ça ne veut pas dire qu'ils savent.

— Je paye un homme qui sait toutes ces choses ! »

Ray haussa les épaules.

« Êtes-vous au courant de cette chose terrible qui est arrivée ? »

Ray secoua la tête. Il ne suivait pas beaucoup les nouvelles ces temps-ci.

« La police américaine ne sait pas que ma sœur était dans cette voiture. Je lis le *Daily News* de New York sur Internet dans mon pays. Vous pouvez quand même faire ça si vous savez comment vous y prendre. Le gouvernement chinois dit quelque chose, et tout le monde fait la chose différente. Le journal parle seulement de deux filles mexicaines, et où ils ont mis la merde dans la voiture. Vraiment terrible. Jin Li, elle m'appelle et puis elle ne va pas au travail, comme j'ai dit. Je dois demander à quelqu'un de diriger mes affaires. C'est un gros problème juste comme ça. Où est Jin Li, je demande. Elle s'occupe très bien de mon business ici. Je parle à mon avocat à Chinatown. Il dit si vous demandez à la police américaine de chercher Jin Li, ils poseront trop de questions. Comme en Chine ! Je n'aime pas trop de questions. Je suis boss, c'est moi qui pose les questions. En Chine nous n'aimons pas la police. Nous ne lui faisons pas confiance. Je n'aime pas les polices nulle part. Je veux savoir où est Jin Li mais je n'arrive pas à la trouver dans cette ville.

— Je suis sûr qu'il y a des tas de bons privés chinois en ville, des flics à la retraite, des gens comme ça.

— C'est ce que dit mon avocat. Vous êtes avocat aussi ?

— Non.

— Alors mon avocat engage un homme pour regarder dans son appartement, à sa banque, à son argent, et tout. Nous faisons ça, nous faisons ce qu'il dit. Rien. Elle se cache vraiment vraiment, vous voyez ce que je veux dire ? Ou bien elle est morte, mais alors pourquoi ils ne trouvent pas le corps ? Je ne pense pas qu'elle est morte. Elle nous appelle, comme je vous le dis. Elle est paniquée. Voilà ce qu'elle est. Ensuite elle n'appelle plus. Mais je demande à moi-même pourquoi son petit ami blanc ne la cherche pas trop ? Pourquoi il ne demande pas à ses amies, où est Jin Li ? Vous l'avez vue ? Peut-être il ne l'aime pas tant que ça aujourd'hui ? C'est ce que mon avocat dit. Blanc, Chinoise, jamais sérieux, hein ?

— Vous voulez que je parle maintenant ? demanda Ray.

— Non. »

Chen pointa le doigt sur un de ses sbires et dit quelque chose en chinois. L'homme quitta la pièce. Puis Chen se retourna vers Ray.

« Voilà ce que je pense. Elle se cache dans un quelconque endroit et vous savez où, monsieur Ray, vous l'aidez maintenant.

— Pas du tout. Je ne sais absolument pas où elle se trouve.

— Alors pourquoi vous ne cherchez pas à savoir où elle est et tout ça ?

— J'ignorais qu'elle avait disparu.

— Je ne vous crois pas.

— Cela fait deux semaines que je ne lui ai pas parlé, et elle a cessé de répondre à mes appels. En Amérique, on appelle ça se faire larguer. Et puis vous savez, on ne s'est fréquentés que quelques mois. Elle ne se confiait pas beaucoup. »

Chen eut un sourire haineux.

« Peut-être vous étiez trop occupé à baiser ma sœur dans la chatte pour poser beaucoup de questions.

— Ça n'avait pas l'air de la déranger.

— Vous aimez la chatte chinoise ? Vous aimez comme elle serre bien, monsieur Ray ? Pas comme la grosse chatte blanche… » L'intérêt de Chen fut distrait par le retour de l'homme qui s'était éclipsé ; il portait un carton. L'homme le posa devant Chen, qui inspecta son contenu, hocha la tête, puis se tourna de nouveau vers Ray.

« Laissez-moi vous dire d'autres choses. Nous savons beaucoup d'informations sur vous, monsieur Ray Grant. Nous payons beaucoup d'argent à des officiers de la police de New York à la retraite qui nous disent des choses sur vous. Nous savons que votre père était inspecteur. 63e district. Il y a beaucoup de gens qui ne l'aiment pas. En ce moment quelqu'un pourrait entrer dans sa chambre et le tuer.

— Il est mourant. Il préférerait peut-être ça, si ça se trouve.

— Peut-être oui. Mais pas vous. Vous voulez être avec lui, conjectura Chen en observant l'expression de Ray. Vous avez besoin de cet homme, votre père, je me dis à moi-même. »

Ils le filaient depuis quelques jours, comprit Ray, lorsqu'il revenait des courses, entrait et sortait de la maison. Savaient à quels moments il était là et à quels moments il ne l'était pas. Savaient-ils aussi qu'il était chez la voisine avant de mettre leur plan à exécution ? Possible. Ils avaient dû débouler chez son père et le trouver couché paisiblement devant le match des Yankees, Gloria assise à ses côtés. Ray s'était laissé distraire. Et il s'en voulait à mort à présent.

« Je ne peux rien pour vous, dit-il. Je suis juste le type qui baisait votre sœur, ni plus, ni moins.

— Je vais vous payer pour la trouver.

— Désolé, ça ne m'intéresse pas. »

De la main droite, Chen tripotait sa montre en or à son poignet gauche, son petit index dessinant un cercle étroit sur le cadran. « Je payerai beaucoup d'argent. J'ai beaucoup d'argent et je payerai beaucoup d'argent pour la trouver. »

Ray regarda Chen droit dans les yeux.

« Ça ne m'intéresse pas.

— Qu'est-ce qui vous donnera motivation ?

— Rien ne me donnera motivation. Je ne suis pas intéressé. » C'était inexact ; il avait maintenant assez envie de retrouver Jin Li, mais selon ses propres conditions, pas celles de son frère.

Au lieu de répondre, Chen tira un cure-dents de sa poche poitrine et entreprit de se curer les incisives.

Quand il eut fini, il inspecta l'outil à la recherche de débris alimentaires, puis le posa avec soin sur la table en verre. Un des gorilles qui se tenait au fond de la pièce s'avança avec une corbeille à papier, prit le cure-dents entre son pouce et son index, et le laissa tomber dans la corbeille. Puis il sortit un mouchoir en papier et essuya la table en verre.

Chen pointa le doigt au-dessus de la tête de Ray.

« Quand ils me vendent cet appartement ils disent que la fenêtre n'ouvre pas beaucoup. Ils parlent de la climatisation et du plan de l'architecte. Verre spécial qui brille. Je dis je paye tellement d'argent américain pour cet appartement, et vous dites que je ne peux pas avoir une fenêtre qui est ouverte ? Tout le monde dit New York grande métropole, ville numéro un. Je dis non. New York n'est pas grande métropole, trop vieux. Pas très beau. Chine plus belle. Shanghai bien plus belle. Venez dans mon pays, vous verrez. À Shanghai, la fenêtre s'ouvre quand je la pousse. Je dis ça à grands architectes de New York. Ils disent c'est un immeuble à un milliard de dollars, le plus cher construit jamais à New York. Je dis un milliard de dollars est toute petite somme en Chine. Ils disent d'accord, on va arranger, on va vous faire fenêtre spéciale, juste pour vous. Alors maintenant j'ai fenêtre spéciale. »

Chen adressa un signe de tête aux hommes derrière Ray. Ils firent coulisser un des panneaux de verre. L'air froid de la nuit s'engouffra dans la pièce et les échos de la circulation montèrent de la rue.

« Nous vous jetons par la fenêtre maintenant. »

Ray le regarda.

« Je ne sais pas où est votre sœur.

— Oui, je vous crois peut-être.

— Alors, où est le problème ?

— Le problème, monsieur Ray, est que vous dites que vous voulez pas la chercher.

— Je ne pense pas être capable de la trouver.

— Nous savons que vous êtes capable. Jin Li dit que vous avez très grosse formation militaire.

— C'est faux.

— Jin Li dit que votre passeport a des visas Afghanistan, Turquie, Malaisie, des endroits comme ça.

— Elle aura mal interprété ces informations.

— Vous chercherez ma sœur ?

— Non.

— Je vois. OK, comme je dis, OK. » Chen désigna la fenêtre. « Dehors.

— Je peux vous expliquer pourquoi c'est une très mauvaise idée ? »

Chen s'adressa à ses hommes en chinois. Ils se figèrent.

« C'est un immeuble neuf, commença Ray. Il est plein de gens extrêmement riches comme vous, Chen. Et certainement équipé d'un des meilleurs systèmes de vidéosurveillance de la ville. Les Saoudiens et les Israéliens n'achèteraient jamais si la sécurité n'était pas à la hauteur. Ils ont de quoi se faire du souci par les temps qui courent. Des caméras vous observent jusque dans l'ascenseur. Si vous me jetez par la fenêtre, je m'écraserai dans la rue et je mourrai – instantanément, j'espère. Il y aura beaucoup de témoins. Il se pourrait même que ma chute soit filmée, ce qui signifie qu'elle se retrouvera sur Internet une heure plus tard. Ils utiliseront leurs portables pour appeler la police. Une des patrouilles de Midtown North sera sur place en moins d'une minute. Pendant ce temps-là vous allez devoir prendre la fuite en passant devant toutes ces caméras. La police bouclera certainement l'immeuble, ce qui est la procédure standard en cas de défenestration, surtout quand l'endroit est plein de célébrités et de gens fortunés. Mais imaginons que vous arriviez à sortir de l'immeuble. Je doute que vous vous enfuyiez en limousine. Vous serez donc obligé de prendre un taxi, une voiture de location, ou même de marcher. Où iriez-vous avec tous vos hommes ? Un hôtel ? L'aéroport ? Central Park ? Vous voyez, il n'y a pas…

— Dehors ! » ordonna Chen.

Ray n'opposa aucune résistance. Ils le soulevèrent et le portèrent jusqu'à la fenêtre, puis le jetèrent la tête la première, le visage tourné vers le haut, les genoux pliés sur le rebord, chaque homme lui tenant un pied. Sa casquette tomba. D'instinct il se cramponna au montant de la fenêtre. On lui écrasa les doigts avec la crosse d'un pistolet.

« Ne cassez pas fenêtre ! » cria Chen du salon.

Les hommes le soulevèrent et le poussèrent un peu plus dans le vide, de sorte que seuls les talons de ses chaussures touchaient l'immeuble à présent. Ils le tenaient fermement par les chevilles. Il pesait dans les quatre-vingt-quinze kilos. Combien de temps pourraient-ils tenir ? Ses mains tombèrent sous lui, et le sang lui monta à la tête. Son dos toucha la façade, la surface immaculée des fenêtres, la plupart éclairées, quelques-unes noires, qui se déployaient sous lui. J'ai la tête en bas, constata-t-il bêtement. De la monnaie tomba de ses poches et il regarda les pièces étincelantes dégringoler vers les rues illuminées tout en bas, une noria de taxis tournant autour d'un Columbus Circle à l'envers. Le crayon jaune tomba de sa poche poitrine. Il ferma les yeux pour se calmer, ralentir sa respiration. Libère-toi de ton désir, psalmodia-t-il, car c'est à cause de tes désirs que tu résistes et que tu as peur. *Tu ne désires pas mourir*. Il s'était trouvé dans des pétrins pires que celui-là. Bien pires.

« Vous acceptez ? » vociféra une voix.

Il ne répondit pas et se concentra plutôt sur sa respiration. Ils ne le laisseraient pas tomber. Il s'agissait simplement d'être plus patient qu'eux, de ne pas laisser la panique l'emporter.

« Monsieur Ray ! Écoutez-moi. Écoutez maintenant ! »

Quelque chose effleura son visage. Il garda les yeux fermés. Ne craque pas, surtout ne craque pas.

« Vous voyez, vous regardez ! »

Les yeux toujours clos, il respira par le nez pour ralentir son pouls. Ça marcha. Il savait d'expérience qu'il pouvait tenir cinq minutes la tête en bas si nécessaire.

« Vous regardez ! crièrent-ils. Vous voyez ça ! »

La chose effleura de nouveau son visage. Il ouvrit les yeux.

« Vous voyez ce que c'est ? » entendit-il Chen hurler au-dessus de lui.

Au début, non. Une boîte avec des tubes, difficile d'en avoir une image nette la tête en bas, qui se balançait devant ses yeux, l'extrémité d'un des tubes attachée à une aiguille souillée de sang.

Alors il comprit.

La pompe à morphine de son père.

Ils l'avaient prise, avaient arraché l'aiguille du bras droit de son père. Il lui fallait quarante milligrammes de Dilaudid toutes les heures, ou la douleur devenait…

« D'accord, d'accord ! cria-t-il. Je le ferai ! Oui, remontez-moi ! »

Quand la limousine ramena Ray à la maison mitoyenne que son père occupait à Brooklyn, deux des trois hommes en sortirent lentement, le surveillant, mais sitôt libre il fonça vers la porte d'entrée, la pompe de Dilaudid à la main. Son pick-up rouge avait réintégré l'allée. Il entra en coup de vent, se fraya un chemin dans le couloir encombré par les outils de jardin et les fournitures de son père, et fit irruption dans le salon, surprenant le garde, qui se leva d'un bond et dégaina un 45.

Ray se figea, mains en l'air. Les autres arrivèrent dans la pièce et le garde baissa son pistolet. Gloria, l'infirmière, était assise près du lit d'hôpital, tenant la tête de son père dans ses vieilles mains, penchée sur lui, les lèvres sur son front, lui parlant tendrement à voix basse tandis que la douleur lui arquait le dos et que ses jambes rabougries labouraient le lit par intermittence. Sa lèvre supérieure était retroussée, découvrant ses vieilles dents usées, et, sur ses yeux clos, la souffrance faisait palpiter ses paupières, les sourcils au-dessus se haussant d'incrédulité devant ce canyon de douleur qu'il traversait. Ray avait déjà vu son père souffrir, mais là, c'était différent ; ce qu'il avait sous les yeux, c'était un vieillard pendu à un crochet de boucher.

« Oh ! » s'écria Gloria en voyant que Ray tenait la pompe.

Il la lui confia.

« Il a été tellement courageux. Dieu l'a aidé dans ce moment atroce. »

Elle brancha l'appareil, tapa le code secret, vérifia la réserve de médicament, et relia prestement le tube à l'intraveineuse plantée dans le bras de son père. Les deux autres Chinois apparurent dans l'embrasure de la porte.

« C'est vous qui avez fait ça à mon père ? demanda Ray au garde.

— Il est vieux, répondit celui-ci.

— Vous feriez ça à votre propre père ? questionna Ray en sentant sur l'homme une odeur d'alcool.

— Mon père jamais devenir vieux.

— On y va maintenant », dit un autre.

Il pointa le doigt sur Ray puis sur la porte d'entrée. « Vous d'abord. »

Il se dirigea vers l'entrée, sentant les trois hommes sur ses talons. Dans le couloir encombré, il laissa sa main droite traîner le long de sa cuisse, et trouva une bombe de peinture antirouille. La main gauche saisit une paire de cisailles à haie qu'il avait laissée tomber la veille dans le porte-parapluies.

Il fit sauter le bouchon de la bombe, trouva la buse avec son doigt, et, pivotant brusquement, aspergea le premier homme dans les yeux. L'homme cria et se griffa le visage. Ray le frappa avec l'aérosol, et il s'effondra.

Alors que le deuxième homme réagissait, Ray empoigna à deux mains la cisaille et lui taillada sauvagement le visage, lui sectionnant le bout du nez. L'homme hurla et, instinctivement, se protégea le visage avec les mains. Ray attaqua de nouveau, enfonçant cette fois les lames dans les doigts de l'homme. Celui-ci tomba à genoux, du sang gouttant sur le sol.

Le troisième homme avait sorti son arme et tira au jugé sur Ray, fracassant l'applique. Ray voulut couper la main armée, manqua sa cible, puis se baissa et plaqua son adversaire au sol en bloquant l'arme d'une main. De l'autre, il renversa la table du couloir et ratissa son contenu en aveugle. L'homme frappait Ray à la tête de sa main libre, grognant sous l'effort. Ray trouva un rouleau de cellophane. Pas bon. Des piles en vrac, une boîte de punaises. Rien qu'il puisse utiliser. Il prit plusieurs coups à la tête. Le Chinois ne faisait pas semblant. Alors ses doigts se refermèrent sur une sorte de longue clé que la quincaillerie de la 86e Rue donnait en cadeau pour ouvrir les pots de peinture. En forme de tournevis courbe. Outil que Ray enfonça dans l'oreille du Chinois, le premier coup dans le cartilage, le second directement dans le canal auditif. Il l'enfouit jusqu'à la garde à grands coups de paume. La perforation d'un tympan est tellement douloureuse que l'homme s'effondra, urina, et se mit à sangloter. Ray s'empara de son arme, se leva d'un bond, groggy, et mit en joue les trois Chinois, tous pliés en deux de douleur.

« Pas tuer ! Pas tuer ! » supplia celui qui avait perdu le bout du nez.

Ray planta son arme sur la nuque du troisième garde.

« Vous comprenez l'anglais ? » cria-t-il.

L'homme hocha la tête.

« Ne faites pas de mal à mon père ! Ne faites plus jamais de mal à mon père !

— OK, boss, OK », toussota l'homme.

Ray le souleva sans ménagement, désarma les deux autres, et les flanqua dehors à coups de pied. Le chauffeur de la limousine, un Blanc, sans doute fourni avec la voiture, regarda droit devant lui, ignorant ostensiblement les trois éclopés qui grimpaient dans la voiture en titubant. Leurs blessures n'étaient pas mortelles. Ray avait vu presque toutes les blessures qu'il était possible d'infliger à un être humain, et celles-ci n'étaient pas sérieuses. Un coup de fil serait passé, un médecin trouvé, peut-être à Chinatown, à Manhattan, ou bien dans les enclaves chinoises du Queens ou de Brooklyn.

Ray retourna rapidement dans le salon et constata que le Dilaudid avait plongé son père dans un profond sommeil. Gloria remarqua les armes dans ses mains, puis croisa son regard.

« J'ai doublé la dose. Il est bien maintenant.

— Et vous ? »

Elle montra sa bible.

« J'ai ma lecture. »

Ray jeta un coup d'œil par la fenêtre. Deux blocs plus loin, la limousine grillait un feu rouge à toute allure. Les hommes devaient déjà être en train d'appeler Chen, et celui-ci devait doser sa réaction, se demandant si le comportement de Ray confirmait qu'il était l'homme qu'il fallait pour retrouver sa sœur ou si une telle explosion de violence ne suggérait pas, au contraire, un total manque de discernement. Dans un cas comme dans l'autre, Ray s'était démasqué devant Chen, et en soi cela constituait son premier handicap, sa première erreur.

Stupide, s'admonesta-t-il, tu ne peux pas être stupide à ce point et espérer t'en sortir vivant.

4

C'était une bonne planque mais elle avait mal dormi. Toutes les heures, environ, elle se réveillait quand une voiture passait sirène hurlante ou que quelqu'un braillait dans la rue. Et, chaque fois, elle se sentait complètement désorientée, ne sachant pas trop si elle devait jeter un coup d'œil par la fenêtre ou bien attendre sans faire de bruit là où elle était couchée. Qui était au courant pour l'immeuble ? Quelques personnes. Mais qui savait qu'elle en connaissait l'existence ? Personne. Absolument personne, se dit-elle. Alors pourquoi suis-je si nerveuse ?

La nuit était chaude, et l'immeuble de quatre étages, qui faisait partie d'un ensemble d'usines désaffectées de la 19e Rue Ouest, exhalait des effluves de moisissure, de poussière, de mouches mortes, de carton et de pourriture sèche ; on aurait dit que le temps lui-même y soufflait son haleine. La construction, ainsi que six autres rigoureusement identiques, datait du début du XXe siècle ; plusieurs vagues de spéculation immobilière étaient passées par là, convertissant la plupart des immeubles en lofts, en bureaux, en showrooms, ou encore en restaurants chics irrémédiablement voués à la faillite. Mais quelques-uns demeuraient en l'état, généralement parce que la structure était compromise, après un incendie ou à cause des infiltrations, ou bien, plus souvent, parce que le bâtiment lui-même avait été laissé à vau-l'eau depuis longtemps en raison d'un procès, d'un problème de succession ou d'un litige familial.

Jin Li s'était redressée dans le demi-jour, croyant avoir entendu quelque chose. Le bâtiment dans lequel elle se trouvait se distinguait par le caractère improbable de son existence même ; il aurait dû s'effondrer depuis longtemps. Pourquoi ? Parce que ses cinq niveaux croulaient sous des objets aussi lourds qu'inutiles, le nec plus ultra du bric-à-brac. Le dernier étage était rempli de baignoires en fonte à pattes de lion et de lavabos sur colonne, dont beaucoup portaient une étiquette expliquant leur provenance : « Hôtel Franklin, rénovation de 1967 », etc. Le troisième étage renfermait des pièces détachées d'antiques voitures et camions américains des années 1930, 1940, 1950 et 1960 mais, encore plus mystérieusement, de motos absolument introuvables de marques allemandes, françaises, italiennes et britanniques disparues depuis longtemps. À lui seul, le poids de cette ferraille aurait dû avoir raison des poutrelles du plancher des décennies auparavant. Au deuxième s'entassaient près de deux millions de paires de bas nylon, encore dans leurs boîtes, disponibles de la taille « petite » à la taille « reine ». Le monte-charge était à jamais bloqué à cet étage, ses roulements à bille ayant fini par se gripper. Pour démolir ou rénover le bâtiment, il aurait déjà fallu le remplacer, une dépense considérable et démoralisante. L'étage du dessous contenait des centaines de cartons estampillés « Propriété du ministère américain du Logement et de l'Urbanisme/Service régional de la municipalité de New York ». Ces archives égarées attestaient de la tentative peu probante faite par le gouvernement fédéral pour loger des centaines de milliers d'habitants à faible revenu des quartiers du Queens, de Brooklyn et du Bronx au cours de la récession économique du début des années 1970. Et, pour finir, au rez-de-chaussée s'entassaient des bobines de fibre optique obsolètes, achetées lorsque la ville rénovait ses réseaux pendant la fièvre spéculative des années 1990.

De temps à autre des gens demandaient à louer des espaces de bureaux bon marché dans l'immeuble, et ces demandes étaient consignées par le gardien, un Russe qui portait sur les phalanges d'étranges tatouages délavés en cyrillique et dont le travail se bornait peu ou prou à balayer le trottoir une fois par semaine et à ramasser les prospectus concernant des films d'art et d'essai et de nouveaux groupes de rock. Il confiait aux locataires potentiels un double des clés ouvrant la porte en acier de l'immeuble, en leur précisant d'utiliser l'escalier et de venir dans la journée parce que le courant était coupé et qu'aucune lumière ne fonctionnait. « Et s'il vous plaît, vous laissez clé dans boîte à lettres. » Mais la restitution de la clé dépendait de la conscience professionnelle de l'emprunteur, ainsi que de l'attention que prêtait le gardien à cette restitution. Or il ne lui en prêtait en général aucune, car il ne prêtait attention qu'à très peu de choses dans l'existence. Il suivait le classement de ses équipes de foot préférées dans les championnats européens, buvait non de la vodka, mais un quart de bouteille de Sambuca tous les soirs dans le même verre crasseux, et si on lui avait demandé s'il se souciait des gens qui entraient et sortaient de l'immeuble sale et plein à craquer de la 19e Rue, il aurait admis qu'il ne s'en souciait pas du tout.

Si quelqu'un était retourné dans cet immeuble en empruntant l'escalier jusqu'au premier étage, il aurait facilement découvert que Jin Li avait déplacé quelques boîtes d'archives du ministère du Logement afin de s'y ménager une petite pièce ; cet espace exigu renfermait tout ce qu'elle avait apporté avec elle : un matelas gonflable, une grosse liasse de billets, son passeport chinois, une petite valise verte contenant non seulement son uniforme CorpServe, mais également une jolie robe de coton (pourquoi l'avait-elle mise dans sa valise au dernier moment, elle n'en avait pas la moindre idée), une trousse de toilette, un téléphone portable à présent prudemment éteint, ainsi qu'une glacière en polystyrène. Jin Li était étendue sur le matelas, les yeux au plafond, croyant à nouveau avoir entendu quelque chose en bas.

Quoi ?

Elle tendit l'oreille. Rien… *peut-être.*

Au moins, j'ai anticipé, se dit-elle, en gardant la clé que le Russe lui avait donnée quand elle était venue prospecter des espaces de bureaux pour CorpServe quelques mois auparavant. L'endroit ne convenait pas du tout à l'usage qu'elle comptait en faire, mais son côté isolé et délabré lui avait paru potentiellement utile en d'autres circonstances. Dans la Chine d'aujourd'hui de tels immeubles étaient rapidement démolis et quelqu'un comme son frère construisait à la place une résidence bon marché trois fois plus haute. Comme le Russe n'avait jamais réclamé la clé, elle l'avait gardée – dans son sac à main et dans un coin de son esprit, avec l'idée qu'elle pourrait venir s'y cacher. Personne ne songerait à installer ses bureaux dans un immeuble qui était une véritable souricière en cas d'incendie et n'avait ni électricité ni chauffage. Ce qui n'empêchait pas la jeune femme d'être anxieuse. Elle avait peut-être été suivie… c'était possible. Ces types avec leurs camions l'avaient bien suivie jusqu'à la plage de Brooklyn, et c'était après elle qu'ils en avaient, elle et personne d'autre. Elle en était certaine. Les Mexicaines n'étaient au courant de rien. Comment l'avaient-ils identifiée ? Elle avait pris tellement de précautions. Avaient-ils l'intention de revenir ? Étaient-ils toujours à sa recherche ?

Et puis il y avait son frère, Chen. Sitôt qu'elle l'avait appelé d'une cabine, il avait sauté dans le premier avion pour New York et commencé à mener sa petite enquête, envenimant les choses. En général, il fallait attendre une éternité avant d'obtenir un visa pour les États-Unis, mais Chen connaissait du monde, des hommes et des femmes lui devaient de l'argent et des faveurs un peu partout à Shanghai et même à Pékin. Il avait paniqué en recevant son coup de fil ; non pas à son sujet à elle, mais à l'idée que son astucieuse entreprise criminelle internationale pût être compromise.

« Qu'est-ce que tu as fait ? avait-il aboyé en cantonais. Où est-ce que tu as merdé ? »

Question à laquelle Jin Li n'était pas vraiment en mesure de répondre, même si elle n'avait cessé de se la poser. Chen avait méticuleusement créé CorpServe, avec un seul objectif en tête, mais afin de lui donner une façade conventionnelle il l'avait doté de trois divisions, dont deux recouvraient des activités légales pratiquées au grand jour. La première division nettoyait des immeubles de bureaux à New York aux tarifs en vigueur, essayant de décrocher des contrats auprès de sociétés de services et de responsables des services généraux. Des équipes étaient dispatchées dans trente-deux immeubles, ce nombre fluctuant naturellement en fonction du renouvellement des contrats. Elles nettoyaient, collectaient et transportaient consciencieusement les déchets secs – papiers, cartons, documents imprimés, gobelets de café, etc. – jusqu'aux aires de chargement où ils étaient pris en charge par une des entreprises de transport privées de la ville, un secteur d'activité à part, encore noyauté de façon résiduelle par la mafia, et tellement concurrentiel qu'on y pénétrait seulement au prix de grands risques et avec de très bons contacts. Il faudrait encore deux bonnes générations avant de voir un Chinois diriger ce genre d'entreprise dans le centre de Manhattan.

La deuxième division de CorpServe se chargeait à la fois de la collecte des déchets secs et de la destruction sécurisée des documents sur site dans dix-sept immeubles. L'entreprise possédait neuf unités mobiles de treize mètres de long, comportant un espace de broyage et un espace de stockage des matériaux déchiquetés. Chaque unité pouvait traiter jusqu'à quatre tonnes de papier par heure et déchiqueter non seulement les cartons, les dossiers, les trombones et les élastiques, mais également les CD, les DVD, les cartes d'identification, les disques durs, et même les uniformes. CorpServe garantissait une qualité de service de niveau 5 pour les documents commercialement sensibles et ultra-secrets, standard imposant l'obtention de confettis de 0,8 × 12 mm au maximum après destruction. Les unités mobiles produisaient leur propre courant électrique, et tout était broyé et mis en balles en une seule opération ; les balles étant ensuite acheminées par camion en grosses quantités jusqu'à des usines de recyclage où le papier et les corps étrangers étaient séparés par centrifugation. Chaque broyeur mobile CorpServe était équipé d'une balance certifiée par l'État de New York qui pesait les matériaux à détruire, ainsi que d'un système vidéo complet qui filmait le processus lui-même. Après chaque nuit de travail, le technicien CorpServe remettait au responsable des services extérieurs de l'immeuble une copie des tickets de la balance et une vidéo de la destruction. C'était généralement un gros argument commercial, mais dans les faits ces tickets et ces vidéos ne tardaient pas à s'entasser et étaient finalement détruits avec le reste. La destruction de documents, tout comme le nettoyage des bureaux, était une activité incroyablement fastidieuse. Qui ne produisait rien de tangible, si ce n'est un amas de confettis. Le client payait pour transformer quelque chose en rien, pour littéralement créer du vide. Les broyeurs mobiles étaient bruyants ; personne n'avait envie de les surveiller très longtemps. Sur des contrats à long terme, la vigilance du client finissait par s'émousser jusqu'à pratiquement disparaître. Les équipes en uniforme CorpServe – composées exclusivement de Mexicaines, de Guatémaltèques et de Chinoises – pointaient rigoureusement à l'heure et faisaient leur boulot. Dans leur effort d'intégration, elles s'estimaient en général heureuses d'être employées, parlaient mal l'anglais, et affectaient une attitude de soumission, adressant rarement la parole aux personnels des bureaux – non par souci d'efficacité mais parce qu'elles tenaient pour acquis que personne n'avait rien à leur dire. Ce qui était vrai. Sans visage, sans nom, elles étaient plus ou moins invisibles.

D'un point de vue organisationnel, ces deux divisions étaient extrêmement « horizontales » ; chacune d'elles était dirigée par une seule personne, qui supervisait les équipes et organisait les horaires depuis l'entrepôt délabré de l'entreprise situé dans le quartier de Red Hook à Brooklyn. Jin Li avait choisi cet emplacement parce qu'il était bon marché, isolé et néanmoins relativement proche de Manhattan. Les allées et venues des camions CorpServe n'y dérangeaient pas grand monde. Une autre personne s'occupait de la comptabilité et de la paye pour les deux divisions, lesquelles étaient suffisamment profitables pour justifier l'existence de l'entreprise.

Mais c'était la troisième fonction de CorpServe qui importait et mobilisait toute l'attention de Chen et de Jin Li. Cette activité, qui ne générait aucune paperasserie administrative, et qui d'ailleurs n'était jamais mentionnée ou décrite par écrit, combinait plusieurs éléments des deux autres. L'idée consistait simplement à pirater des informations utiles. Lorsque les équipes de nettoyage travaillaient dans des bureaux qui produisaient des documents que Jin Li jugeait potentiellement intéressants, elle faisait tout son possible pour décrocher, le cas échéant, le contrat de destruction de documents de l'immeuble concerné. Elle parvenait parfois à ses fins et, ainsi, obtenait un accès légitime à la source d'informations qu'elle convoitait. Cela signifiait que CorpServe se chargeait non seulement d'enlever les informations, mais les contrôlait aussi en aval. Il s'agissait ensuite de sélectionner les documents qui ne devaient pas être détruits. Bien sûr il lui arrivait de ne pas décrocher le contrat, et aucune information ne pouvait alors être prélevée de manière régulière. L'un des principes de Chen était que les documents non destinés à la destruction ne devaient jamais être volés dans les bureaux, directive que Jin Li approuvait. C'était trop risqué, et cela attirerait l'attention si le fait était découvert. Leur plan était subtil en ceci que *les entreprises les payaient pour enlever de précieuses informations.* Si jamais il y avait un doute sur tel ou tel sac, si on demandait pourquoi il n'avait pas été déchiqueté, Jin Li n'avait qu'à alléguer une erreur, un mélange de sacs. Mais aucune erreur n'avait jamais été commise.

Enfin, jusqu'à maintenant. Si erreur il y avait eu, quelle était-elle ?

Jin Li encadrait les trois divisions, ne faisant que de rares apparitions dans les immeubles où les bureaux étaient nettoyés et les documents déchiquetés en toute légalité, mais cinq nuits par semaine elle se rendait dans les quelques bureaux qu'elle comptait pirater à bord du camion broyeur n° 6 (un chiffre porte-bonheur pour les Chinois). Elle portait toujours un uniforme CorpServe trop grand, se démaquillait, coinçait ses cheveux sous une casquette, et produisait son badge d'identification si on le lui demandait. Les responsables de la sécurité l'identifiaient comme étant la chef d'équipe, ou alors, sachant que le turnover était important dans les entreprises de nettoyage, ne se donnaient pas la peine de questionner une minuscule Chinoise en uniforme avec un badge accroché à sa poche poitrine. À l'exception du chauffeur du n° 6, le reste du personnel ignorait son véritable rôle. Elle était juste la chef d'équipe qui parfois trimballait elle-même les sacs. Les documents prometteurs finissaient dans les « sacs bleus », comme on les appelait, et ceux-ci étaient mis de côté en attendant un examen ultérieur. Si une des employées paraissait s'intéresser de trop près aux activités de Jin Li, celle-ci s'empressait de la féliciter pour son excellent travail, l'affectait dans une autre équipe chargée des opérations « normales », et lui accordait une petite augmentation.

La nuit, Jin Li arpentait les bureaux ciblés avec discrétion et efficacité, car à force de faire le ménage dans les bureaux vous finissiez par très bien les connaître. En règle générale, on lui fournissait les plans des étages que CorpServe nettoyait, et elle ne manquait jamais de demander s'il y avait des points sensibles à respecter, comme un directeur général qui restait travailler tard, dans quels bureaux il fallait passer l'aspirateur tous les jours à cause des allergies, lesquels nécessitaient un dépoussiérage moins fréquent, etc. Tout cela sous prétexte de fournir une prestation irréprochable, et, de fait, CorpServe faisait du très bon travail. En répondant à ses questions, la direction localisait très souvent avec précision le ou les bureaux les plus prometteurs. Jin Li avait appris que les corbeilles à papier des secrétaires et des assistantes étaient plus intéressantes que celles de leurs supérieurs, parce qu'elles rédigeaient les brouillons des courriers, copiaient les mails, etc. Mais ce n'était pas tout ! CorpServe était également en mesure de proposer, sur demande, un autre service : des bacs sécurisés en plastique qui fermaient à clé et portaient l'inscription À DÉCHIQUETER, une option que les entreprises appréciaient, car ces bacs permettaient de soustraire efficacement les documents confidentiels au regard de leurs propres salariés, en qui elles n'avaient pas une confiance aveugle. Naturellement, ces bacs contenaient en général les informations que Jin Li convoitait le plus, ou, pour le dire autrement, les clients payaient un supplément permettant à CorpServe de piller plus efficacement les informations qu'ils voulaient détruire en priorité. Comme Jin Li possédait un jeu de clés ouvrant les différents modèles de bacs, elle n'avait plus qu'à les vider rapidement dans un sac dont elle inspecterait le contenu ultérieurement. Les gens faisaient preuve d'une négligence incroyable à l'égard du papier, surtout maintenant que tout le monde utilisait des ordinateurs. Les entreprises dépensaient des sommes colossales pour sécuriser leurs réseaux informatiques internes et externes, louant les services d'un cortège ininterrompu de génies, de sorciers et de devins afin de mettre en place toutes sortes de protocoles d'antipiratage dernier cri. Le papier, en revanche, était par définition superflu, puisque chaque document ou e-mail existait quelque part sur un ordinateur. Et parce que les documents n'étaient plus « sauvegardés » sur papier, ils avaient moins de chances d'être « archivés ». Le papier était devenu la manifestation temporaire et jetable du fichier électronique, facile à manipuler mais ne nécessitant pas une attention particulière : vous pouviez toujours imprimer un autre exemplaire.

Tout cela se vérifiait d'un bureau à l'autre. Certains observaient des procédures de sécurité, mais elles étaient rarement appliquées avec constance. Les gens qui travaillaient dans les bureaux à New York étaient trop affairés, trop stressés, trop ambitieux pour se soucier de leurs corbeilles à papier. Ce n'était pas leur problème.

Et donc c'était la chance de Jin Li. Elle avait appris à éviter certains secteurs d'activité et à en cibler d'autres. Les cabinets d'avocats présentaient une certaine valeur, surtout s'ils possédaient un département fusions-acquisitions, ce qui était relativement facile à établir. Mais en plus d'être soumis aux règles de contrôle édictées par la SEC, ces documents revêtaient une valeur à court terme tellement évidente que les cabinets se donnaient beaucoup de mal pour en détruire les traces écrites. Les éditeurs et les groupes de presse, en revanche, ne présentaient aucune valeur. Les banques commerciales étaient sans intérêt. Idem pour les compagnies d'assurances, sauf si elles disposaient d'un service juridique réservé aux administrateurs et aux dirigeants d'entreprise, une mine d'or potentielle si des documents révélaient l'existence de gros contentieux gardés secrets, un procès pour produit défectueux par exemple. Les organismes garantissant les obligations d'autres sociétés présentaient une valeur certaine, dans la mesure où ils évaluaient la solvabilité véritable des sociétés dont ils assumaient la dette. Les compagnies pharmaceutiques faisaient de bonnes cibles, quand vous en trouviez une qui mettait au point un produit intéressant, mais les meilleurs bureaux étaient ceux des sociétés de services financiers, qui évaluaient les actions, parce que Jin Li recherchait avant tout des informations périssables qui affectaient immédiatement la valeur d'une entreprise cotée en Bourse – le cours des actions réagissant en général plus rapidement et de façon plus marquée à l'information que celui des obligations. L'information devait être tellement pertinente et confidentielle qu'aucun analyste, journaliste, chasseur de titres, candidat au délit d'initié ou autre personne intéressée ne pouvait la posséder déjà.

Les marchés financiers internationaux s'appuyaient sur la croyance naïve qu'ils étaient efficaces, c'est-à-dire que les informations cruciales concernant les valeurs boursières étaient très rapidement accessibles à toute partie intéressée ; la réalité, bien sûr, était tout autre. Les entreprises mentaient, trichaient, gonflaient leurs bénéfices, masquaient leurs dettes, enregistraient des activités bidon, et prétendaient en souriant que leurs dirigeants n'étaient pas mourants, incompétents, ou bien irrévocablement fous, ou alors, plus généralement, largement détestés par leurs salariés. Les entreprises « lissaient » leurs chiffres afin de paraître plus régulièrement rentables, développaient des produits qui étaient des fiascos, souffraient de guerres intestines entre personnes, entre divisions, entre le conseil d'administration et la direction, entre la direction et la base, entre les actionnaires et la direction. Les dissensions internes pouvaient être modérées, latentes, explosives, procédurières, voire potentiellement violentes. Comme l'avait dit l'un des professeurs de Jin Li à l'Institut de technologie de Harbin, aussi grandes, bureaucratisées, rigides et répressives fussent-elles, les entreprises n'étaient en définitive que des ensembles d'êtres humains, sujets à tout ce qui était de nature à toucher et à élever les hommes – ressemblant en cela, comme leur avait rappelé le professeur, aux fermes collectives que Mao avait instituées dans les années 1960 qui, conçues pour être des modèles de productivité, furent des catastrophes.

Alors, quelle erreur avait-elle commise ? C'était la question qui la hantait depuis qu'elle avait fui dans l'aube pluvieuse la voiture remplie d'excréments et les deux Mexicaines étendues à côté. Elle avait couru jusqu'à la route et hélé un taxi qui se dirigeait vers Manhattan. Recroquevillée sur la banquette arrière, cramponnée à son sac à main, terrifiée, une odeur fétide émanant de ses vêtements et sa peau, s'efforçant d'étouffer ses sanglots. Quelqu'un avait dû voir ce qu'elle faisait. Qui ? Il fallait analyser les choses. Elle réceptionnait les sacs bleus sélectionnés pendant les opérations de la nuit, chacun étant étiqueté par étage, entreprise, et date. Puis ces sacs étaient transportés jusqu'à l'entrepôt de Red Hook où, pendant la journée, Jin Li et trois autres Chinoises de confiance les triaient, un tas par entreprise. Une nuit de collecte ne donnait généralement rien, mais l'accumulation des documents finissait par faire apparaître un contexte. Jin Li observait les conflits entre départements, les passes d'armes entre cadres, les résultats dépassant les prévisions, les projets abandonnés ou accélérés – tout ce qui se passait dans une entreprise. Lorsque les conflits s'intensifiaient, ou qu'elle devenait de plus en plus consciente des possibilités qu'ils laissaient présager, elle concentrait la collecte des documents sur le bureau, le service ou l'étage concerné. Une douzaine de trames différentes pouvaient ainsi se déployer en accéléré sur support papier. Les informations présentaient parfois des lacunes et il fallait alors qu'elle en déduise ce qui s'était passé. Elle tenait des carnets sur chaque entreprise et les mettait régulièrement à jour, en y ajoutant des coupures de presse et des échanges glanés sur des forums de discussion qui confirmaient ou infirmaient les débuts de pistes apparus dans les poubelles de l'entreprise des jours ou des semaines auparavant.

Jouer les orpailleurs dans une rivière de données était un processus laborieux, mais une ou deux fois par mois, Jin Li tombait sur une réelle opportunité. Dans le flux et le reflux des possibilités, il était inévitable que certaines entreprises soient sur le point de réaliser une fusion, de lancer un nouveau produit, d'entrer dans une phase de « réajustement » des bénéfices, ou fassent l'objet d'une discrète enquête gouvernementale. Elle scannait tous les documents dignes d'intérêt, ainsi que ses commentaires écrits, sur un disque encrypté qui, chaque semaine, était envoyé à l'intérieur d'une grosse liasse de magazines informatiques datés du mois précédent. Elle les achetait par liasses entières, ficelées avec du fil de fer, à trois *cents* la livre à une société de New York grassement payée pour falsifier le tirage de certains magazines de luxe. Nombre d'entre eux étaient vendus avec des CD promotionnels, et il ne lui était guère difficile de glisser son disque dans un exemplaire, d'en corner la couverture, et d'envoyer la balle de magazines à son frère. Les autorités chinoises voyaient en général d'un très bon œil toute activité permettant le transfert gratuit d'informations utiles en provenance de l'Ouest et faisaient volontiers passer les magazines informatiques. Bien sûr, il aurait été plus commode, plus rapide et meilleur marché de transmettre les informations par mail, mais son frère redoutait, avec raison, les logiciels de surveillance électronique du gouvernement américain, lesquels filtraient les conversations téléphoniques et les *chats* des internautes à la recherche de certains mots-clés ou d'associations de mots. Et puis il y avait les filtres que les Chinois utilisaient pour tous les mails entrants. La censure exercée par le gouvernement du peuple variait en intensité, mais on pouvait supposer que Chen n'avait pas le bras suffisamment long pour savoir avec certitude à quels moments aurait lieu le durcissement de la censure ou connaître le degré d'efficacité des filtres. Il avait vu des amis arrêtés au simple motif d'avoir reçu un mail où figurait le mot « liberté ».

Il était donc préférable d'opérer à l'ancienne… physiquement. Chaque semaine, Jin Li réservait un volume de fret dans un avion-cargo quittant l'aéroport JFK le jeudi soir et arrivant à Shanghai le samedi suivant à l'aube, heure locale. Vingt-sept balles de magazines informatiques, disposées en cube, emballées sous film plastique sur une palette en bois, rejoignaient l'énorme container. Celui-ci était déchargé moins d'une heure après l'atterrissage, et l'un des hommes de Chen prenait possession de la marchandise. La balle contenant le bon disque se trouvait toujours au centre de la palette, et c'était un jeu d'enfant que de retirer cette balle, de l'ouvrir, et de chercher dans la pile de magazines l'exemplaire dont la couverture était cornée. Un plan d'une élégante simplicité. Si pour une raison quelconque la couverture d'un autre magazine avait été cornée, il était facile de comparer les deux disques. Le CD était aussitôt livré à l'appartement de Chen, situé dans une des tours les plus récentes et les plus outrageusement luxueuses, au pied de laquelle rôdaient de nouveaux venus originaires des lointaines provinces qui espéraient grappiller quelques sous aux cadres tirés à quatre épingles trop occupés pour passer au pressing ou lustrer leurs nouvelles voitures. Le samedi matin, Chen, ayant flanqué à la porte la demi-pute avec laquelle il avait passé la nuit, se mettait au travail, téléchargeant le contenu du disque et suivant les instructions de Jin Li sur ce que certains documents étaient susceptibles de révéler. Il employait un petit groupe d'analystes dévoués, certains d'entre eux formés et débauchés dans ces mêmes fonds d'investissement et banques américaines et européennes qui essayaient de faire de l'argent en Chine, et ils collationnaient ces informations avec les études que l'on pouvait se procurer de manière conventionnelle, trouvant parfois des éléments qui avaient échappé à sa sœur mais qui, en général, corroboraient son opinion.

Le dimanche soir, Chen avait sélectionné les stratégies et les documents qu'il jugeait les plus pertinents et, le lundi, dans un salon privé d'une des plus prestigieuses banques chinoises, il exposait à un petit groupe d'investisseurs le fruit de ses découvertes. Buvant leur soupe de tortue à petites gorgées, ils l'écoutaient intensément, hochant la tête avec gravité si l'opportunité semblait particulièrement prometteuse. Chen était visiblement motivé par un mélange de cupidité, d'hédonisme et de chauvinisme ; les hommes plus âgés, notamment ceux qui avaient vécu à l'époque de Mao, le trouvaient transparent, dans la mesure où la satisfaction de tous ses désirs réclamait un comportement ostentatoire. Environ une fois par semaine, Chen avait une pépite à exhiber, et quand ce n'était pas le cas, le groupe revenait sur les informations de la semaine concernant les entreprises qu'ils suivaient, sur lesquelles ils spéculaient ou qu'ils manipulaient. S'ils voulaient agir, leur position sur le globe leur facilitait la tâche. Pendant les heures de fermeture des bourses européennes et de la Bourse de New York, le volume des transactions sur les titres américains était faible, et il était alors possible de prendre discrètement une position assez considérable avant la réouverture des marchés, des heures plus tard, de l'autre côté de la planète. Le fait que Chen exploite des données en provenance directe de New York titillait l'agressivité nationaliste de ses investisseurs chinois. Tous sans exception haïssaient l'Amérique, du moins le professaient-ils.

Il leur était donc particulièrement agréable de détourner les lois et les règles du capitalisme occidental.

Chen et ses coconspirateurs savaient très bien ce qu'ils faisaient. La Chine avait autorisé l'échange public de titres dans les années 1990, de sorte que les plus âgés possédaient des années d'expérience ; ils savaient sentir les caprices, les évolutions et les angoisses des marchés. Leur intuition reposait sur les fortunes qu'ils avaient perdues, et celles, plus grandes, qu'ils avaient faites. Ces dernières années, la frénésie boursicotière avait gagné le cœur de la classe moyenne chinoise, et les occasions de spéculer sur les cours étaient devenues courantes. Les mises en garde et les tentatives du gouvernement d'imposer des limitations à ce boursicotage effréné n'avaient servi qu'à encourager ce type de comportement, car le peuple chinois savait que les périodes de vaches grasses ne duraient qu'un temps. La vie est une affaire de chance, mais vous ne restez pas les bras croisés à attendre qu'elle vous sourie quand ils sont un millier à convoiter ce que vous avez. C'est ainsi que les aspirations de la multitude créaient des opportunités pour quelques privilégiés. Très souvent, Chen et son groupe déterminaient de quelle manière gagner de l'argent sur un titre en jouant d'abord contre les marchés occidentaux, puis comment gagner de l'argent sur le même titre, une seconde fois, en spéculant sur les marchés chinois. Ensemble ils examinaient les coups à faire, achevant très souvent leur discussion en frappant sur un petit gong en cuivre, dont le son réaffirmait leur culture chinoise et parodiait la cloche d'ouverture qui, quelques heures plus tard, ouvrirait la séance à la Bourse de Wall Street.

Ce rituel était suivi d'un grand festin dans un des clubs privés de la ville. Ils y buvaient en profitant des attentions d'une dizaine de filles venues là pour les aider à oublier leurs angoisses, eux qui venaient de miser des millions de dollars, mais aussi pour les conforter dans l'idée qu'ils étaient maîtres en leur royaume. Une des filles était particulièrement douée pour utiliser simultanément son arrière-gorge et sa langue. Jin Li avait entendu son frère commenter avec enthousiasme cette aptitude apparemment rare et remarquable. La fille, qui était arrivée à Shanghai sans le sou mais avait rapidement amassé une vraie fortune, n'était pas particulièrement belle, mais ses services étaient très prisés, et les hommes renchérissaient les uns les autres d'une voix avinée jusqu'à ce que l'un d'eux s'entête au-delà de toute limite pour acheter son plaisir. L'heureux élu se retirait alors dans un salon privé avec son escorte.

Des porcs, se dit Jin Li, des sales porcs, tous. Et moi, je suis là, en Amérique, à les aider à faire ce genre de choses, et dans le pétrin. Mais elle ne pouvait s'en prendre qu'à elle, car elle avait accepté la proposition de son frère et lui avait même expliqué qu'elle était la mieux placée pour mener le projet à bien. Elle le ferait pour leur famille, avait-elle dit, pour leurs parents. Et, pour être juste, Chen avait pris un très gros risque. Comme le disaient les Mexicains, il avait des *huevos*… des couilles. Le projet nécessitait une mise de départ de six millions de dollars, et son frère avait démarché tout un tas d'investisseurs, exposant la combine – rien par écrit, bien sûr – en des termes plus ou moins explicites selon son auditoire. Et le projet avait été rapidement financé. Si rapidement, en fait, que Chen s'était inquiété de ce que quelqu'un d'autre ne lui vole son idée et monte une affaire concurrente – peut-être pas à New York, mais à Londres, Paris, ou dans n'importe quelle autre grande ville occidentale où les Chinois brassaient énormément d'affaires.

Mais ressasser le passé ne l'éclairait pas beaucoup. Quelle entreprise avait eu vent de ce qu'elle faisait ? Quelle entreprise avait envoyé les deux hommes et le camion ? Pourquoi avoir tué les deux Mexicaines ? Je suis en partie responsable, songea-t-elle tristement, je les ai mises en danger. Qui avait réclamé les corps ? Qui préviendrait leurs familles au Mexique ? Elles chercheraient à savoir pourquoi une telle chose était arrivée.

Aurait-elle pu prévoir l'agression ? Aucune plainte n'avait été enregistrée, et les comptes clients étaient plus ou moins à jour. Au cours de ces six derniers mois, CorpServe avait activement piraté des informations dans huit sociétés, et elle pourrait facilement vérifier l'évolution récente du cours de leurs actions, mais ça ne lui apprendrait presque rien. Son frère et ses acolytes pouvaient très bien consolider une prise de position classique sur telle ou telle valeur, en ayant parié à la baisse, ou traiter avec les concurrents ou les fournisseurs de telle ou telle société. Ils pouvaient même exploiter les informations qu'elle leur fournissait pour vendre de la désinformation. La seule chose qu'elle savait, c'était qu'ils préféraient les valeurs des PME américaines, qui généraient un volume de transactions suffisamment faible pour qu'il soit possible de faire fluctuer le prix de l'action en achetant ou en vendant.

Cela faisait maintenant quatre ans que la combine CorpServe fonctionnait, et l'on pouvait dire qu'elle avait été spectaculairement fructueuse. Son frère avait acheté trois grands immeubles à Shanghai, s'était lui-même fait construire une nouvelle maison, avait acheté un appartement à Hong Kong pour l'une de ses maîtresses, et avait commencé à se faire masser le visage tous les matins.

Chen avait-il suffisamment récompensé Jin Li de ses efforts ? Non, pas suffisamment. Un bon salaire, selon les critères de New York. En Chine, une fortune. Mais aucune sécurité. Le contraire de la sécurité alors que, de son côté, il n'avait cessé de s'enrichir. C'était elle qui pouvait être poursuivie, jetée dans une prison fédérale ou expulsée. C'était à sa vie qu'on en voulait. Et si son frère avait besoin de la trouver, c'était parce que tout son empire fonctionnait grâce au flux d'informations qu'il recevait d'elle. Personne d'autre à CorpServe ne savait comment s'y prendre, ce qu'il fallait chercher. Personne ne pouvait être aussi loyal. Chen et ses investisseurs avaient pris d'énormes positions spéculatives qui exigeaient que les mains et les yeux de Jin Li fussent connectés à leurs cerveaux… à leur *argent*. Un bout de papier jeté à la corbeille d'un côté de la planète pouvait très bien être convertible en millions de dollars de l'autre côté. Chen ne pouvait pas se permettre de perdre le contact avec elle, de perdre le contrôle de CorpServe, ni de prendre le risque que sa disparition se sache. Son frère, elle le savait, était maintenant aux abois.

Mais peut-être n'avait-elle pas envie qu'il la trouve. Et peut-être finirait-il par le comprendre. Il appellerait M. Ling, un vieil avocat de Hong Kong qui avait toujours un petit cabinet au-dessus de Canal Street dans Chinatown, et M. Ling trouverait un moyen de s'introduire dans l'appartement de Jin Li et de dénicher ses relevés de compte, les opérations effectuées avec sa carte de crédit. Eh bien, laissons-les faire. Elle avait plein d'argent liquide…

Un bruit ?

Elle se glissa jusqu'à la fenêtre, l'ouvrit un peu plus. Oserait-elle regarder dehors ? Quelqu'un pourrait l'apercevoir en levant les yeux.

Elle se risqua à jeter un coup d'œil.

Rien.

Elle se tourna vers son téléphone. Elle avait envie de l'allumer mais savait qu'elle ne devait pas le faire. Chen avait dû appeler, juste pour voir si elle décrochait. Pour parler, oui, mais aussi pour reprendre leur querelle. Il couchait avec des prostituées russes ou d'Europe de l'Est sans aucun état d'âme, mais prenait comme une insulte personnelle le fait que Jin Li préfère ne pas coucher avec des Chinois. Qu'est-ce que tu leur reproches aux Chinois ? avait-il hurlé. Elle n'avait pas de réponse toute faite. Ce n'était rien en particulier. Oui, elle aimait la pilosité des Américains et des Allemands. Le fait qu'ils étaient plus grands, plus corpulents que la plupart des Chinois. Tu as une mentalité coloniale, lui reprochait son frère. C'est ancré dans ta tête, tu penses comme il y a cent ans. Tu ne le vois donc pas ? Et elle de répondre : Je t'emmerde, tu ne comprends rien aux femmes. Rien du tout. Elle appréciait certains Américains et Européens parce qu'ils ignoraient tout de sa « sinité ». Ils savaient qu'elle était chinoise mais cela s'arrêtait là. Quand elle prononçait le mot « père » ou « mère » en anglais, ils ne saisissaient pas ce qu'elle voulait dire. Ils savaient ce que ces mots signifiaient dans leur langue mais pas dans la sienne. Dans leur langue, il n'y avait pas de mot pour dire sa souffrance, sa tristesse. Il fallait reconnaître que c'était bizarre. D'un côté, je suis chinoise, de l'autre, je suis irréductiblement moi-même, se disait-elle.

Était-ce pour cette raison qu'elle était attachée à Ray ? Oui, entre autres. Il lui ressemblait à certains égards, secret et discret. La plupart des Américains avec qui elle était sortie tenaient à ce qu'elle les connaisse le plus rapidement possible, comme si c'était là un grand honneur qu'ils lui faisaient. Pas Ray. Il parlait mais restait sur la réserve. Il était « réticent », un des mots qu'elle avait récemment ajoutés à son vocabulaire. Ils s'amusaient bien, déambulaient sur Broadway la nuit, sortaient dîner. Il connaissait la ville ; c'était là qu'il était né. Elle avait souvent l'impression qu'il étudiait certains immeubles mais ne disait jamais pourquoi. Qu'il les inspectait en quelque sorte. Parfois ils allaient faire un tour dans son pick-up rouge. Elle avait peut-être oublié une paire de tennis jaune dans la cabine, se rappela-t-elle avec tristesse. Elle trouvait la grande cicatrice sur le ventre de Ray intéressante, avec ses petites crêtes de tissus spiralés, et les greffons plus ou moins carrés disposés comme des champs en dessous. D'une beauté étrange, même si elle n'aurait jamais dit ça en ces termes. Parce qu'il ne l'aurait pas crue. Elle savait qu'il avait beaucoup voyagé. En farfouillant dans ses papiers, elle était tombée sur un passeport couvert de visas : Chine, Australie, Malaisie, Indonésie, Vietnam, Afghanistan, Soudan, Thaïlande, beaucoup de pays. Elle avait remarqué qu'il maniait les baguettes à la perfection. Sans délicatesse, mais en rapprochant le bol de sa bouche et en enfournant la nourriture comme un paysan.

Mais que savait-elle d'autre à son sujet ? Encore moins qu'il n'en savait sur elle. Il vivait à Brooklyn avec son père, passait un certain temps à s'occuper des maisons que louait celui-ci. Veillant sur lui jusqu'à ce qu'il meure, mais attendant quelque chose, attendant d'être appelé. Pas un mot sur son travail, non plus. Elle l'avait questionné une fois, et il s'était contenté de sourire et de secouer doucement la tête. Pour autant il n'était pas « morose » – un autre mot entré dans son vocabulaire –, il était plein d'énergie et d'humour. Il lisait beaucoup. Et elle trouvait ça bien. Surtout de la philosophie et des livres d'histoire, sujets qui ne la passionnaient guère, mais qui l'intriguaient du fait même qu'il s'y intéressait. Il s'astreignait à une discipline physique quotidienne, comme ces vieilles Chinoises qui font leur gymnastique sur le toit plat de leurs immeubles, en plus sportif. Il avait attaché une longue corde à la fenêtre la plus haute de la maison de son père, et grimpait du jardin à la fenêtre, les pieds à plat sur les bardeaux, puis descendait en rappel, et recommençait. Cinq fois par jour. Sans ceinture, sans harnais ni équipement de varappeur. C'était courageux, et peut-être inconscient, oui, mais ça l'avait soufflée. À la seule force des bras. D'où sa musculature. Des bras et des épaules durs comme la pierre, un peu effrayants même. Mais il portait des chemises amples, ne se mettait jamais en valeur. Comment un homme pouvait-il être si fort ? Et pourquoi au juste ? À quel dangereux exploit se préparait-il ?

Jin Li avait des présomptions, aucune certitude. Elle avait bien cru approcher de la vérité quelques semaines auparavant, juste avant de mettre un terme à leur liaison. Ils déambulaient sur la 5e Avenue après avoir dîné quand une voiture de pompiers était passée à toute allure. Comme la plupart des New-Yorkais, Jin Li s'était habituée aux sirènes, les considérant comme une pollution sonore momentanée.

« Foutus machins », avait-elle grommelé avant de se tourner vers Ray.

Il l'avait dévisagée sans mot dire, froidement.

« Ben, quoi ? »

Il n'avait pas répondu. Il se tenait droit comme un I, comme s'il bandait ses muscles en prévision d'une attaque. Les mâchoires contractées, le regard fixe, les jambes écartées. Une réaction instinctive aux propos de quelqu'un qui ne sait pas de quoi il parle. Jin Li avait alors eu l'intuition que ce qu'il lui était arrivé – la cicatrice, cette errance de plusieurs années dans le tiers-monde dont il ne voulait rien dire – se rattachait à ce moment précis. Elle l'avait senti capable de violence.

« Ray ? Qu'est-ce qu'il y a ? »

Il la regardait fixement, parcourant en pensée des distances considérables.

« Ne me regarde pas comme ça. Je t'en prie ! »

Ses traits s'étaient alors détendus, et ses yeux bleus avaient retrouvé leur chaleur. Il avait hoché la tête, ses émotions remisées en lieu sûr, et avait continué à marcher sur le trottoir avec elle, comme s'il ne s'était rien passé. Mais il s'était passé quelque chose. Elle avait vu en lui. Enfin, elle savait que Ray…

Un bruit ! Pas de doute cette fois ! Une porte qui s'ouvrait en bas.

Elle alla de nouveau jeter un coup d'œil par la fenêtre. Deux Chinois étaient postés dans la rue.

Des bruits parvenaient à présent de la cage d'escalier. Deux paires de pieds qui montaient bruyamment les marches. Ils passèrent devant son étage et poursuivirent leur ascension. Probablement pour fouiller l'immeuble de haut en bas.

Jin Li fit un tas de ses maigres effets, poussa de-ci de-là une dizaine de boîtes d'archives et se ménagea une minuscule cachette dans cette mer de cartons croulants. Elle s'accroupit, prête à bondir, et attendit, les narines irritées par la poussière de papier.

Son attente fut de courte durée. Les deux hommes poussèrent la porte, faisant grincer le vieux plancher sous leur poids. Le concierge russe, reconnaissable à sa voix. Et un autre homme, qu'elle épia à travers un interstice entre les cartons. Un compatriote. Avec un gros pansement sur le bout du nez.

« C'est très grande pièce, déclara le Russe. Beaucoup cartons. »

Le Chinois ne répondit pas. Elle ne pouvait plus le voir mais pouvait l'entendre arpenter le plancher d'un pas lourd. Elle détecta une odeur de cigarette et en déduisit que le Russe attendait que l'autre homme ait fini son inspection. Mais elle remarqua alors que le gardien s'était avancé jusqu'à la fenêtre derrière elle. Elle retint son souffle et tourna la tête. Le Russe fermait tranquillement la fenêtre, ses doigts tatoués agrippés au châssis. Elle avait oublié de la fermer ! Elle scruta son visage. Y vit quelque chose de sinistre. C'était une de ces vieilles fenêtres à guillotine avec des contrepoids qui ferraillaient dans les dormants, mais l'homme agissait avec lenteur et circonspection, faisant descendre la fenêtre le plus silencieusement possible, les lèvres pincées, comme pour retenir le bruit en lui. Quand il eut fini, il laissa ses mains baller le long de son corps. Mais ses poings s'ouvrirent, se fermèrent, s'ouvrirent à nouveau avec impatience, et, sur chaque doigt velu, s'étalait une araignée d'encre bleuâtre. Puis il changea rapidement de place, donnant l'impression qu'il s'était tenu ailleurs.

Il sait, comprit Jin Li, il sait que je suis ici.

5

Douleur, douleur, va-t'en, reviens me tuer à un autre moment. Bill Martz se leva comme il se levait toujours à présent, le dos, les genoux et les pieds endoloris, sans parler de la douleur qui siégeait entre son cul et ses couilles, signe que sa prostate refaisait des siennes. Il se mit debout en grimaçant, trouva ses chaussons, puis inspecta sa nudité dans le miroir de la salle de bains. Il se dit qu'il ressemblait à un orang-outang sans poils. Il pissa avec un immense soulagement dans la baignoire, chose qu'il faisait dès qu'il en avait l'occasion. Sans viser, la bonne passerait derrière. Pisser librement était une activité de plus en plus importante pour lui, qui revêtait même une dimension existentielle, et il se foutait pas mal du qu'en-dira-t-on. Pendant les cocktails et les dîners privés, il préférait souvent se soulager dans la baignoire plutôt que dans les toilettes. Ou bien même dans le lavabo. Qu'est-ce qu'on allait lui faire ? Rien ! Il s'appelait Bill Martz !

Connie préparait le petit déjeuner. Sa quatrième femme. Il se demandait souvent ce qu'ils faisaient ensemble. Environ une fois par mois, il oubliait son prénom. Elle avait vingt-huit ans de moins que lui et la différence d'âge se manifestait chaque jour. Elle était de ces femmes qui avaient accumulé tant de secrets de beauté dans leur régime qu'elles semblaient vieillir dix fois moins vite que les gens normaux. Rayonnante ! Pétillante ! Gazouillante ! Sa jeunesse, même si elle était un réquisit à leur mariage, avait pour lui un goût amer. Douce, élastique, ferme. Et il ne parlait pas uniquement de ses seins, de son visage ou de son cul. Non. C'est une vérité sinistre et insuffisamment reconnue que l'identité sexuelle des femmes pâtit considérablement de l'entrée dans la ménopause. Quoi qu'en disent les magazines féminins. Relâchement. Sécheresse. Gêne. Douleur. Et pour Connie, qui n'était plus si jeune, la ménopause approchait à grands pas, ce n'était plus qu'une question d'années, même s'il était certain que son gynéco avait toutes sortes de tours de passe-passe hormonaux dans sa manche. Il avait intérêt. Bill Martz avait vu ce qui se passait autrement (femme numéro deux) et ce n'était pas réjouissant. Il était trop riche pour se laisser embêter par des histoires de sécheresse vaginale !

Pourquoi avait-il épousé Connie ? Oui, pourquoi ? Elle était belle, mais beaucoup de femmes l'étaient. Elle lui donnait du plaisir. Oui, bien sûr. Mais pourquoi l'avoir épousée ? Ils n'auraient jamais d'enfants ; passé la cinquantaine, entre mariages numéro deux et numéro trois, il baisait tellement qu'il ne savait plus où il en était avec les femmes et il s'était fait faire une vasectomie. Il avait épousé Connie parce qu'il était seul et qu'elle était disponible. C'était aussi simple que cela. Il ne l'aimait pas, pas vraiment. Il l'aimait bien, oui. Quelle expression terrible. Il avait aimé sa première femme passionnément, mais elle était morte d'un cancer du sein à quarante-deux ans, après quoi ce sentiment originel n'avait fait que décroître en intensité avec les autres femmes. Alors, non, il n'aimait pas vraiment Connie. Et il doutait d'en être aimé, à supposer qu'il connaisse quoi que ce soit aux femmes, même s'il lui était reconnaissant de bien vouloir éviter le sujet. Pourquoi *aurait-elle dû* l'aimer, d'ailleurs ? Il n'était pas particulièrement aimable. Il n'était particulièrement rien, sinon riche. Et méchant. *Vanity Fair* avait un jour consacré tout un article à sa méchanceté et à sa rapacité, et pas une ligne n'était diffamatoire. C'était un orang-outang méchant et cupide qui pissait dans sa baignoire et pas dans ses chiottes à quatre mille dollars. J'ai été charmant, songea-t-il, du temps où je me souciais de l'opinion qu'on avait de moi. Pourquoi Connie m'a-t-elle épousé ? Pour la galette, bien sûr. La sécurité. Mais Connie était encore juste assez jeune pour avoir des enfants. Et pourquoi n'en aurait-elle pas ? C'était son droit le plus strict. Il comprenait que ce mariage avait pu être une décision calamiteuse pour elle. Et en pensant à ce qu'elle avait manqué, il ressentait une vraie tristesse. Il avait quatre grands enfants et ils étaient sa seule consolation. Le reste, il s'en contrefoutait.

Vraiment, sa femme gâchait sa vie en restant avec lui. S'il avait une once de courage, il le lui dirait. Elle était encore assez mignonne pour rejoindre le circuit du remariage et mettre le grappin sur un type potable – quelqu'un avec, disons, quatre-vingts, cent millions. Connie et lui faisaient l'amour environ deux fois par mois, grâce à ces pilules magiques que la science mettait à la disposition de types comme lui, mais il lui fallait admettre que ce n'était pas génial. Connie n'était pas en cause. Elle était très bien. C'est lui qui n'avait pas la pêche, le *mojo*, l'énergie. L'acte lui-même était fantomatique, un enchevêtrement de sensations qui s'empilaient sur des milliers d'itérations antérieures. Il était incapable d'éprouver le plaisir dans son originalité, sa bite n'étant plus la machine à voyager dans le temps qu'elle avait été. Il n'était jamais comblé. En fait, il sentait la mort sur lui-même – une odeur aigre, épuisée. Et peu importait que ce fût simplement le vieillissement ou son problème en particulier. Il n'y avait pas de pilule pour ça, pas de femme pour ça, pas de fin ni d'antidote à ça…

… à part l'action ! Prendre des décisions, des risques, gagner, rafler la mise le cas échéant, sentir la puissance de l'argent. L'argent comme vent, feu, pierre ! L'argent comme beauté, laideur et douleur ! L'argent comme peur, haine et amour ! C'était seulement avec l'argent que ses instincts étaient intacts, ses réflexes épargnés par l'âge, sa passion infinie. Il ne pouvait l'expliquer et ce n'était certainement pas une disposition admirable, mais c'était vrai.

Il resserra sa robe de chambre et se rendit dans la cuisine d'un pas traînant. Connie était là avec deux assiettes d'œufs. Comme le personnel de maison n'arrivait qu'à neuf heures, c'était elle en général qui préparait le petit déjeuner. Il s'assit précautionneusement. Connie avait garni de coussins toutes les chaises de la maison. Elle savait que sa prostate lui faisait mal. Mais il refusait d'aller consulter et ils s'étaient querellés à ce sujet. Ça la rendait dingue. Et c'était peut-être pour cela qu'il ne le faisait pas. Pour la contraindre à subir sa décrépitude de vieillard puant la mort, une sorte d'instinct de domination pervers de vieux riche. Je n'étais pas comme ça avant, songea Martz, passant la tête par la fenêtre ouverte et regardant en bas. Il vit les joggeurs matinaux dans Central Park, les érables qui déployaient leurs jeunes feuilles en ce printemps tardif.

Il rentra la tête. « Je veux te donner un conseil mûrement réfléchi », annonça-t-il solennellement. Bon Dieu,

Connie était vraiment à tomber. Cinq cents abdos par jour, yoga, tennis, trois séances de natation par semaine dans la piscine de la résidence, haltères… toutes ses habitudes d'ex-mannequin.

Elle s'affaira gaiement.

« J'aime tes conseils.

— Primo, je pense que j'ai beaucoup de chance de t'avoir. Mais il ne s'agit pas de ce qui est bon pour moi. Deuzio, je pense que tu gâches probablement ta vie à rester avec un vieil homme comme moi qui n'est plus en état de te baiser correctement, grincheux, souffreteux, et imbu de son indécrottable connerie de mégalomane névrosé. Tu me suis ? Tu es assez jeune pour trouver quelqu'un, et, d'ici à cinq ans, tu pourrais servir le petit déjeuner à deux beaux bambins, et pas à un vieillard. C'est la vérité, madame. Je suis en train de devenir un sac de viande avariée, Connie, et quelqu'un va devoir nettoyer ma bave et ma merde. Pourquoi ce serait toi ? Ma réponse, c'est que ça ne devrait pas être toi. Le conseil que je te donne c'est de divorcer rapidement, consentement mutuel, et de commencer à voir des mecs. Je te donnerai suffisamment d'argent pour que tu n'aies à te soucier de rien. Allez, je double même ce qui est stipulé dans le contrat de mariage que *tu* m'as fait signer, et tu pourrais mener une vie décente et ne pas rester scotchée à un vieux débris – plutôt riche, il est vrai – comme moi. Et qui n'est même plus charmant. » Il tapota son set de table : « C'était mon *speech* matinal. Bon, il est où mon café ? »

Sans mot dire Connie posa une tasse devant lui, ainsi que le *Financial Times*, le *Wall Street Journal*, l'*Asian Wall Street Journal*, le *New York Times*, les pages économiques du *Los Angeles Times*, du *Miami Herald*, du *Chicago Tribune*, et du *Washington Post*, disposés en une pile bien nette. Il les lisait chaque jour en homme riche, c'est-à-dire comme d'autres lisent les pages sportives. La ville ne comptait pas plus de quelques centaines d'hommes tels que lui, qui tous possédaient des fortunes insensées et étaient suffisamment âgés pour voir les choses comme il les voyait, et qui jouaient la partie les uns contre les autres, contre des hommes plus jeunes, contre la technologie, l'information, et la fuite du temps. Ce jeu, ils y jouaient aussi longtemps qu'ils le pouvaient, et alors, s'ils étaient malins, ils ramassaient leurs billes au bon moment et se retiraient en Normandie, à Palm Beach, dans un ranch du Montana ou dans un de ces endroits où plus rien n'a vraiment d'importance. S'ils restaient trop longtemps dans la partie, ils se faisaient écharper, anéantir même. Ce type des assurances, comment s'appelait-il déjà ?, avait perdu six cents millions de dollars. Il aurait dû décrocher, laisser les scandales tomber sur les épaules d'hommes plus jeunes.

Et peut-être que Bill ferait ça. Mais pas *encore*. Il lui fallait d'abord résoudre son énorme petit problème avec le fonds de capital-risque. Il avait augmenté le ratio d'endettement de son vaisseau amiral, Martz New Century Partners Fund, pour prendre trois cent cinquante-deux millions de dollars de position sur Good Pharma, position qu'il fallait liquider avant que les choses ne tournent mal. Faire de l'argent n'était plus son souci ; il voulait simplement réaliser une opération blanche ou, au pire, y laisser juste quelques plumes. Perdre vingt ou trente millions de dollars, d'accord, il pouvait l'accepter, il se referait ailleurs. Ce genre de perte pouvait être caché aux investisseurs assez facilement. Mais là, il avait perdu cent sept millions en à peine plus de trente jours sur la position, et contre l'avis prudent et prévisible de ses jeunes et grassement payés principicules il avait doublé la mise, pensant que le titre rebondirait, mais celui-ci avait continué à plonger. Une erreur d'amateur. Un coup de poker. À présent ils murmuraient derrière son dos, disant *Le Grand Bill joue avec le feu... le Grand Bill a perdu la main...* Un truc clochait avec Good Pharma et quelqu'un savait de quoi il retournait. Et ne le disait pas à Bill Martz. Quelqu'un comme ce baratineur de Tom Reilly. Je suis trop vieux pour m'inquiéter des destinées d'une petite société pharmaceutique à la con, se dit-il. Trop vieux, trop riche, et trop malin. C'était du moins ce qu'on pouvait penser, sauf qu'il avait pris une position anormalement élevée sur Good Pharma, s'attendant à récolter de gros dividendes avant la fin de l'année. Tous ses chercheurs avaient dit que c'était imminent, des produits géniaux en cours de réalisation, peau synthétique, pilules pour les cartilages, ce genre de trucs.

Connie lui servit ses œufs.

« J'ai mis ce piment rouge qu'on a acheté au Mexique cet hiver.

— Hmm. Merci, ils sont magnifiques. »

Sa main s'attarda sur son épaule.

« J'aime les bons à rien vieux et riches, à propos, histoire de finir la conversation.

— Et les jeunes bons à rien riches ?

— Pas assez de charme. »

Il mangea avec plaisir. Au moins il n'avait pas perdu son appétit. Il marqua un temps d'arrêt, leva les yeux :

« Sérieusement, Connie. Je dis ça tout le temps mais je suis sincère. »

Elle l'attendait au tournant :

« *Ça* aussi tu le dis tout le temps. Je suis *très* heureuse, Bill.

— C'est parce que tu gaspilles toute ton énergie maternelle avec un bébé de soixante-neuf ans. J'ai eu quatre enfants. Je sais que c'est génial d'en avoir. Encore quelques années et tu auras manqué le coche, et moi je ferai mannequin pour fauteuils roulants. »

Elle sourit, mais ses yeux étaient humides.

« S'il te plaît, Bill, ça me blesse quand tu dis ça.

— Désolé.

— Ça me rend heureuse d'être avec toi. Je suis peut-être moins obsédée que toi par l'avenir.

— Probablement parce que le tien est beaucoup plus vaste que le mien. »

Elle le regarda droit dans les yeux.

« Oui, c'est vrai. Et alors ? »

Il retourna à ses œufs. C'était une vieille conversation. Pas artificielle mais impossible à clore, presque confortable dans sa familiarité.

« Qu'est-ce qui te tracasse vraiment, Bill ? »

Il goûta son café. Parfait.

« Ce qui me tracasse ? C'est le fait que j'ai croqué un bon morceau de Good Pharma, espérant que ce serait une cible pour une OPA. J'ai cru que le cours de l'action était sous-évalué. Non, pas sous-évalué mais raisonnable. Ils ont une demi-douzaine de médicaments en phase de test. Certains vont faire un flop, mais nous pensons que deux produits vont casser la baraque. Mais il est encore trop tôt pour obtenir des informations fiables. On a juste des soupçons. Et le marché est avide de nouveaux produits. Si tu trouves le nouveau produit au bon moment, tu crées une nouvelle demande, tu comprends ? Les gens veulent ce qui n'a jamais existé ! Je connais le numéro deux, Tom Reilly. Il n'est pas DG, mais c'est lui qui sait ce qui se passe vraiment. Un baratineur de première, permets-moi de te le dire. Good Pharma a plongé de trente-sept pour cent ces dernières semaines. Je veux savoir pourquoi. J'ai demandé, et personne ne peut ou ne veut me répondre.

— Pourquoi tu ne demandes pas à ce Tom Reilly ?

— Je l'ai fait.

— Et ?

— Il m'évite. Il rase les murs.

— Alors ?

— J'ai commencé à lui mener la vie dure. Je l'ai fait suivre à un match des Yankees il y a deux jours, et je lui ai embrouillé la tête. En lui envoyant un petit message de la part du vieux Billy.

— Il t'a appelé ?

— Non, il a la trouille. Je pensais qu'il m'appellerait après le match, mais il ne l'a pas fait. »

Le sourcil froncé, Connie bomba agressivement la poitrine.

« Il y a quelques culs à botter, on dirait.

— Tu crois ? »

Cela l'excitait de l'entendre dire ça.

« Tu es *doué* pour ça, Bill.

— Je peux l'être.

— Non, écoute-moi bien, reprit-elle. Personne ne joue au con avec Billy Martz, OK ? Tu me l'as dit des milliers de fois. Tu es plus coriace, plus intelligent, et certainement plus méchant que lui. Tu es un vieil enfoiré, Bill ! Fais-lui cracher cette information pour que tu puisses régler le problème. Tu m'entends, Bill ? Franchement, je n'ai pas l'impression que tu te sois donné beaucoup de mal jusqu'ici. »

Il opina.

« Je pourrais lui mettre la pression.

— Pourrais ? dit-elle d'une voix dégoûtée.

— Je *vais* lui mettre la pression. Je vais pressurer ce trou-du-cul.

— Alors, vas-y, fais-le, Bill, et arrête de me dire à quel point je suis malheureuse ! »

Sa belle femme mit les mains sur ses hanches et le regarda farouchement, et, à cet instant précis, ils se rappelèrent tous deux, avec bonheur, pourquoi il l'avait épousée.

6

Le danger qui la menaçait était plus grand que Ray ne l'imaginait. Il reposa le téléphone. Un des vieux amis flics de son père, l'inspecteur Pete Blake, lui-même sur le point de prendre sa retraite, venait de le renseigner sur le meurtre des deux Mexicaines. Célibataire endurci, Blake venait autrefois à la maison pour les dîners de Thanksgiving, et jouait au foot dans l'allée avec Ray pendant que son père ratissait des feuilles, avant de déguster le festin préparé par sa mère.

« Ouais, on les a trouvées sur le parking, avait dit Blake. Il y a deux jours. Une bombe lacrymo par terre. Quelqu'un a rempli la voiture de merde. Les types devaient avoir un camion-pompe, le genre de véhicule qui transporte les boues des fosses septiques.

— Je croyais que toute la ville était raccordée au tout-à-l'égout.

— C'est le cas, mais les gens ont encore besoin de camions de vidange quand leurs canalisations se bouchent ou cassent. Et puis il y a encore quelques vieilles fosses septiques en fonctionnement ici ou là.

— Donc vous êtes à la recherche d'un de ces camions ?

— Le problème, c'est que le Service de la protection de l'environnement de l'État recense neuf cent dix-huit véhicules de ce type détenant une licence pour rayonner sur Brooklyn, le Queens et l'ouest du comté de Suffolk. On va mettre un temps fou à faire le tri. D'ailleurs, le camion en question n'a peut-être pas de licence, si ça se trouve, il vient même peut-être du New Jersey ou du nord de la ville. Alors c'est peut-être plus judicieux de commencer par les filles. Elles ont été noyées avant d'être sorties de leur voiture. À certains égards, c'est malin comme méthode. Il n'y a pas d'ADN. Enfin, il y a trop d'ADN, totalement contaminé. En plus, on ne sait pas vraiment qui sont ces filles. Elles avaient des papiers, mais tout était faux, les cartes vertes étaient bidon, tout. Pas de permis de conduire, évidemment. Pas de compte en banque, elles utilisaient probablement un de ces bureaux d'encaissement de chèques. Le téléphone est au nom de quelqu'un qui n'habite plus là, les factures courantes payées par mandat postal. C'est comme ça, avec tous ces gens. Ça pourrait être une affaire de drogue, les filles fumaient un peu, il y avait des petits copains dans le business. Beaucoup de Mexicains dealent à Brooklyn aujourd'hui. On en connaît quelques-uns. Le problème avec tous ces gangs, c'est qu'ils sont en guerre permanente pour le contrôle du territoire, et c'est à celui qui se montrera le plus vicieux. Les Albanais sont très durs. Les jeunes Salvadoriens aussi. Le mois dernier, on a eu un mort, ils l'avaient passé à la scie à ruban, avaient planté son buste sur un piquet, genre épouvantail mexicain. Alors buter deux petites Mexicaines, ça fait une bonne pub. Une façon de crier haut et fort, vos copines, c'est de la merde, vous êtes personne… c'est comme ça qu'ils raisonnent, ces gars-là. On a retrouvé des traces de dope dans le coffre, dans la boîte à gants. La bagnole est encore en train de sécher, on verra s'il y a autre chose. Il y a des gens à qui on doit causer, indics, balances, que du beau monde.

— Je n'ai rien vu aux infos.

— Personne ne t'a mis au jus, Ray ?

— Quoi ?

— Il n'y a pas d'infos sur Brooklyn. Tu veux des infos ? Commets tes crimes à Manhattan, et plutôt au sud de la 19e tant qu'à faire. Nous, on n'a pas ébruité l'affaire, histoire de nous faciliter la tâche avec d'éventuels informateurs. Un tabloïd a eu l'info, mais a juste publié un entrefilet. Quoi qu'il en soit, quelqu'un a ouvert les portières en fracassant les deux vitres avant avec un morceau de bitume, n'a pas pu sauver les filles, et a disparu dans la nature. Ce qui signifie que la voiture était verrouillée de l'intérieur, et donc que les filles n'étaient déjà plus en état de se défendre ou que quelqu'un a verrouillé les portières après coup. Il y avait une bouteille de vin dans la voiture, elles étaient peut-être ivres mortes, on n'a pas encore reçu la toxico ni le rapport d'autopsie, ce qui est scandaleux, si tu veux mon avis. »

Blake fit le bruit de quelqu'un qui boit un café du bout des lèvres.

« Encore trop chaud. En tout cas, celui qui a tenté de les sauver a probablement trop peur pour se manifester, et ça se comprend. Il a plu sans arrêt sur les corps pendant peut-être une heure, ç'a lavé la voiture. »

Blake s'interrompit, et, quand il reprit la parole, sa voix était professionnellement plus douce, un peu plus lente, interrogative.

« En quoi ça t'intéresse, d'ailleurs ? »

Ray ne comptait pas évoquer sa soirée avec Chen et ses sbires, du moins pas encore.

« Mon ex travaille dans la boîte où ces filles étaient employées. Je crois qu'elle les a vues plus tôt cette nuit-là.

— Alors il se pourrait qu'on veuille lui parler.

— On est deux. Elle est injoignable, si tu vois ce que je veux dire.

— Si tu la trouves, fais-le-moi savoir. C'est un témoin capital. C'est quoi son nom ?

— Jin Li.

— Chinoise ? Chinoise de Chine ?

— Oui. »

Ray savait que Blake retiendrait cette information.

« Fraîchement débarquée, je veux dire ?

— Pour ainsi dire. » Il voulait changer de sujet : « Bon, vous allez vous y prendre comment, pour coincer les types qui ont fait ça ?

— Ça va être duraille… personne n'a rien vu, pour l'instant, en tout cas. Ça s'est passé juste avant l'aube. On va analyser la drogue, voir si ça nous apprend quelque chose. Les camions sont interdits sur le Belt Parkway, mais s'ils l'ont emprunté, on a des caméras. Parfois elles fonctionnent, parfois elles ne sont pas entretenues. Évidemment, quand tu connais les petites routes, tu n'es pas obligé de prendre le Belt. »

Blake s'esclaffa.

« Ton père serait en train d'arracher les bouches d'égout du parking pour essayer de trouver quelque chose.

— C'est ce que vous faites ?

— Pas encore. On ne peut pas entrer dans les égouts.

— Pourquoi ?

— Zones côtières fédérales. Régulations environnementales. Si on fout en l'air les canalisations, on peut polluer l'océan, quelque chose comme ça. »

Ray se souvenait que Blake était tatillon, mais méthodique aussi. Il collectionnait tout ce qui avait trait au métro new-yorkais : casquettes, badges, uniformes, jetons, panneaux, brochures réglementaires, encadrés ou présentés dans des classeurs. Il possédait un exemplaire de presque tous les plans de métro de New York jamais publiés, ce qui n'était pas rien quand on savait que celui-ci avait été inauguré en 1904, et que ses plans avaient été actualisés tous les ans ou tous les deux ans à mesure que le réseau se développait et que les compagnies historiques privées se regroupaient pour former la Metropolitan Transit Authority. Il avait vu la collection de Blake : chaque document était archivé dans une pochette en polyester et soigneusement catalogué. Drôle de passe-temps pour un homme entre deux âges. Peut-être pas si bizarre que cela pour un flic qui vivait seul.

« C'est la raison, l'océan ?

— Nan, la véritable raison, c'est que si on bousille cette canalisation, on aura un gros souci de circulation sur ce parking cet été. Les gens ne pourront plus se garer, il y aura des inondations, une cata. Et puis, tu ne trouveras jamais un flic pour ramper dans une conduite de drainage pleine de boues d'égout. »

Blake poussa un long soupir.

« Comment va ton père, à propos ?

— Pas trop bien, Pete.

— Tu veux que je passe lui dire un petit bonjour ?

— Ça pourrait lui faire plaisir.

— Pour être franc avec toi, il m'a avoué qu'il était mourant et qu'il me faisait ses adieux. C'était il y a trois semaines environ.

— Rends-lui une petite visite dans deux, trois jours. Le matin de préférence.

— Ça marche. »

Après le coup de fil, Ray examina attentivement la notice du Dilaudid que son père recevait en perfusion. Il l'avait subtilisée pendant que l'infirmière avait le dos tourné. À en croire ce papier, les effets du Dilaudid sur le système nerveux général et central incluaient : « sédation, somnolence, confusion mentale, léthargie, diminution des performances mentales et physiques, anxiété, peur, vertiges, dépendance psychique, troubles de l'humeur (nervosité, appréhension, dépression, sensation de flottement, rêves), étourdissements, fatigue, maux de tête, agitation, tremblements, dystonie, rigidité musculaire, paresthésie, spasmes musculaires, troubles de la vision, nystagmus, diplopie et myosis, hallucinations et désorientations passagères, perturbations visuelles, insomnie, sudation, rougeurs, dysphorie, euphorie et augmentation de la pression intracrânienne ».

Les médocs vont me le tuer plus vite que le cancer, se dit Ray en se dirigeant vers le lit de son père. Mais à part ça le Dilaudid était un truc incroyable ; il en avait lui-même reçu, pour soulager la douleur après sa brûlure au ventre et ses greffes de peau. Le médicament procurait une sensation de chaleur et de pesanteur, délivrait de la faim et de la douleur. De tout désir sexuel, aussi. Huit fois plus puissant que la vraie morphine. On appelait ça « l'héroïne de drugstore ». D'ailleurs, il en reprendrait bien un chouia un de ces quatre.

Dans le salon, son père était étendu sur son lit d'hôpital, un corps à présent rabougri sous le drap, les yeux clos, la poitrine se soulevant et retombant plus vite que la normale. C'était son cœur qui bataillait contre la mort. Ray salua d'un signe de tête l'infirmière du matin, une jeune femme prénommée Wendy, et celle-ci quitta la pièce.

« Salut, papa. »

Son père ouvrit les yeux, cligna des paupières, tourna son regard vers Ray.

« Je regrette que tu aies tant souffert la nuit dernière. »

Son père haussa les épaules.

« Souffre pas maintenant, murmura-t-il. Tout va bien maintenant.

— Tu dormais ?

— Non, articula son père, ses yeux se fermant à nouveau.

— Tu réfléchissais ?

— Oui. »

Son père ouvrit les yeux, toucha légèrement la perfusion de morphine pour s'assurer qu'elle n'était ni pincée ni pliée. Ray vit une détermination pleine de gravité, une lueur de concentration vaciller sur le visage du vieil homme, signe qu'il était encore plus ou moins lucide.

« À quoi ? s'enquit Ray.

— Aux mondes.

— Aux mondes ?

— Oui, souffla-t-il, aux mondes qui renferment d'autres mondes. »

Ray jeta un coup d'œil à la pompe à Dilaudid. Il n'avait que quelques minutes avant qu'elle n'envoie une autre dose dans le système sanguin de son père, le mettant K-O.

« Papa, tout ce qui s'est passé hier soir, c'est à cause d'une ex-petite amie qui a disparu. Tu ne l'as jamais rencontrée. Elle est chinoise. On s'est séparés il y a quelques semaines. Son frère veut que je la retrouve, et ce qu'il a fait c'est sa façon de me faire comprendre qu'il n'est pas du genre à plaisanter. »

Son père hocha calmement la tête.
« Menaçant.
— Ouais.
— Il t'a étudié, à mon avis.
— Je crois aussi.
— Il a trouvé ton point faible : moi. »
Ray soupira en guise d'assentiment.
« J'espérais que tu ferais la connaissance de la charmante dame qui habite la maison à côté de celle que je possède. » Il se fendit d'un sourire au ralenti : « Elle a besoin d'un mari, et vite.
— J'ai fait sa connaissance.
— Ah, et alors…
— J'étais en train de lui parler quand ils me sont tombés dessus. »
La bouche du vieil homme se releva d'un côté.
« Vous avez eu une longue conversation. »
Ray ignora la remarque.
« Ces types ne plaisantaient pas.
— Tu pourrais appeler les flics, suggéra son père.
— Je devrais ? »
Long silence. Son père secoua faiblement la tête. S'humecta les lèvres.
Ray lui tendit un verre de jus de fruits.
« Mais ils pourraient peut-être te protéger, toi.
— Ce n'est pas pour moi que je m'inquiète.
— Je pense que je devrais te transporter ailleurs, papa. Dans un endroit sûr.
— Hôpital ?
— C'est ce que je me disais, ouais. »
Il but son jus à petites gorgées.
« Les gens meurent dans les hôpitaux, fils.
— Papa…
— Je veux mourir dans ma maison, dans cette pièce. Et la façon dont ça arrivera n'a pas vraiment

d'importance, Ray, ni le moment, tant que c'est dans cette pièce, dans ce lit. »

Il avait déjà entendu ce discours.

« D'accord, mais ces types vont revenir, papa.

— Qu'ils reviennent. Qu'est-ce qu'ils peuvent me faire de pire ? Me tuer ? Ce serait me rendre service. »

Ray baissa la tête. Six semaines plus tôt, alors qu'il était encore capable de marcher un peu dans la maison, son père lui avait fait part de son désir d'en finir au plus vite. Est-ce que Ray verrait un inconvénient à ce qu'il mette fin à ses jours ? « Pourquoi est-ce que tu devrais endurer ce qui s'annonce ? lui avait demandé son père. Et pourquoi est-ce que je devrais l'endurer ? — Pourquoi ? Parce que je veux profiter de chaque minute qu'il me reste à passer avec toi, papa. »

Son père avait hoché la tête sans mot dire.

Mais Ray n'avait pas été convaincu, et, dans l'heure qui avait suivi, il avait rassemblé toutes les armes et les munitions de son père et les avait dissimulées dans un emballage étanche sous deux sacs de tourbe dans leur petit abri de jardin. Un fusil de chasse, une carabine, deux Glock 9 mm de service, toujours huilés et nettoyés, plus les boîtes de munitions. Après quoi il avait posé un nouveau cadenas sur l'abri, caché une des clés dans le nichoir pourri devant la fenêtre de la cuisine, et mit l'autre sur son porte-clés. Si son père s'était aperçu de la disparition de ses armes, il n'en avait rien dit. Bien entendu il était possible que son père ait non seulement remarqué leur disparition mais découvert ou deviné leur nouvel emplacement. Ray avait appuyé une pelle sur le nouveau cadenas de manière à ce qu'il soit invisible de la maison, mais il savait que très peu de choses échappaient à son père. L'homme avait été flic, après tout. Des semaines avaient passé depuis, et son état n'avait cessé de se détériorer.

À cet instant, la pompe fit entendre son déclic ; l'analgésique était en train de passer dans la perfusion. Comme il n'avait plus beaucoup de temps pour parler, Ray revint sur la disparition de Jin Li :

« Son frère m'a dit qu'elle était dans une voiture avec deux Mexicaines retrouvées mortes il y a quelques jours, et je viens d'avoir Pete au téléphone, qui m'a parlé de l'affaire.

— Donc tu as appelé les flics, finalement.

— Si l'on veut. C'est Pete.

— C'est un inspecteur de deuxième grade, avec trente ans de boutique. Mode opératoire ?

— Une voiture remplie de merde. Balancée dans la bagnole, ça les a noyées. Pete m'a dit que ses gars n'avaient pas encore exploré les égouts, pour des histoires d'écologie, de circulation…

— Conneries. C'est juste qu'ils ne veulent pas y aller. Il faut des combinaisons spéciales, des piqûres de vaccination contre la dysenterie. Dans une affaire pareille, il *faut* descendre dans les égouts.

— Pourquoi ?

— Réfléchis à ce que les flics ont trouvé… deux filles mortes… après avoir aspiré des excréments humains… l'ambulance les emmène. Ensuite les pompiers vidangent la voiture.

— Ils ont trouvé des traces de drogue dans le coffre et la boîte à gants.

— Pete va en conclure que c'est une affaire de came. C'est possible. Moi, je crois que le meilleur indice, c'est la merde.

— Comment ça ?

— Ce que tu dois faire, c'est remonter à la source.

— Je la connais la source, c'est de la merde humaine. D'après Pete, il y a quelque chose comme neuf cents camions qui sillonnent le coin avec ce genre de chargement.

— Non, non, écoute-moi, il y a des trucs là-dedans, des informations. Tu vas trouver des indices dans la merde. »

La morphine de synthèse se diffusait dans le corps de son père, relâchant la tension de sa nuque et de son front. Ses grands doigts, devenus osseux et fins, se détendirent sur la couverture.

« Tu m'as compris, hein ? dit son père d'une voix rauque.

— Oui.

— Je ne veux pas être déplacé. Je veux mourir dans ce lit dans cette pièce dans cette maison. Alors je rejoindrai ta mère.

— Papa, on pourrait appeler le poste pour qu'ils mettent une voiture devant la maison, ce ne serait pas un problème.

— Nan.

— Pourquoi ?

— J'ai tous les avantages, fils. »

Ça ne voulait rien dire. *Confusion mentale*, avertissait la notice du Dilaudid, *euphorie*.

« Comme quoi ?

— Toi, pour commencer. Ça pourrait être intéressant. Et puis il y a une autre raison.

— Laquelle ?

— Cette affaire pourrait m'apporter une certaine satisfaction. Je suis encore capable de réfléchir, mon petit pote, quand ces anges de miséricorde n'injectent pas trop de cette saloperie dans mes veines.

— C'est pour que tu ne souffres pas.

— Il y a toutes sortes de souffrances. Quand ta mère a appris que tu étais sous cet immeuble, ça, c'était de la souffrance. Je n'ai jamais vu quelqu'un souffrir comme ça.

— Moi, si.

— Quand ça ?

— Quand elle était en train de mourir, papa. Je t'ai vu. »

Le regard de son père dériva vers le plafond à l'évocation de ce souvenir, et il se mordilla la lèvre.

« C'est drôle comme on oublie certaines choses.

— Tu veux manger un bout ? »

Son père secoua la tête.

« Non, ça va. J'ai pris un peu de compote de pommes. »

Ses yeux étaient fermés, mais il souriait, les gencives jaunes.

« Tu sais ce que c'est, n'est-ce pas ?

— Non.

— Ma dernière affaire.

— C'est sérieux, papa.

— Je sais que c'est sérieux, murmura-t-il. Ma dernière affaire, et j'ai la chance de m'en occuper avec mon fils. On ne peut pas rêver mieux. »

Son père pressa le bouton de la machine, obtenant un bolus supplémentaire pour chasser celui qui venait de lui être administré. Augmentant la dose, en voulant plus, accro.

« Si j'étais toi, j'irais là-dessous, dans ces canalisations, aujourd'hui même, avant que les collègues ne se décident à le faire, finalement… Ils ne voudront pas ramper dans des égouts. Ils vont faire venir une pelleteuse, arracher les canalisations et les passer au peigne fin. Mais ce serait peut-être aussi bien que tu y descendes le premier. »

La tête de son père roulait légèrement, sombrant rapidement, et Wendy reparut sur le seuil.

« Je vais faire sa toilette maintenant, chuchota-t-elle. Comme ça il ne me sentira pas le bouger dans tous les sens. »

Ray acquiesça d'un signe de tête.

« Comment va-t-il ? »

L'infirmière déchira un paquet de compresses stériles. Elle se déplaça au pied du lit. Ray la suivit.

« Les reins fonctionnent à peine… il perd du poids. Je crois deviner ce que vous demandez.

— C'est exactement ce que je demande.

— Il a le cœur solide, ce qui ne sert pas à grand-chose à présent. Et il a encore de la force dans les mains et les bras. Parfois les choses peuvent se prolonger… mais je dirais une semaine, dix jours peut-être.

— Il ne mange pas grand-chose.

— Il prend de la compote, un petit yaourt.

— Gloria vous a parlé des hommes qui sont venus hier soir ? »

Elle opina du chef.

« Votre père ne voudra pas aller ailleurs, vous savez.

— Et vous ? Ces types pourraient revenir. »

Elle le considéra.

« C'est mon métier, monsieur Grant. Je reste avec les mourants et je leur procure le réconfort qu'il m'est possible de leur apporter. Votre père est un homme adorable. Je n'ai pas vu beaucoup de famille, sa femme est décédée, vous êtes tout ce qu'il…

— Et Gloria ?

— Nous avons connu toutes sortes de situations. Vous n'imaginez pas ce que nous avons vu. »

Elle retourna au chevet du lit et souleva les couvertures pour découvrir les sondes de néphrostomie qui drainaient les reins de son père dans des poches en plastique transparent. Ce n'était pas beau à voir, mais l'incision monstrueuse pratiquée par les chirurgiens était plus horrible encore, une immense balafre qui barrait son torse. Ray ne supportait pas de la voir, elle avait très mal cicatrisé. Il avait vu des choses bien pires, mais qui n'avaient pas concerné son père. Il ravala son effroi et son chagrin puis sortit de la maison.

Comme beaucoup d'hommes de sa génération, Ray Grant Senior avait aménagé un atelier dans le sous-sol de sa maison. C'était là qu'il s'occupait à des projets plus ou moins futiles en écoutant des matchs de base-ball et de football à la radio. Les étagères supportaient de vieux pots de confiture remplis de vis et de clous, des outils qu'il utilisait pour effectuer de menues réparations dans les maisons qu'il louait, un fatras de planches et de grillage métallique, des caisses de poignées de porte et de charnières, des boîtes de pièces métalliques non identifiées destinées à des appareils ménagers non identifiés – en somme, le même bric-à-brac inutile qui s'était accumulé partout ailleurs dans la maison, abri, véranda et jardin. Il avait descendu un vieux fauteuil dans son atelier avec l'intention d'en renforcer l'armature, et quand cela avait été fait, il l'avait laissé là pour écouter ses matchs plus confortablement.

Ray farfouilla dans l'atelier, réunissant les outils dont il pourrait avoir besoin dans les égouts du parking : gants, bottes en caoutchouc, torche, scie à métaux. Ramper dans une canalisation pleine de merde n'était pas exactement une bonne idée. Il s'était lui-même vacciné contre la dysenterie amibienne et l'encéphalite japonaise dans un dispensaire de campagne poussiéreux six mois auparavant. C'était à l'autre bout du monde ; il ne se rappelait plus où. Il avait trouvé les outils mais ne se décidait pas à remonter l'escalier, car chaque fois qu'il descendait à l'atelier il apprenait quelque chose sur son père. Cette pièce montrait combien il avait été méthodique et discipliné. Des livres sur la gestion immobilière, l'électricité, la plomberie, la gestion locative, tous scrupuleusement soulignés, annotés même. Vingt-cinq ans d'archives. À l'autre bout de l'atelier s'alignait une rangée de meubles classeurs rouillés contenant la copie de toutes les affaires qu'il avait traitées depuis 1982, l'année où il avait obtenu son écusson doré d'inspecteur. La détention de ces dossiers était parfaitement illégale, mais aucun fonctionnaire du NYPD n'aurait trouvé à y redire. Un fragment de mémoire institutionnelle. Les vieux flics avaient des souvenirs, après tout. Ces rapports d'enquête, Ray en avait lu des centaines, y compris sur des affaires non élucidées. Mais il suffisait d'en lire quelques dizaines pour constater à quel point le travail de police était fastidieux. Il ouvrit un tiroir du classeur 1983, en sortit un dossier au hasard. L'ouvrit, se mit à parcourir un formulaire DD-5, le rapport de base rempli par les enquêteurs : « Le suspect s'est dirigé vers le sud jusqu'à Grand Central Station, où il a été observé en train de passer un appel sur le dernier téléphone à gauche de la sortie est, après quoi le suspect a été vu sortant dans la 42ᵉ Rue, où il s'est arrêté à un kiosque à journaux pendant trois minutes. Il a ensuite poursuivi sa marche… » Etc.

Ray remit le dossier en place, ferma le tiroir. Il n'avait pas envie que cette embrouille avec Jin Li soit la dernière affaire de son père. Celui-ci avait déjà bouclé sa dernière enquête, un chantage impliquant une jeune femme et un banquier d'une cinquantaine d'années. Il le savait parce qu'il avait lu le dossier : le banquier avait baisé la fille pendant deux ou trois mois dans un des meilleurs hôtels de Manhattan et, lorsqu'il s'était lassé d'elle, elle s'était lassée de faire semblant d'être attachée à lui. Un cas de figure banal, sauf qu'elle espérait monnayer la peine qu'elle s'était donnée. Le banquier l'avait payée quelquefois, puis l'avait avertie qu'il en avait sa claque et qu'elle devait lui foutre la paix. À ce moment-là, elle se tapait un Dominicain dégingandé à l'élocution soignée qui avait besoin d'argent pour payer sa coke. À sa demande, elle était retournée réclamer de l'argent au banquier, qui annonça à sa femme qu'ils allaient passer l'été en Nouvelle-Zélande. Elle partirait en premier, et il la rejoindrait, ce qu'il fit, après avoir déballé toute l'affaire au père de Ray. Oui, il préférait que ça ne s'ébruite pas. Quand la fille avait été arrêtée, le Dominicain était parti pour Santa Fe, escortant une jeune héritière toxicomane. La fille ne pouvait s'offrir que les services d'un avocat de deuxième ordre, et quand le banquier et madame finirent par revenir de leur reposante villégiature en Nouvelle-Zélande, elle avait déjà accepté un marché où elle plaidait coupable et tirait ses deux ans de prison. « Une dernière affaire à la con, avait résumé son père à l'époque. Mais c'est comme ça. »

Bien sûr, des affaires, il y en avait eu d'autres. Flic un jour, flic toujours. C'était une façon d'appréhender la réalité humaine. Une fois à la retraite, son père avait de temps à autre prêté main-forte à ses amis, qui dirigeaient désormais des agences de détectives privés. Pour l'essentiel, il s'agissait de passer quelques coups de fil ou d'aller faire un tour en voiture pour parler à quelqu'un, son revolver de service dissimulé sous son manteau. Ou d'une filature, six heures de planque dans une voiture à boire du café et à pisser dans une bouteille. Mais il s'était surtout occupé de gérer ses locations et, une fois l'an, s'était offert un séjour de pêche aux Bahamas. Il avait eu quelques copines, après avoir demandé à Ray la permission de retirer son alliance. Il voulait la garder, avait-il admis, parce qu'elle lui faisait penser à la mère de Ray, mais ce n'était pas comme ça qu'il se trouverait un peu de compagnie. Les femmes commençaient toujours par regarder sa main. Ray comprenait cela. Si bien que l'anneau de mariage avait réintégré le petit écrin soyeux à boutons de manchettes dans le tiroir à sous-vêtements de son père, où il conservait ses médailles de l'armée et de la police, son écusson doré d'inspecteur, la montre de son propre père et autres reliques sacrées.

Son père avait eu cinq bonnes années environ. Les parties de pêche, une croisière en Alaska. Deux ou trois copines qui l'occupaient, le tannaient pour qu'il les emmène voir des spectacles à Broadway, dîner, faire quelques virées à Atlantic City. Une compagnie, des rires. Ray n'avait pas cherché à savoir grand-chose sur ces femmes. Il ne voulait ou n'avait pas besoin de savoir. Elles soulageaient peut-être la solitude de son père, et si c'était le cas, tant mieux. Lui-même n'était pas d'une grande aide, de toute façon, étant si loin et souvent impossible à joindre. Et d'ailleurs c'est une des vieilles copines qui l'avait appelé en Malaisie pour lui annoncer que son père venait d'être opéré d'urgence pour une dysfonction rénale, qu'on avait découvert à cette occasion une forme rare de cancer généralisé, et pour lui demander de rentrer parce que cela se présentait mal. « Il ne m'avait pas dit qu'il avait des problèmes, avait dit Ray. — Il ne voulait pas vous inquiéter », lui avait-on répondu.

Ray regardait à présent les récompenses et les insignes sous cadre de son père, ainsi que les photographies dédicacées où on le voyait en compagnie des maires Koch, Dinkins et Giuliani. Les lettres d'hommes et de femmes le remerciant d'avoir retrouvé leur enfant, identifié tel meurtrier ou résolu tel cambriolage. Autrefois, son père mettait une veste et une cravate tous les jours et prenait le métro jusqu'à Manhattan, où il avait effectué la plus grande partie de sa carrière. Il avait suivi son petit bonhomme de chemin parmi les quatre mille officiers de police de la ville, sans jamais accepter d'être promu pour diriger des collègues et devenir un rouage de la bureaucratie. Sans jamais se laisser entraîner dans les intrigues et les trahisons mesquines, un aspect inévitable du travail de police. En évitant la fréquentation des bars de flics et tout contact avec les Affaires internes. En acceptant les changements d'affectation de commissariat en commissariat, d'unité en unité. « Contente-toi de faire le boulot, fils, disait-il toujours. Contente-toi de faire le boulot et le reste suivra. » Et il avait continué son boulot de flic, à pied, en voiture, au téléphone. C'était ainsi qu'il concevait la liberté. Une mauvaise chute d'une échelle de secours mouillée l'avait quelque peu freiné au tournant de la cinquantaine, mais il y avait eu pire ; à cinquante-six ans, alors qu'il n'était pas en service et regardait un match des Yankees dans un bar du quartier, il avait tenté de s'interposer entre deux clients, dont un petit gros, celui qui avait provoqué la rixe. Il avait perdu ses réflexes et pris trois coups de poing, un crochet large en plein dans la joue, un deuxième au plexus, qui l'avait plié en deux, et le troisième, un uppercut à la mâchoire qui lui avait cassé six dents. Il était allé au tapis et avait eu la présence d'esprit de ne pas sortir son arme, n'étant pas en état de s'en servir correctement. On découvrit que son agresseur, appréhendé deux jours plus tard, avait été un assez bon boxeur amateur dix ans auparavant, quand il avait la vingtaine.

Le genou bousillé et la mâchoire en vrac, Ray Senior avait pris le temps de la réflexion. Il allait bientôt toucher sa retraite, avait ses maisons en location, il était fin prêt. Et puis surtout, il avait été flic trop longtemps. La vie de flic était dure et l'avait usé.

« Tu pourrais reprendre le flambeau, tu sais, disait-il souvent à son fils. Tu as tout ce qu'il faut. Le discernement. Le contact avec les gens. La carapace. Je suis bien placé pour le savoir.

— Je ne pense pas, papa, répondait chaque fois Ray. Je ne suis pas prêt.

— C'est pour ça que tu ferais un bon flic.

— Non.

— Tu as encore le temps… je pourrais appeler quelques…

— Non. Je ne suis pas capable de… »

Tuer des gens – il ne s'était jamais résolu à le dire –, une extrémité à laquelle les officiers de police étaient fréquemment poussés.

« Tu serais surpris par ce que tu es capable de faire.

— Pas de tirer sur quelqu'un.

— Tu tirerais si c'était pour sauver d'autres vies.

— Peut-être pas. »

Et avec le temps, son père avait renoncé, certainement déçu mais peut-être soulagé aussi. Beaucoup de flics finissaient abîmés, d'une façon ou d'une autre. Ces années-là avaient été perdues pour tout le monde, entre ce qui était arrivé à Ray, la maladie de sa mère, la raclée que son père avait prise.

Ray monta l'escalier du sous-sol avec son matériel qu'il balança dans une caisse dans le couloir.

« Monsieur Grant ? »

Ray leva les yeux. C'était Wendy. Elle portait une blouse d'infirmière blanche impeccable et un gilet bleu déboutonné.

« Alors ?

— Votre papa est bien maintenant, il dort.

— Vous ne le trouvez pas de moins en moins lucide ?

— Il a des intermittences. » Elle eut un sourire compréhensif : « C'est normal. C'est dans l'ordre des choses.

— C'est l'analgésique ? »

Elle hocha la tête d'un air distrait.

« Principalement.

— S'il vous plaît, donnez-moi juste les faits.

— D'accord. Ça tient à beaucoup de choses. Le Dilaudid, oui. Mais le cerveau est aussi un organe, et il réagit aux stress de la maladie. En fait, le cancer pourrait avoir atteint le cerveau. Il n'est pas suffisamment nourri, et ce n'est pas sans conséquence. Mais les émotions aussi entrent en ligne de compte. Il sait qu'il est en train de mourir et se fait du souci pour vous. »

Ray la dévisagea. Elle était jeune et directe, très différente de Gloria, l'infirmière de nuit, qui avait tout vu.

« Ça va continuer comme ça, par intermittence ? »

Wendy acquiesça.

« Plus la douleur va augmenter, plus on devra augmenter son Dilaudid, et plus les doses augmenteront, moins il sera lucide. Il va beaucoup dormir.

— Combien de temps encore ?

— C'est très difficile à dire. » Elle soutenait le regard de Ray, presque agressivement, semblait-il : « Son cœur est étonnamment solide pour un homme de son âge et les poumons sont dégagés. Ce ne sera pas dans les jours qui viennent. Mais parfois ces choses évoluent d'un coup.

— Oui. »

Elle baissa la tête, la releva.

« Je voulais vous demander si vous aviez de la famille… qui pourrait rendre ça plus facile.

— Il a survécu à sa sœur. Ça fait des années que ma mère est morte. Il a demandé à ce qu'aucun ami ne vienne. Un ancien collègue passera peut-être, mais c'est tout.

— Je vois. » L'infirmière semblait hésiter à clore la conversation. « Alors, vous êtes tout seul.

— Oui.

— Si je peux me permettre, monsieur Grant…, commença-t-elle, s'approchant insensiblement de lui : Je sais que c'est dur d'accompagner quelqu'un qui est en train de mourir, et je me demandais sur qui vous alliez pouvoir vous appuyer dans ces moments difficiles.

— Merci. Je tiendrai le coup. »

Mais Wendy persista, les yeux troublés, voire humides, ce qui était peu professionnel de sa part. Elle lissa sa blouse d'infirmière.

« Avez-vous été… pardonnez-moi de poser la question, avez-vous déjà été avec quelqu'un qui est en train de mourir, monsieur Grant ? »

Il regarda la jeune infirmière mais se trouva incapable de répondre. Au lieu de quoi un flot de souvenirs l'assaillit. Montagnes. Villages. Champs. Poussière. Villes en ruine. Bébés en pleurs. Fumée. Des années de souvenirs. Toutes les années où il n'avait pas été là.

« Monsieur Grant ? »

Il trouva ses yeux, puis retrouva un peu de sa voix.

« Oui, mademoiselle, oui, j'ai vu des hommes mourir. J'en ai vu ma part, en tout cas. »

Une minute plus tard, Ray se glissait dans le jardin, un paquet sous sa chemise, et ouvrait le cadenas de l'abri. Il se retourna vers la maison avant d'entrer discrètement. Il souleva les sacs de tourbe. L'artillerie de son père était bien là où il l'avait laissée, avec les boîtes de munitions. Il prit le Glock, dònt le poids le surprenait toujours. Le manipula, tira à vide. Son père lui avait appris à s'en servir en l'emmenant au stand de tir du NYPD dans le Queens. Mais il n'avait jamais eu le goût des armes. Ni aimé les hommes qui leur vouaient un culte, fétichisaient leur pouvoir. Il reposa le Glock, ajouta les armes dont il avait délesté les Chinois, chargeurs vidés, puis replaça les sacs par-dessus. Il eut une pensée pour les deux Mexicaines. Qui était capable de faire ça, quel genre de malade était prêt à tuer de cette manière ? Et Jin Li s'était trouvée dans cette voiture ? Si le ou les tueurs le savaient, alors elle était toujours en danger. Et si c'était à elle qu'ils en voulaient en particulier ? Il n'avait pas encore envisagé cette hypothèse. Une vague de rage protectrice déferla en lui. Il se jura qu'il la trouverait. Je vais trouver Jin Li et ensuite je trouverai l'homme qui a voulu la tuer.

7

Le Russe revenait la chercher, gravissant l'escalier d'un pas lent et sinistre, et poussa la porte qui ouvrait dans la pièce remplie de cartons. Un sac en papier à la main. Jin Li avait déplacé son petit tas d'affaires dans un autre coin du premier étage, loin de la fenêtre, au cas où l'homme reviendrait fureter. Elle se félicitait d'avoir eu cette initiative. Elle l'épia à travers un jour dans le mur de cartons. Il avait la cinquantaine, les cheveux plaqués en arrière et ces étranges tatouages sur les mains. Elle n'aimait pas les tatouages ; ils ressemblaient à des bestioles. Il remonta son pantalon et regarda autour de lui.

« Oui, je sais que tu es là, la Chinoise, appela-t-il. Je sais que tu te caches. Je sais que tu comprends l'anglais, tout ce que je dis. »

Le Russe alla directement à l'endroit où elle s'était cachée auparavant, inspectant les cartons avec attention. Il s'arrêta, se pencha, et ramassa quelque chose. « Tu as oublié quelque chose, la Chinoise. » Il paraissait tenir quelque chose entre ses doigts, mais de l'autre bout de la pièce, elle n'arrivait pas à distinguer ce que c'était. « Je l'ai juste ici, lança-t-il d'un ton railleur. Tu as laissé longs cheveux noirs, très beaux. »

Instinctivement, elle palpa son crâne pour voir s'il y manquait des cheveux.

« J'aime ces cheveux, reprit le Russe. C'est très belle chose. Mais pas aussi belle que toi. »

À ces mots, le ventre de Jin Li frissonna de terreur.

« Tu vois, je me souviens de toi, la Chinoise. Je me souviens quand tu es venue visiter l'immeuble. Il y a peut-être quelque chose comme quatre mois. Tu portais des vêtements et des chaussures sophistiqués. Des vêtements de grande femme d'affaires. Tu ne m'as jamais rendu clé. Je sais ça. Pour la plupart des gens, ça va. Moi je remarque… Bien sûr que oui ! Je remarque ça parce que jamais jolie dame chinoise n'est venue voir immeuble. Maintenant je sais que tu es là et je sais que ces hommes te chercher. Ils m'ont dit l'endroit où ils logent. »

Il s'assit sur un carton et alluma une cigarette.

« Je crois que tu dois me parler. Ces hommes me payeront pour leur dire que tu es ici. Ils m'ont dit mille dollars si je leur dis où tu es. Mais ils ont l'air sales types. Et toi, tu es jolie fille. »

Il fumait d'un air pensif, le mégot en l'air, comme s'il conversait avec sa cigarette.

« Pourquoi ils veulent te trouver ? Ce Chinois avec le drôle de pansement sur le nez, il a l'air sous grosse pression, tu sais ? Pourquoi ils te cherchent ? Je me pose cette question intéressante. Alors je pense peut-être tu veux me parler un peu. Parler à Russe solitaire. Russes et Chinois, c'est bonne chose. Je suis gentil Russe, tu verras. »

Il ouvrit son sac.

« Il y a jus de fruits, bagels et pommes là-dedans, dit-il en posant le sac. C'est bon pour énergie. Ça aide à beaucoup penser. Je veux que tu penses à être gentille avec homme russe solitaire. Si tu es gentille avec moi rien qu'une fois, je dirai à homme chinois que tu es partie, que tu n'es pas là. C'est bon arrangement pour toi, je pense. Je pense peut-être tu m'aimais bien un petit peu avant, alors tu penseras oui, peut-être c'est bon arrangement. Juste une fois. Il y a bon matelas en bas, j'ai mis couverture. Je reviens dans pas longtemps, peut-être une heure. Cette fois je vais fermer la porte en bas. Tu ne peux plus sortir maintenant. »

Elle écouta le Russe quitter la pièce, son pas lourd faisant grincer les vieilles planches gauchies. Se risquerait-elle dehors ? Il l'attendait peut-être derrière la porte ! Comment savait-il qu'elle avait faim ? Elle s'avança sur la pointe des pieds et inspecta le sac.

Des pommes, dans un sac. Une bonne odeur. Une délicieuse odeur. Et en même temps la pire odeur qui soit, la plus triste…

Elle était venue de si loin qu'elle ne se rappelait plus toutes les étapes du chemin, n'osait plus songer aux distances. Née dans une plaine aride, dans la ferme de ses parents. Ils n'avaient pas l'eau courante, seulement une pompe à main. Son père avait grandi sur la ferme, ne s'y était jamais fait. Et comme fermier, ce n'était pas vraiment ça non plus. Les porcs attrapaient d'étranges maladies qui leur faisaient couler le nez. On avait autorisé son grand-père à planter trois pommiers derrière la grange. Qu'il fertilisait avec de la fiente de poule ramassée à la pelle sur la route. Son père avait emprunté de l'argent au conseil municipal et était parti vendre des vers à farine sur le marché aux oiseaux de Shanghai pendant trois ans avant de faire venir sa mère. Ensuite, un an plus tard, après que sa mère eut fait prospérer le commerce des vers à farine et que son père eut monté une petite affaire consistant à transporter des échafaudages en bambou d'un chantier à l'autre, ils les avaient fait venir, son frère et elle. Sa grand-mère avait pleuré et l'avait prise dans son lit, disant qu'elle avait été abandonnée de tous et qu'il était temps pour elle d'aller rejoindre ses ancêtres. Son grand-père, qu'elle aimait comme elle n'avait aimé et n'aimerait jamais personne (hormis ses propres enfants, bien sûr – oh ! comme elle aimerait avoir des enfants un jour), avait fait monter Jin Li et Chen dans sa carriole et les avait accompagnés jusqu'à la gare avec un petit sac rempli de ses pommes, de boulettes de riz et de porc séché. Il leur expliqua qu'ils allaient faire un *très* long voyage. Près de trois jours. Il donna à Chen un peu d'argent – une poignée de vieux billets – en lui disant d'acheter de l'eau et des bonbons pendant le voyage. Ensuite il lui demanda d'aller voir si le train arrivait, et comme Chen courait tout excité, son grand-père montra à Jin Li les billets neufs qu'il tenait dans sa main. « Enlève ta chaussure et ta chaussette, vite », souffla-t-il, et il glissa l'argent dans sa chaussette et la remonta sur sa cheville. « Ne montre pas à ton frère que tu as cet argent, lui dit-il gravement, ou il le prendra et le perdra. Je lui ai donné les vieux billets pour l'eau et les bonbons. Donne cet argent à ta mère. Si ton frère perd tout et que vous ayez besoin d'argent, prends seulement un billet dans ta chaussette et dis-lui que tu l'as trouvé. Tu comprends ? » demanda son grand-père, qui la regardait avec ses yeux fatigués sous les plis de ses paupières tombantes. Elle dit oui, parce qu'elle voulait lui faire plaisir, qu'il sache qu'elle ferait tout ce qu'il lui demanderait. « Ce sont les économies de toute une vie. Elles sont pour toi, ton grand frère et ta gentille maman. » Elle hocha la tête avec empressement mais n'avait pas envie de le quitter. D'un coup elle se sentit terrifiée ; elle avait compris ce qui était en train d'arriver.

« Tu es mon petit oiseau et tu voleras loin, ajouta-t-il en toussotant. Je ne te reverrai jamais plus mais tu seras toujours mon petit oiseau ». Et puis le train était arrivé et ils avaient voyagé en classe « dure » sur une banquette en bois cinquante-six heures durant. Le wagon était bondé et les gens sentaient mauvais. Il fallait aller se soulager dans les herbes quand le train s'arrêtait. Son frère dépensa tous les vieux billets en bonbons, en boules de gomme et en eau, mais elle ne toucha pas à l'argent que son grand-père lui avait donné. Des années plus tard, après de brillantes études à l'Institut de technologie de Harbin, elle avait fini par comprendre que les pommes du sac avaient été la toute dernière chose qu'elle avait reçue de son grand-père. Elle ne l'avait jamais revu. Et il était sans doute mort à présent, cela faisait si longtemps. C'était un crève-cœur, et pourtant elle n'avait jamais pleuré en y repensant, pas une seule fois. Elle avait vécu avec son frère dans un immeuble croulant du vieux Shanghai, une pièce unique avec de la moisissure sur le bord de la fenêtre. L'immeuble avait été rasé depuis longtemps pour faire place à une autoroute aérienne aujourd'hui saturée de voitures, de camions et de bus. Sa mère avait trouvé du travail dans une usine où, toute la journée, elle apposait un petit logo en plastique sur la façade de lecteurs de DVD. Elle se servait d'un pistolet à colle électrique et devait faire dix-huit mille pièces par journée de douze heures si elle voulait être payée à la fin de sa semaine de six jours. Soit une pièce toutes les deux secondes environ. En deux ans, pendant que Jin Li et son frère allaient à l'école, son père développa suffisamment son affaire d'échafaudages pour s'offrir un bout de terrain et y bâtir une maison de deux étages. Cette année-là, la mère de Jin Li, épuisée et rendue malade par les horaires à rallonge et l'odeur de colle, s'endormit au travail et une giclée de colle lui brûla la joue. Elle fut renvoyée de l'usine et revint à la maison, où Jin Li prit soin d'elle. La blessure s'infecta et ils durent payer un médecin pour qu'il vienne exciser et cautériser la zone infectée. Sa mère guérit mais conserva une cicatrice irrégulière, plissée, et une atteinte des nerfs qui lui paralysa un côté de la bouche. Elle se claquemura dans leur maison et n'en sortit plus. Jin Li et son frère faisaient les courses. Son père décida de dormir dans le lit pliant du salon et n'adressa plus que rarement la parole à sa mère. Il ne la laissa plus lui couper les cheveux et commença à mieux s'habiller. Bientôt il sortait dîner avec des représentants subalternes du gouvernement, et le frère de Jin Li, qu'il amenait parfois avec lui, se mit à apprendre la vie des affaires telles qu'elles se pratiquaient dans la Chine nouvelle. Pendant ce temps-là, Jin Li apprit l'anglais à l'école et étudia aussi assidûment qu'elle put, sans passion, elle s'en rendait compte à présent, mais pour s'évader – fuir quelque chose, fuir *tout ça*. À quinze ans, elle obtint le troisième meilleur score aux tests de fin d'année de tous les collèges du district de Shanghai, alors qu'elle était en concurrence avec les rejetons de riches parents cornaqués par des tuteurs qui savaient à qui graisser la patte pour obtenir une copie des tests de l'année précédente. Elle obtint sa meilleure note en chimie. Sa mère assista à la cérémonie, mais pas son père. Puis vint son jour de gloire : son admission à l'Institut de technologie de Harbin, l'une des plus prestigieuses universités chinoises, spécialisée en astronautique, mécatronique, robotique, travail à chaud des métaux, communication et systèmes électroniques, électronique physique et optronique. Ce fut son équipe qui mit au point le premier procédé d'implantation ionique par immersion plasma en Chine ! Mais, en troisième année, ses professeurs l'encouragèrent à étudier le capitalisme américain et les technologies de l'information. Il se pourrait qu'on ait besoin de toi pour quelque chose de différent, Jin Li, lui dirent-ils. Bien sûr, c'était son père et désormais son frère, avec leurs relations au sein du gouvernement, qui avaient décidé de ce changement d'orientation. Ils voulaient se servir d'elle pour faire de l'argent. Son anglais, son physique, sa capacité d'adaptation. Il nous arrive d'envoyer des éléments exceptionnels travailler en Amérique, dirent-ils. Top secret. Alors elle étudia les grandes entreprises américaines, lut l'histoire de New York, traduisit de vieux exemplaires du magazine *Time*, et écouta des émissions de radio traitant des conditions de circulation sur le pont de Brooklyn ou sous le tunnel Abraham-Lincoln. Elle lut un roman comique sur New York intitulé *Bright Lights, Big City*[1], auquel elle ne comprit rien. Elle se familiarisa avec les taxis, les métros, le Chrysler Building, et apprit ce qui faisait la notoriété de Greenwich Village. Puis un beau jour…

Comme son arrivée en Amérique avait été excitante ! Et tellement bizarre. Au fil des jours, des semaines, elle avait senti des changements incompréhensibles s'opérer en elle. L'Amérique était très différente de ce qu'elle avait imaginé. Les gens étaient tellement… tellement *libres*. Et cette liberté, ils l'avaient *en* eux. Au début, elle les avait détestés, les trouvant ridicules et faibles. Et puis quelques années s'écoulèrent. Elle se mit à gagner beaucoup d'argent – « *big money* », comme disent les Américains – pour son frère et ses gros investisseurs. Le fonctionnaire du consulat censé contrôler ses activités tous les deux mois sembla relâcher sa surveillance. La Chine

1. Il s'agit d'un roman de Jay McInerney publié en 1984.

changeait rapidement, et pourtant son retour n'était pas envisagé. Je suis tellement déphasée, se disait Jin Li, tellement « décousue » – un autre mot de vocabulaire qui n'était peut-être pas tout à fait approprié. Je ne suis pas dans mon pays, je ne suis pas moi-même. Elle dévorait les journaux, trouvant le *New York Post* et le *Daily News* assez faciles, puis, au bout d'un an, elle s'attaqua au *New York Times*. Elle était constamment sur le qui-vive, surtout au téléphone. Elle savait que les ordinateurs du gouvernement américain cherchaient des informations, écoutaient les conversations téléphoniques, traquaient certaines combinaisons de mots, filtraient les mails et les chaînes de caractères, reliaient des centaines de variables à des centaines d'autres variables. Ils étaient à la pointe de la surveillance informatique. Bien que la Chine fût considérablement plus peuplée que l'Amérique et Shanghai bien plus grande que New York, elle comprenait mieux les structures financières internationales à présent, après avoir passé au crible tous ces documents d'entreprise. Les multinationales américaines étaient tellement grandes ! Elles opéraient dans le monde entier ! En comparaison, la combine de son frère était dérisoire ! Tellement dérisoire qu'elle aurait dû passer inaperçue. Mais quelqu'un l'avait repérée. Qui ?

À ce moment-là, elle entendit des bruits de pas dans l'escalier. C'était le Russe qui revenait, comme il l'avait promis ! Elle fourra ses biens les plus précieux, ainsi que le sac de pommes, dans la petite valise verte, franchit la porte coupe-feu en trombe et monta l'escalier. Deuxième étage, troisième, quatrième.

« La Chinoise ! tonna la voix du Russe derrière elle, plus profonde à présent, chargée d'une sorte de grognement rauque et pâteux. Je sais que tu es là sur escalier, ohé, je t'entends. »

Jin Li parvint en haut des marches. Il montait à sa suite, d'un pas lourd mais résolu, la fumée de sa cigarette l'atteignant avant lui.

Je n'ai pas peur de lui, décida-t-elle, pas très peur.

« La Chinoise, reprit la voix, manifestement avinée. Je vais te donner de la très bonne excellente baise russe. » Son caquetage d'asthmatique résonna dans la cage d'escalier : « Je vais te donner bonne vieille baise soviétique… ah, tu montes, hein ? OK. Je vais plus vite. »

Elle poussa la porte du quatrième étage et se faufila rapidement entre les baignoires en fonte et les lavabos sur colonne. Des milliers de Blancs s'étaient lavés dans ces baignoires et ces lavabos, tous certainement morts depuis longtemps. Une pièce peuplée de fantômes nus se savonnant l'entrejambe. Elle trouva l'échelle en bois qui permettait d'accéder au toit, et y grimpa avec agilité, sa valise à la main.

« La Chinoise, c'est l'heure de prendre ton pied avec moi, hé ! rugit la voix alcoolisée et excitée, sûre de ses intentions et impatiente de les voir satisfaites. Je suis excellent baiseur, tu aimes baiser, je le vois dans tes yeux, et le Chinois dit que tu aimes baiser les Blancs, alors maintenant je vais… »

L'accès au toit se faisait par une porte en bois bleue pourvue d'un solide cadenas en acier. Mais celui-ci tenait par de vieilles vis fichées dans des planches exposées à la pluie et à la neige depuis près d'un siècle. Et d'ailleurs, Jin Li, diplômée avec mention de l'Institut de technologie de Harbin, avait assez astucieusement retiré ces vis pendant la nuit en utilisant la lame de son coupe-ongles, tandis qu'elle explorait silencieusement l'immeuble. Elle poussa sur les planches bleues du bout des doigts, et le panneau s'ouvrit à la volée, plaqué par le vent du soir qui rabotait les toits-terrasses des immeubles contigus.

En un instant, elle se retrouva dehors sur le revêtement goudronné du toit, soulevant sa robe pour trottiner entre les vieilles cheminées en brique, dont beaucoup étaient de guingois comme si elles avaient fondu tout doucement au fil des années. Il ne faisait pas encore tout à fait nuit, et elle pouvait voir où placer rapidement ses pieds et éviter les coudes de ventilation noirs qui faisaient saillie comme des champignons de métal grêles, ainsi que les câbles téléphoniques, les paraboles et les bidons rouillés d'enduit bitumineux qui encombraient le toit. Quand le Russe émergea en titubant sur le toit, Jin Li était déjà loin, cachée derrière la cheminée d'un autre immeuble, avec sa petite valise verte et son sac de pommes. Elle reprenait tranquillement son souffle, éprouvant même un léger sentiment de triomphe, le regard étincelant et plein de défi, mais elle savait que le Russe allait prévenir Chen, ce qui voulait aussi dire qu'elle était plus en danger que jamais.

8

Quand faut y aller, faut y aller, et Ray ne comptait pas se dégonfler. Ray entra sur le parking de la plage au moment où le soleil se couchait. L'endroit n'avait rien de remarquable, hormis la vue sur l'océan au premier plan et quelques porte-conteneurs à coque rouge posés sur l'horizon. Détritus et bouteilles. Le genre de lieu que les adolescents fréquentaient pour picoler et baisouiller, comme il l'avait fait quand il était adolescent. Pourquoi Jin Li s'était-elle retrouvée là avec deux Mexicaines au petit matin ?

Il se gara au bout du parking, loin des quelques voitures qui s'y trouvaient déjà. Il avait attendu le crépuscule parce qu'il ne voulait pas être vu, et, de toute façon, il faisait tout le temps nuit dans les égouts. La surface du parking justifiait la présence de huit caniveaux, et la question, supposa-t-il, était de savoir où ils se déversaient. Dans un collecteur d'eaux pluviales, avait dit Pete Blake. À New York, dans la plupart des cas, les caniveaux étaient raccordés au tout-à-l'égout. Le parking se trouvait environ un mètre cinquante plus bas que la route distante d'une cinquantaine de mètres, et elle-même pas beaucoup plus haute que la ligne des hautes eaux, ce qui signifiait que pendant les fortes tempêtes d'automne, à marée haute, le parking était probablement submergé par les vagues. Or on ne pouvait pas laisser de l'eau de mer se déverser dans les égouts de New York.

Les grands côtés du parking étaient équipés de quatre caniveaux, deux aux angles et deux au milieu. Une rigole d'eau saumâtre bordait le côté opposé à l'entrée. Ray s'avança dans les hautes herbes et tomba sur une conduite de gros diamètre en aluminium ondulé. Elle était grillagée. Il détecta une légère odeur d'excréments. Il retourna à sa voiture et sortit une clé anglaise et une scie à métaux de sa boîte à outils. La clé ne fut d'aucune utilité sur les boulons du grillage, grippés par la rouille. Il s'agenouilla dans l'herbe. Un dépôt de matière organique décomposée était collé au grillage. Cela faisait longtemps qu'il n'avait pas été ouvert, y compris par les fonctionnaires du NYPD. Mais il serait facile à découper. Il cisailla un grand U renversé et rabattit la partie découpée. Il scruta l'intérieur de la conduite avec sa torche. Un long côlon sombre et étroit. L'idée de ramper à l'intérieur lui souleva le cœur. Je suis assez branque pour le faire, se dit Ray. Et puis mon père était un grand flic. Il le ferait lui-même s'il le pouvait. Il glissa les outils dans son blouson, posa sa torche devant lui, et se mit à ramper, le pan de grillage revenant brusquement en place après qu'il l'eut lâché.

Vas-y, Ray, vas-y, scanda-t-il. Le collecteur d'eaux pluviales était un modèle standard de soixante-quinze centimètres de diamètre qui s'élevait en pente douce. Le fond de la conduite était encombré de vase, et il avait l'impression de ramper dans le lit d'un cours d'eau. Son pantalon fut bientôt mouillé puis complètement détrempé. La torche révéla des feuilles, des détritus, et au moins un écureuil mort. Il arriva à l'endroit où le collecteur se dédoublait en deux conduites, l'une allant vers la gauche, l'autre vers la droite. Chacune, supposa-t-il, drainant un côté du parking. Laquelle prendre ? Son odorat lui souffla la réponse. La conduite de gauche sentait la merde, tout simplement. Il s'y aventura et la puanteur augmenta. Il estima qu'il se trouvait à mi-chemin du parking. En lavant la voiture, les pompiers avaient dû laisser couler leurs tuyaux suffisamment longtemps pour nettoyer le parking, mais pas suffisamment pour éliminer toutes les matières à l'intérieur des conduites. Et l'averse qui avait suivi n'avait pas duré assez longtemps pour générer un ruissellement important.

Il continua à ramper. S'il éteignait la torche, l'obscurité serait totale dans le tunnel en tôle. Une obscurité humide et de plus en plus nauséabonde. Il ralluma sa torche et se mit à trouver ce qu'il voulait trouver. Un tampon. Un mégot. Il éclaira le fond de la conduite et aperçut un bouchon de tube de dentifrice. Qu'est-ce que les gens mettaient aux toilettes à part leurs déjections ? À peu près n'importe quoi. Il avisa un bout de papier et le ramassa. Trop sombre pour voir ce que c'était. Il le fourra dans sa poche. Son blouson sentirait la merde quand il en aurait fini, il le savait. Il continua à ramper. Vit un autre bout de quelque chose qu'il mit dans sa poche. La torche éclairait à présent une longue nappe d'excréments en décomposition, profonde d'une quinzaine de centimètres, et tout au bout, à peut-être vingt mètres, un minuscule carré de lumière pâle là où la canalisation rejoignait la surface. Ce qui signifiait vingt mètres de reptation dans la merde. Mais tu sais quoi ? se dit-il à lui-même. Ce n'est rien. Tu as vu bien pire, mec. Tu n'as qu'à utiliser les trucs habituels. Il sortit deux mèches de papier de soie qu'il avait trempées dans un gel mentholé et s'en boucha les narines. Puis il retira l'emballage d'une tablette de chewing-gum au poivre et se mit à mâcher. Pour finir, il enfila un masque filtrant. Fais-le, s'encouragea Ray. Il avança en se tortillant sur le ventre, inspectant les détritus logés dans la merde. D'autres tampons, une tétine. Les gens jettent des choses dans leurs toilettes et croient qu'elles disparaissent comme par magie. Il tira sur un objet rêche qui se révéla être une brosse à mascara. Il la laissa tomber et continua sa progression. Il trouva un morceau de papier ainsi qu'une serviette en papier de couleur détrempée, et fourra les deux dans sa poche. Un autre papier avec des chiffres dessus. Dans la poche. Tandis qu'il approchait du tout petit carré de lumière, la merde devint plus épaisse, bouchant la conduite au point d'empêcher sa progression. Il tendit sa main gantée et déblaya la merde. Ses doigts effleurèrent trois objets. Il les approcha de sa torche. Le premier était une cravate. Qu'il jeta. Le deuxième était une souris morte. Une bénédiction qu'il ne puisse pas la sentir. Et le dernier… sur la gauche. Il écrêta la merde jusqu'à ce qu'il trouve une chaussette d'enfant. Inutile. Il la mit quand même dans sa poche.

Il n'était plus qu'à trois mètres de la bouche d'égout et sentait même un léger vent coulis provenant de la surface. Mais à cet endroit, la conduite était obstruée par des plantes rampantes. Il jeta un dernier coup d'œil avant de battre en retraite. C'était quoi, ça ? Une pile de serviettes en papier merdeuses avec une inscription dessus. Dans le blouson. Il était temps de partir. Comme la conduite était trop étroite pour pouvoir s'y retourner, il recula laborieusement en se tortillant sur le ventre jusqu'à la conduite plus large, où il put se mettre en boule, pivoter, puis ramper dans la canalisation qui descendait devant lui. La descente fut bien plus rapide que la montée. Il s'extirpa du U découpé dans le grillage et s'allongea un moment dans l'herbe, près des outils qu'il avait laissés là, redoutant de voir la quantité d'excrément humain encroûtant ses genoux, ses cuisses, son ventre, sa poitrine, ses avant-bras et ses gants. Il en avait aussi sur son masque, sur les joues et le front.

Mais ça aurait pu être pire.

De retour chez son père, il vida ses poches et disposa son butin sur la véranda de derrière, puis entra dans la maison en caleçon après avoir laissé ses vêtements et ses chaussures dehors. Une fois douché et habillé de propre, il fit tremper les objets dans une casserole d'eau chaude, les débarrassant de la merde et de la boue qui y adhéraient. Frottée au savon, la chaussette se révéla blanche, avec ROBERT PETROCELLI JR. écrit à la main à l'encre indélébile sur la semelle. Les serviettes en papier étaient des serviettes de cocktail, de celles qu'on trouvait dans les restaurants de catégorie supérieure. Elles portaient l'inscription *Jeannie & Bill's Wedding* et, en dessous, *Sammy's*. Une réception de mariage. Le papier avec des chiffres dessus était un reçu de carte de crédit au nom d'une certaine Flora Silverman. Un autre papier se révéla être la carte de visite détrempée d'un certain Fareed Gelfman, vendeur dans un centre de voitures d'occasion du Bronx. Au recto il était écrit : « Appelle à la maison » avec un numéro de portable. Le dernier bout de papier était collé à une boulette de chewing-gum. Le papier était tellement trempé qu'il se serait déchiré si on avait tiré dessus. Il l'emporta dans la cuisine, mit la boule de papier dans une assiette, et l'assiette au micro-ondes. Dix secondes suffiraient probablement à la ramollir. Quand le minuteur tinta il sortit l'assiette et la posa sur la table, puis il décolla délicatement les bords du papier et découvrit la photo d'un Blanc malingre avec une douzaine de piercings aux oreilles pratiquant une fellation sur un Noir obèse. Très intéressant, sauf que ça ne lui était d'aucune utilité. Il fit une boule de la photo et la jeta dans la poubelle.

Les autres informations collectées lui apprendraient peut-être quelque chose. Il se prépara une grande tasse de café, puis alla chercher les vieux plans de Brooklyn et du Queens de son père. Les deux localités étaient desservies par le système d'égouts municipal, mais vers l'est, à la frontière du comté de Nassau, la superficie des terrains augmentait, marquant la transition entre un habitat dense constitué de rangées de maisons et le classique plan en damier de la banlieue, où certaines habitations et commerces utilisaient encore des fosses septiques. Il chercha Robert Petrocelli dans l'annuaire et en trouva un domicilié à Ozone Park, dans le Queens. Il nota l'adresse des Petrocelli. Puis il chercha Flora Silverman dans le Queens et à Brooklyn. Elle ne figurait pas dans l'annuaire. Mais l'adresse de la facturette était celle d'un restaurant de sushis du centre de Manhattan. Certainement pas le genre d'endroit où l'on curait les fosses septiques. Elle avait dû froisser le reçu et le jeter dans les toilettes dans le Queens ou à Brooklyn. Il n'était pas bien avancé. Il passa au bout de papier suivant : Sammy's : traiteur et music-hall. *Mariages italiens avec orchestre, célébrations, bar-mitsva, anniversaires*. L'adresse n'était qu'à neuf pâtés de maisons des Petrocelli, également dans le Queens. Pas si merdeuses que ça, mes infos, se dit-il.

Il composa le numéro de Sammy's et tomba sur la réceptionniste.

« Bonjour, je suis nouveau dans le quartier et j'ai vu que les affaires marchaient bien pour vous.

— Ça n'arrête pas. Qu'est-ce que je peux faire pour vous ?

— Eh bien, en fait, je me demandais si vous pouviez me recommander une société de vidange de fosses septiques.

— C'est une blague ou quoi ? Il est huit heures du soir !

— Non, ce n'est pas une blague. J'ai vu un camion chez vous il y a peut-être une semaine et je n'arrive pas à me rappeler le nom de l'entreprise, mais je suppose que vous êtes satisfaits du…

— En général, on appelle Victorious. Des fois Town Septic. Je ne me rappelle plus qui c'était la semaine dernière. C'est un gros camion, c'est tout ce que je peux vous dire.

— Merci. »

Ensuite Ray appela Fareed Gelfman.

« *Yo*, fit une voix sur fond de musique rap.

— Je cherche à joindre Fareed Gelfman.

— Il est à l'hosto.

— Quoi ?

— Ouais, un type lui a fracassé la tête, l'a dérouillé grave.

— Pourquoi ?

— Oh, tu connais Fareed, mec. Toujours à baiser à droite à gauche. Apparemment, il a refilé sa carte de visite avec son numéro de portable dessus à une souris qui était maquée, et son jules l'a très mal pris.

— Où est-ce qu'elle crèche ?

— Avec son mec. Queens, Brooklyn, ce genre d'endroit merdique.

— Merci. »

Ray raccrocha. Il composa le numéro des Petrocelli. Une petite fille répondit.

« Est-ce que je pourrais parler à ta mère ou à ton père ?

— Attendez une minute.

— Oui ? fit une voix de femme occupée, la quarantaine.

— Madame Petrocelli, j'appelle de la part de Town Septic.

— Ah bon, à cette heure-là ?

— Je me demandais si vous envisageriez de recourir à nos services.

— C'est Victorious qu'on fait toujours venir. Il y a écrit Vic's sur la cuve du camion. Annie, va te laver la figure.

— Je comprends, mais j'espère que vous penserez à nous à l'avenir.

— Chez Vic's, ils interviennent le jour même. On a un problème de canalisations au sous-sol, et avec tous les gosses, ça se bouche.

— Je vois.

— On fait appel à eux depuis des années. Et puis Richie joue dans l'équipe de softball de mon mari. Annie, tu es *dégoûtante*.

— Richie ?

— Le chauffeur de Vic's. »

Il sirota son café.

« Je vois.

— Alors je suis sûr que vos tarifs sont compétitifs et tout ça, mais nous ne sommes pas intéressés. »

Elle raccrocha.

Comme quoi, il est toujours instructif de ramper dans la merde, se dit-il. Il consulta de nouveau les annuaires de son père. Il y avait huit Vic's répertoriés dans le Queens, mais aucune entreprise de vidange. À Brooklyn, douze entreprises avaient Vic dans leur raison sociale, y compris des salons de coiffure, des traiteurs et des pizzerias, et il y avait un Victorious Vidange, situé à Marine Park – ce qui n'était pas vraiment proche des adresses du Queens où les vidanges avaient été effectuées.

Il refit le numéro des Petrocelli.

« Allô ? fit la voix d'une mère exaspérée. C'est pour quoi ?

— Bonsoir, c'est moi qui viens d'appeler de la part de Town Septic.

— Je croyais qu'on en avait fini.

— Je rappelle juste pour un petit détail. Vous faites appel à Victorious Vidange à Brooklyn ?

— Un nom comme ça. Ils ont des camions un peu partout ici. Je ne sais absolument pas s'ils sont de Brooklyn. Bon, maintenant, je vous demande de ne plus appeler, j'ai des gosses à coucher. »

Il raccrocha.

« Au rapport ! » appela une voix du salon.

Il trouva son père couché sur le dos, les yeux fixés au plafond.

« J'y suis allé et j'ai rapporté quelques indices. Ils désignent une entreprise de Brooklyn appelée Victorious Vidange.

— Près d'ici ? »

Ray lui parla du plan et des coups de fil.

« Je devrais peut-être le dire à Pete Blake. »

Son père agita une main dégoûtée.

« Il finira par comprendre tôt ou tard. Et puis tu ne sais pas grand-chose de toute façon.

— Je sais que la merde venait probablement de canalisations ou de fosses septiques curées par Victorious.

— Tu y vas demain, tu poses des questions, tu trouves ce Richie.

— Je pousse la porte ?

— Ouais, tu pousses la porte, Ray. Tu le trouves, tu le suis. Tu fais exactement ce que j'aurais fait. »

Ray observa attentivement son père. C'était le visage de l'homme que sa mère, jeune fille de dix-neuf ans, avait embrassé, le visage du flic qui patrouillait dans les rues, avait voté Nixon en 1972, comme la plupart des Américains, et avait accueilli sa démission avec soulagement, qui avait interrogé des centaines de suspects, entendu toutes les conneries et les faux-fuyants possibles et imaginables, un piètre danseur et un buveur raisonnable, un homme qui venait souvent se recueillir sur la tombe de sa femme, avec un pliant et un transistor, et qui s'asseyait là une heure en écoutant le match des Yankees, la main sur la pierre tombale.

« Papa, il faut que tu te rases. »

Son père grommela.

« Tu bois du café ?

— Oui.

— Donne-m'en un peu. J'ai pas bu de café depuis…

— Tu es sûr ?

— Qu'est-ce ça va me faire, me tuer ? »

Il tendit la tasse à son père. Celui-ci but lentement.

« Mmm.

« Tu choisis quoi, rasoir électrique ou mécanique ?

— Mécanique. C'est qui le barbier ?

— Moi. »

Ray alla chercher une bassine d'eau chaude, une serviette, du savon à barbe et un rasoir. Il mouilla la moitié de la serviette et adoucit le visage de son père. Celui-ci ferma les yeux et se laissa retomber sur le coussin.

« C'est agréable », murmura-t-il.

Ray fit mousser le savon sur le cou et les joues de son père. Cela faisait des années qu'il n'avait pas touché son visage de la sorte, depuis l'enfance peut-être.

« Tu sais, j'ai traité beaucoup d'affaires de personnes disparues, commença son père, comme s'il avait pensé à Jin Li depuis le matin. Peut-être quarante ou cinquante. Et en règle générale, les personnes qui disparaissent pour se cacher ne restent pas très longtemps au même endroit. Elles ont la bougeotte. Elles se sentent…

— On ne bouge plus. »

Ray passa le rasoir sous le menton de son père.

« … seules. Je cherchais à savoir qui le disparu connaissait, qui était la famille, les amis proches, les ex. »

Le café déliait la langue du vieux flic.

« Comment on applique ça à Jin Li ?

— Elle n'a pas de famille en ville ?

— Non. Elle est chinoise.

— Des amis ?

— Je ne la connaissais pas depuis très longtemps quand elle a rompu.

— Des petits copains ?

— Aucune idée.

— Combien de temps entre votre rencontre et les olympiades en chambre ? »

Ray se le rappelait.

« Deux jours.

— Il n'y a pas de quoi pavoiser. » Son père roula des yeux en direction de la fenêtre : « Elle a des orgasmes facilement ? »

Ray se contenta d'un hochement de tête, trop gêné pour dire ça à son père.

« Je peux pavoiser, là ?

— Non, bien sûr que non. Ça vient de la femme, toujours. Elle était arrivée depuis combien de temps quand tu l'as rencontrée ?

— Deux, trois ans peut-être.

— Jolie fille, fraîchement débarquée, seule. Des mecs, il y en a eu des tas, d'après moi. Elle a peut-être cherché à retrouver un ex. »

Cette idée rendit Ray nerveux.

« Mettons.

— Vas-y mollo sur la joue. Tu connais son appartement ?

— Un studio tout là-haut vers la 99e dans l'East Side. Minuscule.

— Pas à Chinatown.

— Elle détestait. Trop chinois.

— Des trucs dans son appartement ?

— Les trucs habituels. Des robes. Presque tout son argent passait dans les fringues.

— Pas de voiture ?

— Non.

— Tu es déjà resté dans son appartement ?

— Des tas de fois. On sortait pour prendre le petit déj.

— Elle lisait quoi ? »

Il tapota la joue de son père. Douce.

« De tout. Elle lit parfaitement l'anglais.

— Mais elle le parle moyen.

— Elle le parle très bien. C'est la prononciation qui coince.

— Le palais se durcit très tôt.

— Elle comprend toutes les formes d'anglais parlé, sauf peut-être les accents vraiment marqués, un accent du Sud à couper au couteau par exemple.

— Donc elle pourrait assez facilement aller n'importe où aux États-Unis. »

Son père souleva de nouveau sa tasse de café.

« C'est ce que je dis.

— Elle était cachottière ? Ne réfléchis pas, réponds.

— Eh bien…

— Réponds oui ou non. »

Mais avant qu'il ait pu le faire, Wendy fit irruption, sa longue garde sur le point de prendre fin.

« Du café ! » Elle se tourna vers Ray : « Ce n'est pas possible, il ne peut pas boire de café !

— C'est moi qui ai demandé, intervint son père.

— Je regrette *infiniment* ! rétorqua l'infirmière en s'adressant à Ray. Je crois que vous ne saisissez pas bien. Je crois que vous devriez être un peu plus sensible à la situation. Je sais bien que vous n'avez pas passé beaucoup de temps auprès des… » Elle jeta un coup d'œil au père de Ray : « … malades et des mourants, oui, on peut dire ça, mais…

— Comment ? lança brusquement son père d'une voix éraillée. Qu'est-ce que vous avez dit sur mon fils ? »

La jeune et jolie infirmière se tourna vers lui et se radoucit :

« J'ai dit que je savais qu'il n'avait pas passé beaucoup de temps auprès de personnes qui sont…

— C'est bien ce que j'avais compris. »

D'énervement, son père tendit les deux bras, tirant sur ses perfusions et dardant sur elle des yeux fiévreux.

« Laissez-moi vous dire un truc, jeune fille, mon fils, Ray, ici présent a passé des *années* auprès des malades et des mourants, il a vu des *champs* de cadavres, alignés en rangs par *centaines*, brûlés, broyés, noyés, il a vu des morts enterrés par *milliers*, il a tenu dans ses bras de tout petits bébés qui étaient…

— Papa, papa, ça suffit ! »

Son père fusillait du regard la jeune infirmière, qui, pour sa part, regardait Ray avec stupéfaction, se rendant enfin compte – comme l'avait fait une autre femme quelques jours auparavant – qu'elle ne savait absolument rien de lui.

9

Ils avaient été heureux. Et c'était exactement le genre de soirée de printemps pluvieuse qu'il aimait autrefois. « Votre femme est en bas dans la voiture », disait sa secrétaire. Alors c'était le rapide coup de brosse dans sa salle d'eau privée. L'ajustement du nœud de cravate devant la glace, le regard lancé à Tom Reilly, le type qui avait le vent en poupe. Après quoi il rejoignait Ann qui l'attendait avec impatience dans la voiture de fonction garée devant l'immeuble, et les voilà qui partaient sans tarder pour un énième dîner mondain. De la main gauche il caressait la cuisse ferme et fuselée de sa femme, ayant hâte de l'exhiber, hâte de profiter à fond de la soirée, de plonger sans retenue dans les conversations faussement sérieuses, l'affectation suffisante, les grands sourires et les claques dans le dos, l'argent qu'on reluque, le pouvoir qu'on renifle, tous ces gens qui buvaient juste ce qu'il fallait et qui papillonnaient avec félicité dans l'intimité de ceux qui faisaient bouger les choses. Il se rappelait encore le soir où Bill Gates était dans la pièce – *l'homme le plus riche du monde est dans cette pièce, Ann, en ce moment même,* l'homme le plus riche qui ait jamais vécu – et la fois où Jack Welch[1] était passé dire bonjour... mais maintenant, ce soir, c'était différent, maintenant tous deux étaient perdus dans leurs pensées tandis qu'à l'extérieur la nuit brouillée de pluie filait derrière les vitres, Ann à côté de lui mais ne sachant absolument rien de ce qui l'attendait, ni des étranges araignées de douleur qui couraient sur sa poitrine et son épaule gauche. Devait-il lui dire, à sa toubib de femme ? Elle lui avait demandé ce qui n'allait pas, pourquoi il était si stressé. Ce n'est rien, mon ange, juste une réception dans le château céleste de Martz, vingt pièces au trentième étage. Martz, l'homme qui me harcèle. Il devait y aller, quoi qu'il lui en coûte, faire comme si tout allait bien. L'invitation était arrivée la veille. Un test imparable pour voir s'il l'évitait. OK, très bien. Il avait gobé deux bêtabloquants au bureau pour zapper son angoisse. Martz allait trouver une occasion pour le prendre à part et lui dire : « Il y a six mois vous me suppliiez d'acheter vos actions, ce que j'ai fait, et maintenant ? », le reniflant pour détecter sur lui l'angoisse qu'il avait chimiquement supprimée. Il y avait quelque chose de mortifère, de répugnant chez cet homme. Un prédateur, un vautour, qui avait gagné des centaines de millions en achetant et en vendant le travail des autres, sans avoir jamais rien créé, produit ni inventé quoi que ce soit lui-même, mais qui guettait les entreprises fragilisées, sous-capitalisées, en difficulté, pour y planter ses crocs de vampire cupide et les sucer jusqu'au dernier dollar. Et c'était là que Tom allait le regarder droit dans les yeux et lui rétorquer : « Bill, vous savez aussi bien que moi que le marché est irrationnel parfois, et la meilleure explication à cela est que quelqu'un a fait chuter le cours, peut-être en vendant

1. Ancien président du groupe General Electric, élu « Manager du siècle » par le magazine *Fortune*.

pendant la baisse pour tout racheter à un prix inférieur plus tard. Maintenant vous devez cesser de vous acharner sur moi... » Enfin, il dirait quelque chose d'approchant, un gros coup de bluff, qu'il servirait à Martz comme un joueur de poker qui a misé très gros.

Mais Tom n'était pas convaincu par son propre baratin, et il sonda son esprit pour voir si les bêtabloquants avaient résorbé toute son angoisse. Combien de temps mettaient-ils pour agir ? Il aurait dû le savoir, vu le nombre de rapports d'essais cliniques qu'il avait lus. Il pourrait poser la question à sa femme, mais elle chercherait à savoir pourquoi il en avait pris, de quelle manière il se les était procurés. Pourquoi était-il si inquiet ? Ce n'était pas juste Martz. Il y avait plus que ça, bien plus, du *mauvais plus*. Son sort, Tom ne le comprenait que trop bien à présent, était suspendu à quatre mots, des mots vagues et d'une stupéfiante banalité : « Envoyez-leur un message. » Oui, il avait dit un truc dans ce goût-là, « envoyez-leur un message », envoyez à CorpServe, l'entreprise chargée du nettoyage et de la destruction de documents, un message pour leur faire comprendre qu'il ne voulait pas qu'ils viennent fouiner dans son bureau de directeur ni ailleurs chez Good Pharma. Ils étaient très rigoureux et faisaient leur nettoyage entre sept heures du soir et quatre heures du matin, comme stipulé dans le contrat, mais ces derniers mois plusieurs collaborateurs avaient signalé qu'on avait peut-être touché à des documents sur leurs bureaux. Interrogées de façon informelle, les employées CorpServe avaient été on ne peut plus évasives. Comme si elles avaient été entraînées à faire la sourde oreille. Est-ce qu'elles volaient ? Cherchaient-elles à pirater des informations ? Pour le compte d'un concurrent ? Les faits étaient bien trop ténus, impossibles à prouver, à moins d'installer des caméras cachées, d'engager des experts en espionnage industriel, la grosse artillerie, ce qui laisserait des traces écrites susceptibles d'être un jour exploitées devant un tribunal par un investisseur mécontent du calibre de Martz ou par les Messieurs Propres de la SEC. Il avait enjoint au service informatique de faire respecter l'obligation d'éteindre tous les postes de travail en réseau après dix-huit heures trente, et d'améliorer le cryptage instantané des messages intranet et des mails sortants. Est-ce que ça lui donnait une marge de sécurité ? *Pas forcément.* Alors quand on lui avait fait part d'une nouvelle suspicion – une simple suspicion – concernant CorpServe, selon laquelle certains sacs ne se retrouvaient peut-être pas dans la grosse déchiqueteuse mobile garée au niveau de la rue, il avait dit à son gestionnaire d'immeuble les paroles qu'il avait ressassées presque toutes les heures depuis qu'il avait vomi sous son siège pendant le match des Yankees : « Je ne veux pas qu'on déconne avec nos informations ! Envoyez un message à CorpServe comme quoi nous voulons que le ménage soit fait et les déchets papier éliminés, mais que, s'il y a un souci, on déchire le contrat et on ne leur verse pas un *cent.* Mais franchement, je n'ai pas envie de devoir chercher un autre prestataire à cette période de l'année. Cette boîte est bon marché. Alors ayez une petite conversation avec eux. Envoyez-leur un putain de message, un message qu'ils n'oublieront pas. »

Comme il aurait aimé avoir un enregistrement de ses paroles. Il aurait prouvé que Tom Reilly n'avait rien à se reprocher. Un type un peu désagréable, peut-être, mais innocent. « Envoyez-leur un putain de message, un message qu'ils n'oublieront pas. » C'était ce qu'il avait dit à James Tonelli, son responsable des services généraux, un quadragénaire zélé, trop agressif, qui passait ses journées à arpenter l'immeuble, vérifiant le chauffage, la clim, la plomberie, les alarmes incendie, et tout ce qui pouvait être vérifié. Et James, qui était de Brooklyn, avait simplement répondu : « Ne vous inquiétez pas, je m'en occupe », en hochant la tête, avec peut-être une idée à moitié dissimulée au fond des yeux, et Tom n'avait fait que cela, ne s'était pas inquiété, parce que James avait dit qu'il s'en *occuperait*.

Ils n'avaient pas discuté de la façon dont ça pourrait se faire, et Tom en avait déduit que James aurait sans doute un petit entretien musclé avec la représentante de l'entreprise de nettoyage, une jolie Chinoise, croyait-il se rappeler, l'ayant peut-être rencontrée une fois pour l'interroger sur les méthodes et les pratiques de surveillance sur site mises en œuvre par CorpServe. La routine. Et puis, quelques jours auparavant, il avait lu dans ce tabloïd que deux Mexicaines travaillant dans cette même entreprise avaient été retrouvées assassinées sur la plage de Brooklyn. Portant encore leurs uniformes d'employées. Ça ressemblait fort à un *putain de message*, *un message qu'ils n'oublieront pas*. Des salariés de Good Pharma avaient reconnu les filles, et le service des relations publiques avait confirmé qu'elles avaient travaillé dans leurs bureaux *cette nuit-là*. Tom avait accueilli la nouvelle d'un simple hochement de tête et déclaré : « S'il y a une enquête, renvoyez ça au service juridique. » Au moins le nom de la société n'avait pas été cité aux infos. Enfin, pour l'instant. Et le lendemain James Tonelli téléphonait pour se faire porter pâle, et le jour d'après. Fallait-il s'en inquiéter ? Était-ce un message que Tom *n'oublierait pas* ? Il n'en était pas sûr. Enfin, si, il en était sûr. Il était capable d'échafauder des explications rationnelles pour étayer ses espoirs, mais son instinct lui disait que les deux choses étaient liées. Il y avait toujours eu des rumeurs concernant les accointances de James à Brooklyn, les relations de sa famille. Les Lucchese, les Gambino. Ce n'était que des noms, pas vrai ? Signifiaient-ils encore vraiment quelque chose ? Qu'était Tom, un spécialiste de la mafia ? La mafia n'était-elle pas finie à New York, laminée par les procès après le vote de la loi RICO ? Juste une plaisanterie qui vous amusait quand *Les Soprano* repassaient à la télé ? Nous tuons vraiment des gens, haha. Tout le monde pense que nous avons disparu, ha-ha-ha. Il se rendit compte que le *New York Times* sortait parfois des papiers sur le crime organisé. Il aurait dû être plus attentif à ces choses-là ! Les conjectures concernant James avaient en fait ajouté une aura positive à sa présence et, en général, les choses ne traînaient pas avec lui ; les problèmes avec les syndicats, les inspecteurs municipaux, tout ce qui se présentait. Il avait l'air de savoir qui appeler et comment leur parler quand il le faisait. Un éventail de compétences très précieux.

Tom pouvait donc s'inquiéter à propos de James. Mais Martz, l'homme qui serait son hôte dans dix minutes, n'avait que faire de James et des deux jeunes Mexicaines mortes. Son souci, c'était le cours de l'action Good Pharma. Ces deux dernières semaines, il avait encore plongé, encore perdu dix-sept pour cent supplémentaires. Pourquoi ? Allez savoir. Trop de vendeurs ! D'ordinaire les entreprises savaient pourquoi leur action montait ou descendait. Les analystes publiaient des rapports, faisaient des recommandations, des gens bien informés livraient leurs commentaires dans le journal, et l'on exigeait des entreprises elles-mêmes qu'elles fassent des commentaires sur leurs bénéfices prévisionnels. C'était donc bizarre qu'une entreprise ne comprenne pas les fluctuations de son action, et par bizarre il voulait dire très inquiétant.

Pourquoi tant de gens vendraient-ils leurs actions Good Pharma ? Peut-être avaient-ils une bonne raison de croire que son entreprise n'avait pas la valeur que d'autres lui prêtaient. Une bonne ou bien une *excellente* raison. Mais laquelle ? Good Pharma avait six médicaments principaux en dernière phase de développement. Sur les six, il y avait un gros carton en puissance, trois semi-échecs, une inconnue, et un énorme plantage. C'était Tom qui avait souhaité étaler la diffusion des informations concernant la mise au point de ces médicaments selon un calendrier bien précis. Malheureusement, l'avancée des recherches n'avait pas coïncidé avec l'ordre prévu pour annoncer le succès ou l'échec de tel ou tel médicament. Si bien qu'il avait commencé à chambouler les essais cliniques, essayant d'accélérer la progression de leur grand succès, de freiner un peu les semi-échecs, et de mettre leur plantage dans la glace : celui-ci serait rendu public en même temps que la compagnie annoncerait de nouvelles initiatives, le succès de son produit phare, etc. Il avait eu l'intention de jouer en respectant les règles mais avait certainement utilisé tous les moyens à sa disposition pour faire gagner la boîte. Certaines choses étaient faisables…

… *si* vous aviez la maîtrise de votre information ! Si vous présumiez que les données et les rapports dans votre bureau, éparpillés dans ceux de votre staff, sur leurs ordinateurs, et bien sûr dans leurs têtes, étaient protégés.

Sinon, sauve qui peut.

Mais qu'était-il censé faire ? S'il ouvrait une enquête interne officielle afin de déterminer de quelle manière certaines informations confidentielles touchant des essais cliniques avaient été volées ou divulguées, il risquait, accidentellement, d'attirer l'attention sur le problème lui-même. De générer un surcroît d'informations problématiques. Qui pourraient être volées ou divulguées à leur tour. Il suffisait qu'un cadre Good Pharma bavarde avec quelqu'un de l'extérieur au mauvais moment pour voir apparaître une centaine d'articles dans la journée, l'information proliférant comme un virus sur les blogs et les sites d'investissement. L'action s'effondrerait. Ce serait aussi montrer du doigt les méthodes de contrôle de l'information à l'intérieur de l'entreprise – leurs insuffisances manifestes. Les insuffisances de la surveillance. La surveillance de Tom Reilly, s'entend.

Martz, bien sûr, l'avait déjà dans le collimateur ; il semblait avoir deviné le problème et avait commencé à harceler Tom. C'était l'unique raison d'être de cette soirée, avoir l'occasion d'approcher Tom et de rendre sa menace encore plus claire. Tom en était parfaitement conscient. Et comment ! Mais Martz ne serait pas le dernier. Les principaux actionnaires – sociétés d'investissement, banques, opérateurs de *hedge funds* – n'allaient pas lui laisser cette chance. Ils avaient commencé à appeler, le pressant de les recevoir. Des tas de gens possédaient des parts dans la société : banques allemandes, banques françaises, banques anglaises, les labos pharmaceutiques allemands concurrents, les conglomérats japonais, les magnats de l'immobilier sud-coréens, les magnats de l'industrie et du transport maritime hongkongais. Des tas d'enfoirés coriaces qui ne faisaient pas dans le sentiment. Se foutaient totalement de Tom Reilly et du nombre de bêtabloquants qu'il se gobait. Ou de qui que ce soit d'autre dans la boîte. Perdez brutalement dix-sept pour cent sur cent millions de dollars, ça fait dix-sept millions. Après ça, il faut tabler sur vingt pour cent de retour sur capitaux propres pour sortir la tête de l'eau. Et Good Pharma n'était pas assis sur un bon gros dividende protégeant le cours de son action.

Les bêtabloquants commençaient à agir. Il se sentait… eh bien, *calme*. Maître de lui, les idées claires. Le pouls ralenti. Waouh. *Waouh.* Suffisamment calme pour rouvrir le fâcheux dossier James Tonelli. Imagine un instant que l'entreprise de nettoyage ait effectivement volé certaines informations précieuses, comme les premiers résultats calamiteux des essais cliniques de la peau synthétique. Imagine que tu peux le prouver. Maintenant imagine que James a parlé à quelqu'un d'autre qui a demandé à quelqu'un d'autre de flanquer à ces deux Mexicaines la peur de leur vie – des gens assez présomptueux pour exagérer la signification du mot « message » –, et que ces gens aient fait une bêtise, ou pire, comme d'aller les buter. Ensuite imagine que tu es le journaliste du *New York Times* ou du *Wall Street Journal* et que tu découvres que des informations confidentielles ont filtré d'une société, que le cours de son action a plongé et qu'ensuite la société en question – une entreprise du secteur de la *santé* – ait apparemment été, d'une façon ou d'une autre, à l'origine de l'assassinat d'employées travaillant pour l'entreprise ayant piraté les informations. Qu'est-ce qu'il en résulterait ? Tom était calme ! Le résultat ? Avalanche de mauvaise presse, tollé chez les actionnaires, et Dieu sait quoi d'autre. Sa carrière : aux chiottes. Et pas d'indemnités de licenciement ni de parachute doré s'il était établi qu'il avait enfreint les lois fédérales ou les principes de l'entreprise. La prison, même, si les gens témoignaient d'une certaine manière. Dès qu'un problème survenait, les entreprises débarquaient leurs employés en l'espace de quelques heures, comme des pommes gâtées. Si un juge l'interrogeait, James déclarerait qu'il avait fait exactement ce qu'on lui avait demandé de faire. « Monsieur Thomas Reilly, voyons voir si je comprends bien : vous êtes le directeur d'une entreprise qui fait de la recherche médicale de pointe pour essayer de sauver la vie des gens, votre père était médecin, votre femme est médecin, et vous avez ordonné, couvert ou suggéré que deux jeunes Mexicaines sans défense qui nettoyaient vos bureaux meurent asphyxiées sous un tombereau d'excréments humains ? »

Peut-être avait-il dit autre chose à James. Était-ce possible ? Peut-être quelque chose comme : « Sois brutal, s'il le faut. » À quoi James avait répondu par un hochement de tête grave et tendu. Avait-il dit ça ? Avait-il *pu* dire ça ? (Il était calme !) « Je connais des gens qui connaissent des gens. » Pourquoi entendait-il James lui dire ça à présent ? Pourquoi avait-il l'impression que c'était quelque chose que James pouvait dire, avec un soupçon d'accent des rues de Brooklyn dans la voix ? Ils avaient bavardé un jour de bon matin, vers huit heures, alors que la caféine produisait son effet, le stimulait. « Je connais des gens qui connaissent des gens. Ça craignait. Sois brutal. » Ça aussi, ça craignait. Ces paroles avaient-elles vraiment été prononcées ?

Tom jeta un coup d'œil à Ann. Elle passait ses journées avec ses patients. Le pied. Ne se doutait absolument pas de ce dans quoi il mettait les pieds. Il était calme.

Dès qu'elle avait ouvert un œil ce matin-là, ils avaient occupé ses pensées : Mme Thompson et sa maladie de cœur ; M. Bernard et sa cirrhose ; Harriet Gorsky et son insuffisance rénale en phase terminale ; ses mille six cent quatre-vingt-dix patients au grand complet, une foule grouillante, traînant les pieds, catarrheuse et angoissée, divisible par âge, sexe, et évidemment par maladie ainsi que par maladie probable. Ses patients atteints d'un cancer du poumon, par exemple : ceux qui avaient de fortes chances de l'avoir et attendaient les résultats des analyses ; ceux qui l'avaient et qui prenaient conscience qu'ils allaient bientôt mourir ; et ceux qui étaient maintenant cloués au lit, toussant faiblement. Ou bien les nombreuses femmes souffrant de troubles anxieux, de celles présentant des « tocs » modérés aux patientes nécessitant une hospitalisation immédiate. Si vous mettiez Ann dans une pièce avec tous ces gens (non, n'en faites rien), elle était capable de passer de l'un à l'autre et, dans de nombreux cas, de diagnostiquer intuitivement leur maladie, de se remémorer en un instant la myriade de données correspondant à chacun d'eux – les taux d'hématocrite, les résultats d'analyses, et même les tailles et les poids au dernier check-up. Ainsi que leurs histoires, leurs secrets – un immense fardeau psychologique qu'elle s'efforçait de ne pas porter mais qu'elle portait toujours. Elle les soignait, les trouvait intéressants. Un échantillon d'humanité, où, bien entendu, les patients ayant une couverture médicale et les femmes (les hommes sont tellement têtus quand il s'agit de se soigner) étaient surreprésentés. Il y en avait quelques-uns qu'elle ne pouvait vraiment pas sentir, quelques-uns qu'elle pleurerait peut-être quand viendrait la fin, et quelques-uns qu'elle allait jusqu'à aimer, de loin, en général, chastement, sans rien en laisser paraître, évidemment. Certains hommes âgés qui avaient perdu leurs femmes venaient en consultation en costume-cravate, comme s'ils travaillaient encore, et l'écoutaient souvent exposer leur maladie, leur problème, en observant un silence stoïque. Ils se pinçaient les lèvres et hochaient la tête, frottaient leurs mains rêches l'une contre l'autre comme s'il s'agissait simplement de régler une question financière en signant un très gros chèque. Ça lui brisait le cœur. Peut-être lui rappelaient-ils son père pendant ses dernières années. Comment aurait-elle pu rester de marbre ? C'étaient des êtres humains. Ils se tenaient presque nus devant elle (les hommes avec leurs sous-vêtements flottants baissés tandis qu'elle leur cherchait des hernies, fréquentes chez les hommes âgés et potentiellement assez graves en cas d'infection, ou des gonflements testiculaires), ils avaient des odeurs (les femmes en général mettaient du parfum et se lavaient plus soigneusement), ils rotaient faiblement, pétaient, grognaient. Il arrivait exceptionnellement qu'ils urinent par accident, notamment pendant un examen anal. Mais elle ne trahissait jamais la moindre émotion, ne montrait jamais que c'était là un comportement honteux. Parce que ce n'était pas vrai. Nous sommes des animaux et sujets à la mortification de la chair. Nous naissons pour pouvoir mourir.

Elle jeta un coup d'œil à Tom dans la voiture. Perdu dans ses pensées. Il semblait calme, enfin, relativement calme. Ne lui avait pas demandé comment s'était passée sa journée. L'avait à peine embrassée en montant dans la voiture. Était-elle en rogne contre lui ? Oui, mais plus que ça, découragée. Ils travaillaient trop tous les deux, trop de responsabilités… et à cette pensée sa journée lui revint à l'esprit… après le déjeuner elle avait vu un jeune marié qui se plaignait de douleurs à la poitrine et au ventre et avait avoué avoir une liaison avec la jeune sœur divorcée de sa femme à qui il avait probablement transmis son herpès. Ann avait hoché la tête avec résignation, mais avait pensé : « Espèce de fumier. » Elle lui avait tendu une ordonnance en lui disant d'informer sa femme, qui était aussi sa patiente. Ensuite, elle avait reçu une jeune femme venue lui demander d'augmenter sa dose d'antidépresseurs. Une femme cliniquement obèse, tellement obèse que la graisse avait atteint la dernière phalange de ses doigts, grosse fumeuse avec ça. Ann lui avait parlé sur un ton comminatoire de ses poumons et de son cœur, mais doutait que cela ait eu un quelconque effet. La patiente suivante était une femme âgée dont le bas de la colonne vertébrale et le bassin étaient rongés par l'arthrose. Elle se déplaçait avec lenteur, s'excusant inutilement tandis qu'Ann examinait sa région lombaire.

Tellement différents les uns des autres, ces êtres humains. En tant que médecin, vous êtes amené à avoir une connaissance secrète de ces différences. Et, par conséquent, vous risquez constamment de découvrir des choses sur ceux que vous aimez, de savoir précisément ce que vous auriez préféré ne pas savoir. Et là, il y avait quelque chose chez Tom qui la tracassait. Elle ne savait pas trop si c'était une intuition ou une certitude, ni si c'était la femme ou le médecin qui parlait en elle. Tom était, selon toutes les apparences extérieures, un homme de quarante-deux ans en parfaite santé, d'un mètre quatre-vingt-cinq pour environ cent cinq kilos, ce qui était trop, mais vigoureux. Pourtant, il y avait quelque chose, un tressaillement de l'œil, une irritabilité distraite. L'animal était sous pression, une pression inhabituelle. Il n'en avait rien dit. Soit il savait ce qui n'allait pas, soit il l'ignorait. Mais elle avait le sentiment qu'il savait exactement ce qui clochait. Derrière l'homme affable, extrêmement sociable, se cachait un esprit affûté. Tom pouvait se montrer très dur avec les gens. Il compartimentait, intériorisait, rationalisait. Des facultés précieuses dans l'univers de l'entreprise. Mais l'animal avait toujours le dessus. C'était ce qu'elle avait appris de ses patients. Le cerveau faisait passer ses besoins avant ceux des autres organes, organisait la perception de la réalité afin de maximiser son bien-être. Il était en revanche incapable de contrôler la réaction du corps à ses propres perceptions, la sécrétion des hormones, le flux cellulaire. Tom se comportait comme si tout allait bien. Il avait l'air calme, mais elle savait qu'il n'en était rien. Quelque chose *n'allait pas*. En ce moment même, alors qu'il regardait fixement par la vitre de la voiture avec chauffeur, mutique. Pourquoi ?

« On y est », dit-il au chauffeur.

Un appartement ravissant ! Gigantesque ! Au dernier étage ! Non que cela lui importe, mais certains invités étaient de vrais milliardaires. Elle papota, déambula, laissa Tom faire son numéro, parler aux grosses légumes, là-bas dans l'angle, tous un verre à la main. Après avoir échangé quelques poignées de main, elle se fraya un chemin jusqu'à un énorme sofa et s'y assit avec soulagement, à moitié dissimulée par une gerbe de lys géante, accepta un verre de vin blanc. Les domestiques étaient tous de minuscules Guatémaltèques. Trop fatiguée pour être vraiment utile à Ray, elle se fit spectatrice. Ann étudia Connie, la femme assez jeune de quelqu'un d'important ici à qui elle avait été présentée. Elle arborait une paire de prothèses mammaires très coûteuses. Comme ses seins paraissaient naturels et grotesques à la fois ! *Impossibles* et merveilleux ! On aurait été bien en peine de dire qui était responsable de cette situation esthétique, les hommes ou bien les femmes elles-mêmes. Et pourtant, ce qui l'étonnait tout autant, c'était que ces faux nichons *fonctionnaient*. Des hommes par ailleurs extrêmement raffinés et brillants, pleins d'expérience et de perspicacité, avocats, banquiers et artistes – des hommes qui avaient enterré des parents, des amis, des épouses, même des enfants, et qui connaissaient donc la tragédie essentielle de la chair… – se trouvaient très souvent désarmés devant ces seins artificiels quoique sans conteste magnifiquement réalisés. Des hommes intelligents ! Des hommes réfléchis, raisonnables ! Des médecins ! Oui, *des médecins*, pourtant bien placés pour être informés des risques d'infections, de contractures capsulaires, de rejets immunitaires, de lésions nerveuses, de mauvaises cicatrisations, de défaillances ligamentaires, de complications liées à l'éclatement des implants, etc. Oui, même des médecins. Leur réaction de mâle était préprogrammée dans leur cerveau, envoyant des salves de testostérone dans le système endocrinien. C'était plus fort qu'eux. Sans défense. Des hommes sans défense. Ils perdaient leur pouvoir de discernement et de résistance. Ils étaient concupiscents, et tandis qu'ils étaient aveuglés par cette concupiscence, les femmes prenaient le pouvoir, ne serait-ce qu'un instant.

Ce fut au tour de Connie de remarquer Ann à l'autre bout de la pièce ; elle se tourna et se porta à sa rencontre, souriant avec une hospitalité professionnelle.

« Êtes-vous… vous semblez être…

— Je suis désolée… un peu fatiguée. Longue journée. »

En faisant cet aveu, Ann n'était pas loin de déroger à l'étiquette régissant les dîners en ville à Manhattan. Vous n'y admettiez jamais une faiblesse ou une insuffisance.

« Oh, vraiment… ? demanda obligeamment Connie, un œil sur les invités.

— Je suis médecin et j'ai vu défiler beaucoup de patients aujourd'hui, c'est tout. »

À ces mots, l'attitude de Connie s'adoucit et elle se rapprocha, semblant réévaluer son vis-à-vis non seulement avec admiration, mais aussi avec une légère appréhension, car les gens savent que les médecins connaissent des choses que le reste de l'humanité ignore.

« Je peux vous demander quelle est votre spécialité ?

— Interniste. Spécialiste de médecine interne. »

Connie s'assit tout à côté d'elle.

« Je n'arrête pas de dire à mon mari qu'il doit consulter. »

Ann hocha la tête. Beaucoup d'épouses disaient cela.

Connie se rapprocha encore.

« Je peux vous faire une confidence ? chuchota-t-elle. Il fait pipi trop souvent la nuit. Peut-être six ou sept fois.

— C'est trop, en effet. »

Connie poursuivit :

« Et il a mal.

— Quand il urine ? »

Connie grimaça, comme pour singer la douleur de son mari.

« Je ne pense pas.

— Des difficultés à uriner ? demanda Ann.

— Peut-être. Il est tellement pudique. Je sais qu'il a mal, vous savez, là, tout en bas. »

Hyperplasie bénigne de la prostate, ou plus probablement maligne, diagnostiqua-t-elle. Test PSA. Nouveau test inflammatoire. Éliminer le faux positif. Biopsie probable.

« La douleur est constante ? »

La question voila d'inquiétude le beau visage de Connie.

« Je n'en suis pas sûre mais je pense que oui, c'est tout le temps ! murmura-t-elle.

— Entre l'anus et le scrotum. C'est sensible au toucher ?

— Eh bien… »

La franchise brutalement clinique de cette question lui arracha un hoquet de surprise. Et quand elle se fut assurée que personne ne les écoutait derrière les lys :

« Eh bien, oui. Je suis tellement inquiète ! »

Ann se demanda si elle n'avait pas déjà vu le visage de Connie quelque part, dans une pub, peut-être.

« Il devrait consulter un urologue le plus tôt possible – je veux dire demain – et se faire faire un examen rectal.

— C'est ce qu'il ne veut pas…

— Il faudra qu'il surmonte ça. »

Connie hochait la tête de façon frénétique, les yeux humides, ayant apparemment oublié la réception.

« Ce n'est pas grand-chose, franchement. Vous êtes une femme, vous savez ce que c'est, les gynécologues ne se gênent pas pour fourrager dans notre intimité.

— C'est ce que je lui ai dit.

— Il n'en a jamais fait ?

— Non.

— Il a peur ?

— Oui.

— Vous devriez vraiment insister.

— Oui. Il est tellement sensible à cet endroit.

— Il faut qu'il se fasse examiner *demain.* »

Connie avait les larmes aux yeux.

« Docteur, est-ce que… est-ce que vous les faites ?

— Presque tous les jours.

— Et les hommes… est-ce qu'ils sont gênés par le fait que…

— Que je suis une femme ? Non. Ils l'acceptent. »

Connie la dévisagea, et une question semblait trembler dans ses grands et beaux yeux.

« Vous... vous le feriez pour lui ?

— Bien entendu, il peut appeler ma...

— Non, non, il part demain en Allemagne pour quatre jours, on vient le chercher à six heures... non, je veux dire vous le feriez, pourriez le faire, maintenant ? Ici ? »

Ici. Maintenant. Elle n'en avait pas vraiment envie, mais c'était son devoir, son devoir de médecin. Connie la conduisit le long d'un couloir jusqu'à une somptueuse chambre à coucher avec des Picasso sur tous les murs et Manhattan s'étalant à leurs pieds de deux côtés. *L'argent, le vrai*, murmura Ann. *Voilà ce qui fait courir Tom.*

« Vous avez besoin de quelque chose ?

— Oui », répondit Ann.

Connie hocha la tête. Elle décrocha le téléphone, pressa une touche. On envoya une bonne acheter des gants d'examen en latex et de la vaseline dans une pharmacie de nuit.

« Je vais aller chercher mon mari, déclara Connie. Ne bougez pas... »

De longues minutes s'écoulèrent. Tom se souciait-il de son absence ? Pas forcément. Il pouvait très bien être empêtré dans une conversation à l'autre bout du salon. Elle était perchée sur une banquette tapissée avec son sac à main, lequel contenait une trousse de médecin miniature.

« ... que tu le fasses, Bill, j'y tiens absolument. »

Connie apparut à la porte.

« Il pense qu'il me fait plaisir. »

Martz entra, l'air mauvais.

« C'est le cas.

— J'ai dit que cela ne prendrait qu'une minute. »

Connie tendit à Ann un sac blanc de pharmacie et tira la porte derrière elle.

« Eh bien, docteur…

— Je vous en prie, appelez-moi Ann, je suis votre invitée après tout. »

Martz la gratifia d'un hochement de tête de rigueur, mais son expression disait qu'il ne savait pas du tout à qui il avait affaire.

« Où exercez-vous ?

— J'ai mon propre cabinet et j'ai des consultations à Beth Israel.

— Combien d'examens de cette nature avez-vous pratiqués ?

— Je ne sais pas. Plusieurs milliers, peut-être. »

Les yeux de Martz, jaunis par des décennies de golf, la dévisageaient sans ciller. Elle n'arrivait pas à savoir s'il la trouvait séduisante ou si son intérêt résidait ailleurs. Peut-être en voulait-il à sa femme de lui demander de faire ça, peut-être en voulait-il à Ann d'avoir accepté. Il guettait très probablement chez elle des signes trahissant ce qu'elle était en train d'apprendre à son sujet. C'était typique des patients ; ils étudiaient le médecin qui les étudiait. En le regardant de plus près, elle vit qu'on lui avait retiré des dizaines de minuscules cancers de la peau ; y compris sur le bord de la lèvre inférieure. Le sillon au-dessus de sa lèvre supérieure évoquait une vieille balafre, et même un certain mépris du danger.

« J'ai dit à votre femme que je le ferais, dit Ann, mais naturellement, cette décision vous appartient.

— Allons-y. Comme ça elle me laissera tranquille. »

Martz baissa son pantalon.

« Penchez-vous, les mains sur la table.

— Comment vous a-t-elle trouvée ?

— Nous avons bavardé.

— Vous parlez d'une conversation.

— Oh, vous connaissez les femmes, dit-elle en lubrifiant ses doigts. Nous parlons de tout.

— Je n'ai pas salué tout le monde, grommela-t-il, par politesse, pour entretenir la conversation. Vous êtes venue avec… ? »

Elle enfonça son index et son majeur, ensemble, d'une main ferme. Il grogna. Ils grognaient tous, sauf les hommes qui pratiquaient la sodomie ; ceux-là anticipaient et évaluaient la sensation. Elle palpa les parois latérales et postérieure du rectum à la recherche de grosseurs. Puis elle localisa la prostate sur la paroi antérieure et passa ses doigts d'un côté à l'autre, appréciant sa régularité, sa consistance, la présence de protubérances, d'asymétries, ainsi que son volume.

Il y avait beaucoup de grosseurs, de méchantes grosseurs.

« Excusez-moi, répondit-elle, vous disiez ? Oh, je suis venu avec Tom Reilly. Je suis sa femme.

— Aah, je vois. »

Martz se raidit, contracta même son trou de balle.

« C'est bon à savoir, docteur. C'est, *aah*, instructif. Je veux que vous sachiez exactement ce qui me ferait du… *bien*, ce qui résoudrait mes problèmes. »

En règle générale, elle préférait que les patients évitent l'autodiagnostic. Ils se trompaient à tous coups, avaient tendance à dramatiser. Un jour, une femme était venue consulter parce qu'elle avait les pieds engourdis et avait insisté pour qu'on fasse des analyses pour voir s'il s'agissait de la sclérose en plaques, alors qu'il s'agissait d'un problème de chaussures trop serrées.

« … le changement dans ma vie qui serait le plus *prophylactique* serait si votre… »

Elle ne prêtait guère attention à ce qu'il disait, déployant prudemment ses doigts sur la surface inégale de la prostate, appuyant doucement, vérifiant si son examen provoquait une réaction douloureuse. La règle était de ne pas appuyer plus fort que vous ne le feriez sur un globe oculaire. Elle ramena ses doigts contre le bord de la prostate pour voir si elle pouvait mieux sentir la forme de la grosseur, si elle concernait un lobe ou les deux.

« Docteur Reilly ?

— Oui ?

— J'ai dit, si votre mari… »

Martz tendit vivement la main dans son dos et agrippa la sienne, l'expulsant de son rectum avec un bruit de succion mouillée. Il se retourna, le slip sur les genoux, chemise et cravate pendantes, et il se rapprocha d'elle, une proximité inconfortable. Sa grosse main à la peau relâchée souleva ses doigts gantés et malodorants entre eux deux, tandis que ses yeux scrutaient intensément son visage.

« Si *Tom* n'a pas la courtoisie de me dire… »

Elle lutta contre Martz, tenta de se dégager, mais sa grosse main lui tenait fermement le poing, réduisant à néant son autorité de médecin.

« … ce qui se passe chez Good Pharma. »

Il remarqua son air déconcerté.

« Oh, votre brillant et ambitieux mari *sait* quelque chose, docteur. Mais il ne me le dit pas. Fait comme s'il ne se passait rien. A essayé ce soir, en face, a eu le culot de me mentir en face, docteur Reilly. Il ne me le dit pas, ni à moi ni à personne d'autre, apparemment. J'ai investi des centaines de millions de dollars dans sa société. Vous comprenez ? C'est beaucoup d'argent, même pour moi. L'argent d'autres personnes, docteur. L'action était à la hausse. Mais plus maintenant. Il y a une information que je ne possède pas ! Tom, lui, la possède, docteur ! Tom *sait* ! Et je veux qu'il… »

Martz lui broyait la main à présent, s'approchant tout près d'elle, le visage écarlate, la lèvre retroussée de colère, un primate montrant ses vieilles dents, ses doigts à elle couverts de sa merde striée de sang à trois centimètres de son nez.

« … me la donne ! »

10

La douleur le réveilla. Comme chaque nuit à la même heure, quelques minutes avant que la machine envoie une giclée de morphine dans le tube planté dans son bras. Délicieuse, merveilleuse morphine, il l'aimait plus qu'il n'aurait su dire, ne pouvait plus s'en passer, oui, évidemment – pas étonnant que les gens se détruisent à cause d'elle. *Je suis accro.* Mais c'était pendant ces quelques minutes qu'il était le plus lucide, et ce malgré la douleur qui augmentait rapidement mais qui restait supportable, le voile de la morphine écarté juste assez pour laisser son cerveau fonctionner. Des secondes précieuses. Un temps précieux pour penser, penser à la seule chose qui lui restait désormais : son fils. Tout le reste était perdu pour lui : son corps, qui faiblissait de jour en jour ; son courage, qui avait besoin d'un corps pour se manifester ; ses biens matériels, qu'il ne pouvait plus utiliser ni même voir de l'endroit où il était alité ; et sa mémoire, émoussée par la souffrance, les médicaments, et le temps. Et bien sûr il avait perdu sa femme, Mary, des années auparavant, il avait perdu la camaraderie de ses collègues quand il avait pris sa retraite, il avait tant perdu, presque tout maintenant.

Et pourtant, il savait que c'était dans l'ordre des choses. Tout le monde perdait tout à la fin. Vous vous unissiez à tous les êtres humains ayant jamais vécu et qui vivraient jamais, y compris ses parents, son frère et sa sœur, Mary, évidemment, et même Ray. C'était peut-être une consolation. De retrouver ceux qui sont morts et d'avoir le sentiment qu'ils vous connaissent à présent. En mourant à petit feu, vous pensez à la mort, vous étudiez son approche. Vous imaginez le monde après votre disparition, vous entrevoyez l'énormité du temps, la réclusion ultime de la conscience. Il avait veillé Mary pendant ses dernières semaines, ses lèvres qui se retroussaient jour après jour en un masque émacié, son haleine de plus en plus fétide, et il avait sondé ses yeux éteints et lui avait parlé et elle aussi lui avait parlé, et il savait maintenant qu'il n'avait alors pas la moindre idée de ce à quoi elle pensait. Elle avait essayé de le partager, mais avait compris qu'elle en était incapable. Ils s'étaient tenu les mains des heures durant et cela avait été tout. Des mondes à l'intérieur des mondes. Personne parmi les vivants ne savait à quoi il pensait. Même les infirmières, les adorables vigies professionnelles de la mort.

Mais il n'était pas encore mort. Pas tout à fait. Il tourna la tête pour constater qu'il était juste deux heures passées. Ray était à l'étage. L'infirmière de nuit dormait dans la pièce à côté. Il l'entendait parfois parler dans son sommeil, ce qui le faisait sourire. Une chose tellement intime, une douceur.

Il souleva le drap pour examiner la longue incision pratiquée par les médecins pour essayer de voir ce qui n'allait pas chez lui. Ils lui avaient charcuté les muscles du ventre, puis l'avaient recousu, sachant que c'était sans espoir. L'incision avait mal cicatrisé et n'arrêtait pas de s'infecter. Les infirmières laissaient la plaie débandée en espérant que cela irait mieux. Soulever la tête était un vrai calvaire, mais il le fit quand même, juste pour voir la balafre géante, qui courait du sternum à la naissance des poils pubiens. Les lèvres de l'incision ne se touchaient pas, avaient séché et formaient deux bourrelets qui se repoussaient. Au-delà, son sexe reposait dans un nid de poils gris, un cathéter en plastique blanc enfoncé dedans pour drainer les quelques gouttes d'urine que voulaient bien produire ses reins déficients. Il ne sentait presque plus le cathéter. En fait, cela faisait des années que son pénis ne lui manquait plus. Il était devenu un simple tuyau. Les vieillards ne parlaient pas de cela, pas même entre eux. Ils en supportaient simplement la vérité, le changement d'existence. Perdre sa libido vous apprenait quelque chose sur le monde, vous faisait voir les choses différemment, et les jeunes hommes vous apparaissaient alors bien tourmentés, stupides et déchaînés.

Il sentait les liquides gargouiller en lui et gargouiller hors de lui. Les infirmières mesuraient son urine, la boue claire de ses selles. Non que cela change quoi que ce soit. Cela partait d'un bon sentiment et elles faisaient de leur mieux. L'aidaient discrètement, heure après heure. Peu d'hommes étaient prêts à reconnaître le désintéressement supérieur des femmes. Parce que cela aurait détraqué tout leur système de croyances, et c'était quelque chose qu'ils auraient été incapables de supporter. Il s'efforçait toujours de suivre les instructions des infirmières… s'il vous plaît, soulevez vos jambes… voilà la cuillère, monsieur Grant… il faut que nous vous retournions pour pouvoir vous laver… Il ne craignait pas la douleur. La petite boîte était plutôt efficace et il avait mis les choses au clair avec Ray : quand son heure viendrait, son fils s'était engagé à le pousser doucement dans le néant. Il savait que ce serait dur pour lui, qu'il rechignerait à le faire, surtout compte tenu de sa formation, mais il espérait que Ray ferait le nécessaire, à la fin.

Il espérait que son fils aurait la force de le tuer.

Et pourtant, se dit-il encore une fois – il savait qu'il se répétait, qu'il ressassait ses pensées, les réduisant lentement à rien –, et pourtant son fils était là et poursuivrait sa route. Mais Ray avait des ennuis maintenant. La Chinoise. Les hommes venus prendre sa machine. Ray avait expliqué le problème. Et il avait été capable de communiquer, de hocher un peu la tête et de dire oui. Ray était très intelligent. Mais un père connaissait toujours les faiblesses de son fils. Ray pouvait se montrer trop impulsif, trop instinctif. Cela pourrait changer avec l'âge. Il avait aussi un faible pour les femmes. Bien qu'il ne fût pas ce qu'on appelle un coureur. Mais il s'attachait facilement et oubliait de se protéger.

L'autre faiblesse de Ray était plus sérieuse : il croyait en sa chance. Depuis qu'il était gamin. Quelle sorte de chance ? Non pas celle qui vous favorisait constamment mais la bonne étoile qui vous épargnait les mauvais coups. Il avait été enterré vif et avait survécu. Ce genre de miracle n'arrivait qu'une fois dans une vie. Et avait peut-être épuisé le reste de sa chance.

Quant à ce que Ray avait fait quand il était parti, le vieil inspecteur ne le comprenait pas tout à fait. Des pays étrangers, dont il n'avait jamais entendu parler. Lui, il connaissait Brooklyn, le Queens, et certains quartiers de Manhattan. Et l'embrouille avec la Chinoise lui parlait. C'était le genre d'embrouille qui n'arrive qu'à New York. Il le sentait. Quelqu'un avait très envie de quelque chose. Une affaire de pognon probablement ; la mafia, même moribonde, y était peut-être mêlée, vu le quartier. Les mafieux y contrôlaient des services de camionnage, des entreprises de transport, des garages. Il n'avait jamais eu affaire aux gangsters chinois mais savait qu'ils pouvaient se montrer durs, impitoyables. Ray était impliqué à présent… demain il irait à la pêche aux informations dans cette entreprise de vidange. Et si on le menait en bateau, il le saurait. Ray avait ce don-là. En tant que flic, vous accordiez aux gens le bénéfice du doute, sauf si vous aviez des raisons de croire qu'ils mentaient. Autrement la suspicion vous rendait fou. Mais de toute façon, la vérité, vous la deviniez. Le cerveau sait. Un truc dans la voix, les yeux, les muscles du visage. Les scientifiques avaient étudié cette faculté, l'avaient prouvée. Et les flics étaient de très bons détecteurs de mensonges. En écoutant des centaines de gens mentir, vous appreniez comment ils faisaient. Il avait oublié… oh, oui. Cette Chinoise avait touché un point sensible. Et maintenant, Ray était mouillé dans cette affaire, bon gré mal gré. Quelqu'un allait morfler, il en avait la conviction. Deux filles étaient mortes, et vu la manière dont ce genre de situation évoluait, elles ne seraient pas les dernières. Il savait que Ray avait entreposé les armes dans l'abri et posé un nouveau cadenas. Qu'il avait planqué la clé dans la mangeoire des oiseaux. Et que la veille il était retourné voir les armes. Ce qui ne lui ressemblait pas. Cela signifiait qu'il se préparait, s'inquiétait. Et l'infirmière lui avait raconté ce qu'il avait fait aux hommes dans l'entrée, la sauvagerie qu'il avait manifestée.

Est-ce que tout cela me fait peur ? s'interrogea le vieux flic. Peut-être. En fait, oui, ça me fait peur. Mais je dois croire en Ray, parce que sinon je meurs pour rien. Il faut que j'essaye de l'aider. À être *victorieux*.

Et ce fut à ce moment-là qu'il pensa à quelque chose, quelque chose d'important que Ray devait… ?

La pompe à Dilaudid cliqueta et lui administra un bolus. La chaleur de la morphine était tellement belle… *Je suis accro*… Mais attends ! À quoi venait-il de penser, la chose que Ray devait savoir ? La morphine l'empêchait de se la rappeler… quelque chose d'important, qui avait un rapport avec le problème de Ray, le genre d'information qu'il avait l'habitude de… exactement le genre de chose qu'un policier notait toujours dans son… il ne pouvait quand même pas… et voilà qu'il… qu'il avait oublié, la morphine réchauffant ses yeux, ralentissant son cœur, approfondissant sa respiration jusqu'à le faire sombrer dans un sommeil sans douleur… oh, il avait pensé à… c'était… le truc que son fils devait savoir… qu'est-ce que c'était ?

11

« Salut, je suis le cousin de Richie. »

Trop rapide.

« Hé, mec, je suis le cousin à Richie. »

Mieux. Il faut que tu arrives à choper ce phrasé de Brooklyn.

Il était assis dans son pick-up à l'angle de la 14e Avenue et de la 86e, garé le long du Dyker Beach Park, où de vieux Italiens lançaient leurs *bocci* sur l'allée damée en terre. Il avait passé plein de bons moments à jouer au base-ball dans ce parc. Sur le trottoir d'en face, il y avait un *deli* qui avait été autrefois un rade mal famé appelé le 19e Trou, un repère à mafieux notoire. Des dizaines de meurtres y avaient été commandités, planifiés, sollicités ou approuvés par la famille Lucchese. Un jour son père lui avait interdit d'y mettre les pieds, sous aucun prétexte, même s'il se croyait assez âgé ou aguerri pour le faire et s'il connaissait quelqu'un qui fréquentait l'endroit, Ray devait cesser tout contact sur-le-champ. Mais aujourd'hui, la mafia était en grande partie démantelée, éparpillée, traquée par la police. C'était ce qu'on racontait, en tout cas.

La municipalité n'arrêtait pas d'enlever les cabines publiques, mais il s'était rappelé qu'il y en avait une devant le *deli*. Il ne voulait pas appeler de chez lui, et puis ça ferait plus vrai avec les bruits de la rue en fond sonore. La cabine était libre. Il sauta du pick-up, traversa la 14e Avenue, glissa ses pièces de vingt-cinq *cents*, composa le numéro.

« Victorious, répondit une femme.

— Je cherche à joindre Richie.

— Il n'est pas là.

— C'est que j'ai besoin de lui parler.

— Appelez sur son portable.

— J'ai pas le numéro.

— Qui le demande ?

— Son cousin, fit Ray, sautant à pieds joints dans le mensonge.

— Ben, il est sur un chantier.

— Dites-moi juste où il est, j'irai lui parler.

— Peux pas faire ça.

— Écoutez, j'essaye de le sortir d'une embrouille, vous me suivez ? »

Un long silence.

« Quittez pas. »

Il entendit la femme parler dans une sorte de radio ou d'interphone.

« Richie, t'es où, là ? »

Une bouillie de parasites noya la réponse.

« J'ai un type, là, qui dit qu'il est ton cousin. »

D'autres parasites.

« Allô ! Il demande de quoi il s'agit. »

Ray jeta un coup d'œil dans la 86e, se remplit les poumons de l'ambiance de la rue.

« Il sait de quoi il s'agit. J'en cause pas au téléphone. »

Elle répéta ses paroles, et le haut-parleur répondit.

« D'accord, dit-elle à Ray. Il est sur un chantier aux Rockaways, 123e Rue, juste avant la promenade.

— Merci. »

Il allait raccrocher quand il entendit un homme demander : « Qui vient d'appeler pour Richie, c'était qui ? »

La ligne fut coupée.

Ray écouta le bourdonnement lointain dans l'écouteur et raccrocha. Il souleva de nouveau le combiné, tira une poignée de pièces de vingt-cinq *cents* de sa poche et les inséra dans l'appareil sans même les compter. Elle ne décrocha pas, mais la messagerie de son portable se déclencha, puis le bip.

« Jin Li, c'est Ray, le type qui a été ton petit ami. Je n'appelle pas pour parler de ce qui s'est passé entre nous. Je me fais juste du souci pour toi, d'accord ? Ton frère est à New York et m'a trouvé. Il est venu avec une bande de types et il est à ta recherche… »

Que dire d'autre ? Ne parle pas de la police, se dit-il, ça va la faire flipper.

« Il m'a expliqué ce qui s'était passé avec les deux Mexicaines. Alors, moi aussi, je te cherche. Tu peux m'appeler, mais pas sur mon portable. Appelle à la maison. Tu as le numéro. Si une femme répond, n'oublie pas que c'est l'infirmière de mon père. Je sais que tu as peur. Très bien, j'espère que tu… »

Le téléphone émit un signal, le temps était écoulé. Il reposa le combiné. Si elle ne répondait pas sur son portable, eh bien… cela pouvait signifier plusieurs choses, qui toutes lui donnaient un mauvais pressentiment.

Les Rockaways formaient un gros cordon littoral accroché à Brooklyn, avec un petit village niché à chaque extrémité et des kilomètres de plages fabuleuses entre les deux. Techniquement, c'était un quartier du Queens, mais on s'y sentait à Brooklyn parce qu'on pouvait s'y rendre par Flatbush Avenue, la rue en zigzag que les gens empruntaient depuis plus de trois cents ans, en commençant par les fermiers hollandais qui menaient leurs cochons et leurs vaches au marché jusqu'à aujourd'hui, où vous pouviez parfaitement tomber sur un Pakistanais transportant un chargement de faux carburateurs BMW fabriqués au Vietnam dont l'un d'eux serait installé par un mécanicien jamaïcain sur la voiture d'un Nigérian. L'avenir de New York se lit souvent dans le métissage culturel de Brooklyn et du Queens bien avant de gagner Manhattan. Les Rockaways, cependant, avaient toujours été une enclave viscéralement irlandaise, un endroit à part, avec une forte concentration de policiers et de pompiers, plus ou moins ségrégué. Jadis baptisés « la Riviera irlandaise », les Rockaways avaient été le lieu de villégiature de la classe ouvrière new-yorkaise, qui venait y passer l'été dans des bungalows loués cinquante dollars. On dansait la gigue et le quadrille dans les bars, la bière était à cinq *cents* le verre. Tout cela était révolu. Aujourd'hui, c'était des tours et des villas à un million de dollars. Il y avait gâché un week-end à dix-huit ans, à boire, à courir dans tous les sens, à rouler sur la plage. Qu'il était naïf à cet âge, obsédé par une fille dont il ne se rappelait plus le nom et, davantage encore, par le championnat d'été de son équipe de base-ball. C'était un receveur plutôt doué, qui savait encaisser les lancers. Mais comme la plupart des adolescents américains, il était parfaitement indifférent à presque tout ce qui ne le concernait pas directement. Sous d'autres latitudes, il en allait différemment, les garçons devenaient des hommes plus tôt, étaient poussés vers leur destin. Des exemples ? Pas de problème. Un jour à Mogadiscio, en Somalie, il s'était retrouvé face à un gamin de quinze ans qui braquait un AK-47 de fabrication chinoise sur son visage pendant qu'une bande de plus jeunes investissait son camion de ravitaillement, volant de l'eau, des médicaments, des denrées alimentaires, de l'huile de moteur, des tablettes de purification de l'eau, des vêtements pour enfants, et trois douzaines de radios à manivelle. Le camion, que Ray avait passé deux jours à charger, fut pillé en quelques minutes. Le garçon avait fait coucher Ray à terre et quand sa bande eut terminé, il avait tiré une balle près de sa tête dans le sable du désert. Puis il était parti. Ray avait pris tout son temps pour se relever et, avant de le faire, il se dit qu'il pourrait déterrer la balle, ce qu'il fit. Enfoncée à environ trente centimètres dans le sable, elle était encore chaude et il la porta à ses lèvres, religieusement, sans savoir pourquoi. Le lendemain, après être retourné au campement avec son camion humanitaire vide, il apprit que le garçon qui l'avait tenu sous la menace de son arme avait, le même soir, eu les deux bras coupés à la machette par une bande rivale qui leur avait dérobé la marchandise.

L'ici et le maintenant, s'exhorta Ray, *sois dans l'ici et le maintenant. Ne te laisse pas hanter par tes souvenirs*. Il prit l'embranchement pour les Rockaways, l'Atlantique sur sa droite. Il se rappela qu'il ne savait rien sur Richie, hormis qu'il devait être l'homme qui avait vidangé la fosse septique dans le Queens dont le contenu s'était retrouvé dans un égout de parking à Brooklyn. Pas grand-chose pour avancer. Mais pas rien, non plus.

Les Rockaways – le nom lui-même suggérait un endroit éloigné où l'on pouvait se balancer dans un fauteuil à bascule au bord de l'océan. Ce qui était exact. Dans la 123e Rue se dressaient de grandes bâtisses en bardeaux construites sur des parcelles étroites, le genre de maisons où passer l'été en famille, les gamins allant à la plage tous les jours, papa dans le jardin, préposé au barbecue. Il repéra le gros camion de vidange vert garé le long du trottoir, passa devant, trouva une place de stationnement, et rebroussa chemin à pied. Un homme corpulent en bleu de travail, cheveux blonds coupés en brosse, se tenait près du camion, guidant entre ses mains gantées un épais tuyau en caoutchouc qui se rembobinait tout seul. Il était juste en train de finir.

« Hé, appela Ray en s'approchant. Vous avez une minute que je vous explique mon problème ? J'habite à deux, trois rues d'ici. C'est plutôt embarrassant. Mon alliance est tombée dans les toilettes. Mais j'ai à peine tiré la chasse. »

L'homme hocha la tête d'un air méfiant, inspectant l'intrus des pieds à la tête, se demandant sans doute si sa présence n'était pas liée à l'appel qu'il avait reçu concernant son « cousin ».

« Ça arrive tout le temps, dit-il. Boucles d'oreilles, montres, dentiers. Tout un tas de trucs. »

Ray se sentait nerveux, un peu bizarre.

« Comment je la récupère ?

— Elle est peut-être toujours là. Coupez l'eau. Appelez-nous, on vous fera une vidange, des fois qu'on la trouve. »

Ray fit mine de regarder le tuyau.

« Vous avez des filtres là-dessus, qui retiennent les objets ?

— Oui, mais on les utilise seulement si on cherche quelque chose. Ça se boucherait toutes les trois minutes avec toutes les merdes que les gens balancent. Enfin, tous les trucs qui sont pas de la merde, si vous voyez ce que je veux dire. »

Ray opina.

« Ils se remplissent vite ces camions ?

— Un jour ou deux. C'est qu'il y en a de la merde dans le monde.

— Ça contient quoi…

— Sur le côté du camion, ça dit trente mille litres mais on essaye de ne pas le remplir à bloc. Il devient trop lourd. Ça rame en côte. Et ça pourrait fissurer l'allée d'un client. »

Ray pointa le doigt sur le nom inscrit sur la portière : RICHIE.

« Tous les employés ont leur propre camion ?

— Non, seulement nous, les cracks.

— Et si le camion tombe en panne ? »

Un silence. Changement d'ambiance.

« Et si j'ai pas envie de répondre à d'autres questions ?

— Eh, c'était juste pour être sympa », se défendit Ray.

Richie grogna, puis dévisagea Ray, lèvres pincées.

« Je sais pas qui tu es, mon pote, mais tu te fous de ma gueule. Je le sens. Alors éloigne-toi de moi et de mon camion, et va raconter tes conneries ailleurs. Et si tu dégages pas on va avoir un problème, et si on a un problème, je connais des tas de moyens de le résoudre. »

Les deux hommes se toisèrent. En fait, pensa Ray, on a effectivement un problème.

Mais il fit retomber la pression.

« OK, tout va bien, y a pas de lézard. »

Il leva docilement les mains, battit en retraite.

Maintenant que je sais à quoi tu ressembles, Richie-boy, je ne vais pas te lâcher.

12

« Monsieur, c'est vraiment un honneur pour nous. Mais avant de commencer je tiens juste à dire que nous n'ignorons pas qu'un homme tel que vous a de nombreuses options, naturellement, c'est pourquoi j'ai personnellement supervisé cette recherche, non seulement pour une question de confidentialité – on n'est jamais assez prudent –, mais aussi parce que je veux que vous sachiez que nous faisons notre possible pour vous apporter un service irréprochable. »

L'homme, qui s'appelait Phelps, n'obtint aucune réaction, et sa voix parut résonner dans la vaste pièce pleine d'antiquités et de peintures trente étages au-dessus de Central Park avant d'aller se perdre près du haut plafond à rosaces. Le genre d'ornements en plâtre qui ne se faisait plus, à moins de pouvoir allonger quelques centaines de milliers de dollars. Probablement pas le genre de pièce où Phelps avait l'habitude de présenter ses résultats. Dans son costume en laine gris, il avait tout d'un commercial obséquieux habillé avec trop de recherche. Avec un maintien qui suggérait un passage par l'armée, ou la police peut-être. Son associé, un homme plus jeune appelé Sims, également en costume gris, clignait constamment les yeux avec une régularité métronomique. Martz, en peignoir jaune et chaussons montants en polaire, n'aimait ni l'un ni l'autre. Des littéralistes, des obsédés du détail. Des petits joueurs qui trouvaient un réconfort existentiel dans la confirmation des évidences. Incapables d'avoir une vue d'ensemble. Mais enfin, c'était ce genre d'individus qui faisait tourner le monde. Il en employait lui-même des dizaines. Ces deux-là lui avaient été chaudement recommandés, et après avoir annulé son déplacement en Allemagne il les avait convoqués chez lui de manière à ce que personne ne voie des « consultants en sécurité » débarquer dans son bureau.

« Poursuivez, dit-il, irrité par la servilité mielleuse de son visiteur.

— Nous avons retracé le comportement de l'action Good Pharma grâce à différents courtiers faisant appel à nos contacts et nos relations, commença Phelps en allumant un moniteur LCD, et nous voudrions vous montrer ce que nous estimons être une analyse approfondie de ce qui s'est passé. »

Un graphique informatique apparut sur le grand écran.

« Ce que vous voyez, c'est un histogramme récapitulant l'activité sur le titre Good Pharma du 1er janvier de cette année au 8 mai, le jour où l'action a subi sa première grosse attaque. Nous nous sommes basés sur la moyenne mobile à cent jours de manière à pouvoir éliminer le volume des transactions habituelles émanant des grands comptes institutionnels, dont la gestion nous est connue, ainsi que les ordres passés par des particuliers via des services de courtage à escompte, type Charles Schwab etc., destinés principalement à ces quelques investisseurs trop âgés pour utiliser l'Internet. Nous avons également fait de notre mieux pour éliminer les dividendes réinvestis automatiquement et les achats planifiés par les entreprises pour leurs comptes retraite… en bref, absolument tout ce qui génère un volume de transactions normal sur l'action Good Pharma. C'est seulement en connaissant la norme que l'on peut quantifier la déviance.

— Ça paraît un peu pervers », lança soudain Sims, se surprenant apparemment lui-même.

Phelps lui jeta un regard de stupéfaction haineuse avant de poursuivre.

« Quoi qu'il en soit, cela nous laisse encore environ onze millions d'actions Good Pharma qui ont changé de mains *ici* – le 8 mai, soit neuf fois le volume quotidien moyen. »

L'écran fit place à un graphique multicolore détaillant les onze millions d'actions.

« Nous avons réussi à retrouver l'origine de ces transactions grâce aux négociateurs individuels de parquet et aux chambres de compensation, et nous avons découvert que la majorité d'entre elles ont été réalisées sur des comptes Internet domiciliés en Asie. Et vous voyez ici – le chronogramme montrait la courbe des ordres de vente, figurée par une courbe ascendante, croisant une courbe rouge en dents de scie représentant l'effondrement du cours de l'action Good Pharma – que neuf mille ordres de vente ont été passés en l'espace de quatre heures. Les premières ventes sont réalisées à la Bourse de New York au prix d'exercice, et le cours plonge immédiatement ; quelques traders institutionnels montent pourtant au créneau, pensant avoir une courte fenêtre pour faire un coup, mais ces acheteurs sont rapidement débordés, environ huit ou neuf minutes plus tard, par une autre vague d'ordres de vente, moins massive qu'auparavant mais plus diversifiée, sans doute en raison de la propagation de l'information sur les réseaux privés.

Beaucoup de *day traders* taïwanais utilisent des modèles exclusifs de logiciels de trading dont certains sont plutôt efficaces. On voit ici que les ordres de vente ont majoritairement été passés par des courtiers de Hong Kong, Pékin, Taipei, et même Hô Chi Minh-Ville. Quelques-uns à Tokyo. La déferlante dure dix-neuf minutes environ. À ce moment-là, la nouvelle de la dégringolade du cours a déjà circulé sur les réseaux d'informations financières, et les principaux clients institutionnels se figent, ne sachant pas s'il faut acheter et réaliser une bonne opération, ou vendre avec tous les autres. Même attentisme de la part des gestionnaires de *hedge funds*. Le problème, c'est que l'analyse du titre était généralement positive, bien sûr, avec cinq recommandations d'achat pour une recommandation de vente.

— Bon Dieu, mais je sais tout ça ! grommela Martz.

— Très bien, dit Phelps. Effectivement, vous savez tout ça. Nous avons un contact très coopératif à la direction de China Telecom qui a pu retrouver la source des appels passés aux différents courtiers asiatiques ; ensuite, en utilisant l'analyse régressive, nous sommes remontés à cinq individus résidant à Shanghai. J'ai bien peur que l'obtention de ces fichiers téléphoniques ne nous ait coûté une somme très considérable, mais elle a nous permis d'établir que ces cinq hommes, ou leurs représentants, étaient à l'origine de la totalité des ordres de vente. Il se trouve qu'ils sont derrière un grand nombre de projets immobiliers à Shanghai et les zones environnantes et que ce sont des personnalités relativement en vue. L'un d'eux est même un officiel du gouvernement de Shanghai. »

Martz appréhendait ce qui allait suivre.

« On peut envisager des recours légaux ?

— Peu probable. Nous avons violé la réglementation touchant les courtiers privés, la confidentialité des chambres de compensation, la législation sur les opérations boursières en Amérique, à Taïwan et en Chine. C'est pourquoi nos renseignements sont si bons.

— N'exagérons rien… je veux dire que je supputais déjà une manœuvre de ce genre.

— Certainement, monsieur, je conçois qu'un homme de votre expérience puisse avoir l'intuition de la structure fondamentale de l'enchaînement des causes et des effets. » Phelps esquissa un sourire un brin condescendant, puis se ravisa : « Quand je travaillais pour le gouvernement, nous étions souvent capables, par déduction logique, de deviner les causes de certaines transactions illégales, mais c'était l'analyse des détails qui montrait véritablement comment les gens opéraient. Alors, je vous demande encore un moment. Donc, un des cinq hommes d'affaires chinois à l'origine de ces transactions s'appelle Chen. La petite trentaine. Il possède et contrôle deux douzaines de holdings, et nous avons pu, en utilisant une source confidentielle à la Hong Kong BancTrust, lier l'une d'elles à une entreprise privée établie ici, à New York. Cette petite structure, appelée CorpServe, assure le nettoyage, l'enlèvement des déchets et la destruction des documents dans un certain nombre d'immeubles de bureaux et d'entreprises de New York. L'un des contrats est une adresse en centre-ville, une adresse que vous connaissez bien, puisque c'est celle du siège de Good Pharma.

— Oh, les enculés ! hurla Martz.

— Oui. J'ai donc demandé à mon collègue Bert Sims de nous faire un topo sur la protection des données papier. »

Sims, clignant toujours les paupières, s'avança et fit jaillir ses manchettes comme un comique à la télévision.

« Merci, Bob. C'est un plaisir de donner un coup de main, monsieur Martz. J'ai entendu dire que vous étiez l'un des hommes les plus riches de New York. Je me suis dit : waouh, quel honneur pour moi. Bon, le gros de la sécurité de l'information concerne les fichiers informatiques, le cryptage des textes, la sécurité sans fil, etc. Rien de plus normal. C'est un domaine complexe, et vous avez besoin de gens malins pour le protéger. Mais alors on doit se poser la question suivante : à quel autre endroit dans l'univers trouve-t-on des informations importantes ? Sur deux autres médias. Le premier, ce sont les neurones. Les gens se baladent avec un tas d'informations précieuses dans la tête. Mais leur utilité et leur exactitude sont en général sur le déclin. L'autre médium, bien sûr, c'est le papier. Le bon vieux papier. Or nous sommes devenus – pardonnez-moi l'expression – très *immoraux* avec le papier. Nous avons cru autrefois que nos bureaux en seraient débarrassés, mais naturellement, ça n'est jamais arrivé. C'est une blague. Les gens impriment des mails, font des copies de rapports en ligne, distribuent des tableaux en réunion, etc. »

Sims cligna les yeux tandis qu'il se préparait à reprendre son exposé.

« Le seul moyen d'éradiquer le problème du papier, du point de vue de la sécurité, c'est de le détruire. Mais qu'est-ce que la destruction ? Voilà une question intéressante.

— Pour vous, persifla Martz.

— Oui, pour moi, et également pour mes collègues qui travaillent dans la protection des documents imprimés et qui ont pour tâche d'analyser les problèmes liés à la destruction du papier et les méthodologies afférentes. »

Son regard perdit le contact avec Martz tandis qu'il errait dans son paysage intérieur peuplé d'abstractions et que sa voix se dépouillait de sa jovialité artificielle pour adopter le débit monotone et sans affect d'un homme qui ne vivait que pour l'information et n'aimait qu'elle.

« Vous pouvez brûler le papier, ce qui génère de la fumée, et si vous dirigez une entreprise à vocation commerciale, cette fumée doit être nettoyée, comme le veut la législation fédérale. Il faut la débarrasser de ses impuretés, parce que la plupart des encres contiennent des PCB. L'encre est une substance plutôt toxique lorsque vous commencez à la répandre sous forme de gaz. Vous avez également la possibilité de détruire le papier en le dissolvant dans l'acide ou un autre solvant, mais c'est un procédé nauséabond, coûteux et extrêmement salissant. Vous pouvez encore le cacher, l'enfouir ou le mettre sous clé, mais cela ne fait que retarder les choses. Si vous le mettez sous clé, on peut toujours vous le voler. Et puis les coûts de stockage sont énormes. Vous n'avez qu'à demander au gouvernement américain. Notre pays consacre chaque année quatre-vingt-dix-huit milliards de dollars au stockage des archives gouvernementales non numérisées. Vous saviez ça ? Qu'en est-il de l'enfouissement ? Eh bien, il faut compter avec les questions environnementales. Et puis il est toujours possible de déterrer le…

— Je paye pour obtenir des informations exploitables, pas pour que vous me recrachiez par le menu tout votre savoir. Abrégez.

— Mais bien sûr. Bon, le dernier procédé de destruction est le déchiquetage. Il existe différentes méthodes et niveaux de sécurité en la matière, cela va des bandelettes aux confettis. Il existe différents types de coupe, droite, croisée, en fragments correspondant aux différents types de machines, déchiqueteuses, désintégrateurs et broyeurs. Une des méthodes consiste à transformer, disons, une centaine de pages d'informations confidentielles en dizaines de milliers de confettis et, éventuellement, de les mélanger à cinquante mille autres déchets de même taille ne contenant, eux, aucune information exploitable. À moins d'être fou, personne ne voudrait ni ne pourrait reconstituer le puzzle.

» Mais il ne faut pas se fier aux évidences, monsieur Martz. Des documents déchiquetés peuvent être reconstitués. Le cas le plus célèbre est lié à la prise de l'ambassade américaine à Téhéran, en 1979. Les Iraniens avaient engagé des tisserands pour réassembler à la main certains documents déchiquetés à l'ambassade. Aujourd'hui, le business de la reconstitution informatisée des documents est bien développé. Si le confetti est petit, c'est seulement parce que vous êtes grand. Si vous étiez minuscule, vous verriez les choses différemment. Imaginons que ce confetti soit aussi grand qu'une boîte à pizza, voire plus grand, aussi large en circonférence que le tapis de votre salon. À cette échelle, il paraîtrait relativement épais, et toutes ses surfaces présenteraient de très nombreux détails. Eh bien, vous savez quoi ? Nous pouvons agrandir ce confetti – d'un point de vue informationnel, s'entend. Nous pouvons le microscanner et en tirer une image très détaillée. Très détaillée. Laquelle est numérisée, étiquetée, puis stockée. Ce qui est plutôt ironique, en fait. Le numérique devient papier, et le papier redevient numérique. Et avec un programme informatique capable d'interpréter et de réassembler tous ces bouts de papier…

— Où voulez-vous en venir ? demanda Martz, en entendant la porte s'ouvrir dans l'entrée.

— Vous êtes en mesure de lire ces documents. Mais cela nécessite une main-d'œuvre pléthorique et une grosse puissance informatique. Or, en Chine, ces deux choses ne coûtent pratiquement rien. Dans certaines régions, de plus en plus de gens quittent leurs fermes pour chercher du travail, et le coût du travail continue même à baisser. Et la plupart des programmes informatiques ont été piratés dans des entreprises occidentales. Vous avez carrément de petites entreprises chinoises qui utilisent des logiciels obtenus gratuitement et qui ont coûté à leurs propriétaires d'origine des millions de dollars. »

Les yeux de Sims accrochèrent quelque chose derrière Martz, quelque chose qui ébranla son sang-froid d'androïde.

« Le gouvernement soutient, je veux dire *s'assure*, non je voulais bien dire soutient, ça… cette activité que je…

— Bonjour ! »

Connie entra dans la pièce et, d'une démarche triomphante, foula le tapis persan sur ses hauts talons brillants, un sac de courses à la main et vêtue d'une petite robe de cocktail noire à vous damner qui ne dissimulait rien de ses courbes fabuleuses et opulentes.

« Pardonnez-moi ! Je suis vraiment désolée ! Bill ? Qu'est-ce que tu en penses ? » Elle virevolta, exhibant ses impossibles convexités.

« Tu ne la trouves pas adorable ? Allez, dis-moi oui ! »

Elle se tourna avec un air de fausse timidité vers les spécialistes de la sécurité.

« Oh, je vous demande de m'excuser, il fallait vraiment que je la montre à mon mari. »

Elle lança les bras en l'air, fléchit une jambe, une pose d'ancien mannequin.

« Tu vois ? »

Elle remonta l'ourlet sur le côté de sa cuisse dure comme l'acier.

« Elle me va comme un gant. Tiens, touche. »

Elle fit un pas en avant, sa jambe frôlant le peignoir jaune et le mollet pâle et velu de Martz, et prit sa main pour la poser à plat sur son ventre, qu'elle lui fit frotter, ses doigts effleurant fortuitement mais visiblement le galbe rond et ferme de son sein.

« Plus personne ne fait ce genre de soie, personne. Tu ne la trouves pas sensationnelle ? »

Martz approuva d'un signe de tête, ne sachant pas trop qui était le plus humilié dans la pièce, lui ou ses deux visiteurs. Connie était capable de ce genre de comportement, il ne le savait que trop bien, en partie à cause du fait qu'elle avait conscience qu'elle n'aurait jamais d'enfant, que son pouvoir de séduction était la seule prise qu'elle avait sur lui, et également à cause du désir inavoué de séduire d'autres hommes que son mari. Des hommes plus jeunes, plus attirants, plus vigoureux. Il avait été marié quatre fois et avait culbuté soixante ou soixante-dix femmes, alors il savait de quoi il parlait. Connie avait besoin d'un bon coup de bite, vraiment besoin, prestation qu'il ne lui avait pas offerte depuis longtemps. Alors, pas étonnant. Pauvre fille. À ce moment-là, elle se pencha à son oreille, présentant sans doute son parfait postérieur aux deux hommes qui attendaient patiemment.

« Oh, Bill, ne sois pas fâché, souffla-t-elle. J'en ai eu envie pour toi. »

Elle se redressa et quitta brusquement la pièce. Les hommes restèrent là un moment, collectivement abasourdis.

Martz brisa le silence :

« Messieurs, c'était ma femme, et quand vous aurez ravalé vos langues, on pourra continuer. »

Sims hocha docilement la tête, la fréquence de ses clignements d'yeux suggérant un rapide rembobinage mental jusqu'au moment où il avait été interrompu.

« Il se trouve que les ordinateurs sont capables de reconnaître différents modèles de déchiqueteuses et d'effectuer un tri par algorithme d'allocation par forme et pas seulement par…

— Arrêtez de parler », ordonna Martz. Il se tourna vers Phelps : « Jusqu'ici, tout ce que vous avez fait, c'est me faire perdre mon temps et reluquer ma femme. Mon temps, je ne supporte pas qu'on me le fasse perdre, et pour ma femme, je vous pardonne, vous n'aviez pas le choix. Maintenant, revenons au cours de l'action Good Pharma. Vous ne pouvez pas vous procurer ces fichiers téléphoniques ?

— Je pense que pour cela, il faudrait aller en justice, obtenir des demandes d'assignation, répondit Phelps. Même avec mes relations au ministère de la Justice et dans les bureaux du Southern District, cela prendrait des semaines, au minimum. »

Trop long. Martz songea à Tom Reilly. Était-il au courant pour ce Chen ? Ou savait-il qu'il y avait peut-être un problème de sécurité ? Pas étonnant qu'il refuse de parler. Et, plus précisément, qu'est-ce que Chen savait à propos de Good Pharma que Bill Martz ignorait ?

Phelps attendait, avec les yeux pétillants de celui qui sait.

« Allez-y, dites-moi le reste, fit Martz.

— La sœur cadette de Chen apparaît sur le site Web de CorpServe comme responsable commerciale pour Manhattan.

— La sœur de Chen travaille pour l'entreprise de destruction de documents ? glapit Martz, dont la voix s'étrangla de rage et de stupeur. Pourquoi ne pas l'avoir dit ? C'est elle ! »

Phelps acquiesça :

« Il semblerait, oui.

— Ce Chen, vous pouvez le trouver ?

— Nous nous attendions à cette question, et grâce à nos contacts au ministère de la Sécurité intérieure nous avons reconstitué ses déplacements.

— Où est-il ? Dans un casino de Macao, en train de porter un toast à tous les investisseurs américains qu'il a plumés ?

— Non, monsieur, corrigea Sims. En fait, il est ici, à New York.

— *Quoi ?* »

Martz se leva et son peignoir s'ouvrit, révélant la chair affaissée et velue de son torse et de son ventre.

« Il a obtenu un visa d'entrée en accéléré, et quand ce genre de demande émane d'un ressortissant chinois, nous ouvrons automatiquement…

— Je me fous de la paperasse, dites-moi où il est !

— Pour faire court, nous l'ignorons.

— Et pourquoi ça ?

— Nous n'étions pas sûrs que vous nous demanderiez de le trouver, monsieur. »

Martz leva les bras au ciel en signe d'exaspération.

« Mais je veux que vous le trouviez ! Bon sang de bon Dieu, je veux cette information !

— Certainement. Nous pouvons utiliser nos contacts au Service de l'immigration et de la naturalisation pour…

— Maintenant, aujourd'hui ! Dès que possible !

— Nous ferons tout ce qui est… »

Il montra la porte du doigt.

« Partez ! Sortez d'ici ! Je veux la réponse aussi vite que possible ! À la fin de la journée ! »

Ils remballèrent leur matériel et s'en allèrent, non sans que Sims, remarqua Martz, tende furtivement le cou dans l'espoir d'apercevoir encore une fois l'ensorcelante Mme Martz.

Il se planta devant la fenêtre, pensant à ce fourbe de Chen et à sa sœur qui l'informait depuis New York. Il connaissait cette engeance. La génération affamée de réussite. Toute famille ayant jamais fait fortune avait eu sa génération d'affamés, celle qui travaillait dur, magouillait, brûlait les étapes, prenait les autres de vitesse. Les Martz aussi avaient bâti leur fortune de cette manière. Tout avait commencé un jour de 1922, alors que son propre grand-père et son jeune frère pique-niquaient à Central Park, se régalant de cidre et de sandwichs piochés dans un panier et regardant leurs femmes et leur progéniture jouer dans l'herbe. Le jeune frère, un dessinateur en ingénierie électrique de vingt-trois ans, s'était endormi dans l'herbe parce que, au dire de sa femme, il avait travaillé trop dur. Le grand-père de Martz avait alors posé à sa belle-sœur la question qui devait rester dans les annales familiales : « Qu'est-ce qui l'a fatigué comme ça ? » Son frère, apprit-il, avait été chargé de la conception d'une centrale électrique dans une mine de cuivre au Chili. Le bureau d'études de Manhattan faisait plancher dix ingénieurs vingt-quatre heures sur vingt-quatre. Des besoins en électricité énormes dont personne ne comprenait vraiment la nécessité. Un projet très urgent et très confidentiel. Le grand-père de Martz avait réveillé son frère pour lui demander le nom de la mine de cuivre. Celui-ci avait marmotté d'une voix alcoolisée un mot qui ressemblait à « Chuckee-Moma » et s'était rendormi. L'aïeul nota ce drôle de nom au stylo-plume sur la serviette en papier de son bretzel, s'excusa, et alla tout droit de Central Park à la bibliothèque publique de New York. « Chuckee-Moma », découvrit-il, était la traduction la plus fidèle que son frère avait pu donner de « Chuquicamata », la plus grande mine de cuivre au monde. Deux mois plus tard, elle devenait la propriété de l'Anaconda Copper Company. Mais auparavant, le grand-père de Martz avait acheté ou emprunté toutes les actions Anaconda sur lesquelles il avait pu mettre la main. C'est ainsi que fut créée une fortune et que naquit une légende familiale – et ce Chen ne faisait pas autre chose.

Martz reporta son attention sur Good Pharma. Il paraissait désormais évident que Tom Reilly soupçonnait une fuite. Il avait pu, lui aussi, faire analyser les caractéristiques des transactions réalisées sur le titre. Le fait que Reilly n'ait pas tiré la sonnette d'alarme constituait un motif de licenciement et peut-être de poursuites en vertu de la législation sur les fraudes boursières, mais Martz n'était pas fâché que Reilly ait eu la sagesse de se soustraire à ses responsabilités légales ; cela signifiait qu'il était encore possible de se sortir en douceur de ce merdier.

Ce blanc-bec de Chen l'avait volé – des millions, directement dans sa main ridée. Martz était vieux et fatigué et avait mal au cul chaque fois qu'il s'asseyait, mais il n'était pas délabré au point de déclarer forfait. Chen lui avait volé une montagne d'or, et maintenant, avec le concours de Tom Reilly, il était absolument certain de voler le voleur.

13

Le Crown Royale Hotel, sur Park Avenue, au-dessus de la 69e Rue, faisait une grande consommation de draps propres pour ses clients. Mais aussi de taies, de serviettes, de gants de toilette, de nappes, sans parler des serviettes de table tellement amidonnées qu'elles en étaient presque rigides. La blanchisserie, une pièce de près de quarante mètres de long située en sous-sol, engloutissait chaque jour des dizaines de milliers de litres d'eau, des palettes de Javel et de lessive. Et la réussite d'un hôtel ne peut se concevoir sans une blanchisserie qui tourne rond. L'homme qui dirigeait celle du Crown Royale, Carlos Montoya, avait, pour un Mexicain, vécu très longtemps à New York. Assez pour que ses cheveux noirs et brillants deviennent gris, pour que son visage s'affaisse en un masque tragique, et pour être de nombreuses fois grand-père. Il apparaissait aux yeux de tous ceux qui pouvaient s'intéresser à sa personne comme un membre de la société fatigué, assidu et respectueux des lois, un homme qui aurait peut-être dû perdre une vingtaine de kilos et songer à faire cirer ses chaussures plus souvent. Citoyen américain naturalisé, il payait ses impôts, avait une belle voiture neuve dans son allée du Queens, votait à la fois républicain et démocrate, et était, de loin, le parrain de la pègre mexicaine le plus puissant de la ville. En d'autres termes, pas très puissant, relativement aux Italiens, aux Chinois, aux Albanais, aux Vietnamiens ou aux Russes, mais plus influent que les Pakistanais, les Haïtiens, ce qu'il restait d'Irlandais, et que les boutiquiers musulmans d'Atlantic Avenue qui vendaient de la littérature islamiste, des huiles, des vêtements, de l'épicerie, et tout ce que les informateurs du FBI continuaient de leur acheter. Il n'en restait pas moins que le réseau de distribution de Carlos s'étendait sur les cinq districts et, grâce à ses relations dans l'hôtellerie et la restauration, il contrôlait l'essentiel de la vente de marijuana mexicaine dans les rues de New York. Il avait des dealers partout. Et deux d'entre eux étaient dans le pétrin, la police les suspectant du meurtre de deux Mexicaines, meurtres qu'ils n'avaient pas commis. Deux ravissantes filles du pays tuées de manière totalement irrespectueuse. Un meurtre qu'un compatriote n'aurait pas pu commettre. Pas à Brooklyn, en tout cas.

C'était dans son bureau, si l'on pouvait appeler bureau le cubicule situé à l'une des extrémités de la vaste blanchisserie, que Carlos réfléchissait à cette fâcheuse situation, fumant une cigarette en violation du règlement de l'hôtel. (Il ne craignait rien ; il savait qu'il ne pouvait pas être viré.) Les deux garçons, musclés, la mine insolente, avaient été coffrés pour être interrogés par un certain inspecteur Blake, de Brooklyn. Blake avait sorti leurs noms moins de vingt-quatre heures après les meurtres, ce qui laissait supposer que, dans ce quartier de Brooklyn, les Mexicains avaient du mal à tenir leur langue, ou que les petits gars de Carlos avaient beaucoup d'ennemis dans la rue, ou encore, hypothèse improbable, que ce Blake était exceptionnellement efficace. Carlos appréciait l'idée que ce flic se démène pour résoudre les meurtres, mais pas si cela aboutissait à la condamnation arbitraire de ses gars. Ils étaient tous deux coupables de *muchas cosas*, certes, mais pas d'avoir tué les deux filles, deux gentilles gamines dures à la tâche, originaires du centre du Mexique, qui avaient fui jusqu'aux États-Unis pour trouver du travail. Il était allé faire un tour à Marine Park où il s'était fait raconter leur histoire au fond d'une pizzeria qui lui appartenait en partie. Elles étaient entrées clandestinement grâce à un réseau qui avait une planque au Texas, vivaient à Brooklyn sur l'Avenida U, conduisaient une poubelle, fumaient un peu de son *producto*, fourni gracieusement par les petits copains, tenaient bien leur appartement. Carlos se sentait investi d'une sorte de responsabilité paternelle à l'égard de tous les jeunes gens qui débarquaient à New York et qui avaient besoin d'être entourés de compatriotes plus âgés pour réussir en Amérique. S'il considérait le Mexique comme une nation perdue et moribonde, il savait que les Mexicains étaient un peuple merveilleux, incompris du reste du monde. Il avait lu des livres sur l'histoire du Mexique et avait même acheté une carte d'époque dans un magasin d'antiquités hors de prix de Manhattan montrant le Vieux Mexique, qui recouvrait alors une bonne partie de la Californie, de l'Arizona et du Texas. « Nous étions là avant eux, avait-il coutume de dire, et nous serons là quand ils seront partis. » En pensant à la façon irrespectueuse dont les filles avaient été tuées, asphyxiées par des excréments humains, il brûlait de haine.

Mais dans l'immédiat, c'était ses deux *caballos* qui lui posaient problème. Il craignait qu'ils ne se mettent à craquer sous la pression de l'interrogatoire et ne balancent peut-être quelques noms, à commencer par le sien. Et ce n'était pas tout : le jeune frère d'un des aides-serveurs du restaurant de l'hôtel travaillait dans un dépôt de camions de vidange à la frontière est de Brooklyn. La nouvelle du meurtre avait circulé. Le frère se rappelait avoir vu les deux filles pendant un pique-nique à Marine Park. Il avait remarqué que l'un des camions avait déchargé sa cargaison dans la citerne de trop-plein du dépôt, laquelle était assez volumineuse pour contenir deux chargements, puis avait été relié à un autre camion qui avait transféré son chargement directement dans sa cuve. Le second camion, une fois vide, avait été rempli avec le contenu de la citerne. Le perspicace jeune homme avait trouvé ce manège des plus étranges. Pourquoi transférer un chargement de merde d'un camion à l'autre, surtout que tout cela finissait au même endroit, à la station d'épuration ? Ce n'était pas comme s'il s'agissait d'une cargaison de valeur. Après quoi le premier camion était allé à la station d'épuration du comté pour déverser son chargement. Très bizarre, disait le gamin, comme s'ils jouaient au bonneteau avec des cuves de *mierda*. Cette nuit-là, la nuit où les filles étaient mortes, le second camion avait quitté le dépôt tard et avait été conduit jusqu'à la pointe orientale de Long Island, dans un petit bled du nom de Riverhead, non pas en prenant la Long Island Expressway, qui était constamment surveillée par les voitures de patrouille des comtés de Suffolk et de Nassau, mais par les petites routes sinueuses qui traversaient Long Island d'est en ouest. Un trajet de cent trente kilomètres, *comprende* ? Le camion avait déchargé dans une station du comté de Suffolk au matin, puis était reparti dans le Queens, ou peut-être le New Jersey, et n'était jamais revenu au dépôt de Marine Park. Envolé. Le premier camion avait été passé au Karcher à l'intérieur et à l'extérieur, puis avait repris un service normal.

Le propriétaire du dépôt était-il au courant de ces va-et-vient ? Carlos voulait le savoir. *Sí, sí.* Il nous a dit de le faire. Carlos avait demandé au jeune homme de venir le voir, l'avait trouvé crédible, avait même pris quelques notes. « Maintenant tu dois oublier tout ça, lui avait-il ordonné. Oublie que tu m'as parlé. » Mais il avait empoigné la main du gamin. « Si tu vois autre chose, tu m'appelles, d'accord ? »

L'inspecteur Blake avait posé beaucoup de questions mais n'avait pas encore arrêté les dealers de Carlos. Peut-être avait-il d'autres suspects. Mais, par précaution, il serait peut-être judicieux d'envoyer les garçons faire un petit voyage en Californie à l'arrière d'un camion de blanchisserie, de leur dire de se mettre au vert quelques mois pendant l'été, d'aller au nord, de faire la cueillette des pommes dans l'État de Washington. Ne me dites pas où vous êtes, leur dirait-il, ne m'appelez pas, n'appelez personne à Brooklyn. Les garçons rechigneraient, mais ils partiraient. Naturellement, leur disparition semblerait confirmer leur culpabilité. Ce qui ne dérangeait pas Carlos plus que ça, dans la mesure où ces têtes brûlées finiraient par lui causer des ennuis, de toute façon.

Mais son problème était également une opportunité. Il prit l'ascenseur de service jusqu'au dix-neuvième étage, échangea quelques mots avec l'intendante mexicaine qui faisait l'inventaire des petites bouteilles de shampooing chic et des savonnettes parfumées que les clients de l'hôtel jetaient par poignées dans leurs valises, puis, avec son passe de gardien, pénétra dans la chambre d'un cadre de British Airways qui était à l'aéroport international JFK pour affaires. Carlos ne toucha à rien, ni au minibar, ni aux beaux costumes sur les cintres, ni à la grosse liasse de livres et de dollars sur la commode. *Tu ne touches à rien, rien ne te touche*. Au lieu de quoi il décrocha le téléphone pour passer un appel, qui serait englouti dans la note de frais du cadre sup de la compagnie aérienne et pourrait passer pour un appel à l'aéroport. L'hôtel possédait près de trois mille téléphones, et un ordinateur répartissait les communications sur les quatre cents lignes disponibles. Après quoi on attribuait à l'appel sortant un numéro factice afin que les correspondants équipés d'un identificateur d'appel ne puissent pas rappeler la chambre directement. Si vous appeliez, vous tombiez sur un message vous disant que le numéro n'était pas attribué. (Très futés, ces techniciens indiens, les Mexicains devraient en prendre de la graine.) Carlos avait préparé le coup depuis longtemps. La trace informatique reliant le téléphone de la chambre à la ligne principale était conservée à Bangalore par le prestataire de services indien. Il aurait fallu une assignation et des semaines de recherche pour trouver la chambre où tel ou tel appel avait été passé. Dans l'intervalle, le client qui avait occupé la chambre serait parti depuis longtemps et il faudrait le retrouver pour l'interroger sur l'appel qu'il n'avait pas passé. Dans l'intervalle, on aurait également aspiré et nettoyé la chambre à fond cinquante fois. Pas d'empreintes, *mami* ! Les femmes de chambre avaient reçu pour instruction de nettoyer tous les téléphones une fois par jour afin de neutraliser les microbes susceptibles de provoquer une épidémie dans l'hôtel – une des hantises de la direction.

Il appela l'entreprise de vidange.

« Je souhaiterais parler au propriétaire, s'il vous plaît. » Pas le moindre accent, quand il le voulait. Il avait appris en regardant Lou Dobbs sur CNN.

Une minute passa.

« Ouais, c'est qui ?

— Quelqu'un qui vous connaît, répondit Carlos.

— Qui ?

— Je connais très bien votre activité.

— Ah, ouais ?

— Je sais très bien ce que vous mettez dans votre citerne de trop-plein. Ce que vous y mettez et ce que vous en retirez.

— Vous voulez quoi ?

— Je pense que vous avez une petite idée.

— Allez vous faire foutre. »

La ligne fut coupée.

Carlos rappela. L'homme décrocha.

« Je me suis montré poli, pourquoi m'avoir raccroché au nez ? demanda Carlos de sa meilleure voix CNN.

— Si vous rappelez encore une fois, je vous retrouve et je vous tue, fit la voix d'un ton rageur. Ensuite, j'irai violer votre femme et vos enfants. »

Ce fut au tour de Carlos de raccrocher. Je pense avoir un petit projet maintenant, se dit-il, savourant une joie malsaine. Oui, j'ai une petite partie à jouer avec un Blanc qui tue des Mexicaines.

14

Bon, d'accord, j'ai paniqué, se dit Jin Li tandis qu'elle attendait le ferry. Je n'aurais jamais dû me cacher dans ce vieil immeuble. Elle portait de grosses lunettes de soleil et une casquette des Yankees rabattue sur le front, parce qu'elle supposait que l'intérieur du terminal était équipé de caméras de surveillance. Il faut dire qu'elle avait eu très peur. Elle aurait dû commencer par faire ce qu'elle avait fait la veille au soir ; louer une chambre avec bain à Harlem à une vieille Noire appelée Norma Powell qui possédait un immeuble de grès brun de quatre étages transformé en pension. La chambre de Jin Li était juste assez grande pour accueillir un lit, une commode et un miroir mural. La peinture était écaillée et une tache de moisissure, qui rappelait l'Australie, s'étalait au plafond. Mais la porte était robuste, en vrai bois, avec un verrou en laiton. Et le fils quinquagénaire de Norma Powell passait ses journées dans la pièce de devant à regarder la télévision, ce qui était encore mieux. Il avait l'air de vivre dans cette pièce, en fait. Il devait peser dans les deux cents kilos, dont plus de cinquante pour cent de graisse, mais manifestait à l'égard de sa mère une sorte d'instinct protecteur éléphantesque que Jin Li trouvait rassurant. Quiconque entrerait par effraction dans la maison serait obligé de le contourner ou de lui passer dessus. D'un autre côté, Jin Li n'aimait pas vraiment Harlem, ce qui était sa façon d'admettre qu'elle n'était pas à son aise dans un quartier noir, mais c'était là son avantage. Harlem n'était pas l'endroit où chercher une Chinoise en premier.

Jin Li avait déclaré qu'elle était coréenne et étudiait à Columbia dans le cadre d'un échange universitaire, explication qui avait paru superflue à la veuve Powell sitôt qu'elle s'était mise à compter les billets de la jeune femme : « C'est trois cents dollars la semaine, payables chaque lundi matin, tu mettras l'enveloppe dans la boîte, chérie, et pas de visites masculines après dix-neuf heures, ou c'est la porte. » Mais Norma Powell avait insisté pour avoir le numéro de téléphone de sa précédente logeuse, histoire de s'assurer que Jin Li était une locataire fiable. Celle-ci avait obtempéré d'un air blasé, imitant les adolescents américains qu'elle avait entendus parler : « Pas de problème, c'est vous qui voyez » ; et, se sentant un peu sournoise sur les bords, elle avait fourni à Norma le numéro de téléphone de son bureau à Red Hook. Si Norma prenait vraiment la peine d'appeler, ce numéro ne lui apprendrait rien puisque le téléphone sonnerait dans le vide et, au bout de trois sonneries, l'appel serait automatiquement renvoyé sur un fax – de cette façon, Chen pouvait lui envoyer des informations écrites sans passer par l'Internet. Jin Li avait en revanche décliné sa véritable identité, puisque son nom figurait sur ses papiers, mais s'était prétendue originaire de Séoul, Corée du Sud, et s'était inventé un père travaillant dans une usine Kia. C'était tout à la fois amusant et un peu répugnant de se prétendre coréenne, d'autant plus que son patronyme n'avait rien de coréen, mais cela, Norma Powell l'ignorait. Enfin, comme le résumait une expression américaine que Jin Li aimait bien : *Ya do what ya gotta do*. C'est tout à fait moi, ça, pensa Jin Li, je fais ce que je dois faire. Elle avait sorti ses maigres effets de sa valise et pris un très bon et très long bain chaud dans sa salle de bains, en compagnie de trois cafards. Ils ne la dérangeaient pas ; à Shanghai leur maison avait été envahie par des blattes, autrement plus inquiétantes. Après s'être récuré le visage, puis s'être fait les ongles, elle se sentait, l'un dans l'autre, bien plus déterminée. La police avait peut-être arrêté les meurtriers des Mexicaines. Ou peut-être qu'elle leur passerait un coup de téléphone anonyme, sans utiliser son portable, pour raconter ce qui s'était passé.

Peut-être, mais pas tout de suite, parce qu'elle avait un plan. Après tout, les professeurs de logique, d'analyse système, de gestion des données, et d'analyse de probabilités de l'Institut de technologie de Harbin lui avaient appris à réfléchir. De nombreuses équipes CorpServe terminaient leur travail la nuit où avait eu lieu l'agression, pourtant, c'était la sienne qui avait été choisie. Pourquoi ? La seule explication plausible était qu'elle était la seule personne à savoir exactement quels bureaux étaient piratés. La réaction des agresseurs, ou plutôt de celui ou de ceux qui les avaient engagés, avait été grossière, stupide même. De nombreuses autres options s'offraient à eux. Ils auraient pu modifier les conditions d'accès à leurs bureaux. Ils auraient pu virer CorpServe. Ils auraient pu prévenir la police ou une agence de détectives privés. Ils auraient pu la contacter directement, l'appeler, lui écrire, agiter la menace d'un procès. De telles mesures auraient été moralement et légalement défendables, auraient généré des traces écrites, et présenté l'avantage de rester contrôlables par un dirigeant d'entreprise. Mais quand deux types remplissent une voiture de merde, la nuit, à Brooklyn, il n'y a pas de dirigeant d'entreprise pour surveiller les opérations. Ce n'est peut-être pas ce qu'il a ordonné, ce qu'il est prêt à accepter, ou ce dont on l'a informé après coup. Il n'a pratiquement aucun contrôle. Or les dirigeants d'entreprise, elle le savait pour avoir lu des milliers de pages de leur correspondance, avaient soif de contrôle, croyant que c'était l'essence du pouvoir. Les meurtres de Brooklyn, considérés dans une logique d'entreprise, constituaient un geste insensé, presque suicidaire. Ils créaient des informations négatives et déclenchaient des événements extérieurs à l'entreprise.

C'était le geste de quelqu'un qui avait perdu les pédales.

Qui ? Pour répondre à cette question, elle disposait d'un avantage indéniable. Celui qui avait commandité l'agression ne pouvait pas savoir qu'elle était la seule à connaître les huit entreprises que CorpServe pillait activement. Le cours de l'action de trois d'entre elles avait récemment augmenté, et son frère et ses associés en avaient retiré d'énormes dividendes. Pour quatre autres, le cours avait dérapé pendant plusieurs mois, attendant de nouveaux développements. La dernière était une compagnie pharmaceutique relativement modeste, Good Pharma, qui avait subi une érosion significative de son titre, quelque chose comme trente pour cent, au cours des dernières semaines. Elle avait informé Chen des mauvaises nouvelles concernant le projet de peau synthétique, qui devait recevoir l'aval de la FDA. Le marché prévisible était pourtant colossal ; il n'y avait pas que les grands brûlés qui avaient besoin d'une nouvelle peau – elle se mit alors à songer au ventre de Ray, aux greffons et aux cicatrices qui dessinaient sur son corps une sorte de calligraphie mystérieuse et érotique, un tatouage accidentel qu'elle avait fini par aimer –, non, pas uniquement les grands brûlés, mais les personnes âgées dont la peau ridée, tannée par le soleil, était aussi fine et fragile que du papier de soie. Ce produit ne concernait pas la vanité, mais la santé. Avec le vieillissement des baby-boomers, les maisons de retraite et les établissements spécialisés seraient pleins de gens obligés de garder le lit, et le problème des escarres provoquées par l'alitement prolongé était capital. Les escarres étaient simplement des plaques de tissu nécrosé – de la peau mortifiée après avoir été soumise à une pression constante, interrompant la circulation du sang. Les techniques existantes consistant à retourner et à déplacer fréquemment la personne alitée n'empêchaient pas leur apparition. La peau synthétique de Good Pharma, qui n'avait pas encore de nom déposé, était destinée à être greffée sur la peau fragile et mince du malade, offrant une couche de protection supplémentaire et une très bonne tolérance immunitaire. Or les essais cliniques du produit n'avaient pas été probants, un fait que Jin Li avait signalé à Chen.

Son frère avait beau être une crapule ambitieuse, il ne comprenait pas vraiment l'Amérique. Maintenant qu'il était là, il accumulerait probablement les bourdes, intimidant les employés CorpServe, menant son enquête avec ses gros sabots. Il serait un peu trop excité d'être en Amérique, courrait çà et là en se rengorgeant. Et dépenserait beaucoup d'argent. Le fait d'être un gros bonnet à Shanghai ne signifiait pas qu'on allait lui tenir la porte à New York. Les New-Yorkais étaient persuadés de vivre au centre de l'univers connu. Ils adoraient en général les autres grandes capitales du monde, surtout Londres, Paris, Berlin, etc., mais avaient tendance à être intransigeants quand il s'agissait de leur ville. À New York, il fallait faire ses preuves, montrer que vous étiez à votre place, que vous étiez à la hauteur, elle en avait fait l'expérience. Des gens intelligents venaient de toute l'Amérique pour se disputer ses richesses et ses plaisirs. C'était la façon de faire des Américains. Chen ne comprendrait peut-être pas. Bien que l'idée lui fît horreur, il avait probablement besoin de son aide.

À cet instant, le portillon s'ouvrit et elle put embarquer sur le ferry en partance pour Staten Island. Elle ne l'avait jamais pris, mais celui-ci, avec ses banquettes en bois, lui parut familier. Il ressemblait beaucoup aux ferries grinçants et romantiques qui assuraient la navette entre Kowloon et l'île de Hong Kong. Elle y avait accompagné son père, venu chercher là un financement pour un de ses projets.

Il était presque cinq heures, l'air était doux, une soirée de fin de printemps, saison du renouveau pour la ville, et elle observa les premiers banlieusards en train de retrouver leur place favorite et d'ouvrir leur journal ou leur portable. Le trajet était certainement suffisamment long pour qu'elle ait le temps de mettre son plan à exécution avant de retourner à Manhattan.

On annonça le départ sur le haut-parleur, et le ferry s'ébranla. De sa place sur le pont arrière découvert elle voyait les gratte-ciel du Lower Manhattan rapetisser devant elle. Où s'était trouvé le World Trade Center ? Elle ne le savait pas vraiment, mais visualisait vaguement les deux tours rectangulaires. Cela paraissait si lointain à présent. Elle avait vu les premières images sur les écrans de télévision du réfectoire de l'université, en compagnie d'un petit groupe d'étudiants, dont certains avaient applaudi en voyant des Américains se faire carboniser.

Quand le ferry fut au milieu du port, elle sortit son portable, avec l'intention de l'allumer pour la première fois depuis le matin qui avait précédé l'attaque. Devait-elle vraiment le faire ? Ses mains tremblaient. Elle savait qu'à la seconde où le téléphone s'allumerait, son signal serait capté par les relais les plus proches et que la police pourrait ensuite le localiser à tout moment. C'était la raison pour laquelle elle voulait interroger son téléphone au milieu du port de New York. Devait-elle le faire ? Peut-être pas. Mais elle se sentait tellement coupée de tout, tellement seule. Elle appuya sur le bouton « On », entendit l'indicatif de mise en marche. Elle avait trois messages. Le premier avait été laissé par son frère : « Jin Li, tu dois m'appeler pour que je sache que tu vas bien. Mère et père ont demandé de tes nouvelles, et j'ai dit que tu allais bien, mais ils savent que je leur cache quelque chose. Et puis, bien sûr, il faut continuer à faire tourner la boutique et je veux te parler de ça. J'ai engagé ton petit ami, M. Ray, pour qu'il te retrouve. Il n'y a que l'argent qui l'intéresse, il a demandé une somme incroyable. J'ai dû payer le double. Je suis au nouvel appartement dans l'immeuble Time Warner. Appelle-moi, Jin Li. »

Avant qu'elle ait pu compter le nombre de mensonges qu'avait débités son frère, le message suivant se fit entendre : « Jin Li, c'est Ray, le type qui a été ton petit ami. Je n'appelle pas pour parler de ce qui s'est passé entre nous. Je me fais juste du souci pour toi, d'accord ? Ton frère est à New York et m'a trouvé. Il est venu avec une bande de types et il est à ta recherche… » Elle écouta la fin du message, où il lui demandait d'appeler chez son père. Elle éteignit le portable, troublée par la voix de Ray, au bord des larmes. Tu me manques, Ray, j'ai envie d'être avec toi. Mais pourquoi donc avait-elle écouté son frère et s'était-elle laissé convaincre de rompre avec Ray ? La nuit des meurtres elle aurait probablement été avec lui et pas dans cette petite voiture avec les deux filles. Ray la sortait, ils mangeaient partout en ville, ils se promenaient à Central Park. Il respectait son intimité, ne lui demandait jamais pourquoi elle travaillait si dur pour CorpServe. Il ne voulait pas la posséder. Et elle aimait ça. Il n'avait jamais exigé aucune promesse non plus. Ils faisaient toujours l'amour chez elle. Une bouffée de désir triste l'envahit. Elle aimait qu'il la retourne sur le ventre, soulève ses hanches, et commence dans cette position, en la tenant avec ses grandes mains, faisant parfois courir un doigt sur sa colonne vertébrale. Un soir, elle lui avait demandé s'il comptait ses va-et-vient. Il avait éclaté de rire. « Pourquoi tu demandes ça ? » Et elle de répondre d'un ton taquin : « Eh bien, ça dure depuis un moment. — Oui, avait-il admis, parfois je compte, juste pour voir. — Je le savais. Combien ce soir ? — À toi de me dire, avait-il dit en se remettant en mouvement. — Non, toi, avait-elle insisté en commençant à haleter. — Très bien, des centaines, c'est tout ce que je peux dire. » Elle avait enfoui sa tête dans le drap, étourdie et un peu folle aussi, comme si elle ne savait pas exactement qui elle était. Pas vraiment désagréable, comme sensation. Peut-être avait-elle murmuré « Vas-y doucement ». Peut-être que non.

Jin Li soupira et se tortilla légèrement sur son siège de ferry. Qu'est-ce qu'elle s'était imaginé ? Maintenant elle vivait dans une chambre à Harlem, avait peur de retourner à son appartement ou au travail. Il y avait un dernier message sur son téléphone, se rappela-t-elle, et il était peut-être de Ray.

Une voix masculine, puissante : « Bonjour, inspecteur Peter Blake de la brigade des homicides de Brooklyn, police de New York. Je suis à la recherche de Jin Li, et je crois qu'il s'agit de son numéro de téléphone. Jin Li, vous êtes un témoin capital dans une affaire impliquant le meurtre de deux Mexicaines. Nous savons que ces deux femmes travaillaient sous vos ordres et que vous les avez peut-être vues peu avant leur mort. Je vous serais reconnaissant de bien vouloir me rappeler au numéro suivant. » Qu'il donnait, avant d'ajouter : « Il serait vraiment dans votre intérêt que vous me trouviez avant que je vous trouve. Merci beaucoup. »

La police ? Terrorisée, elle referma brusquement le téléphone, regarda soudain autour d'elle comme s'ils pouvaient la voir. Comment la police avait-elle eu son nom ? Chen ne la contacterait pas ; il voulait être le premier à la trouver. Mais il avait parlé à Ray. Ils avaient tous les deux fait référence à l'autre. Chen avait raconté à Ray ce qui s'était passé dans la voiture.

Et Ray… Ray avait prévenu le NYPD. Elle n'arrivait pas y croire mais c'était vrai. Il l'avait trahie.

15

Il se rappelait son pied, sa cheville, sa cuisse. Parcouru par un frisson douloureux, il posa la petite basket jaune sur le tableau de bord de son pick-up. Oh, bon sang, Jin Li me manque, songea Ray, tout en elle me manque. Il était garé sur le parking d'un bureau d'encaissement de chèques, en face de Victorious Vidange, qui se résumait à un terrain de forme bizarre borné par une clôture de six mètres de haut, elle-même surmontée de barbelés, tout cela protégeant une cabane de chantier délabrée dans le fond et dix énormes camions de vidange, pratiquement identiques, garés de façon désordonnée, dont celui au volant duquel Richie était entré sur le parking vingt minutes auparavant. Un bâtiment massif en parpaings se dressait derrière la cabane de chantier, mais on ne savait pas trop s'il faisait partie de l'entreprise. La journée était terminée, il était six heures passées, et le temps filait, des pendules tictaquaient partout, une pour Jin Li, une autre pour son père, une troisième mesurant le temps qu'il faudrait avant que Richie ne devienne sérieusement parano.

Un petit Mexicain – un gamin, en fait – était juché au sommet d'un camion, un tuyau rouge à la main, remplissant la cuve d'eau fumante. Un liquide brunâtre s'écoulait par une autre valve, au bas de la cuve. Richie émergea de la cabane de chantier, s'approcha d'un pick-up, avec la démarche élastique d'un homme qui a un plan en tête, et quitta le parking…

… suivi par Ray. Aux feux, celui-ci se rapprocha suffisamment pour noter l'immatriculation. Puis, voyant que Richie regardait dans son rétroviseur, il baissa son pare-soleil. L'idée était de le suivre jusqu'à chez lui.

Le feu était encore au rouge quand Richie traversa brusquement le carrefour à toute allure, manquant renverser trois adolescentes cramponnées à leur portable, avant de tourner au carrefour suivant. Ray se serait giflé. Quand le feu passa au vert, il fonça jusqu'au croisement, tourna à son tour et chercha du regard le pick-up de Richie… il avait disparu.

Son père ouvrit péniblement les yeux.

« Fais-moi ton rapport, s'il te plaît. »

Ray s'exécuta.

« Je croyais que tu savais tenir une filature.

— J'ai l'immatriculation, au moins.

— Donne-moi le téléphone. Non, d'abord, donne-moi du café de contrebande. »

Quelques minutes plus tard, son père avait chaussé ses vieilles demi-lunes dorées qu'il n'avait pas portées depuis un mois et pointait un index décharné sur un numéro de téléphone afin que Ray le compose. Il colla le combiné contre son oreille et ferma les yeux, faisant ressurgir une voix qu'il n'avait pas utilisée depuis longtemps. « Ellen, c'est Ray Grant à l'appareil… non, non je vais très bien, merci. » Le café le dégourdissait vite, constata Ray. « Une petite chimio et c'est tout, mais c'est gentil de demander. Écoute, je t'explique, je suis sur une affaire privée et j'aurais bien besoin d'un petit… on a une immatriculation et il nous faudrait l'adresse. Ouais, ouais, bien sûr. » Il lui lut le numéro de la plaque puis attendit. « Trente ans que je la connais », souffla-t-il à Ray. Il retourna au téléphone. « Numéro deux 6e Rue ? South Jamesport ? Aussi loin ? » Il hocha la tête. « Génial. Bonjour à tout le monde. »

Son père laissa tomber le téléphone, le souffle court.

« Ce type habite au diable, à la pointe est de Long Island !

— Alors, c'est là que je vais. »

Ray Senior jeta un regard accusateur à son fils.

« Ces Chinois veulent la frangine, pas un vidangeur de fosse septique à la con ! »

Qu'est-ce qui clochait ?

« Papa, je vais m'introduire dans son appartement demain matin.

— On peut savoir pourquoi tu as mis si longtemps à avoir cette brillante idée ? » Mais son père n'attendit pas la réponse. « De toute façon, ça ne suffit pas ! Il faut que tu commences à comprendre ce que cette fille a dans la tête. »

Il pointa un doigt sur sa tempe, en le secouant comme un pistolet chargé, et dévisagea furieusement Ray, sans ciller, montrant les dents.

« Toi, ou quelqu'un d'autre ! Laisse-moi te dire un truc, il faut que tu fonces, Ray, tu as peut-être vingt, vingt et une heures devant toi, bois du café, anticipe, tu comprends, les choses sont… ce Vic, je me souviens presque ! Je n'arrive pas, quelque chose… »

Son père regarda autour de lui d'un air égaré, comme s'il y avait d'autres personnes dans la pièce, des ombres à la porte.

« Hé ! Hé ! Foutez le camp ! »

Il se tourna vers son fils, lui fit signe d'approcher, et d'une voix étouffée de conspirateur :

« J'ai dans l'idée que toi et moi, on peut... »

Son regard se porta vivement par-dessus l'épaule de Ray, s'emplit de terreur.

« Non, non je ne peux pas ! hurla-t-il. Pas encore ! J'ai mon arme ici ! »

Il tapota les couvertures comme un forcené.

« Ray, Ray ! Attrape-les ! »

Mais Ray avait tendu le bras vers la pompe à Dilaudid et administré deux bolus à son père. Environ une minute plus tard, celui-ci le regardait avec une passivité soudaine, ses lèvres ruminant une spéculation muette... puis ses yeux se révulsèrent et il s'effondra sur l'oreiller, bouche ouverte, crachotant l'odeur – la puanteur – du presque mort.

Cent quarante bornes, route pluvieuse. Long Island, la plus grande île d'Amérique du Nord, fendue en son extrémité, la South Fork conduisant aux très chics Hamptons, célèbres pour leurs fêtes estivales fastueuses où les invités s'habillaient de blanc, et la North Fork, qui était plus traditionnellement populaire, peuplée d'agriculteurs, de représentants de commerce, de flics de New York à la retraite, et de pompiers. South Jamesport était l'une des premières rares villes de la North Fork que l'on traversait en roulant vers l'est. Ray trouva la maison, un petit pavillon de style ranch posé dans un virage, le pick-up de Richie garé dans l'allée. Cela faisait un sacré trajet quotidien mais, d'un autre côté, vous aviez la chance d'échapper à la ville tous les jours. Les types comme Richie vivaient dans leur voiture, de toute façon.

Ray se gara près d'un petit bois et revint vers la maison en longeant la route obscure. Qu'allait-il faire exactement ? Il ne savait pas trop. Il dissimulait un petit pied-de-biche sous son blouson, surtout pour se défendre. Il était également équipé d'une miniperceuse sans fil pourvue d'un adaptateur pour scie au carbure. Lame rotative de cinq centimètres, découpe n'importe quoi jusqu'à ce qu'elle s'émousse. Il marchait discrètement sur la route. C'était un quartier tranquille, un quartier où les riverains se mêlaient de leurs affaires. Ray s'approcha furtivement de l'arrière de la maison, trouva une fenêtre. Richie était assis devant la télévision, vêtu de propre, les cheveux mouillés. Une bière et un bol de porridge étaient posés sur le bras de son fauteuil.

Peut-on dire d'un homme qu'il est un meurtrier rien qu'en l'observant ? Bien sûr que non. Du moins, c'est ce qu'aurait dit son père. Mais si vous saviez des tas d'autres choses sur lui, alors, peut-être.

Le téléphone sonna. Richie coupa le son de la télévision, en continuant à fixer l'écran.

« Ouais, dit-il. Dans dix minutes environ. »

Ray se glissa sur le côté de la maison. Un instant plus tard Richie en sortit, cocottant l'après-rasage, grimpa dans son pick-up, et s'en alla. En route pour le grand rencard.

C'est maintenant ou jamais, se dit Ray. Il envisagea de passer par une fenêtre, mais un voisin, ou quelqu'un survenant en voiture, pourrait facilement le repérer. Même chose avec la porte d'entrée. Il s'accroupit au milieu d'un massif de buis mal entretenu et se décida pour les portes métalliques conduisant au sous-sol. Il suffisait de découper un carré de huit centimètres de côté, de passer la main par l'ouverture et de tirer le verrou. La lame au carbure fonctionna à la perfection. Un peu bruyante. Trente secondes de bruit. Impossible de faire autrement. Le carré d'acier tomba, et Ray attendit que les bords refroidissent avant de tendre la main et d'ouvrir la porte. Ensuite, il souleva le panneau, se glissa à l'intérieur, et laissa la porte retomber sans bruit. Il trouva un interrupteur. Le sous-sol était encombré de cartons de vêtements moisis, de meubles cassés, de matériel de sport, et de bouteilles de bière vides. Un appareil de musculation était posé dans un coin. Ray éteignit la lumière et passa rapidement devant un lave-linge et un sèche-linge où s'entassaient des vêtements sales – une odeur d'égout parfaitement reconnaissable –, puis gravit une volée de marches qui conduisait dans un petit salon où trônait une télévision à écran large. Toutes les lumières étaient allumées. Pourquoi ? Cela l'inquiéta. Il continua à avancer. La petite chambre était occupée par un grand lit. D'autres vêtements sales. Deux clubs de golf par terre. Dans le tiroir du chevet, il découvrit quatre pistolets poussiéreux et plusieurs boîtes de balles. Il n'y toucha pas.

Il passa la tête dans la penderie de la chambre, respirant une forte odeur de chaussures. Je fais quoi, là, se demanda-t-il, je cherche quoi ? Même en supposant que Richie était le meurtrier des deux Mexicaines – une simple supposition –, qu'est-ce qui le liait, lui, un pauvre type qui vivait dans cette location minable, à Jin Li, une Chinoise très cultivée et élégante qui travaillait au cœur de Manhattan cent quarante kilomètres à l'ouest ?

Il faut que je trouve quelque chose, marmonna Ray. Dans la cuisine il ouvrit le frigo : bière, lait, jus d'orange, piles, un sachet rempli de pilules non identifiées, plusieurs pots de poudre hyperprotéinée, pour environ deux cents dollars de steaks premier choix, et, dans le congélateur, ce qui ressemblait à un rat congelé géant dans un sac en plastique.

Un bruit ?

Non. *Si !* Une camionnette s'était rangée dans l'allée, enceintes à fond. Ray n'était pas sûr de pouvoir arriver jusqu'à l'escalier du sous-sol. Il recula à l'aveuglette et fut obligé de choisir entre la salle de bains et la chambre.

« … j'aurais dû ranger un peu. » C'était Richie qui entrait dans la maison.

« Ça me plaît, fit une voix féminine. C'est douillet, genre. »

Il opta pour la chambre, manquant trébucher sur un club de golf. Où se cacher dans une pièce aussi exiguë ? La penderie. Il l'ouvrit et se cogna à une pile de chaussures de golf et de balles. Il referma la porte sur lui. Le pied-de-biche à portée de main. C'était une arme efficace mais pas dans une penderie.

Les minutes s'écoulèrent et Ray sentit son corps s'ankyloser. Il aurait peut-être dû tenter de rejoindre l'escalier du sous-sol. Il entendit un murmure de voix, un peu de musique. La lumière de la chambre, s'avisa-t-il, était allumée. Est-ce que c'était lui qui l'avait allumée ? Il ne savait plus.

« … tu attends ? » demanda la voix de Richie, alors qu'il entrait dans la chambre. Il éteignit la lumière.

Une fille entra à son tour.

« J'ai refait ton cocktail, il était carrément trop dégueu. »

Elle pouffa.

« Ah, ouais ?

— Ouais, et je l'ai amélioré.

— J'ai pas fait l'école des barmen, moi. Ramène-toi.

— J'arrive, roucoula-t-elle. J'aime ce lit. Attends, laisse-moi fumer. Le train était tellement lent ! J'ai vraiment besoin d'une clope. Bois ton verre pendant que je m'en grille une.

— Je pensais que c'était pour après.

— Ça me met dans l'ambiance. Vous, les mecs, vous êtes toujours tellement pressés. »

Ray sentit la cigarette. Une balle roula sous son pied, et il la mit discrètement dans une chaussure.

« Ça fait combien de temps que tu vis ici ?

— Quatre ans.

— Tu loues ou t'es propriétaire ?

— Je loue. J'aurais dû acheter il y a quelques années.

— Tu m'étonnes.

— Mais tu sais, je me suis fait pas mal de dollars en faisant des trucs à côté.

— Tu m'as pas dit si tu aimes mon cocktail.

— Si, si, j'adore.

— Tant mieux, tu m'aurais vexée sinon.

— Alors on est bien là, se risqua Richie. On n'est pas aux pièces. »

— Ça fait du bien, soupira la voix quelques instants plus tard.

— Tu veux venir là ?

— Tu m'as l'air plutôt détendu, fit-elle. Je veux dire, tu es presque détendu de partout. Certains types, tu sais, ils arrivent pas à se contrôler.

— Ouais, tu sais, moi. »

L'amant hors pair ignorant humblement ses propres talents de séduction.

« Et puis, j'ai l'avantage de jouer à domicile.

— Je suppose que oui. Pourquoi tu ne t'allonges pas, laisse-moi faire, je vais te détendre.

— Ça ne se refuse pas.

— Finis d'abord le verre que je t'ai préparé. Je me suis donné du mal, rien que pour toi.

— … d'accord ?

— Ouais, c'est ça. Allonge-toi… bien… respire… alors, tu vis ici depuis longtemps ?

— Quatre ans, tu te rappelles pas ? Allez, active-toi un peu.

— Garde ton pantalon, j'y viens.

— Je croyais que tu voulais que je tombe le futal.

— J'en ai envie, y a pas de doute.

— Je vais l'enlever.

— Vas-y, mon beau. »

Bruissement de tissu, boucle de ceinture.

« Alors, tu disais à propos de vivre ici ?

— C'est mieux comme ça.

— Bien.

— Tu es douée.

— Détends-toi, Richie.

— Je suis très détendu.

— Bien, bien.

— Et toi ?

— Ça baigne.

— J'ai un coup de pompe.

— Il n'y a pas de problème, c'est chouette d'être allongée là avec toi. »

Plus de bruit. Une minute passa.

La voix de Richie :

« Tu…

— Chuut, tout va bien.

— Attends, attends… putain, j'ai sommeil.

— Chuut, ne t'en fais pas.

— Est-ce que t'as… ? Je suis très… »

Ray entendait Richie respirer. La respiration ralentit, s'approfondit, puis un ronflement se fit entendre. Il n'avait pas entendu la fille bouger. Peut-être qu'elle aussi s'était endormie.

Puis le trille d'un portable retentit. Il eut peur et dut prendre sur lui pour ne pas bouger. La fille décrocha rapidement, à la première sonnerie.

« Salut. Il dort… tu me revaudras ça. J'ai été obligée de lui toucher la *queue* ! C'était à gerber. Quoi ?

Non, la porte est ouverte. Je ne bouge pas, au cas où il se réveillerait. Dépêche-toi d'arriver, OK ? »

Elle raccrocha. À nouveau, une odeur de cigarette.

Le ronflement s'était transformé en un bourdonnement sourd qui s'interrompait et repartait de plus belle.

Ray s'efforça de ralentir sa propre respiration et de ne plus bouger. Quelqu'un allait arriver, et cela le rendait nerveux. Si la fille quittait la pièce, il pourrait filer… peut-être. Des balles de golf partout sur le sol. Il y avait une fenêtre dans la pièce. Peut-être s'ouvrait-elle facilement, peut-être que non. Il sentit un de ses pieds glisser, le ramena en arrière. Quand la fille arrêterait de surveiller l'homme drogué sur le lit, son attention commencerait à dériver et elle repérerait Ray. Elle ne l'entendrait peut-être pas consciemment, mais elle devinerait sa présence. C'était prouvé. Des moines tibétains avec les oreilles bouchées et les yeux bandés par une ceinture de soie pouvaient être conduits dans une pièce plongée dans le noir, et il leur suffisait de humer l'air en tournant en rond pour dire dans quel angle de la pièce se tenait un autre moine assis sans bouger sur un tapis de prière. Quand on a vu ça une fois, on ne l'oublie jamais.

Et la fille était assise là, dans le noir. Il l'entendit ouvrir le tiroir.

« Des flingues ! » murmura-t-elle.

Puis la porte de la cuisine s'ouvrit. Des pas lourds résonnèrent à travers les murs.

« Oh, Sharon ? appela une voix d'homme profonde.

— Ici ! souffla-t-elle. Dans cette pièce ! »

Les pas approchèrent de la porte.

« Il est vraiment sonné ?

— Je pense que oui.

— Va dans la voiture.

— Laissez-moi mettre mes chaussures.
— Tu l'as laissé te baiser ?
— Non.
— Moi, je pense que oui.
— Sûrement pas, il est répugnant.
— Tu lui as touché la bite, Sharon.
— Il m'a *obligée*. Je le faisais pour toi.
— Tu l'as sucé ?
— Non, je te jure.
— Tu mens.
— Non, non…
— Tu ferais mieux d'aller dans la voiture. »

Elle quitta la pièce. Ray entendait l'homme inconscient respirer bruyamment. Il crut déceler une odeur de cannelle.

« Putain de tête de nœud. »

La voix de la fille parvint du fond du couloir :

« Allez, qu'est-ce que tu fous ? Il y a des flingues dans le tiroir, à propos, espèce de jaloux taré.
— Tu les as touchés ?
— Non.
— Monte dans la voiture ! »

Elle s'en alla. Ray entendit la porte de derrière s'ouvrir et se fermer. Les lumières s'allumèrent. Un rai de lumière filtrait maintenant entre les portes closes de la penderie. Il entendit le tiroir s'ouvrir, les pistolets qu'on entrechoquait, puis les boîtes de munitions.

« Hé, hé, couillon, reprit la voix. Regarde-toi, Richie, t'as essayé de baiser ma nana. En plus t'as merdé, et maintenant, c'est moi que tu mets dans la merde. »

Un grognement presque imperceptible parvint du lit, comme si Richie avait entendu et s'efforçait de répondre à cette accusation.

Un silence sinistre suivit. Puis un craquement sec.

Richie laissa échapper un hurlement délirant, incohérent. Le club de golf, déduisit Ray. Un autre craquement, plus humide cette fois, plus affreux.

« Putain, tu l'as obligée à te toucher la… ! »

Puis ce fut deux, trois, quatre, six, huit coups, qui s'enchaînèrent de plus en plus vite et avec une sauvagerie croissante, chacun d'eux produisant le même craquement mouillé. L'homme respirait rapidement, haletait d'excitation, grognait sous l'effort, puis le crépitement des coups cessa au bout de vingt secondes tout au plus, ce traitement ayant définitivement privé Richie de toute capacité de réaction.

« Pouah… putain… enfoiré, haleta la voix. Je t'avais prévenu, putain, Richie. Quelqu'un m'appelle, et puis un type te cherche ! T'as merdé, t'as tout foutu en l'air ! »

Aucune réponse.

Un silence délibératif – comme si l'agresseur hésitait entre ce qu'il avait envie de faire et ce qu'il devait faire. Ray l'entendit se balancer d'un pied sur l'autre en armant son bras. Puis les coups se mirent à pleuvoir, une autre série sauvage, floc-floc-floc, si vite que Ray savait que le club était brandi aussi vite qu'il était abaissé, dix, quinze, vingt coups ou plus, l'agresseur grognant d'exaltation spasmodique, prenant du plaisir encore et encore… et alors, tout aussi soudainement, le claquement mouillé cessa et le club fut projeté violemment contre le mur.

Des bruits de pas s'évanouirent dans le couloir, traversèrent la cuisine, passèrent la porte. Ray entendit une voiture démarrer et disparaître.

Le silence à présent.

L'odeur du sang.

Attends encore une minute, se dit-il. Pour être sûr. Finalement, il poussa la porte de la penderie et trébucha dans la chambre, les jambes en coton, entraînant à sa suite balles de golf et chaussures. Richie gisait sur le lit, une bouillie sanglante à la place du visage – plus de nez, plus de joues, une bouche qui n'était plus qu'un trou. Son menton rasé de frais avait été enfoncé dans sa trachée, et, en général, la forme oblongue de la tête avait été aplatie. Presque tous les coups avaient porté au visage, défonçant son crâne. Les quelques coups manqués avaient ricoché sur la masse humide, imprimant sur l'oreiller des empreintes de club de golf. Pendant le temps très court durant lequel le cerveau de Richie avait continué à délivrer des informations au cœur, le ventricule gauche avait persisté à pomper du sang dans l'aorte jusqu'au visage broyé, laissant la tête de Richie dans une mare qui remplissait fidèlement toutes les dépressions du couvre-lit, imbibant progressivement le matelas. Après que le cœur eut cessé de battre, la lividité était apparue – les fluides se déplaçant vers la partie déclive du corps –, ce qui signifiait en l'occurrence que du sang et d'autres fluides continueraient de s'écouler de la tête ravagée de Richie pendant encore un certain temps. Et en effet, le front avait pâli pour arborer la blancheur violacée de la chair exsangue. Des larmes de matière visqueuse perlaient de ses globes oculaires crevés.

Richie n'avait pas eu la moindre chance, son corps à demi nu était encore affalé dans la position d'un sommeil profond, les bras en croix, les chaussures enlevées, le caleçon de travers, le ventre mou, un éclair tatoué ornant l'os de sa hanche. Près de lui, le tiroir du chevet était grand ouvert. Sur le sol gisait le club de golf ensanglanté, plié en deux à présent. Les murs et le plafond étaient éclaboussés de sang. La police n'aurait aucun mal à reconstituer la scène.

La police. Les flics du comté de Suffolk, qui connaissaient leur boulot, n'allaient pas tarder à grouiller dans la maison. Il était certain que le meurtrier de Richie et la fille avaient laissé toutes sortes d'indices – ses empreintes à elle sur le bord du verre, etc., mais ça pouvait s'expliquer ; ils étaient passés voir Richie plus tôt dans la soirée. *C'était Ray, l'anomalie dans l'existence de Richie*. Il prit donc la peine d'aller chercher de l'eau de Javel au sous-sol, en mouilla un chiffon, et nettoya toutes les surfaces qu'il avait touchées. La Javel détruisait l'ADN. Il fut obligé de reconstituer tous ses déplacements, ce qui était particulièrement éprouvant pour les nerfs. Un mince filet de sueur commença à couler sous ses bras. Bien entendu il avait laissé des cellules cutanées et des fibres de cheveux un peu partout, surtout dans la penderie. Les flics allaient effectuer des centaines de prélèvements. Et son ADN était fiché, quelque part. Le département des pompiers prélevait votre ADN pour pouvoir identifier vos restes, le cas échéant.

Il s'obligea à dénicher un aspirateur et le passa dans la penderie, sur toutes les balles de golf et les chaussures, qu'il balança de nouveau à l'intérieur. Le problème, c'était qu'il y avait des petites taches et des éclaboussures de sang partout par terre et qu'il marchait dessus. Du sang sur mes chaussures, qui pénètre dans les minuscules éraflures de la semelle, songea-t-il, il faut que je m'en débarrasse. D'avoir le cadavre de Richie dans le dos, l'observant, pour ainsi dire, ne lui facilitait pas la tâche. Il éteignit la lumière dans la chambre pour qu'un voisin ne puisse pas voir le corps défiguré sur le lit. Il sortit le sac de l'aspirateur, et le mit, avec la Javel et le torchon, dans un sac-poubelle qu'il emporta en repassant par les portes du sous-sol ouvrant sur l'extérieur.

Il laissa le vantail se refermer sans bruit, conscient de n'avoir éteint aucune autre lumière dans la maison ni vérifié si la porte de devant était fermée à clé.

Était-ce la chose à faire ? Il n'en était pas sûr. Mais c'était le fait d'avoir forcé les portes du sous-sol qui l'inquiétait. On en déduirait que le meurtrier de Richie était entré par là. La police examinerait les minuscules indentations sur le métal à l'endroit où la porte avait été découpée, et verrait qu'il n'y avait pas de rouille, que l'ouverture était récente. Sans le faire exprès Ray avait créé un faux indice – un indice susceptible de l'incriminer. Il savait que la peinture sur la lame au carbure correspondrait à celle du vantail métallique. Un autre truc à faire disparaître, se dit-il. Les chaussures et la lame de scie. Et la mini-perceuse elle-même, le moteur ayant sans doute aspiré de la poussière de peinture ; il leur faudrait cinq minutes pour établir la correspondance grâce à la chromatographie en phase gazeuse. Attends ! se dit-il. Il doit aussi y avoir de la poussière de peinture sur mes vêtements. Chaussures, sac, scie, toutes tes fringues, débarrasse-t'en.

Ray regagna le petit bois, s'attendant à voir des voitures de police débouler d'une minute à l'autre. La nuit soufflait son haleine tiède et douce. Il écrasa un moustique sur sa joue. Une voiture passa. Il n'avait pas vu le meurtrier de Richie. Peut-être que j'aurais dû sortir de la penderie et le stopper, pensa-t-il. Mais le type brandissait un club de golf avec l'intention de tuer. Ray n'était pas vraiment convaincu par cette justification. Il aurait pu profiter de l'effet de surprise. Il aurait pu sauver Richie. Mais après ? Il aurait dû se battre. Il crut se rappeler que le type avait sorti des armes du tiroir, le bruit que ça avait fait. Oui, la fille lui avait parlé des armes et il avait ouvert le tiroir, c'était la première chose qu'il avait faite. Étaient-elles chargées ? Si tel était le cas, Ray aurait jailli de la penderie et le type aurait pu se retourner et lui loger une balle dans la tête.

Il avait peut-être bien fait de rester dans la penderie.

Quand il rejoignit son pick-up, il retira ses bottes afin de ne pas étaler de sang sur les pédales et le tapis de sol. Je suis prudent, pensa Ray, mais il y a un truc qui me chiffonne, un truc qui m'a échappé. Il mit les chaussures et la scie dans un grand sac plastique, ainsi que son blouson, le noua, puis le balança à l'arrière de son pick-up. Il pouvait bazarder le sac ici mais préférait le faire ailleurs, peut-être après avoir séparé les objets.

Je raisonne comme un criminel, s'avisa Ray. Il s'assit au volant et fit l'effort d'inspirer longuement. J'aurais peut-être pu empêcher ça. Il ne pouvait pas dire grand-chose à la police au sujet du meurtrier. Je ne connais pas son nom, à aucun moment je n'ai vu son visage. Mais la fille s'appelait Sharon. Ils pourraient retrouver la fille et ensuite le meurtrier. Mais Sharon pouvait très bien raconter qu'elle avait passé la nuit ailleurs, avec le meurtrier. Ray était celui qui n'avait pas d'alibi. Même si les flics le croyaient, il faudrait tout leur raconter, à commencer par les Chinois et son exploration des égouts. Du reste il se ferait probablement arrêter, puisqu'on l'associerait au meurtre des deux Mexicaines. Plus ton récit des faits sera tordu, plus la police aura de chances de te prendre pour un cinglé et de te coffrer. Il se demanda s'il devait parler de Richie à son père. Celui-ci saurait mieux évaluer la situation, les risques qu'il courait. Mais cela pourrait l'inquiéter. Ou alors lui donner l'idée de tout balancer à ses anciens collègues du NYPD. Et Ray serait arrêté, qui que fût son père.

Non, non, je ne peux pas parler de ça à papa. Il est dans son lit de mort, je ne veux pas qu'il pense que son fils est soupçonné de meurtre.

Il mit en marche la voiture et fit demi-tour sur la route sombre, incapable de résister à l'envie de passer devant la maison avant de prendre l'autoroute. Cela faisait, quoi, une heure ou plus qu'il s'était glissé hors de la penderie ? Il s'approcha du pavillon… se demandant pourquoi il ne le voyait pas.

Puis il le vit. Les lumières étaient éteintes, toutes.

Sous le coup de la peur, Ray appuya sur l'accélérateur, passant devant la maison à toute allure. Les lumières. Il avait laissé tout allumé et maintenant tout était éteint. Mais non… il avait éteint une lumière, dans la chambre. Si c'était le meurtrier qui était retourné dans la maison pour éteindre les lumières, l'avait-il remarqué ? ou senti la Javel ? vu les taches de sang sur la moquette, voire le vantail découpé du sous-sol ?

Je suis au courant pour lui, pensa Ray, mais maintenant il est au courant pour moi.

Le trajet du retour l'avait épuisé et il était anxieux, ce qui ne lui ressemblait pas. Le spectacle du cadavre de Richie l'avait secoué, faisant remonter de vieux trucs qu'il croyait avoir soigneusement enterrés depuis un certain temps. Toute la vieille merde qui se baladait dans sa tête. Les trucs moches. Il fallait qu'il atténue, qu'il voile ça. Et pour ce faire il n'avait pas envie de s'anesthésier gentiment avec quelques bières, il voulait quelque chose de plus puissant. Il lui était arrivé de fumer de l'opium au Pakistan, n'était pas devenu accro pour autant. À minuit, se rappela-t-il, Gloria nettoyait la pompe à Dilaudid.

Alors il attendit, en s'asseyant près de son père, qui dormait. L'infirmière alla se préparer dans la cuisine et, dans ce laps de temps, il retira rapidement le robinet inséré dans l'intraveineuse de son père, l'introduisit dans un kit de perfusion qu'il avait volé dans les fournitures médicales de l'infirmière, et planta l'aiguille dans son propre poignet. Puis il appuya sur le bouton. La machine libéra la dernière dose supplémentaire disponible pour cette période de vingt-quatre heures.

Il sentit une pression chaude envahir son bras, la drogue se diffuser. Il retira le robinet et le remit sur l'intraveineuse de son père. Il n'y avait aucun risque de contamination, le raccord lui-même n'étant en contact qu'avec du plastique stérile. Il retira doucement la perfusion de son bras et la glissa dans sa poche arrière. Gloria revint, le regarda avec insistance, débrancha la machine, la désaccoupla de l'intraveineuse de son père, et l'emporta dans la cuisine.

Ray se laissa tomber lourdement dans le fauteuil profond près du lit. Contrairement à son père, qui avait développé une accoutumance au Dilaudid après des semaines de traitement, il n'était pas préparé, et cette pensée lui effleura vaguement l'esprit… et après ? Mais la drogue agissait déjà… une vague chaude qui le précipita dans un océan de plaisirs inouïs.

Quelles visions dansent dans la tête d'un homme plongé dans un rêve de morphine ? Est-il témoin de ce qui n'a jamais été ? Ou revit-il ce qu'il aurait voulu oublier ? L'esprit fait-il surgir des trésors de douceur ou libère-t-il sa face la plus sombre ? Les images les plus récentes (Richie, mort devant lui), les pensées (j'aurais pu le sauver) et les odeurs (sang) trouvent-elles leurs antécédents dans sa mémoire ? Un cauchemar en rappelle-t-il un autre ? Ce doit être possible… Est-ce que les sons reviennent… le grondement au-dessus d'eux tandis qu'ils fouillaient le second sous-sol à la recherche d'éventuelles victimes emprisonnées derrière les portes coupe-feu ? Wickham devant, Ray éclairant les couloirs obscurs avec sa torche, dans le black-out total, explorant le second sous-sol avec leurs lourdes bottes, leurs vestes débouclées et leurs casques à la recherche de survivants coincés derrière les portes bloquées… le bruit de leurs pas gravé dans sa mémoire, les derniers pas avant que tout, avant que Wickham ne s'arrête, penche la tête…

« T'entends ça ?

— Non. Attends. Là, oui. »

Un grondement s'était fait entendre.

« Ne restons pas là. »

Wickham hocha la tête. Il éclaira un long couloir plein de canalisations. Par ici.

Le grondement augmenta. Le plafond en béton se fissurait.

« Ça s'effondre ! »

Ils coururent aussi vite qu'ils purent dans leur équipement lourd et bringuebalant, le faisceau de leurs torches se réverbérant follement sur les murs. Les canalisations qui couraient au plafond commencèrent à se briser comme des brindilles, faisant jaillir de l'eau. Une vague de poussière leur tomba sur le dos, puis de la fumée. Ils enfilèrent leurs masques.

Ray suivit Wickham. Ils tournèrent à un angle. Bloqués par du béton.

La boutisse s'était écroulée. Wickham jura derrière son masque.

Ils s'arrêtèrent. Ray alluma sa radio.

Escouade dix, équipe alpha, on est coincés au second sous-sol dans le couloir de service orienté ouest.

Pas de réponse.

Un déluge de poussière et de débris s'abattait continûment sur eux. Quelque part au-dessus de leurs têtes s'exerçait une énorme pression verticale.

Wickham dit quelque chose dans le vacarme... l'attira contre lui et hurla dans son oreille.

Sous une poutrelle en T. *Renforcée.*

Ray hocha la tête. Ils balayèrent le plafond avec leurs torches. La poussière était tellement dense que les deux lampes étaient nécessaires. Ray empoigna Wickham et, se tenant l'un à l'autre, ils progressèrent jusqu'à trouver une poutrelle en acier au plafond du couloir. Ils s'accroupirent dessous. Ray alluma sa radio. Il n'entendit qu'un ronflement. Pas de voix. Juste un micro ouvert quelque part.

Le plafond s'effondra comme une galette à dix mètres derrière eux, exactement à l'endroit où ils s'étaient tenus. Puis, cinq mètres devant, avec une telle violence que des débris fusèrent sur eux comme des shrapnels. Ils se jetèrent à plat ventre sous la poutrelle.

Ça vient !

Ils entendaient le grondement au-dessus, les vibrations sous eux. Alors le sol s'effondra. Ray empoigna Wickham et ils tombèrent ensemble, accrochés l'un à l'autre, tournoyant dans les ténèbres. Ray atterrit sur un objet brûlant qui transperça sa combinaison et son tee-shirt. L'objet glissa sur les muscles de son ventre, carbonisant instantanément la chair. Il gémit, hébété par la douleur, ainsi que Wickham, et tous deux tombèrent de la chose brûlante et dégringolèrent encore de deux mètres. Ray se reçut sur le dos, et Wickham tomba sur lui, à plat ventre, lourdement, manquant l'écraser, le clouant au sol. Une odeur de caoutchouc et de chair brûlée emplit les narines de Ray, et il eut l'impression qu'un millier de couteaux s'enfonçaient dans son ventre.

Au-dessus de lui Wickham se tordait de douleur. Oh ! Non ! Non !

Un grésillement.

Un gémissement. Halètement. Grognement. Non. Non, par pitié, non.

Wicks…

Ray était incapable de bouger, le bras gauche sous son dos, Wickham sur lui.

Quelque chose brûlait dans le noir, en grésillant.

De la viande brûlait.

Oh, mon Dieu, pitié, pitié… Arrêtez ça, pitié, mon Dieu. Mère de Dieu… je vous en supplie !… Non, non… Molly, je… je suis désolé… oh… oh.

La tête de Wickham reposait sur la poitrine de Ray et son corps était agité de secousses. Ray approcha sa main droite de la tête de Wickham, tâtonna pour trouver le casque, la visière, puis suivit la nuque, trouva l'épaule, descendit le long du bras et le tira vers lui. Pour serrer la main de son collègue.

Molly !

Je lui dirai, promis. Ne t'en fais pas.

Il lâcha la main de Wickham et tenta de trouver ce qui les immobilisait. Il avait mal aux côtes. Il passa sa main gantée sur le dos de Wickham jusqu'à ce qu'il trouve le tuyau en métal qui lui avait broyé la colonne vertébrale. Il était tellement chaud qu'il fit fondre le gant ignifugé de Ray. Celui-ci retira vivement la main au moment où le bout de ses doigts commençait à brûler. Il ramena la main sur le torse de Wickham et trouva la torche coincée sous lui. Il l'alluma et découvrit une poutrelle en béton à dix centimètres de son visage. En se dévissant le cou, il distingua le haut du casque de Wickham, son épaule, et, au-delà, le tuyau, qui n'était pas du tout un tuyau mais un gros câble électrique qui avait grillé sa gaine isolante et continuait de s'enfoncer dans le dos de Wickham, cuisant l'os et la chair.

Un supplice de chaque seconde, dos, côtes, ventre. Ray reprit la main de Wickham. La serra à nouveau.

Pas de réaction.

Oh, Wicks. Je lui dis quoi à Molly ?

Il se rendit compte que ses lunettes de protection étaient couvertes de poussière. Il les essuya. Il reprit la torche et souleva la tête juste assez pour voir que Wickham et lui étaient pris en sandwich entre deux monstrueuses dalles de béton fissurées. Le faisceau de sa torche balaya un vaste paysage horizontal de débris : ce qui ressemblait à un morceau de voiture, des câbles électriques et des panneaux, des bidons contenant on ne sait quoi, crevés et aplatis, des conduites d'eau qui gouttaient, tout cela compressé dans le vide irrégulier de soixante centimètres séparant les deux dalles. Tout ce qui dépassait avait été ramené à cette épaisseur, une épaisseur qui, quand vous y pensiez, pouvait tout juste loger deux corps couchés l'un sur l'autre.

Il trouva sa radio grâce à la torche et l'alluma.

Escouade dix, équipe alpha.

Aucune réponse. Il l'éteignit. Que reste-t-il de mon ventre ? se demanda-t-il. Il ferma les yeux. Il avait les poumons comprimés. Les côtes douloureuses. L'air était irrespirable, plein de poussière. Il remua le pied droit, puis le gauche. Il ne sentait plus son bras gauche coincé derrière son dos, mais son épaule douloureuse suggérait un étirement excessif de l'articulation. Le poids de Wickham… il n'arrivait pas à respirer à fond. Il sentait le froid le gagner, premier symptôme d'un état de choc. Peut-être des lésions internes dont il ne ressentait pas encore les effets.

Avait-il perdu connaissance ?

Apparemment, oui. Son entrejambe était mouillé. Il avait uriné pendant qu'il était inconscient.

Wickham était inerte à présent. Ray tâtonna pour trouver le câble brûlant, le toucha avec son gant. Il avait refroidi.

Il essaya de se dégager de sous Wickham, en vain. L'espace était trop étroit. Il n'inhalait pas suffisamment d'air. Il ne pouvait pas gonfler totalement sa poitrine, remplir totalement ses poumons. Si les décombres au-dessus d'eux se tassaient encore de deux ou trois centimètres, Wickham l'étoufferait. Sa chair serait broyée. Et c'était peut-être déjà ce qui était en train d'arriver. Il fut pris d'une rage claustrophobe à l'encontre de Wickham, la fureur de survivre. L'autre problème était que le sang ne circulait plus dans son bras gauche ; ce qui finirait par causer un gonflement, voire une nécrose des tissus.

Il fallait supposer qu'une partie de la tour s'était effondrée après avoir été percutée par l'avion, ce qui était surprenant, car le bâtiment avait été conçu pour pouvoir résister à un choc direct. L'escouade était arrivée tout de suite pour secourir les milliers de personnes qui dévalaient les escaliers de secours hébétées et paniquées. Les femmes avaient ôté leurs escarpins et marchaient au milieu des éclats de verre. Et puis les corps avaient commencé à tomber dans la rue.

Cela paraissait lointain à présent.

Ils mettraient des heures, des jours peut-être, avant de le sortir des décombres, si jamais ils le trouvaient.

Il se rendit compte qu'il était déshydraté. Il y avait une bouteille d'eau dans la poche de sa veste, mais elle était coincée sous lui. Une raison supplémentaire de se libérer de Wickham. Il dégagea son bras gauche puis étreignit Wickham, comme un danseur soulevant une partenaire défaillante, et après de longues minutes d'efforts, en tirant le corps centimètre par centimètre sous la poutrelle en ciment, il parvint à déplacer le torse lourd, presque sectionné, sur le côté, et le déposa un peu plus loin, là où il y avait suffisamment d'espace. La torche éclaira les yeux ouverts de Wickham, leur surface déjà dépolie par la poussière.

Il sentit la pression se relâcher sur sa poitrine et son ventre brûlé. Une différence considérable.

Il pouvait vraiment respirer à présent. Il reprit son souffle, les yeux clos. Ses côtes lui faisaient mal. Le sang, qui circulait à nouveau normalement, lui battait les tempes. Maintenant il allait peut-être pouvoir dégager ses jambes. Il les releva l'une après l'autre, pliant ses genoux pour vérifier si elles fonctionnaient. Pas de casse ? Si, une jambe lui faisait mal. En fait, il avait mal un peu partout, surtout sur le ventre, là où la chair était brûlée.

La douleur l'irradiait, le crucifiait, et, malgré ses efforts pour ne pas succomber, il sentait qu'il allait perdre connaissance. Il fallait vraiment qu'il boive. L'eau le sauverait, s'il devait être sauvé. Il ouvrit avec difficulté la veste de Wickham et y trouva la bouteille, un litre entier. Il en but la moitié. Il fouilla encore dans la poche et dénicha deux sachets de biscuits au beurre de cacahuète. Wickham était comme ça, toujours prêt. Il mangea les biscuits lentement et les fit passer avec le reste de l'eau.

Ensuite il examina sa brûlure, en tenant la torche au-dessus de lui. La chair était brûlée jusqu'au muscle et suintait. Du sang et de la lymphe mêlés aux fluides corporels de Wickham et à la poussière qui recouvrait tout. Je ne sais pas comment soigner ça, pensa Ray. Il trouva sa propre bouteille d'eau et envisagea de laver la blessure. Mais il aurait peut-être besoin de cette eau. Et même s'il nettoyait la plaie, ça n'arrêterait peut-être pas l'infection. Il savait que chez les brûlés, les chances de survie dépendaient de la surface de peau affectée. Sa brûlure était profonde mais restreinte. Il décida de conserver l'eau.

Il alluma la radio.

Escouade dix, escouade dix, répondez.

Pas de réponse.

Les transmissions radio étaient-elles complètement coupées ?

Apparemment.

Il crut percevoir des voix au-dessus, des sirènes à peine audibles, quelque chose. Mais il n'en était pas sûr.

Il jeta un coup d'œil à Wickham. Si Ray s'était trouvé au-dessus, c'est lui qui serait mort à présent. C'était aussi simple que cela. C'était parce qu'il avait atterri sous Wicks qu'il avait survécu.

Quelle veine ! pensa Ray. Il ne pouvait être plus chanceux.

Le pompier inanimé arraché aux décombres seize heures plus tard fut transporté d'urgence au St. Vincent Hospital sous escorte policière, des intraveineuses de sérum physiologique dans les deux poignets et les deux chevilles. De la poussière de ciment obstruait ses voies nasales et son œsophage. Son cœur battait faiblement toutes les deux secondes. En plus de sa grave brûlure au troisième degré et de l'infection qui s'était rapidement installée, on découvrit qu'il souffrait d'un collapsus pulmonaire, d'une rupture de la rate, d'une lésion du cartilage de l'épaule gauche, qu'il avait les tibias, une vertèbre, un doigt de la main gauche et neuf côtes cassés. Quand il se réveilla, deux jours plus tard, sa mère et son père étaient à son chevet. Le président allait attaquer l'Afghanistan, lui apprirent-ils, la guerre contre le terrorisme avait commencé.

Une heure plus tard le chef de corps adjoint chargé des affaires juridiques apparut dans la chambre et ferma la porte. Le petit homme gras aux cheveux blancs approcha une chaise de la tête de Ray.

« Il faut que nous ayons une petite conversation, sapeur Grant. Je regrette de vous imposer ça alors que vous avez repris connaissance il y a quelques heures à peine. Mais c'est une affaire importante qu'il nous faut mettre au clair. »

Ray hocha vaguement la tête, ne sachant quoi faire d'autre.

« Nous ne voyons aucune raison pour que la femme du sapeur Wickham, Molly, sache à quel point il a souffert. Elle l'a vu presque en entier. Et c'était déjà assez pénible comme ça. Nous avions demandé à nos hommes de l'arranger un peu avant la levée du corps. On lui a raconté qu'il avait été tué avant d'être grièvement brûlé. Il fallait bien lui dire quelque chose. Mais nous ne voulons pas que quelqu'un soit au courant des détails. Ce département a perdu plus de trois cents hommes, sapeur Grant. Il nous faudra encore des semaines pour finir d'exhumer les corps. Je vous ordonne, en tant que pompier lié par la fraternité de votre corps, et en tant qu'homme d'honneur, de ne jamais parler des souffrances et des blessures du sapeur Wickham. Nous avons fait jurer le secret aux hommes qui vous ont trouvés, vous et Wickham. Vous n'avez pas à craindre que d'autres en parlent. Et si d'aventure ils le faisaient, le département ne fera jamais de commentaire sinon pour dire que Wickham est mort héroïquement dans l'exercice de ses fonctions. Personne n'a besoin de savoir qu'il a été pratiquement coupé en deux par un câble à haute tension. Cela blesserait certaines personnes et nuirait au moral de ce département dans un moment de grande souffrance. En plus de vos blessures et de vos traumatismes, ce sera un fardeau supplémentaire pour vous. C'est ma position, et celle du département. Je vous demande en outre de ne jamais en parler à votre père, non parce que c'est votre père et, que je sache, un homme très honorable, mais parce que c'est un policier, et vous savez combien les relations entre nos deux services sont difficiles dans cette ville. Il faut également que vous sachiez qu'un journaliste était présent à proximité de l'endroit où le corps du sapeur Wickham a été retrouvé ; nous avons eu une petite conversation avec lui. J'espère que ces informations périront avec vous. Que vous ne direz jamais rien à personne, jamais. Surtout aux médias. Sommes-nous d'accord, sapeur Grant ?

— Oui.

— Les souffrances du sapeur Wickham ont été un sacrifice sacré qui ne doit pas être profané ni déprécié par des discussions publiques. Est-ce entendu ?

— Oui.

— Vous êtes sûr ? Pour votre père aussi ?

— Oui. »

Ils se serrèrent la main.

Il était resté six semaines à l'hôpital et n'avait pas été en mesure d'assister aux obsèques de son collègue, dont le cercueil, recouvert du drapeau, avait été placé à l'arrière d'une voiture de pompier, comme le voulait la tradition, et accompagné par ses collègues en rangs serrés dans leur tenue de cérémonie bleue.

Avait-il passé la nuit dans le fauteuil ? Il ouvrit les yeux, tout courbaturé. Est-ce que je me suis réveillé ? se demanda Ray. Je croyais m'être réveillé. Il se sentait étourdi. Il avait besoin de café, de sucre, de quelque chose.

« Alors, il était bien ce petit trip ? demanda Gloria, qui était sur le point de quitter son service.

— Mon *trip* ?

— Votre trip de drogué. »

Il secoua la tête, cligna les yeux.

« Vous saviez ?

— Bien sûr.

— Mais vous n'avez rien dit ? »

Elle était en train de réveiller son père, son petit déjeuner préparé sur un plateau.

« Il n'y avait rien à dire, une fois la came dans votre bras, sauf que si vous recommencez, je vous signale à la police. »

Ray se redressa.

« Et puis vous ne risquiez pas de faire d'overdose. »

Il se redressa un peu plus. Il avait l'impression d'avoir du sable plein la tête.

« Si c'est pas malheureux, dit son père d'une voix rauque, les yeux ouverts.

— De quoi parles-tu ? demanda Ray.

— Il y a plein de bons lits à l'étage, des lits que j'ai payés en bossant dur. J'aurais bien aimé que tu dormes dans l'un d'eux.

— Je vais très bien.

— Bon, pendant que tu roupillais je n'ai pas chômé.

— Vraiment ?

— Ouais.

— Alors ?

— Elle reçoit du courrier à son appartement ? »

Ray réfléchit. Il revit les boîtes aux lettres dans l'entrée de l'immeuble.

« Oui.

— Elle a un téléphone fixe là-bas, une ligne terrestre, comme on disait ?

— Oui. Surtout pour appeler sa mère, en Chine.

— Et un portable ? Elle n'appelle pas en Chine sur un portable.

— Si.

— Deux lignes téléphoniques, résuma son père. Cycles de facturation de trente jours. Deux factures par mois. Les factures de portable et les factures normales n'arrivent pas en même temps d'habitude, les miennes en tout cas.

— Ça fait à peu près cinq jours qu'elle a disparu.

— Si les factures sont rigoureusement expédiées à quinze jours d'intervalle, tu as environ une chance sur trois de trouver une facture récente dans sa boîte aux lettres montrant qui elle appelait. Ça pourrait s'avérer très utile comme information. Le seul autre moyen de l'obtenir, ce serait avec un mandat.

— Une chance sur trois, c'est pas mal.

— Ça pourrait être pire ou mieux.

— Peut-être qu'elle a fait suivre son courrier.

— Non. » Son père grimaça : « Les gens qui sont en cavale pour sauver leur peau ne font pas *ça*. Et puis il faut passer à la poste. Donner une nouvelle adresse. Elle n'avait pas de nouvelle adresse.

— Elle a peut-être demandé à la poste de lui garder son courrier.

— Non !

— J'essaye juste de penser aux…

— Non ! Elle a été agressée pendant la nuit. Elle a pris la fuite. La poste n'ouvre pas avant huit heures du matin. Elle avait disparu depuis longtemps à cette heure-là. »

Peut-être, pensa Ray. Mais une chance sur trois, c'était plutôt bien.

« Donc je m'introduis dans son immeuble. J'ai encore mes passes de pompier.

— Assure-toi d'ouvrir la bonne boîte.

— Je la force, comme ça.

— Oui, soupira son père en faisant signe à Gloria d'apporter le petit déjeuner. Bon sang, la vie de cette fille ne tient peut-être plus qu'à un fil.

— Je sais, papa »

Il attendit la réponse de son père. Mais celui-ci ne dit rien, regarda dans le vide, les yeux fixes, les lèvres pincées, comme un flic qui, faisant face à un suspect pour la première fois, a la certitude qu'il est coupable.

16

Qu'est-ce que le Marine Park Athletic & Social Club de Brooklyn ? Juridiquement, c'est une association à but non lucratif qui se trouve être propriétaire du terrain et de la baraque de chantier occupés successivement par Victorious Transport & Vidange, puis par Victorious Vidange & Curage, SARL, et enfin par l'actuelle et non encore faillie Victorious Vidange, SARL, laquelle bénéficie d'un bail de trente ans à cent dollars l'année. Transparent, en apparence. Sur une carte, le Marine Park Athletic & Social Club est un terrain de forme irrégulière situé dans une zone de remblai proche de Dead Horse Inlet dans Jamaica Bay. Son terrain de base-ball, les abris des joueurs et son petit clubhouse sont intensivement utilisés par les équipes de la Ligue d'été, la plupart d'entre elles ayant une affiliation avec les écoles catholiques locales. En tant qu'association à but non lucratif, le club acquitte une taxe foncière dérisoire. Un bon tiers du terrain est occupé par l'entreprise de vidange : une flotte boueuse de camions, la baraque de chantier, et un énorme entrepôt en parpaings d'un étage construit à l'origine pour servir d'espace de stockage régional à un fabricant de peinture. Considéré comme une source de pollution considérable à cause des milliers de pots de peinture non étanches que renfermait l'entrepôt, l'ensemble du terrain avait été cédé dans les années 1960 pour un dollar symbolique, avec une clause de transfert des responsabilités au nouveau propriétaire. Le président du Marine Park Athletic & Social Club est également le principal propriétaire de Victorious Vidange, un certain Victor Rigetti Junior. Tout le monde sait que les activités de l'entreprise excèdent largement celles pour lesquelles elle a obtenu une licence d'État. Elle achète par exemple du mazout domestique détaxé à divers fournisseurs indépendants, offre des places de stationnement aux camions-citernes de ces mêmes fournisseurs, loue son entrepôt à des vendeurs de vêtements « bradés » souhaitant stocker leur inventaire temporairement… Le vaste bâtiment comprend un garage pour trois camions, ainsi que plusieurs pièces aveugles dans le fond, une servant à entreposer des outils, des produits chimiques à usage réglementé, des solvants corrosifs, des détergents, et autres produits employés pour le curage des fosses septiques ; une autre contenant deux couchettes, des toilettes, un évier, un réfrigérateur, et un poêle sans ventilation dont l'utilisation est prohibée par la loi. Une autre pièce semble servir au stockage des pneus et des pièces de moteur, mais si vous savez où regarder, ce que très peu de gens savent faire, vous trouverez peut-être, derrière les piles de pneus de camion, une trappe carrée d'un peu plus de un mètre de côté, qui, une fois soulevée au moyen d'un mécanisme à ressort, révèle une échelle plutôt artisanale descendant dans une pièce profonde, petite, mal éclairée, laquelle renferme une baignoire, une chaise, un matelas rongé par les souris, un tas de chaînes, et un tuyau d'arrosage.

Vous pouvez appeler ça un abri antiatomique jamais utilisé construit dans la paranoïa des années 1950 ou vous pouvez appeler ça un cachot rarement fréquenté. Choisissez, les deux définitions sont exactes. Quiconque souffrant ne serait-ce que d'une très légère claustrophobie ne tarderait pas à être pris de panique dans ce réduit aveugle et souterrain une fois la trappe refermée et son exiguïté devenue flagrante. La pièce, cependant, a la lumière (une ampoule nue munie d'un interrupteur à tirette), l'électricité, ainsi que l'eau courante. Au centre, il y a une bonde de sol, raccordée à une fosse septique située juste au-dessous. La pièce est soigneusement ventilée, non par l'espace de stockage au-dessus mais par un conduit d'aération qui traverse les murs et débouche directement sur le toit. Tous les effluves malodorants se trouvent ainsi libérés bien au-dessus des êtres humains et instantanément mélangés aux gaz d'échappement des gros camions quittant ou entrant dans la propriété.

La baignoire, à propos, est un modèle ancien de facture plutôt élégante, en émail, matériau qui présente la propriété de résister à l'acide et aux solvants. Bizarrement, sa bonde est scellée. Mais un petit trou percé juste sous le bord est abouché à un tube qui se prolonge à l'extérieur de la baignoire, et, en y regardant de plus près, on découvre qu'il s'agit d'un tuyau de cuivre vert-de-grisé, et qu'il conduit directement à la bonde au milieu de la pièce. Si l'on poursuit l'examen on constate que l'arrivée d'eau qui sort du mur est divisée en trois usages distincts : un banal robinet relié à un tuyau d'arrosage soigneusement lové dans un angle ; un second tuyau de diamètre inférieur qui s'écoule directement dans la bonde au centre de la pièce ; et, enfin, un troisième tuyau de même section qui lui s'écoule directement dans la vieille baignoire, et qui est le seul à l'alimenter en eau. Les robinets d'arrêt raccordant l'arrivée d'eau principale aux tuyaux plus petits sont soudés de manière à obtenir un débit prédéfini : lorsqu'on les ouvre, une certaine quantité d'eau s'écoule par les tuyaux, et pas davantage.

Une fois que l'on a compris la façon dont l'eau circule dans les tuyaux conduisant à la fois à la baignoire et à la bonde de sol, il devient évident que le tuyau d'eau remplit lentement la baignoire. Dont le contenu s'évacue à la même vitesse par le tuyau en cuivre relié à la bonde de sol et se trouve encore dilué par l'eau s'écoulant du second tuyau.

La baignoire, il faut le noter, est pleine, et son contenu trouble est d'une couleur brun-rouge. Le tuyau qui la remplit a un débit d'environ quatre litres par heure, ce qui signifie que toutes les heures, quatre litres de cette mixture brune et épaisse s'évacuent de la baignoire jusqu'à la bonde, où ils sont dilués par l'eau s'écoulant du second tuyau.

Près de la baignoire, on trouve une dizaine de bidons contenant divers solvants, acides et gelées caustiques, certains vides, quelques-uns à moitié pleins, d'autres encore fermés. À chaque famille de produit correspondent certains instruments de mise en œuvre : un gobelet mesureur et une cuillère en fer-blanc pour la poudre, une louche en acier pour les produits gélifiés. La belle ordonnance des bidons et la disposition méticuleuse des instruments suggèrent l'habitude, le geste méthodique et l'intention délibérée.

Si vous vous tenez trop près de la baignoire vous commencez à larmoyer et vous ne tardez pas à souffrir d'une toux sèche et de vertiges. La puanteur chimique est suffisamment forte pour dissuader quiconque de vouloir plonger une main gantée de caoutchouc dans cette obscurité fétide, mais si quelqu'un le faisait, et farfouillait un peu, il constaterait non seulement que le liquide est chaud, en raison des réactions chimiques exothermiques à l'œuvre, mais dénicherait également deux douzaines d'œillets métalliques, comme ceux qu'on trouve en général sur les chaussures de travail, une paire de semelles en Vibram à demi fondues, un certain nombre de plombages dentaires, un fragment de mâchoire, des lambeaux de peau gélatineux et dégradés, peut-être un avec un éclair tatoué dessus, une poignée de vertèbres, leurs apophyses les plus aiguës émoussées par l'action des produits chimiques, deux omoplates, d'homme à en juger par leur taille, et un bassin complet, appartenant également à un homme de grande taille. En quelques heures, l'acide les avait tellement corrodés qu'on pouvait croire qu'ils étaient restés dix ans sur une plage. D'ici à quelques jours, les os et la peau auront disparu, ne laissant plus que les semelles de chaussures en caoutchouc, les plombages, et peut-être quelques résidus granuleux. Ces restes, on peut le supposer, seront essuyés avec une serviette en papier et jetés au McDonald's du coin dans un sac McDonald's réservé à cet effet. En attendant, l'eau va continuer à goutter et à s'écouler par la bonde pendant des heures, éliminant lentement toute trace de ce que la baignoire contient. Ensuite on versera douze litres de Javel dans l'eau et on la laissera aussi s'écouler.

Si le bâtiment et le terrain utilisés par Victorious Vidange représentent les actifs les plus tangibles du Marine Park Athletic & Social Club de Brooklyn, New York, alors le bien intangible le plus précieux du club est sans conteste le diamant du terrain de base-ball, flanqué sur la ligne de troisième base par des tribunes en aluminium. Ou plus exactement son ambiance chaleureuse et les bons moments qu'on peut y passer. Tous les étés, Victor Rigetti regarde son équipe, les Vic's Marine Park Angels, jouer sur ce terrain. Une équipe hétéroclite, constituée de cas sociaux, de délinquants, de petits gros et de pitres, mais presque chaque année ils arrivent à remporter deux tiers de leurs matchs et font généralement jouer un lanceur débauché ou acheté à une des équipes de l'élite. Les pères des gamins sont souvent des entrepreneurs locaux et se connaissent tous, si bien qu'il est impossible d'épier les conversations à moins d'être soi-même assis dans les gradins.

Or Victor Rigetti connaît tous ceux qui s'assoient sur ses gradins, et si le parent d'un joueur de l'équipe adverse venait y prendre place, en supposant, à tort, que les gradins sont à la disposition de tous, il serait accueilli par des regards peu amènes et un silence glacé jusqu'à ce qu'il comprenne sa méprise. Victor est un bel homme, bien charpenté, à la crinière noire, épaisse comme une brosse, large d'épaules et de poitrine. Au travail, il porte généralement une veste Carhartt, un pantalon de travail bleu foncé, et des bottes Timberland dont il use trois paires par an. Nickel, toujours nickel. Ongles, cheveux, vêtements, dents, montre, voiture, maison, tout. La merde, il n'y touche plus, non, monsieur. Il a fait son temps. C'est bon pour les chauffeurs et leurs aides. Lui, il fait tourner la boutique. Il y a des hauts et des bas, des bas surtout, mais il se diversifie, a des vues sur la station-service au carrefour de Flatbush et de l'Avenue J, ne reste plus qu'à trouver le moyen de faire peur au proprio turc pour le pousser à vendre. Le type se goinfre en se tournant les pouces. Il faut dire que la boutique de la station est une mine d'or. Les gens se bourrent de cochonneries en faisant le plein. Les gosses pleurnichent pour avoir des bonbons. Vic a constaté de visu que les clients dépensaient sans compter. Le prix de l'essence va continuer à grimper, surtout à cause des Chinois. C'est qu'ils construisent de la bagnole à tour de bras là-bas. Être propriétaire d'une station-service à Brooklyn, c'est la fortune assurée. Et une station-service américaine se doit d'appartenir à un Américain, pas à un enfoiré de Turc. Et il n'est pas le seul étranger à voler le gagne-pain de gens comme lui à Brooklyn. Des familles qui ont sué sang et eau pendant des générations, et qui se font souffler les commerces rentables par ces basanés débarqués d'autres pays. Il a une dent contre ces types, et la liste de ses détestations est actualisée tous les jours. Il n'oublie jamais. Vous allez au parc, et c'est comme visiter l'Amérique du Sud. Les Mexicains, bon, d'accord, ils servent à faire le sale boulot, à trimer sur les chantiers. Même s'il a remarqué qu'ils commencent à s'implanter dans les métiers de la pierre. Les Noirs américains ont pratiquement déserté Brooklyn, chassés par les étrangers, apparemment. Eh bien, ça ne se passera pas comme ça avec lui. Il bosse dur et il a un plan. Il présente bien, il le sait. Il garde la tête haute, répond aux questions, sait des choses. Il connaît des gens, des tas de gens différents. Sait ce qu'il a à faire et, si nécessaire, il le fait sans broncher. Est-ce qu'il respecte la loi ? De quelle loi parle-t-on ? Les hommes, en général, le craignent. Les femmes, elles, ne savent pas trop. Elles trouvent l'ensemble attirant – la taille, les traits puissants, les cheveux épais – mais il y a quelque chose chez lui qui les font tiquer, hésiter. Voire reculer. Il ne s'est jamais marié. N'a jamais voulu, n'en a jamais eu *besoin*. Il a toujours ce qu'il faut sous la main, en général une fille plus jeune, une baisomatique, comme il les appelle, une fille qui ne sait pas encore grand-chose, pense que c'est excitant d'être avec un type plus âgé. Des baisomatiques, on en ramasse à la pelle dans les bars de Brooklyn. Italiennes, Irlandaises, Polonaises, Portoricaines, qu'importe. Ont souvent eu une relation merdique avec leur père, plus faciles à emballer si c'est le cas.

Et puis, bien sûr, il y a Violet, et c'est une tout autre histoire, que même lui ne comprend pas.

En tant que président du Marine Park Athletic & Social Club, Vic contrôle l'accès au terrain de base-ball, sait qui vient y jouer six fois par semaine de mars à octobre. Ce qui, en fait, représente pas mal de monde, des équipes venues d'un peu partout. Le terrain offre ainsi un cadre idoine pour des conversations parfaitement vraisemblables. On peut s'y retrouver et y aborder des sujets importants ou non. On peut bavarder tout en donnant l'impression d'encourager l'équipe de base-ball, et les conversations importantes peuvent être entrelardées d'une demi-douzaine de sujets futiles, ainsi que de commentaires généraux sur l'évolution du match, la qualité de l'arbitrage, les réflexes des joueurs de champ intérieur, etc. C'était en fait au cours d'une de ces conversations que, quelques semaines plus tôt, Jimmie « Ears » Molissano lui avait fait une proposition. Ears refusait de dire qui l'avait approché, mais cette personne avait un problème, et ce problème exigeait une solution. Bien que la nature dudit problème ne pût être exposée, ou alors en termes très vagues, la solution méritait discussion, et Ears déclara qu'il espérait que Victor et un de ses meilleurs hommes, quelqu'un comme Richie, accepteraient de suivre une certaine voiture convoyant certains employés d'une certaine entreprise afin de leur adresser un message. Il lui préciserait exactement comment localiser la voiture en centre-ville et à quel endroit il pouvait la trouver presque chaque nuit, surtout quand il faisait beau, au bord de la plage, juste à la sortie du Belt Parkway. Le boulot n'était pas difficile et lui vaudrait la reconnaissance de certaines personnes, avait assuré Ears.

« Merci pour la reconnaissance, avait répondu Vic, mais les amis qu'il me faut, c'est des gens qui pourraient m'aider à acheter une station-service.

— Ce genre de chose est tout à fait dans leurs cordes.

— Il faudrait que quelqu'un aille parler à ce Turc sur Flatbush.

— On peut lui parler, acquiesça Ears. On peut l'influencer.

— Une vague promesse ne m'avance pas beaucoup. Tu sais que je veux cette station depuis cinq ans maintenant. Il y a quatre pompes. On peut servir seize voitures à la fois. Les gens font le plein avant d'aller à Jersey, la côte, tout ça. Je ne comprends pas comment ces types à peine débarqués se retrouvent avec une mine d'or pareille. Ça me fait chier. Ça me rend dingue.

— Je comprends.

— Non, non, Ears, tu ne comprends pas. Tu ne comprends pas comment le Turc est arrivé à ses fins et tu ne comprends pas ma frustration. Toi, tu as le dépôt de bois que ton père t'a laissé. Tu te la coules douce. Moi, je ne demande pas grand-chose. Tu envoies deux de tes meilleurs gars lui parler et il accepte de vendre. Il vend, j'achète.

— On y mettra peut-être quelques billes.

— Le business de la vidange me fait vivre, mais pas plus, tu piges ? Je suis prêt à étendre mes activités.

— Je voudrais revenir à l'autre sujet. Si c'est fait comme il faut, je crois qu'on parle de vingt mille, avait dit Ears, assis sur les gradins. Si c'est fait comme il faut.

— Vingt mille, c'est de l'argent de poche. Combien tu touches, toi ?

— Oh, Vic, arrête un peu.

— Dis-moi.

— C'est un boulot à trente-cinq mille, je prends moins de la moitié.

— Vingt-cinq.

— Merde.

— Vingt-cinq mille et je t'emmène dans une boîte en ville, je te paye quelques danses, qu'est-ce que t'en dis ? Et puis tu expliques au Turc comment on va la jouer. »

Ears ne dit rien, agita la main.

« Tu paieras Richie toi-même ? »

Victor confirma d'un signe de tête.

« Très bien, dis-m'en plus.

— Du billard, avait assuré Ears. Tu files une voiture qui quitte le centre-ville, près du Rockefeller Center. Ce sera une petite Toyota, immatriculée en Géorgie. Avec à l'intérieur deux ou trois employés d'une société spécialisée dans la destruction de documents.

— Je devrais me lancer là-dedans, interrompit Vic.

— C'est plus délicat qu'il n'y paraît, objecta Ears. Les camions broyeurs coûtent cher et demandent beaucoup d'entretien. Enfin bon, tu suis cette bagnole. Elle va à Brooklyn. Très souvent à la plage. Même parking à chaque fois. Même emplacement sur le parking. Presque chaque nuit. Très tard, pas un chat à la ronde. Les employés font un peu la nouba, se fument un joint, ce genre de truc. Et c'est là que tu te pointes.

— Pour faire quoi ?

— Tu fais passer un message.

— Quel message ?

— Tu ne dis rien. Tu terrorises.

— Qui sera dans la bagnole. Les types sont armés ?

— Non, non, ce sont deux trois Mexicains. Pas d'armes. Aucun lézard.

— Je terrorise des Mexicains.

— On veut qu'ils aient très peur. On veut qu'ils ne repiquent jamais au truc. On veut leur faire comprendre qu'ils ont intérêt à arrêter ce qu'ils font immédiatement.

— Mais tu ne veux pas que je leur parle ?

— Non… le véritable message leur parviendra par un autre moyen. Tout ce que tu fais, c'est les terroriser.

— Peu importe comment ?

— Oui.

— Tu veux du terrorisme créatif ?

— J'en ai rien à battre du genre de terrorisme que c'est, du moment qu'il ne reste plus personne pour en parler.

— Tu ne veux pas de bavardage après.

— Non. On veut une longue période de silence. Genre l'éternité. Mais ça ne doit pas ressembler à un contrat. Pas de flingue.

— Tu veux que ces gens meurent.

— On veut un silence infini.

— Va te faire voir avec tes mystères à la con. Moi, je veux des bénefs de station-service infinis, soyons très clairs là-dessus. Et en parlant de terrorisme, tu es sûr que ce sont pas des genres d'enculés islamistes ? J'ai pas envie de mettre mon nez là-dedans, on a toutes sortes de chouettes petites mosquées partout dans Brooklyn maintenant, on sait jamais où ils peuvent être, ces types. J'ai entendu dire qu'ils fabriquaient des bombes.

— Nan, c'est juste deux ou trois Mexicains en uniforme. Ne dis rien, contente-toi de les faire mourir de peur. Histoire d'envoyer un message à toute leur organisation. »

Ce qu'il fit. Il avait demandé à Richie de préparer un vieux camion déglingué en posant des plaques volées et en effaçant le nom de l'entreprise. Le camion ne servait presque plus et il fallait qu'il s'en débarrasse de toute façon. Ils y avaient transvasé le contenu d'une cuve provenant du Queens. Richie avait reçu pour instruction de filtrer le chargement, de retirer tous les morceaux de papier, les tampons, tout ce qui permettait de l'identifier. Rien que de la merde, lui avait dit Vic, je veux rien d'autre que de la merde. Après quoi Vic avait posté son pick-up au croisement de la 6e Avenue et de la 48e Rue à Manhattan, et reçu l'appel lui signalant que la Toyota bleue deux portes portant une plaque de l'État de Géorgie commençant par H7M s'était engagée dans la 5e Avenue à la hauteur de la 52e. Il avait rejoint la 5e Avenue par la 48e Rue et regardé sur sa gauche, côté nord. Il n'avait vu qu'une succession de phares, mais il était si tard que le trafic était irrégulier et que de moins en moins de voitures descendaient l'avenue. Comme il n'y avait personne derrière lui, il était resté à l'arrêt au feu vert, attendant que les voitures roulant sur la 5e Avenue soient stoppées par le feu rouge. Il avait alors repéré la Toyota. Du gâteau. Il avait démarré quand elle était passée devant lui, brûlant le feu. Il l'avait suivie dans le centre, d'abord dans Canal Street, puis sur le Manhattan Bridge, qu'elle avait traversé avant de s'engager sur la bretelle du Brooklyn-Queens Expressway, prolongé par le Gowanus Expressway, en direction de Bay Ridge, puis elle avait continué sur le Belt Parkway via Bay Ridge, Bath Beach et Gravesend. Le conducteur restait sur la file de droite, conduisant à la fois prudemment et maladroitement, avec des variations de vitesse. Resté en arrière, Vic avait doublé rapidement pour jeter un coup d'œil. La voiture avait des vitres fumées, difficile de voir à l'intérieur. Il avait cru distinguer deux, peut-être trois silhouettes, entendu des bribes de musique s'échappant par la vitre entrouverte. Il avait levé le pied, laissé la Toyota le doubler et une voiture s'intercaler entre eux, puis avait réduit la distance et appelé Richie sur son portable. Richie était prêt à partir avec le camion, connaissait l'itinéraire pour se rendre au parking. Et ensuite… eh bien, Victor se rappelait ce qui s'était passé ensuite. Qui ne s'en souviendrait pas ? Les silhouettes à l'intérieur de la voiture, griffant la vitre. Dommage que ç'ait été des filles. Ce n'était pas prévu. Ears aurait dû le lui dire mais avait eu l'intelligence de s'en garder. Parce que Vic n'aurait pas accepté le boulot. Mais voilà, c'était fait. Ils avaient conduit le vieux camion jusqu'à Riverhead pendant la nuit, bazardé le reste du chargement le lendemain matin, puis avaient roulé jusqu'au Queens, enlevé les plaques, et l'avaient vendu à un ferrailleur pour quatre cents dollars. Ce n'était vraiment pas cher payé, mais on ne leur avait pas posé de questions. Le ferrailleur voulait le camion pour la cuve, et le reste était parti à la casse. Le camion avait disparu, pour toujours, broyé, réduit en boulettes et envoyé par wagon-trémie jusqu'en Pennsylvanie où il serait recyclé.

Mais Victor avait un mauvais pressentiment. Cet étrange coup de fil lui disant que son interlocuteur savait ce qu'il avait fait. Et l'autre appel vraiment bizarre pour Richie de la part de son « cousin ». Richie n'avait jamais fait mention d'un cousin ! La façon dont Richie s'était comporté, comme s'il savait qu'il se préparait quelque chose. La façon dont certains employés mexicains le regardaient, lui. Il n'aimait pas ça. Il avait l'impression qu'il y avait un problème.

Le plus préoccupant, c'était la lumière dans la chambre la veille au soir. Pour ça aussi, il avait raison. *Il y avait quelqu'un dans la maison.* Quelqu'un qui avait tout nettoyé à la Javel, passé l'aspirateur. Après qu'il était parti avec Sharon et avant qu'il revienne. Il avait senti la Javel. Il avait tout examiné avec soin avant de mettre Richie dans le sac. Découvert que la porte du sous-sol avait été forcée. C'était la preuve irréfutable. Quelqu'un avait été là, à l'épier, à manigancer quelque chose, quelqu'un qui savait ce qui s'était passé.

C'était de cela qu'il voulait parler à Ears à présent, sans entrer dans les détails. Les gradins du terrain de base-ball étaient l'endroit le plus indiqué pour se retrouver. En plein air. Sûr, discret. Alors il avait appelé dans la matinée. Il vit Ears se présenter au bord de la pelouse, la main en visière, et gagner lentement les gradins en traînant les pieds. Un homme massif avec de grandes oreilles, de grosses mains, de gros genoux. Une bedaine qui débordait de partout. Gros lard, ton ventre est énorme. Les kielbasa, les pasta, la bière, les steaks, les palourdes marinara barbotant là-dedans comme si son ventre était un tambour de machine à laver, avec un petit hublot comme la machine qu'avait la mère de Vic. Il y avait mis un chat quand il était petit, et une fois l'animal mort, il lui avait coupé la tête et l'avait mise dans la boîte à sandwichs d'un gamin à l'école. Gentil. Tu étais gentil quand tu étais petit, lui avait dit sa mère, mais ils savaient tous deux qu'elle mentait. Je n'ai jamais été gentil, songea Vic, je n'en ai jamais eu l'occasion.

Ears montait les marches des gradins à présent.

« Salut.

— Putain de genoux, gémit Ears en s'asseyant. Depuis quand c'est moi qui viens te voir ?

— Depuis que j'ai demandé.

— Disons qu'on s'est rencontrés par hasard.

— Tu dis ce que tu veux.

— Tu as un problème, c'est quoi cette attitude ? Je le sais que je dois te payer ce soir.

— J'ai quelqu'un sur le dos, Ears.

— Qui ?

— Sais pas. Un gars à toi ? interrogea Victor.

— Certainement pas. Si c'était un gars à moi, tu serais déjà mort.

— Putain, merci beaucoup.

— Ces filles, elles, sont bien mortes.

— Je suppose.

— Mais c'était juste deux Mexicaines.

— Tu n'aurais pas croisé Richie ? Il ne s'est pas pointé au boulot.

— Nan.

— Moi, je pense que ceux qui ont monté le coup, ils sont pas tranquilles. Ils ont peur que ça leur revienne dans la gueule. »

Ears haussa les épaules.

« Qu'est-ce qui te fait penser ça ?

— Comme j'ai dit, j'ai quelqu'un sur le dos.

— Quel est le rapport avec ton vieux pote Ears ?

— Je veux que tu me dises qui a monté le coup.

— Au départ ? J'en sais rien. C'est venu d'en haut. La lune, les étoiles. »

Victor le dévisagea.

« Qui t'a contacté, Ears ?

— Tu sais que je n'ai pas à répondre à ça.

— J'ai mes théories. Il y a un type qui est après moi. Comment m'a-t-il trouvé ? Quelqu'un veut me piéger. Et peut-être que ce quelqu'un veut ma station-service pour lui tout seul, tu vois de quoi je parle ?

— Hé, Victor, ça paraît, quoi, un peu louftingue, tu sais ? »

Victor, immobile, ne répondit pas. Peut-être qu'Ears savait quelque chose, peut-être que non. Quelqu'un fouinait. Pas un flic, quelqu'un d'autre. Quelqu'un travaillant pour quelqu'un. Quelqu'un dont tu n'as jamais entendu parler, Vic, exactement ce qui t'a toujours fait peur. Un type plutôt débrouillard, apparemment. Pas bon. Victor m'aimait pas ça. Et en plus, il avait le sentiment qu'Ears savait exactement de quoi il retournait. Flinguer Victor, faire main basse sur la station-service. Renvoyer le tueur d'où il venait, de Floride ou d'ailleurs. Ni vu ni connu. Une affaire impossible à élucider maintenant que Richie n'était plus là. Tout se tenait à présent.

« Tu sais quoi ? reprit Victor.

— Non.

— T'as raison, je suis complètement fêlé. Parano.

— Ça y est, tu recommences. » Ears hocha la tête : « Je t'ai dit de pas te biler.

— En tout cas, on a un petit rencard ce soir.

— J'aurai le fric. J'espère qu'il y aura aussi de beaux petits lots.

— Quelle heure, dix, onze ?

— Pas de couvre-feu. Ma bourgeoise est chez sa mère avec les gamins.

— Minuit ? »

Ears se leva pour partir.

« On se voit ce soir, alors. »

Victor lui serra la main. Fermement, sérieusement. Avec un hochement de tête. Pour qu'Ears puisse se détendre. Tout baigne. On rétablit la confiance.

Mais on ne m'y reprendra plus, se promit Victor.

17

J'aime New York, se dit Chen en passant devant les calèches qui attendaient les touristes aux abords de Central Park. Maintenant je comprends pourquoi on vient ici en visite, même de Chine. New York ne valait pas Shanghai, bien sûr, tout le monde savait ça. New York était vieille à présent, perdait de sa force, alors que Shanghai serait bientôt la plus grande ville du monde. Des preuves ? New York n'avait même pas reconstruit le World Trade Center et cela faisait pourtant quelques années qu'il avait été détruit. À Shanghai, la municipalité aurait remplacé ces tours dans l'année, et les aurait faites plus hautes. Mais ça n'avait évidemment rien de surprenant, car l'économie chinoise progressait trois fois plus vite que celle de n'importe quel autre pays, et la Chine serait la première puissance mondiale d'ici à dix ou quinze ans. Surtout depuis que l'Amérique gaspillait autant de ressources pour la guerre en Irak. Et continuait d'emprunter de l'argent, affaiblissant le dollar année après année. D'aucuns pronostiquaient le retour en force de la Russie, parce qu'elle avait du pétrole et que le réchauffement climatique renforcerait son agriculture, mais il était allé à Moscou et à Saint-Pétersbourg et il lui avait semblé que les Russes étaient faibles et buvaient trop. Ils avaient aussi des problèmes avec la drogue. Il avait également visité Paris, Londres, Berlin et Rome, entre autres endroits, et son opinion objective d'homme instruit était que ces villes mouraient à petit feu et ne pouvaient en aucune façon se comparer à Shanghai. Naturellement, la véritable raison de cette infériorité était que les Asiatiques étaient plus intelligents que les Blancs. Toutes les études le prouvaient ! D'ailleurs les Américains le savaient et c'était pour cela qu'ils voulaient des immigrés asiatiques. Pour relever la moyenne. Pour rivaliser avec la Chine !

Il longea la bordure sud du parc en direction de l'immeuble Time Warner. Plus tard, il ferait quelques emplettes chez Saks. Il avait trois petites amies, toutes de la même taille, et il avait décidé de tout acheter en triple exemplaire. Bien sûr, tout ce qu'on pouvait acheter à New York, on le trouvait en Chine, mais elles seraient excitées de voir les boîtes et le papier cadeau Saks.

Chen s'assit sur un banc du parc et sortit son téléphone, qui fonctionnait en Amérique, évidemment. C'était un service que vous pouviez obtenir, il suffisait de payer un supplément. Il appela au domicile de Ray Grant, et une femme répondit.

« Ray Grant, s'il vous plaît.

— M. Grant ne peut pas venir au téléphone, je suppose que vous voulez parler à son fils.

— Oui, c'est exact, dit-il en soignant sa prononciation.

— Je vous demande une minute.

— Allô ? fit une voix masculine.

— Ray Grant ?

— Oui ?

— Chen à l'appareil.

— Tiens, tiens, bonjour, Chen. Je ne me rappelle pas vous avoir donné ce numéro.

— J'appelle pour avoir des nouvelles comment vous trouvez Jin Li.

— J'y travaille.

— Je pense que vous la trouverez. J'attends présentement.

— Je vous dis que j'y travaille.

— Quand pensez-vous la trouver ?

— Bientôt.

— C'est bien. J'ai besoin d'elle pour mes affaires.

— Je suis sûr qu'elle regrette de ne plus pouvoir travailler pour vous.

— Mes hommes l'ont presque trouvée. Elle vivait dans un bâtiment plein de papiers et de vieux objets.

— On dirait que vous vous en sortez très bien sans moi.

— Non, non. Je veux vous trouver Jin Li.

— Moi aussi je veux la trouver.

— Peut-être mes hommes viennent vous aider à trouver Jin Li.

— Je n'ai pas besoin d'eux.

— Ils ont de la haine pour vous, et si je dis de le faire ils viendront vous chercher, ou faire du mal à votre père.

— Ce serait une très mauvaise idée. »

Chen se rappelait les blessures infligées à ses hommes. Ils craignaient ce Ray Grant à présent.

« Je vous appellerai dans deux jours. Je veux que vous ayez retrouvé ma sœur d'ici là. Vous comprenez ? Deux jours, j'appelle. »

Ray Grant raccrocha.

Quand Chen retourna à l'appartement dans le Time Warner Building, ses hommes regardaient la télévision dans le salon. Ils se levèrent aussitôt quand il entra.

« Patron, vous avez reçu un colis pendant que vous étiez sorti, rapporta l'un d'eux.

— Qu'est-ce que c'est ? »

L'homme eut un haussement d'épaules.

« Les types de l'immeuble ont dit qu'il fallait leur donner un très gros pourboire, ce qu'on a fait. Cent dollars chacun.

— Allez le chercher. »

Les hommes poussèrent dans la pièce une énorme caisse sur roulettes. Fabriquée dans un très beau bois, elle faisait environ quatre mètres cinquante de long sur deux de haut et portait des instructions de démontage détaillées en anglais et en chinois, ainsi que les outils nécessaires fixés à la caisse elle-même. C'était un magnifique ouvrage de menuiserie. Les hommes se mirent au travail et, quelques minutes plus tard, les côtés de la caisse tombèrent, révélant un immense et splendide taureau, avec des cornes, des yeux féroces, des naseaux dilatés, un sabot levé et une longue queue dressée agressivement.

L'animal était doré à l'or fin. Un truc pareil avait dû coûter, quoi… des centaines de milliers de dollars ?

Un cordon à glands était passé autour de son encolure, soutenant une délicate petite bourse en soie.

« Apportez-moi ce sac », ordonna Chen.

On détacha l'objet et on le lui remit. Il congédia tout le monde, ouvrit le sac et en retira un mot rédigé en chinois dans une calligraphie pleine d'aisance sur un élégant papier jaune margé de bleu. La calligraphie était l'œuvre d'un maître. En bas figurait une adresse à New York, ainsi qu'un numéro de téléphone.

Le mot disait :

Monsieur Chen,

Quel ne fut pas mon plaisir quand j'ai appris que vous étiez à New York. J'ai suivi avec admira-

tion vos récents succès en Chine, mais la timidité m'a jusqu'ici empêché de vous en féliciter. Je vous prie d'accepter ce modeste présent, qui est pour moi une façon de vous souhaiter la bienvenue à New York, où nous espérons souvent un bull market. Ce terme ne vous est peut-être pas familier. Il désigne un marché durablement orienté à la hausse et un climat propice aux affaires[1]*. Bien entendu, la Chine bénéficie en ce moment de son propre bull market. Je suis persuadé que vous êtes très fier de votre pays. Vous me feriez un grand honneur en acceptant mon invitation à dîner afin que nous puissions discuter d'opportunités mutuellement avantageuses.*

Salutations distinguées,

William Martz

Chen passa la main sur la colonne vertébrale saillante de la sculpture. Il devait admettre qu'il était impressionné qu'un homme d'affaires new-yorkais l'ait trouvé, et avec une telle rapidité. C'est ainsi que les affaires auraient dû se faire, avec des marques de respect et de raffinement. Il prendrait ses renseignements sur ce Martz et estimerait si l'homme méritait qu'il lui consacre un peu de son temps. Le présent du taureau suggérait une réponse positive.

1. On oppose le *bull market* au *bear market*, ou marché baissier. Le recours à la métaphore animale s'expliquerait par la posture particulière qu'adoptent le taureau et l'ours pour attaquer leur adversaire. Le premier attaque avec ses cornes dans un mouvement de bas en haut, le second en donnant des coups de patte de haut en bas. On peut d'ailleurs admirer un monumental taureau de bronze en face de la Bourse de New York.

18

Chaque ville a ses mauvais lieux. Et celui-ci en est un, se dit Ray en entrant dans le dépôt de Victorious Vidange, des effluves d'excréments et de fumées de diesel s'infiltrant par la vitre ouverte. Il sauta à bas de son pick-up et marcha droit sur la cabane de chantier située au fond du terrain. CHIEN MÉCHANT, avertissait le panneau. Il ouvrit la porte. Une secrétaire entre deux âges leva les yeux. Elle était bien trop maquillée pour l'endroit où elle travaillait.

« Bonjour, je cherche Richie.

— Pas vu.

— Mais il travaille bien ici.

— Je ne sais pas où il est. Laissez-moi appeler. » Elle décrocha le téléphone : « Victor, il y a un monsieur ici… qui cherche Richie. » Elle hocha la tête, raccrocha : « C'est quoi votre nom ? »

Ray ne répondit pas.

Il devina que ce n'était pas du goût de la secrétaire. Elle se saisit à nouveau du téléphone.

« Victor, tu devrais peut-être rappliquer, tu sais ? »

La porte derrière son bureau s'ouvrit à la volée sur un homme plus grand et plus âgé que Ray, musclé et mince, un pouce glissé dans sa ceinture. Il avait les cheveux noirs et épais et mastiquait un chewing-gum à la cannelle.

« Ouais ? fit-il.

— Je cherche Richie.

— L'est pas là. » Il interrompit sa mastication, fronça les sourcils : « C'est vous qui avez déjà appelé ? »

On est en train de se reconnaître, pensa Ray. C'est exactement ce qui est en train de se passer.

« Non. Où est-il ?

— Sais pas. Il aurait dû se présenter au travail.

— Vous connaissez une certaine Sharon ? » se risqua Ray.

La réceptionniste jeta un coup d'œil anxieux à Victor.

« Monsieur, nous avons du travail et il est temps que vous partiez. » Victor fit un pas en avant : « C'est quoi votre nom déjà ? »

Ray secoua la tête.

« Je ne peux pas vous le donner. Mais je peux vous dire que Sharon raconte qu'elle s'est bien amusée avec Richie l'autre soir. L'éclate totale. Chaud. Vraiment très chaud. »

La bouche de Victor était figée. Il regardait Ray sans ciller, observant son corps, sa position.

« Ça veut dire quoi, ça ?

— Richie saura. Demandez-lui. »

Victor tourna la tête comme s'il regardait une télévision mal réglée. Ray vit sa poitrine se soulever et retomber plus rapidement, la subtile dilatation des pupilles, signe que son cerveau le préparait à la bagarre.

« Une autre partie du message, si ça ne vous dérange pas.

— Ouais ?

— Dites au mec de Sharon qu'il faut qu'il travaille son swing. »

Victor hocha froidement la tête.

« Je vois.

— Dites-lui juste ça. »

Ray gratifia la secrétaire d'un sourire poli, quitta rapidement le bureau et alla ouvrir la portière de son pick-up en surveillant ses arrières. Dans le rétroviseur il aperçut Victor derrière la fenêtre de la cabane de chantier en train de parler dans un talkie-walkie. Presque aussitôt un homme émergea d'une cabane voisine et sauta dans un des gros camions de vidange. Il fit démarrer le moteur et un nuage de fumée de diesel jaillit de la cheminée. Mais Ray était trop rapide pour lui, il avait déjà passé la troisième et fonçait sur le gravier, cahotant violemment sur les ornières, vers la sortie qui débouchait sur l'avenue. Le camion vert tenta de le prendre de vitesse, mais Ray arriva le premier, à l'instant où le pare-chocs du poids lourd heurtait le pick-up rouge par l'arrière, le poussant de côté. Ray négocia l'ouverture sur un dérapage contrôlé et se retrouva dans l'avenue, manquant d'entrer en collision avec une camionnette de vendeur de glaces qui diffusait sa chansonnette mécanique. Quelques instants plus tard, il avait disparu au bas de l'avenue.

Il laissa sa voiture chez son père et marcha jusqu'au métro avec son vieux sac contenant son équipement de pompier. C'était le moyen le plus rapide de rejoindre l'East Side à cette heure de la journée. Assis dans le wagon bringuebalant, il étudia le plan du métro, son regard convergeant vers le site du World Trade Center. Ça lui faisait toujours bizarre de passer en métro si près de l'endroit où cela s'était passé. Il n'y était jamais retourné, n'était jamais revenu sur les lieux pour réfléchir et se souvenir. Quelque chose dans les cérémonies et les discours politiques l'avait mis mal à l'aise. Les décombres avaient brûlé cent jours durant. Bon nombre de pompiers et d'ouvriers qui avaient travaillé sur le site étaient malades à présent, après avoir inhalé toutes sortes de saloperies, des plastiques, de l'os et des composés chimiques que personne n'avait jamais rencontrés auparavant. Je ne pense pas avoir digéré tout le truc, songea Ray. Peut-être que je n'ai fait que fuir, que je me sentais coupable pour Wickham. Les choses étaient devenues confuses après sa sortie de l'hôpital. Ses souvenirs n'étaient même pas tout à fait cohérents. Il avait perdu du poids, certaines greffes devaient être refaites, et sa jambe lui faisait encore mal. Il avait pris un congé exceptionnel. Il avait aussi assisté à quarante-six enterrements, dont certains avec son père. Il s'en voulait de ne pas travailler ; le département lui avait assuré qu'il aurait toujours un boulot. La cellule psychologique l'avait convoqué six fois et lui avait donné un tas de brochures. Son psy était une femme d'une cinquantaine d'années aux yeux fatigués. Elle ne portait pas de maquillage.

« Franchement, j'ai juste envie de me laisser aller, finit par dire Ray.

— Pourquoi ne le faites-vous pas ?

— C'est que les collègues…

— Les collègues comprendront. Et s'ils ne comprennent pas, quelle importance ? »

Il resta là sans rien dire.

« Permettez-moi de vous dire quelque chose, Ray Grant Junior. J'ai lu tout votre dossier, naturellement. Le département ne souhaite pas vous voir revenir dans l'immédiat, pas dans cet état. Vous êtes profondément traumatisé. Par le 11-Septembre lui-même, par le fait d'avoir été pris au piège dans les décombres, et puis par la mort de votre partenaire. Oui, je suis au courant. Nous ne savons pas si vous êtes un pompier au bout du rouleau. Nous ne savons pas comment vous allez évoluer en fin de compte. Et vous savez quoi ? Vous non plus vous ne le savez pas. Vous ne savez pas grand-chose en ce moment. Ce que je vous suggère, c'est de prendre un congé officiel illimité. Vous ne souffrez d'aucune infirmité, encore que nous pourrions sans doute obtenir une sorte d'exception pour traumatisme psychologique, mais je vous le déconseille. Vous pourriez prendre un congé et quand vous vous sentirez d'attaque, vous pourriez repasser la visite médicale, vous reformer et repasser votre certification, et puis retrouver une affectation en brigade. Le syndicat y veillera. Mais vous avez besoin de vous laisser aller, comme vous dites. »

Il opina du chef, mal à l'aise.

« Vous en avez vu beaucoup, des types comme moi ? »

Elle haussa les épaules.

« Tout le monde est différent.

— Ouais, mais en général. Brûlures, chutes, accidents, effondrements… un tas de types ? »

La psy acquiesça.

« Quelques centaines, en tout cas. »

Il ne sut pas quoi répondre.

« Écoutez-moi. Pompier, c'est un truc de macho. Sacrifice, héroïsme, la totale. Très masculin. Mais il n'y a pas de place pour la nuance affective, pour l'ambiguïté. Vous avez subi un sacré choc. Vous devriez peut-être accepter ça, ne pas résister. Laisser le choc vous emporter ailleurs. Vous avez déjà pensé à ça ?

— Mon père m'a toujours dit que je devrais faire flic.

— Il a eu tort, à mon avis.

— Pourquoi ?

— Le pouvoir vous intéresse ?

— Pas vraiment.

— La justice ?

— C'est plus difficile de répondre à ça.

— Quelque chose de plus basique, alors. De plus élémentaire ?

— La vie et la mort, ouais.

— Alors, partez en quête de ça, Ray. Vous avez trouvé un peu de mort, allez trouver un peu de vie. »

À ce moment-là, il s'était levé. Ils en avaient fini. Elle le regarda comme une mère regarde son fils, une femme un homme. Un regard franc. Ferme. Empreint d'une profonde autorité humaine. Il se le rappelait. Elle avait raison. Va trouver un peu de vie.

Moins d'une semaine plus tard, il était à l'autre bout du monde, avec un sac à dos renfermant tout ce dont il avait besoin. Dans une petite ville d'Indonésie. Déconnecté. Sans portable, sans internet, sans journaux, sans CNN. Il rencontra une Allemande toute maigre, et ils voyagèrent ensemble quelques semaines. Elle était jolie mais elle se shootait. Il refusait de lui faire l'amour. Un jour, il avait vu deux malades du sida à un stade avancé sortir d'un immeuble en flammes de Harlem, des squelettes ambulants. Et puis, il n'avait pas survécu à l'effondrement du World Trade Center pour crever bêtement. Son abstinence délibérée avait poussé la fille à se droguer davantage. Mais il savait que s'il restait, il finirait peut-être par coucher avec elle et se shooter lui-même avec l'héroïne qu'elle cachait dans son sac à dos. Quand il lui avait annoncé qu'il allait partir, elle avait admis, les larmes aux yeux, que c'était une bonne idée. Moyennant finance, un homme l'avait conduit dans son camion jusqu'à la ville suivante. Quelques jours plus tard, il se retrouvait aux Philippines. Dans un restaurant en plein air, il avisa un groupe de grands gaillards blonds et baraqués qui ressemblaient à des surfeurs californiens brûlés par le soleil. Ce qu'ils n'étaient pas. C'étaient des Australiens. Des humanitaires. Qui lézardaient avec leurs bottes aux pieds et leurs lunettes de soleil sur le nez. Il s'assit à leur table et partagea une bière avec eux. Ils lui demandèrent d'où il était. New York, ça fait loin de chez toi, pas vrai ? Ils lui apprirent qu'ils venaient de débarquer et étaient en stand-by. Un typhon était en train de frapper les îles orientales. Un transporteur militaire C-5 les déposerait dès que la queue du typhon se serait éloignée de la côte. Ils formeraient une équipe de reconnaissance équipée de téléphones satellites, de tentes et d'eau. Il demanda s'il pouvait se joindre à eux, se rendre utile. Non, répondirent-ils, on ne prend pas de touristes. Le ton de la conversation changea, devint embarrassé. Il n'insista pas. Lorsque les bouteilles furent presque vides, l'un des Australiens lui demanda ce qu'il faisait aux Philippines. Je me laisse aller, répondit Ray. Qu'est-ce que tu faisais à New York, mec ? Ray but la dernière gorgée de bière. J'étais pompier, dit-il.

« Pompier de New York ? interrogea l'Australien d'une voix plus animée. Où ça ?

— Compagnie 10, 124 Liberty Street, Lower Manhattan.

— Certifié en premiers secours ?

— Oui.

— Tu maîtrises l'escalade, le rappel et tout ?

— Bien sûr. Sauvetage en milieu enfumé et dangereux. Effondrement de toiture, de plancher, de mur.

— Analyse des constructions ? Constructions à poutres et poteaux, maçonnerie ?

— Je sais quand ça va se casser la gueule.

— Tu sais conduire un fourgon ?

— Un fourgon ?

— Un camion.

— J'ai conduit un camion-pompe et un à grande échelle. »

L'Australien hocha la tête. « Donne-moi une minute, mec. » Il se leva et alla trouver les autres. Ils se tournèrent pour regarder Ray.

Deux jours plus tard, il se retrouvait en haut d'un palétuvier, à essayer de récupérer une fillette de huit ans terrifiée accrochée à une branche. Cela faisait trente heures qu'elle était dans la ramure dépouillée, après que les eaux avaient baissé. Sa mère était là, qui attendait. Quand il prit la fillette dans ses bras, elle le serra si fort qu'il sentit son cœur cogner contre sa poitrine. Elle se cramponnait à son cou de toutes ses forces. La sensation la plus merveilleuse qu'il ait jamais connue. De toute sa vie. Le moment le plus extraordinaire de son existence. *Je m'en souviendrai jusqu'à ma mort.* Il eut beaucoup de mal à retenir ses larmes quand la mère courut vers sa fille. L'équipe passa trois jours à sortir des cadavres de la boue. Ils dirigèrent des parachutages d'eau en bouteille et de denrées alimentaires et les distribuèrent à des milliers de mains avides. Ils virent des centaines de personnes mourir de dysenterie. Trois semaines plus tard l'équipe fut relevée et ses membres passèrent des examens médicaux. Les parasites dont il était infesté n'étaient pas inhabituels mais lui avaient fait perdre dix kilos. La cicatrice sur son ventre s'enfonçait dans sa chair. Ils lui proposèrent un travail. Dès lors ce fut six mois de terrain, deux semaines de repos. Aux quatre coins du monde. Il ne lisait pas beaucoup les journaux, il se contentait de vivre – dans le lieu, dans le temps, et avec les gens.

Trouvait-il la vie ? Pas exactement. Ou alors oui, au milieu de beaucoup de morts. De temps à autre il lui arrivait de sauver à nouveau quelqu'un. D'autres que lui auraient très bien pu sauver cette personne, mais c'était Ray qui s'était trouvé là, avec la corde, la bonbonne d'oxygène, la main. Il se rappelait ces moments, tentait de les comprendre mais n'y arrivait pas. Comprenait de moins en moins, en fait. Pas de continuité. Sa vie était une succession d'instants. Il fumait quelquefois de l'opium, mais buvait surtout de la bière pour se détendre. Il lut la Bible, puis le Coran. Et ensuite quelques textes hindous. La plupart des villes possédaient une librairie où il était possible de trouver quelques livres en anglais. Il suivit les nouvelles sur la guerre en Irak, la guerre en Somalie, les petites guerres partout. Il vit des fonctionnaires de l'ONU vendre des palettes de pneus à des intermédiaires locaux. Il vit un homme muni d'une paire de tenailles arpenter un champ de cadavres couverts de mouches ; l'homme cherchait des bouches suffisamment ouvertes pour arracher les plombages en or. En Somalie, après qu'on avait dévalisé son camion, on lui avait confié un AK-47 en lui disant d'être sur ses gardes au cas où des pillards viendraient voler d'autres fournitures. Il était mal à l'aise avec cette arme dans les mains, elle paraissait si légère. Inévitablement l'équipe intervenait dans des zones de conflit. Ils se firent braquer et détrousser plusieurs fois. Il fallait parfois payer certaines bandes, amadouer des seigneurs de la guerre en leur donnant des médicaments. Il prit conscience que son travail était marqué par une certaine futilité. Plus vous aidiez les gens, plus vous preniez conscience de l'ampleur de la tâche. Certains humanitaires tombaient malades, ou s'effondraient carrément. D'autres craquaient, ne prenaient pas leur avion, envoyaient leur démission. Mais la plupart continuaient, ne sachant pas vraiment quoi faire d'autre. Dans le reste du monde personne n'en avait grand-chose à secouer.

J'ai passé quelques bons moments ici, songea Ray, en levant les yeux sur l'appartement de Jin Li, situé dans un immeuble sans ascenseur de l'East Side, au nord de la 90e Rue. Il s'était muni d'un jeu de passes de pompier, lequel contenait les ébauches de clés des principaux fabricants ainsi que divers jeux créés par le service de recherche du département. Il était parfois plus rapide d'utiliser les clés que de forcer une porte, surtout si elle était en métal et verrouillée. Vous étiez censé les restituer en quittant la brigade, mais personne ne le faisait.

Il enfila son vieux surpantalon à bretelles et ses bottes, prit sa trousse à outils ainsi qu'un manomètre pour mesurer la pression de l'eau, et fixa son ancien badge d'identification à sa chemise, pensant que ça pourrait l'aider. Son père possédait une vieille radio de police qui ne marchait pas très bien mais crachouillait de façon convaincante, et il l'avait également à la main.

Devant la porte d'entrée, il tomba sur une petite vieille qui avait teint ses cheveux mais oublié de faire les sourcils.

« Madame, je vais entrer après vous. »

Elle se retourna, effarouchée.

« Vraiment ?

— Oui.

— Qui êtes-vous ?

— Brigade incendie.

— Il y a le feu ?

— Non, madame. Je viens juste vérifier quelque chose.

— Vérifier quoi ? voulut-elle savoir. Ce n'est pas au gardien de vous faire entrer ?

— Vous voulez que je vous fasse une confidence ? » Il se pencha à son oreille : « Je suis un inspecteur. Nous avons reçu un tuyau confidentiel concernant les sprinklers automatiques de l'immeuble, et avertir le gardien de ma venue serait potentiellement préjudiciable à la sécurité des résidents. »

La femme, comprenant parfaitement le stratagème, hocha la tête et plissa les yeux avec une jubilation de conspiratrice.

« Je *vois*. Expliquez-moi un peu ça que je comprenne.

— Oui, madame. Nous exigeons que les systèmes de sprinklers soient alimentés par leurs propres canalisations de façon à maintenir une pression constante et également à assurer leur bon fonctionnement dans l'éventualité où une intervention sur la plomberie de l'immeuble nécessiterait une coupure d'eau. Cependant, il est plus onéreux d'entretenir deux systèmes de canalisation, et…

— Oui ! s'écria la femme. C'est pas croyable comme cet immeuble est mal entretenu ! »

Elle ouvrit la porte et le poussa dans l'entrée, juste devant les boîtes à lettres qu'il était censé forcer pour trouver une facture téléphonique.

« Allez-y, ne faites pas de bruit, insista la femme. Je ne dirai rien à personne jusqu'à ce que la vérité éclate au grand jour. Nous espérons que l'association des locataires aura un rapport complet. Vous serez à quel étage ? »

Jin Li habitait au dernier étage si ses souvenirs étaient exacts.

« C'est un immeuble de quatre étages, et on nous demande de contrôler la pression en commençant par le haut.

— Oui, oui, dépêchez-vous, s'il vous plaît. J'habite au deuxième. Je vous attendrai. »

Il la suivit dans l'escalier en lui portant son sac d'épicerie.

« Vous allez mettre combien de temps pour arriver à notre étage ? » demanda-t-elle.

Il lui montra le manomètre, comme si cela expliquait tout. Elle hocha la tête avec enthousiasme.

« Peut-être une heure, ça vous va ?

— Oui, merci. »

Il monta au quatrième et suivit le couloir, lequel épousait la forme en L de l'immeuble, jusqu'à l'appartement de Jin Li, situé tout au fond. Il essaya ses clés passe-partout une à une. Trois entraient dans la serrure mais aucune ne fonctionnait. Raison pour laquelle il était bien content d'avoir apporté sa scie portative à essence, lourde mais compacte. Il ferait un boucan de tous les diables pendant quinze secondes. Impossible de faire autrement. Il démarra la scie, introduisit la lame oscillante dans le jour de la porte, et la guida vers le bas, coupant deux verrous en laiton en environ dix secondes. Mais quel vacarme ; stridences métalliques, copeaux de laiton brillants jaillissant sur la moquette. Un bruit à réveiller les morts. Il attendit qu'une porte s'ouvre dans le couloir, qu'une tête émerge, mais il ne se passa rien de tel. Les gens étaient au travail, c'était peut-être pour ça.

Il tourna la poignée et poussa la porte. L'appartement était plongé dans l'obscurité, et il referma la porte derrière lui avant d'allumer la lumière.

« N'oublions pas deux ou trois choses, l'avait briefé son père. Les gens vivent différemment. Les jeunes sont souvent assez bordéliques mais ordonnés pour certaines choses. Leurs collections de disques, leurs épices, ce genre de trucs. Un lit avec les draps par terre ne veut rien dire. Les femmes ne sont pas nécessairement plus soigneuses que les hommes, mais en général leur conception de l'ordre et du désordre s'applique à des choses différentes. On raconte que les homos sont les plus ordonnés, mais mon expérience m'a prouvé le contraire. Les aveugles vivant seuls, oui. Ils sont obligés. Bon, d'après moi, tu cherches trois choses. Tu cherches à savoir si elle est partie précipitamment, si les lieux ont été fouillés par quelqu'un d'autre, et tu cherches des informations sur le genre de merdier dans lequel elle a pu se fourrer. Plus vite elle aura filé, plus elle aura laissé d'informations. »

Il commença par le réfrigérateur, qui était branché. Il ouvrit la porte. Rien de moisi. Quelques légumes chinois. Il renifla le quart de lait écrémé – pas tourné. Mais cela ne lui apprenait pas grand-chose. Il lui fallait une date. Elle était partie depuis au moins cinq jours. Dans la poubelle, il y avait un ticket de caisse du supermarché du coin, sur lequel figurait un quart de lait. Le ticket était daté de la veille du meurtre des Mexicaines.

Il inspecta la chambre. Le lit était défait. Qu'est-ce qui manquait ? Il ne vit pas d'ordinateur, pas de portefeuille, pas d'argent. Il vérifia la salle de bains ; brosse à dents et dentifrice n'étaient plus là. Il ouvrit l'armoire à pharmacie ; sa pilule contraceptive s'y trouvait, et cela suggérait bien un départ précipité. Elle lui avait dit qu'elle ne l'oubliait jamais. Dans la penderie, ses robes étaient alignées avec soin, beaucoup étaient encore sous la cellophane du pressing. Il en reconnut certaines, qu'il avait touchées, à l'extérieur et à l'intérieur

Est-ce que l'appartement avait déjà été visité ? Difficile à dire. L'endroit n'était ni en ordre ni particulièrement rangé, exactement comme dans son souvenir. Il inspecta les tiroirs de la cuisine, le tiroir de la table du salon, la coiffeuse. Il regarda fixement le téléphone et appuya sur la touche « Lire Messages ». Rien. C'était dans sa nature. Il tenta de faire défiler les numéros entrants et sortants, mais ils avaient tous été effacés. Allez, allez, marmonna Ray. Je n'arrive à rien. Il revint à la coiffeuse et ouvrit le tiroir à sous-vêtements. Dans un petit écrin en soie il trouva des boucles d'oreilles en jade et un bracelet assorti. Il s'était renseigné sur le prix du jade en Malaisie, et même pour son œil peu exercé, ces bijoux paraissaient coûteux.

Il ne progressait guère. Il fit le tour de l'appartement une seconde fois, jetant un coup d'œil dans le placard de l'entrée et sous le lit, mais ne trouva rien. Il sortit discrètement par la porte et la tira derrière lui, avec un sentiment de défaite.

« J'espère que vous avez une putain de bonne raison d'être ici », fit une voix.

Ray se retourna. Un homme d'une cinquantaine d'années appuyé sur une canne rouge le regardait. Son portable à la main.

« Bonjour, répondit Ray.

— Vous m'avez entendu ? »

Il pointa sa canne sur Ray.

« Absolument.

— Alors, c'est quoi, ce petit manège ? J'appuie sur le un ici, ça compose le 911, et les flics débarquent. »

Ray posa sa trousse à outils.

« Je viens d'entrer par effraction dans cet appartement, admit-il.

— J'avais compris. Qu'est-ce que vous avez volé ?

— Rien.

— Ben voyons. »

Ray retourna ses poches une par une. Il ouvrit sa trousse à outils et la montra à l'homme, qui farfouilla à l'intérieur avec sa canne.

« Je suis son ex-petit copain. Elle a des ennuis. J'essaye de la trouver. »

L'homme sourit.

« Très romantique.

— C'est vrai. Je suis surpris de ne pas vous avoir croisé avant.

— Vous êtes déjà venu ici ?

— Des tas de fois. La nuit. »

L'homme eut un hochement de tête dégoûté.

« Moi, la nuit, je bosse. C'est moi qui m'occupe des illuminations de l'Empire State Building. »

Fais-le mousser, pensa Ray.

« Toutes les lumières de couleur, les rouges et les vertes ?

— C'est ça. Vous vous appelez comment ?

— Ray Grant. »

L'homme dodelina d'un air suspicieux, comme s'il s'agissait d'un mensonge éhonté.

« Vous avez l'air d'un faux pompier.

— J'étais un vrai pompier.

— Étais ? Vous pouvez le prouver ?

— J'ai mon ancien badge, là.

— Oh, vous foutez pas de ma gueule, dit l'homme d'une voix rageuse. C'est des conneries. On peut probablement les dégotter sur Internet, eBay, ce que je sais. » Il brandit son téléphone d'un air menaçant : « D'accord, trouduc, si vous n'arrivez pas à me convaincre autrement, j'appelle la…

— L'Empire State Building est revêtu d'un parement en calcaire de l'Indiana de vingt centimètres d'épaisseur, récita Ray. La quantité de béton utilisée par rapport au volume d'acier de la structure minimise les risques d'effondrement en cas d'incendie, et chaque niveau possède son propre système de ventilation, ce qui fait que le feu peut difficilement se propager d'un étage à l'autre… les colonnes et les poutres en acier de l'immeuble sont entourées de cinq centimètres de brique et de béton, et pas de fibre minérale projetée, une technique répandue et de plus en plus controversée aujourd'hui. De plus, si mes souvenirs sont bons, les ascenseurs et les gaines techniques sont maçonnés. L'immeuble est doté d'une cage d'escalier antifumée avec des conduits d'aération indépendants, un dispositif de sécurité supprimé lors de la révision du code de la construction en 1968, pour des questions de charge et de coût. »

L'homme opina, s'autorisa même un sourire.

« C'est exact. » Il empocha son téléphone et s'appuya sur sa canne rouge : « D'accord, Ray Machinchose. Vous m'avez convaincu.

— Avez-vous une idée de l'endroit où Jin Li pourrait être ?

— Non.

— Elle a quitté l'appartement. Très vite.

— Par peur ?

— C'est ce que je crois.

— Pourquoi vous ne l'appelez pas ?

— Je l'ai fait. Elle ne répond pas.

— À son travail non plus ? »

Ray secoua la tête. C'était par là que Chen avait commencé ses recherches.

« Cette fille est une bosseuse. Elle fait de très longues journées.

— Vous connaissez l'existence de l'entreprise de nettoyage ? »

L'homme hésita à répondre.

« Eh bien, elle m'en a parlé quelquefois, comme quoi elle travaillait le soir dans différents immeubles du centre-ville et qu'elle devait aller tous les matins jusqu'à Red Hook, pour gérer tout.

— Red Hook ? »

Une zone industrielle à Brooklyn, au bord de l'eau.

« Ouais, c'est là que se trouve le dépôt de l'entreprise. C'est pas évident de garer toute une flotte de gros camions broyeurs à Manhattan. Il faut de la place, et pour ça, Red Hook est pas mal. »

Ray n'avait jamais songé à cette possibilité ; ça se tenait. Il ramassa sa trousse à outils.

« Vous avez l'adresse ?

— Nan. Mais, bon sang, allez faire un tour sur place. Vous pourrez pas rater leurs camions. »

19

Oui, il y a des millions d'endroits géniaux où manger à New York, les steakhouses, les temples de la gastronomie où officient les grands chefs médiatiques, les endroits où voir et être vus (chez Michael : « Il y a Henry Kissinger ! Il y a Penelope Cruz ! »), les bistrots étouffants du quartier des théâtres où les services sont minutés, italien-chinois-français-vietnamien-indien-nouvelle cuisine-fusion-et la dernière tendance à venir, tavernes, bars, clubs, cantines, saloons, petits restaurants, cafés, bars à sushis pleins de femmes maigres, cafétérias, librairies-cafés pleines de génies et de dépressifs, bodegas, snacks, pizzerias, bars à espresso, fast-foods, restaurants de poisson, salons de thé et vendeurs de nouilles thaïes, de quoi satisfaire absolument tous les goûts imaginables, sans parler du Bar à Huîtres, où depuis des décennies les hommes d'affaires viennent engloutir des mollusques avant de prendre le train qui les ramènera chez eux… et surtout ne passez pas à côté de leur soupe aux palourdes Nouvelle-Angleterre. Et puis il y a le Primeburger, une adresse à ne pas négliger et même à inscrire sur ses tablettes, du côté nord de la 51e au niveau de la 5e Avenue. Pas un palace, pas un boui-boui non plus, mais un bon vieux snack-bar new-yorkais. On y sert des hamburgers depuis 1938. Dernière rénovation en date : 1965. En entrant, vous avez un long comptoir sur la droite sur la gauche ; des banquettes individuelles pourvues de plateaux pivotants, futuristes en leur temps, et quelques tables prises d'assaut dans le fond. *Tuna melt*, *Boston cream pie*[1], gelée à la crème fouettée. Jus de pruneau, si ça vous tente. Tous les serveurs sont des hommes d'un âge certain en veste blanche et cravate, avec leur nom brodé sur leur veste. Le menu n'est pas cher. Le hamburger de base est à 4,50 dollars. Vous avez bien entendu : 4,50 dollars en plein Manhattan. Certains hommes d'affaires grisonnants en ont fait leur cantine, des types parfois riches que le monde a oubliés il y a vingt ou trente ans. Mais ils s'accrochent et, indifférents à l'anonymat dans lequel ils sont tombés, rejoignent leurs petits bureaux à huit heures tous les matins, passent quelques coups de fil, surveillent le cours de quelque chose sur un écran : poitrine de porc, huile minérale, le rapport sur les cultures au Brésil. Pas retraités, mais travaillant simplement selon un emploi du temps allégé. Ne dirigent plus rien, plus de titres, plus de pression. Rentrent chez eux par le train en début d'après-midi. Des hommes d'habitudes, qui non seulement mangent à la même heure tous les jours mais généralement la même chose ; c'est ainsi qu'ils débarquent au Primeburger, salués par le grognement complice des serveurs, et débitent une commande qui ne varie jamais : « Cheeseburger, Swiss'n'rye[2], Coke sans glaçons. »

1. Respectivement sandwich à la salade de thon et au fromage passé au four ; génoise garnie de crème pâtissière à la vanille et nappée d'un glaçage au chocolat.

2. Sandwich toasté au fromage confectionné avec du pain de seigle.

Il arrive que ces hommes âgés se donnent rendez-vous au Primeburger, et si vous faites mine d'être sourd et évitez de les regarder, vous pouvez surprendre leur conversation. « Il a obtenu un très bon prix pour ce terrain sur la 56e… c'était une excellente boîte dans le temps… j'ai entendu dire que le tableau serait disponible pour un acheteur privé… les marges sont bien trop serrées, il faut qu'il se débarrasse… »

Ce genre de propos, des millions de dollars changeant de mains entre le sandwich à la salade de thon, le coleslaw et la pomme au four.

C'était vers cet établissement que Martz dirigeait ses pas. Le tabouret au bout du comptoir. Il s'assit précautionneusement sur l'assise pivotante. Un vieux serveur noir s'approcha, imperturbable.

« Le menu ? »

Martz déclina d'un geste.

« Club sandwich à la dinde, jus d'orange, tarte aux pommes. »

Le sandwich se matérialisa en moins de deux minutes.

« Vous vous souvenez de moi ? interrogea Martz.

— Ça dépend de qui pose la question, rétorqua le serveur.

— C'est moi qui demande.

— Alors, oui, je me souviens de vous.

— C'est bien ce que je pensais. Vous avez vu Elliot dans les parages ?

— Je suppose qu'il sera là pour déjeuner d'ici une demi-heure. »

Martz acquiesça. Il savait cela, bien sûr, bien qu'il n'eût pas vu Elliot depuis des années. Une des consolations du grand âge était que vos amis ne changeaient pas leurs habitudes. Ils *mouraient* mais ne changeaient pas.

Quand il eut fini son repas, il prit un sachet d'édulcorant, en déchira le coin, versa la poudre blanche dans son assiette, et, avec un crayon, souligna cinq lettres dans le mot NUTRASWEET : le T, le R, le S, et les deux E, puis dessina une flèche allant du S à la fin du mot. Ça donnait quoi ? TREES[1]. Il tendit le sachet vide au serveur.

« Si vous vouliez bien donner ça à Elliot, vous me rendriez un grand service.

— Oui, monsieur. »

Le serveur ne manifesta aucune réaction devant l'incongruité du message et mit le sachet dans sa poche poitrine.

« Je vous remercie », dit Martz.

Il termina sa tarte aux pommes, puis glissa un billet de cinquante dollars sous l'assiette vide. Il scruta le visage du serveur. Mais celui-ci faisait l'addition, qu'il déposa sur le comptoir alors que la grosse coupure et l'assiette avaient déjà disparu.

Comme le fit Martz un instant plus tard, cure-dents en bouche, traînant les pieds sur la 51e Rue, mâchoires serrées, en voulant à la terre entière, et surtout à lui-même.

1. Soit : Arbres.

20

Votre argent rapidement. En face du dépôt des camions de vidange se dressait un bureau d'encaissement de chèques toujours très fréquenté le vendredi soir. Parce que l'endroit recevait deux livraisons d'argent liquide par fourgon blindé chaque semaine et parce que les ouvriers en sortaient avec des liasses de billets, le bâtiment était équipé de trois caméras de surveillance braquées vers l'extérieur. Les vitres étaient couvertes de publicités pour des services de transfert d'argent à destination d'Amérique latine, d'Afrique et d'Asie. Pour tous les immigrés envoyant de l'argent au pays. Cet après-midi-là, les clients, dont une majorité de Sud-Américains en tenue de travail et casquette de base-ball, formaient une file d'attente disciplinée, sensibles à l'austérité quasi gouvernementale de la pièce, laquelle était ornée d'avis officiels relatifs aux frais applicables, aux taux de change, et à l'usurpation d'identité – sans parler des panneaux comminatoires rappelant que les locaux étaient placés sous surveillance vingt-quatre heures sur vingt-quatre et que toutes les livraisons étaient effectuées par des chauffeurs de transport de fonds blindés autorisés à porter et à « faire usage » d'armes à feu. Victor se fraya un chemin à l'intérieur, un sac en papier du magasin de vins et spiritueux sous le bras. Le Nigérian derrière le guichet vitré le salua d'un hochement de tête familier ; la moitié des ouvriers de Victor venaient ici encaisser leurs chèques.

« Violet est là ?

— Là-haut.

— Préviens-la. »

L'homme décrocha son téléphone, parla une minute dans le combiné.

« Elle dit : cinq minutes. »

Victor acquiesça. S'assit et attendit, et, par habitude, examina la file d'hommes et de femmes qui attendaient d'encaisser leurs chèques. On devinait beaucoup de choses sur leur compte, notamment les hommes. Il avait fini par comprendre que les êtres humains de sexe masculin de moins de quarante ans se divisaient, peu ou prou, en quatre catégories. Il y avait ceux qui n'avaient pas à se soucier de leur avenir (c'était plié, *game over*) parce qu'ils exerçaient des professions très bien rémunérées, travaillaient pour de grosses boîtes ou possédaient un truc tellement énorme et fabuleux qui rapportait tellement de blé qu'ils avaient les coudées franches pour faire ce qu'ils voulaient. Ils avaient de l'argent planqué dans des endroits dont le commun des mortels n'avait jamais entendu parler. Ils avaient femme et enfants, voire une seconde femme. Quand ils avaient besoin d'une nouvelle voiture, ils ne se posaient pas de questions, ils l'achetaient. D'après l'estimation de Victor, cinq pour cent des hommes, au grand maximum, entraient dans cette catégorie. Vous les croisiez dans le métro avec leur ordinateur portable, leurs belles pompes de cadres, leurs mains douces. Presque tous étaient allés à la fac. Ce petit groupe d'hommes pouvait sans doute être lui-même divisé en sous-catégories, mais pour ce qui intéressait Victor, il était inutile d'affiner l'analyse. Victor détestait ces types. Ensuite il y avait ceux qui étaient bosseurs et intelligents, et qui faisaient feu de tout bois, des patrons d'entreprises de couverture qui employaient trente ouvriers et qui arrondissaient leurs fins de mois en bricolant dans l'immobilier, des types capables de prendre quelques raccourcis, mais des types corrects avec les gens, qui faisaient avancer les choses. Ce groupe incluait les avocats du coin qui prenaient toutes les affaires qui se présentaient à eux, les comptables du quartier qui pratiquaient le flou artistique si nécessaire, etc. Beaucoup de restaurateurs entraient dans cette catégorie. Victor lui-même en faisait partie, mais une fois qu'il aurait sa station-service, que l'argent affluerait, les choses seraient différentes pour lui. Les types appartenant à ce groupe travaillaient trop dur, en fin de compte. Ils avaient peut-être une chance de rejoindre la catégorie des cinq pour cent, mais dans dix ans, et sans jamais connaître la paix de l'esprit. Si certains de ces hommes de second rang étaient heureux en ménage, beaucoup ne l'étaient pas. Baisaient à droite à gauche, ce qui les freinait dans leur élan. Se dispersaient. Buvaient et fumaient trop, perdaient des tas de matinées. Ouais, Victor aussi, mais il avait cette faculté de récupération et cette endurance auxquelles la plupart des hommes ne pouvaient que rêver, ces pauvres lopettes. Et puis il y avait le troisième groupe, celui des types qui ne réussiraient jamais. Au lieu de diriger une entreprise de couverture, ils bossaient encore sur les toits, ce qui, passé quarante ans, était une très mauvaise idée ; le froid, la chaleur et la pénibilité du travail vous usaient, vous bousillaient les articulations. Des types qui n'avaient pas pris le train en marche, ou qui avaient recommencé leur vie tant de fois déjà que rien n'allait jamais prendre. Trop de femmes, de boulots, d'appartements, de nuits qui tournaient mal. Ils perdaient des trucs, de l'argent, des amis, des boulots, leurs clés de bagnole, leur portable, tout ce dont ils avaient besoin, ils le perdaient. Ils sombraient lentement et s'en rendaient peut-être compte, mais probablement pas, pas encore, en tout cas. Richie avait été l'un de ceux-là, toujours fauché à la fin du mois. Avait essayé de bosser au noir, sans grand succès. N'avait jamais eu la niaque. Les femmes les voyaient venir de loin. Ils avaient de vieux pick-up, achetaient de la bière bon marché par caisses entières, n'étaient pas foutus de se rappeler le nom du vice-président des États-Unis. Souvent musclés par le travail, ils avaient commencé à fondre à cause de la cigarette. Ils avaient cette silhouette de grand fumeur, ces corps grands et secs, presque maladifs. Le bout des doigts toujours taché. Des touche-à-trop. Finances en berne, avenir bouché. Une chute d'un toit, un accident de voiture, une rixe dans un bar, et ils étaient finis.

Et puis, bien sûr, il y avait une quatrième catégorie, celle des parasites et des losers qui pieutaient sur un canapé qui n'était pas le leur, vivaient dans leur bagnole, déménageaient à la cloche de bois pour ne pas payer le loyer, ou encore vivaient aux crochets d'une femme, soit une mère (dont ils « s'occupaient », soi-disant), soit, plus probable, une divorcée ayant besoin d'une présence masculine quelconque pour gueuler sur ses gosses à sa place, ou encore, dans le pire des cas, une des nombreuses espèces de cinglées qui finissaient généralement en souffre-douleur. Car la plupart étaient des soûlards, des violents, des violeurs d'enfants, des monstres. Des putains d'animaux.

En attendant, Vic avait des rêves et de la rigueur. Il se fixait des objectifs et s'y tenait. Trouvait les moyens adaptés à ses fins, exactement comme il était en train de le faire avec Ears. Il fallait qu'il adopte la bonne stratégie, ne se fie à personne, et particulièrement pas aux gens qui prétendaient être ses amis. Richie était censé être un ami mais il s'était fait buter parce qu'il avait fait un truc qu'il ne fallait pas faire, il avait attiré l'attention. Vic faisait l'hypothèse qu'Ears et les gens pour qui il travaillait avaient d'abord rendu service à une grosse légume, puis avaient retourné la situation à leur avantage en le faisant chanter. C'était ce que Vic aurait fait, en tout cas. Quelqu'un de haut placé dans une entreprise avait ordonné que quelque chose soit fait à ces deux Mexicaines. Ears et ses potes ne voulaient pas partager la poule aux œufs d'or et avaient cru pouvoir acheter Vic pour vingt ou vingt-cinq mille malheureux billets, et ensuite aller soutirer au type plusieurs centaines de mille. Mais ils avaient merdé quelque part ou alors Richie avait parlé à quelqu'un, et maintenant il y avait un problème avec ce type qui était venu au dépôt poser des questions. Ce connard était en mission suicide, d'ailleurs, et la prochaine fois qu'il croiserait sa route, Vic ne le raterait pas. Il n'allait pas se laisser entuber, désolé. En ce qui le concernait, il avait fait une faveur à Richie. Il n'avait rien senti. Si ça avait été Ears, il aurait souffert. Mais à présent Vic devait se protéger, jouer la partie avec quelques coups d'avance.

« Violet dit que vous pouvez monter. »

La porte bourdonna et il la franchit. Il passa devant la petite lucarne de la *money room* ; à l'intérieur, une machine comptait les billets à toute vitesse, tandis que le total défilait sur un écran LCD. Il y avait beaucoup d'argent dans une boîte comme celle-ci, beaucoup d'argent dans un quartier comme celui-ci, beaucoup d'argent à Brooklyn, mec. C'est ce que les petites bites de Manhattan ne pigeaient pas. On a un certain pouvoir dans cette partie de la ville. C'était ces putains de ritals qui l'avaient construite, brique par brique. Ouais, d'accord, les Irlandais aussi. Aujourd'hui, évidemment, la plupart des Italiens étaient gras et paresseux, et c'étaient les nouveaux immigrants qui se crevaient le cul. Pas étonnant qu'ils raflent tous les bons business. Il grimpa les marches, en entendant résonner son pas lourd, un bruit qu'il connaissait bien.

L'appartement du haut appartenait à Violet Abruzzi, qu'il avait toujours connue. Ils avaient grandi à deux pâtés de maisons l'un de l'autre dans Bay Ninth Street, et il l'avait embrassée sur la bouche en CE2. Son père s'était peut-être envoyé sa mère, encore que personne n'en soit absolument certain. Ce qui faisait qu'il se représentait Violet comme une sorte de demi-cousine. Il avait joué dans l'équipe de base-ball de la même école catholique que son frère aîné, Anthony, un grand type qui savait lancer de vraies balles courbes. Il gardait des tas de bons souvenirs de cette époque. L'été d'après les deux adolescents s'étaient fait tabasser par quatre Russes qui venaient d'arriver dans le quartier ; depuis ce jour-là, Anthony vivait dans une institution spécialisée, avec une sorte de minerve autour du cou qui empêchait sa tête de tomber en arrière. L'un des Russes avait cassé les deux bras de Victor et l'avait tellement cogné qu'il l'avait cru mort. Quand la police locale avec interrogé Victor, il avait répondu qu'il ne se souvenait de rien. Bien sûr les flics ne l'avaient pas cru. Ils savaient comment cela se passait. Quelques mois s'écoulèrent, les gens commencèrent à oublier. Mais pas Victor. Il se prépara, sans rien dire à personne. Il acheta une arme, bricola un silencieux. On retrouva ce qui restait du Russe sous la promenade de Coney Island. Celui qui avait fait ça – un vrai malade – s'était servi d'un couteau à poisson pour lui arracher les globes oculaires et les lui mettre dans la main. Et les testicules dans les orbites. Message : faites gaffe à vos couilles, trou-ducs. Les autres Russes, terrorisés, décampèrent le lendemain. Les flics revinrent, fouillèrent chaque pièce de la maison du père de Vic, chaque centimètre carré du jardin. Épluchèrent les livres de comptes, les fournitures, sans rien trouver. Les gens du quartier pensaient que c'était Vic. Mais celui-ci était suffisamment malin pour tenir sa langue. Violet se montra très affectueuse après ça. Ils avaient fait l'amour dans l'église catholique du quartier quelquefois, couchés sur des coussins de bancs, en silence. Toutes sortes d'endroits. Elle était tombée enceinte mais il ne voulait pas se marier. Alors elle avait avorté, un gros soulagement à l'époque. Après quoi elle avait convolé plusieurs fois. À chaque mariage elle prenait dix kilos. Pas de gosses, ce qui était probablement une bonne chose quand on voyait Violet maintenant. Ce bureau d'encaissement de chèques lui avait été laissé par feu son plus récent et probablement dernier mari, un homme de vingt ans son aîné, et c'était, assurément, une machine à fric. Ils prélevaient quatre pour cent sur toutes les opérations. Victor savait que les dépôts effectués par fourgons blindés se montaient à trois cent cinquante mille dollars le lundi matin, et à sept cent mille dollars le jeudi soir, mais n'imaginez pas braquer un endroit pareil. Il avait étudié la question, évidemment. L'entreprise de transport de fonds était noyautée par la mafia, et Violet elle-même avait un permis de port d'armes, ainsi que tous ses employés. Et puis, c'était Violet. Quelques années auparavant, deux cailleras d'East New York avaient repéré les lieux, déboulé en criant au hold-up, et s'étaient fait abattre sitôt après avoir franchi la porte du bureau. Ce n'était pas une banque, où vous remettiez poliment un sac préparé contenant des flacons d'encre reliés à un minuteur. La police n'avait même pas ramassé les douilles.

« Salut, bébé », fit la voix de Violet.

L'appartement était plongé dans l'obscurité, mais il connaissait le chemin.

Elle était au lit, en train de fumer, comme d'habitude. « Tu m'as apporté quelque chose ? »

Il sortit une bouteille du sac.

« Du Drambuie, tu aimes ça.

— C'est sucré, j'aime le sucré. Très bien pour les fins de soirée. »

Depuis l'adolescence, Violet souffrait de terribles insomnies. Tendant son bras éléphantesque jusqu'à la table de chevet, elle trouva deux verres. Versa deux doigts de liqueur dans chacun d'eux.

« Tiens. »

Victor le vida d'un trait. Puis il retira ses chaussures, sortit son arme de sa chaussette, la glissa dans sa chaussure, enleva son pantalon, le plia. Il ne savait pas pourquoi il faisait ça, pourquoi il venait la voir. Enfin, si, il savait. La laideur l'excitait.

« Viens ici », dit-elle.

Il se tenait près du lit et elle avait à la tête à la renverse sur le bord du matelas. Il s'approcha d'elle.

« Tu as pris une douche cette semaine ? demanda-t-elle.

— Le Drambuie tuera les microbes.

— Tu as sans doute raison. »

Elle le prit. Elle était assez douée et bientôt elle le pompait avec ardeur. Elle commença à se doigter sous les couvertures. Gémit un peu. Au bout d'une minute elle le sortit de sa bouche. « Très bien. » Il fit le tour du lit. Elle se retourna et lui présenta son énorme cul. C'était le moment gore, le moment qu'il aimait. Il la prit en levrette. Elle n'avait jamais eu d'enfants, et même si elle faisait du cinquante-huit ou du soixante, ou ce qui correspondait à la taille baleine, elle était étroite comme un gant. Et comme elle se faisait baiser dix ou quinze fois par mois, elle tenait une sacrée forme là-dessous. Il s'activa fort pendant environ une minute, puis, sentant l'ennui l'envahir, s'employa à regarder les voitures passer sur le boulevard par la fenêtre.

« Allez, Vic. Concentre-toi. »

Il reprit son pilonnage et le plaisir vint. Un geyser brûlant. Elle se contracta pile au bon moment et il entendit un râle sortir de sa gorge, et, à l'instant où il déchargea, il se rendit compte qu'il avait pris plus de plaisir à tuer Richie. Tu es peut-être bien un gros malade, se dit Victor. D'ailleurs, y a qu'à regarder où tu es.

« Bravo, dit Violet d'une voix amusée. Enfin un peu d'émotion. Toi et moi, je crois qu'on a notre chance chez Oprah[1]. »

Il se cala contre les oreillers.

« J'aime bien te voir prendre du plaisir, roucoula-t-elle.

— J'ai peut-être pris du plaisir, ouais.

— Oh, si, tu en as pris.

— D'accord. Toi aussi tu as aimé.

— Je suis une femme insatiable.

— Ça veut dire quoi insatiable ?

— Qui a un gros appétit.

— C'est ça. Un *gros* appétit.

— Ça suffit. » Elle se versa un verre. « Tu as de la chance. Tes vraies petites amies ne toléreraient pas ces remarques à la con.

— Mes vraies petites amies voient le soleil de Brooklyn et se mêlent au monde civilisé. »

1. Allusion à l'*Oprah Winfrey Show*, le talk-show le plus regardé aux États-Unis.

Il s'essuya avec le drap. Violet se retourna.

« Quelque chose te tracasse ?

— Nan.

— Hé, Victor. C'est *moi*, d'accord ?

— Il n'y a pas de doute.

— Je dis juste que tu as l'air soucieux

— Tu crois que tu me connais ? »

Elle éclata de rire et se versa un autre verre.

« C'est juste qu'une femme peut deviner certaines choses. »

Très bien, exprima son haussement d'épaules, je vais te le dire. Il enfila son pantalon et alla dans la salle de bains.

« D'ailleurs je ne me plains jamais de tes copines.

— Comment pourrais-tu ? lança-t-il par-dessus son épaule.

— Je *pourrais*. Mais je ne le fais pas. »

Il sourit. Ce n'était qu'un jeu.

« Il y a un type qui m'emmerde, Violet. Je ne sais pas qui c'est. »

Il sentit qu'elle s'apprêtait à engager la conversation, contente qu'il se soit ouvert à elle.

« Comment ça, il t'emmerde ?

— Il s'est pointé au dépôt, a posé des questions. »

Il ouvrit l'armoire à pharmacie et trouva au fond le flacon d'hydrate de chloral, le même somnifère puissant qui avait tué Anna Nicole Smith. Les comprimés se dissolvaient dans l'eau et dans l'alcool. Il avait utilisé cinq cachets pour Richie, après avoir expliqué à Sharon comment les mélanger.

« Des questions sur quoi ? voulut savoir Violet.

— Des choses. »

Il sortit dix cachets, les enveloppa dans un morceau de papier toilettes, et les glissa dans sa poche.

« Tu fais des trucs ces derniers temps, Vic ? »

Il revint jusqu'au lit.

« Je fais toujours des trucs. »

Elle alluma une cigarette.

« Il ressemble à quoi ?

— Un type normal. Costaud.

— Flic ?

— Il avait pas l'assurance d'un flic.

— Pas sûr de lui ?

— Oh, non, très sûr de lui. Mais genre loup solitaire. »

Violet se tut un moment.

« J'ai entendu pour les Mexicaines qui se sont fait tuer près de la plage. »

Il commença à passer sa chemise.

« Ah, ouais ? Moi aussi. »

Elle tirait sur sa cigarette, fuyait son regard. Comment était-elle au courant ? Comment *pouvait-elle* être au courant ?

« Vic, elles ont été tuées avec une cuve d'excréments. » Elle lui jeta un regard qui en disait long : « Tu as déjà entendu un truc pareil ?

— C'est pas évident de savoir d'où vient la merde. Ça se dégrade rapidement.

— Mais le camion.

— Les camions, ça disparaît. Dans le Queens tu trouves des gens qui les achètent pour la ferraille et les passent au broyeur dans l'heure.

— Mais tu as dit qu'il y avait un type…

— C'est pas un flic, je t'ai dit. C'est quelqu'un qui joue au con avec moi.

— Je peux me renseigner », proposa-t-elle.

Il trouva ses chaussures.

« Alors ne pose pas de questions, contente-toi d'ouvrir les oreilles. » Il consulta sa montre : « Il faut que j'y aille. »

Elle le regarda. C'était le moment où il lui faisait un petit baiser sur la joue, un geste de douceur fugace qui rappelait leur enfance partagée, son frère au cerveau grillé, le bébé mort, la vie qu'ils n'avaient pas eue ensemble.

« Ouais », fit Violet. Elle lui tourna le dos.

En bas il cogna à la vitre. Le Nigérian leva les yeux de son journal africain bizarre.

« Hé, j'ai oublié de te demander, t'as pas vu Richie ?

— Il est passé il y a deux ou trois jours, patron.

— Pour toucher son chèque ? »

Le Nigérian secoua la tête.

« Il nous faisait juste une visite de courtoisie, monsieur Vic. »

Enfoiré de Richie, est-ce que lui aussi venait sauter Violet deux fois par semaine ? Est-ce que c'était lui qui lui avait parlé des filles ? C'était tout à fait possible.

Victor palpa les dix cachets dans sa poche, consulta de nouveau sa montre. Il avait un plan. Un but. Et pour atteindre ce but, il fallait qu'il mélange quelques produits chimiques.

21

Elle attendait dans l'obscurité, en face de l'aire de chargement de Good Pharma sur la 51e Rue. Elle avait revêtu l'uniforme CorpServe qu'elle portait la nuit de l'agression, à présent lavé et repassé, débarrassé de toutes les marques liées à ces événements. Elle plongea la main dans sa poche et attacha son badge d'identification. Des grappes d'employés passaient devant elle d'un pas pressé, des hommes et des femmes qui rentraient chez eux, pensant au dîner, aux enfants, à ce qu'il y avait à la télé ce soir-là. À sept heures et quelques, le broyeur mobile de CorpServe se présenta, le n° 6 comme d'habitude, et les hommes de la sécurité ouvrirent la porte du parking. Le vieux Zhao était au volant, c'était toujours lui qui le conduisait. Il n'avait jamais eu le moindre accident, se rappela-t-elle, ce qui n'était pas mal compte tenu de son âge. De fait, sa vue était excellente ; elle lui avait demandé de passer un test six mois auparavant. Elle avait un faible pour lui ; peut-être parce qu'il lui faisait penser à son grand-père.

Les deux femmes de ménage avaient déjà dû arriver par l'entrée de service et devaient être au travail dans les bureaux de Good Pharma. Le camion était maintenant garé pour la soirée sur l'aire de chargement, et Zhao avait mis en route la déchiqueteuse, qui était alimentée par une batterie électrique et non par le moteur Diesel. La raison en était évidemment que certains camions fonctionnaient en milieu confiné et que les fumées de gas-oil ne devaient pas asphyxier l'opérateur ni ceux qui se trouvaient à proximité.

Elle traversa la rue en courant et trouva Zhao. Qui fut surpris de la voir. Un doigt sur les lèvres, elle l'attira hors du champ de vision des caméras de surveillance.

« Ils ont dit que vous aviez été tuée ! s'écria-t-il en mandarin.

— Bien sûr que non.

— Ils disent que tout doit continuer à fonctionner normalement. Les ordres viennent du grand patron en Chine. »

Son frère, évidemment.

« C'est bien.

— Mais tout le monde est nerveux.

— Dites-moi, comment les autres Mexicaines ont pris la nouvelle ? »

Zhao secoua la tête.

« Oh, elles étaient très tristes. Je crois que certaines filles sont parties.

— Et sur ce boulot ?

— Certaines ont été affectées ailleurs. Elles s'occupent juste du ménage, je crois.

— Et dans l'entreprise là-haut, personne ne vous a rien dit sur les filles ? demanda Jin Li, qui pouvait à peine le croire. La police a posé des questions ?

— Un policier en civil est passé hier soir. »

Le vieil homme sortit une carte et la tendit à Jin Li. Elle la tripota, passa le doigt sur son bord dur. Inspecteur Peter Blake, disait la gravure, brigade criminelle de Brooklyn. L'homme qui l'avait appelée. Elle glissa la carte dans la poche de son uniforme.

« Qu'est-ce qu'il a dit ? »

Zhao se redressa, prêt à faire son rapport. Il était évident qu'il avait cherché à mémoriser la conversation.

« Il a demandé si on avait vu quelqu'un suivre la petite voiture japonaise avec les deux filles à l'intérieur. J'ai dit non. Il a demandé si vous étiez dans la voiture avec les filles. J'ai dit que je ne savais pas. Il a demandé pourquoi je ne savais pas. J'ai répondu que je ne vous avais pas vue partir, que je conduisais le camion. Il a demandé où vous alliez la nuit en général. J'ai répondu que je croyais que vous alliez à votre appartement. Il a demandé où il se trouvait. J'ai dit que je ne savais pas. Il a demandé si vous n'aviez pas un petit ami américain du nom de Raymond Grant, j'ai dit que je ne savais pas, mais que c'était possible. Il a dit qu'il pensait que je savais. J'ai dit oui, que j'avais entendu parler de ce petit ami américain mais que je ne l'avais jamais vu. Il a demandé si les Mexicaines fumaient de la marijuana. J'ai dit que je pensais que oui, à cause de l'odeur dans la voiture. Il m'a demandé comment j'avais identifié l'odeur. J'ai dit qu'on en fumait en Chine sauf que dans mon village on appelait ça le cochon qui flotte. Il a ri. J'ai bien aimé ce policier, même si je sais que ça ne vous fait pas plaisir d'entendre ça. Un homme très professionnel. Il a demandé à quels autres endroits travaillaient les filles. J'ai dit principalement dans cet immeuble, mais parfois ailleurs. Il a demandé pourquoi, et j'ai répondu que c'était parce que parfois on n'avait pas assez d'employés dans tous les sites. Il a demandé si les filles avaient eu des problèmes au travail. J'ai répondu non, que je ne croyais pas. De très bonnes travailleuses. Il m'a interrogé sur leurs petits copains, s'ils vendaient de la marijuana dans l'entreprise. J'ai répondu non, que vous renverriez quiconque achèterait de la marijuana dans l'entreprise. Il m'a demandé si je lisais bien l'anglais. J'ai dit non, juste les panneaux et les étiquettes sur les bouteilles de bière. Ça lui a plu. Il a dit que lui aussi lisait les étiquettes sur les bouteilles de bière. Il m'a demandé pourquoi, d'après moi, quelqu'un tuerait des filles mexicaines. J'ai répondu que je ne savais pas. Il a dit que vous vous étiez peut-être enfuie après avoir tué les Mexicaines. J'ai dit que je ne le croyais pas. Il a demandé pourquoi. J'ai dit que vous étiez gentille avec ces filles. Que tout le monde pensait que vous étiez la meilleure patronne qu'on ait jamais eue. Il a dit qu'il pensait que les Mexicaines vendaient de la drogue à tout le monde, peut-être de la drogue fournie par leurs petits copains. Que les Mexicains devenaient très puissants dans le trafic de drogue à New York, même si la plupart des gens pensaient que ce n'était pas eux. J'ai dit que je ne le croyais pas. Il a dit qu'il voulait que le chien policier me renifle, moi et le camion. J'ai dit OK. Ils ont fait venir le chien et il n'a pas trouvé de marijuana. Il m'a reniflé et il a reniflé ce camion. J'aime ce chien, très bon chien, chien numéro un. Il a dit que vous saviez pourquoi les Mexicaines étaient mortes. J'ai dit que vous étiez une bonne personne. Il m'a demandé pourquoi je n'avais pas l'air de m'inquiéter pour vous. J'ai répondu que je pensais que vous alliez bien, que vous étiez intelligente. Il…

— Très bien, coupa Jin Li. La prochaine fois que vous entendez quelque chose comme ça, vous m'appelez. Tout ce qui vous paraîtra important. Vous avez mon numéro. Laissez un message en chinois si je ne décroche pas. D'accord ?

— Comme vous voulez.

— Maintenant je veux que vous me fassiez monter dans les étages.

— Mais vous pouvez prendre l'ascenseur.

— Non, je ne crois pas. Je n'ai pas envie que la caméra de la cabine me voie. Mettez-moi dans le bac à roulettes et couvrez-moi avec un sac vide. »

Zhao n'aimait pas ça, mais il la laissa grimper dans le bac, la recouvrit de sacs-poubelle vides, et appuya sur le bouton de l'ascenseur de service. Elle l'entendit appeler une employée sur sa radio. L'ascenseur arriva un instant plus tard, et il poussa le bac dans la cabine.

« Étage numéro deux-quatre », souffla-t-il en anglais avant de s'en aller.

Les portes se refermèrent.

« MeezaJin ? » appela une voix.

Une des employées mexicaines.

« Ne me parle pas, répondit-elle. La caméra est braquée sur nous. Ne regarde pas à l'intérieur du bac, regarde juste la porte, d'accord ?

— D'accord, oui.

— Tu traverses l'accueil, tu passes la porte principale, et tu me laisses près de la kitchenette. »

Ce que fit la femme. Jin Li sortit du bac dans la cuisine, où il n'y avait pas de caméra de surveillance. Elle connaissait bien cette cuisine, où elle avait très souvent utilisé la machine à café. L'employée se tenait là, attendant ses instructions. Jin Li savait que le vigile se déplaçait sans cesse d'un étage à l'autre, apparaissant à chaque niveau toutes les demi-heures environ.

« Je veux que tu sois ici dans dix minutes avec cinq ou six sacs pleins. Tu vas les mettre sur moi et me redescendre, d'accord ?

— Oui.

— Laisse le bac ici. »

Jin Li connaissait cet étage, l'avait parcouru des dizaines de fois, connaissait son agencement, qui y travaillait, et quelles étaient les meilleures sources d'information. L'étage était divisé en quatre sections : direction, service juridique, fiscal, et recherche. Les meilleures informations provenaient généralement des départements recherche et fiscalité, mais elle décida de limiter ses investigations aux bureaux de la direction. Elle voulait avoir la confirmation que quelqu'un chez Good Pharma soupçonnait CorpServe de les espionner. Elle pourrait alors dire à Chen d'arrêter de faire ce qui leur avait mis la puce à l'oreille, ou d'effacer ses traces, si cela était possible.

Mais où, exactement, regarder ? Le P-DG de l'entreprise, un homme grand et élégant ayant pour nom Lewis Henry, semblait ne jamais être là. Les gens qui paraissaient vraiment diriger la boîte étaient le vice-président, Reilly ; le contrôleur des finances, une femme appelée Moritz ; et le directeur de la recherche, un certain Brenner. Elle commença par le bureau de Moritz, pas sa poubelle mais les documents qui se trouvaient sur son espace de travail. Rien, hormis des listings de coûts de production d'une usine à Porto Rico. Qu'est-ce que je cherche ? se demanda-t-elle. Un mémo, un rapport ? Il semblait peu probable qu'elle trouve quoi que ce soit de ce genre.

Elle pénétra dans le bureau de Brenner. Des piles bien nettes de rapports de recherche reliés encombraient son espace de travail. Elle en ouvrit un. Il était question d'un nouveau produit visant à « l'amélioration de la réponse sexuelle des femmes ». Testé sur quatre cent six femmes âgées de vingt-deux à soixante ans, âge médian quarante et un ans, les résultats montraient que « soixante et onze pour cent des sujets avaient enregistré une amélioration de… ».

Ce n'est pas ce que je cherche, se dit Jin Li en continuant son exploration. Elle examina les documents empilés sur l'appui de fenêtre. Elle avait apparemment affaire à un individu atteint du syndrome paperassier. Les rapports étaient triés par date d'essai clinique et produit. Je pourrais y passer un an, réalisa Jin Li. Elle battit en retraite, jeta un coup d'œil à sa montre. Quatre minutes.

Elle passa ensuite au bureau d'angle de Reilly, une pièce spacieuse pourvue d'une table de conférence d'un côté et d'un ensemble de canapés et de fauteuils assortis de l'autre. Quatre fenêtres. Une salle d'eau particulière. Photos et articles encadrés au mur. D'après les articles qu'elle avait lus auparavant, il paraissait évident qu'il était le visage public de l'entreprise, faisait énormément de négociation et de communication auprès des investisseurs. Était cité dans les journaux. Elle examina la photo sur son bureau. Une femme souriante, charmante, lui rendit son regard. Probablement pom-pom girl au lycée ou quelque chose comme ça, pensa Jin Li avec dédain. Elle ouvrit les tiroirs du bureau. Rien d'intéressant. Comme dans les autres bureaux, un ordinateur bourdonnait sur le côté. Elle présumait que tous les ordinateurs étaient éteints de manière automatique, mais, pour s'en assurer, elle appuya sur une touche avec sa phalange. L'ordinateur émit un bip et un message apparut sur l'écran, demandant un nom d'utilisateur et un mot de passe. Laisse tomber, pensa-t-elle.

Pas grand-chose sur le bureau. Des sorties papier de chiffres de vente ventilés par région, des résumés de recherches, la copie d'une décision de justice pour un procès en responsabilité concernant l'un des projets de l'entreprise, une mince chemise contenant tous les articles qui faisaient mention de l'entreprise dans les principales publications ce jour-là, etc. Et une liste d'appels sur du papier à en-tête Good Pharma, sans doute notés par son assistante. À côté du nom et de l'heure à laquelle l'appel avait été reçu, quelques lignes résumaient à son intention la teneur de la conversation. Elle parcourut rapidement la liste de noms.

En reconnut un. James Tonelli. Le responsable des services généraux qui avait fait appel à CorpServe. À côté de son nom, le message suivant : *Sait que vous vouliez lui parler de toute urgence.* Reilly essayant de joindre Tonelli... pourquoi ? La liste comportait d'autres noms intéressants. L'un des messages disait : *Nous avons reçu un appel du NYPD au sujet de la mort de deux employées mexicaines de notre service de nettoyage CorpServe.*

Elle plia la liste en petit carré, ouvrit la fermeture Éclair de sa salopette, et la glissa dans sa poche.

L'employée était probablement retournée à la cuisine avec le bac plein de sacs, se demandant où était passée Jin Li.

Je n'ai rien trouvé d'intéressant, se dit-elle. Elle se glissa dans la petite salle de bains privée. Alluma la lumière. Douche carrelée. Toilettes. Une petite penderie avec un costume de rechange, plusieurs paires de chaussures, et un assortiment de chemises et de cravates repassées. Une existence plutôt agréable, songea-t-elle. Elle ouvrit l'armoire à pharmacie. Un flacon de pilules. Bêtabloquants. Utilisés pour supprimer l'angoisse dans les situations publiques. La moitié des cadres de New York devaient en prendre.

Elle entendit un bruit et éteignit la lumière du bureau. Passa la tête dans le couloir. Le vigile s'éloignait d'elle. À cet étage, les bureaux étaient disposés en cercles concentriques autour de l'accueil et de la rangée d'ascenseurs. La cuisine se trouvait à l'autre extrémité de l'étage, dans la direction vers laquelle le vigile marchait. Mais il effectuait sa ronde en jetant un coup d'œil ici ou là dans les bureaux, et Jin Li connaissait les lieux. Elle courut aussi vite qu'elle put dans le couloir dans la direction opposée, tourna à gauche, courut dans un autre couloir, prit encore à gauche, longeant l'autre côté de l'immeuble pour arriver à la cuisine avant le garde. Elle tourna une dernière fois à gauche et aperçut l'employée Corp-Serve plantée là, l'air inquiet.

« Vite ! » ordonna Jin Li.

Elle souleva cinq gros sacs remplis de papier, puis sauta dans le bac.

« Remets-les sur moi, vite !

— Oui. »

L'employée s'exécuta.

« Pousse-le jusqu'à l'ascenseur de service. »

Ce qu'elle fit. Jin Li l'entendit taper sur le bouton d'appel.

« Bonjour, fit l'employée à quelqu'un.

— Bonsoir, répondit une voix d'homme, détendue mais ferme. Vous descendez ?

— Oui.

— On va bientôt appliquer des procédures de transition, dit le vigile. On les expliquera demain à vous toutes.

— D'accord. »

Les portes de l'ascenseur s'ouvrirent.

« Bonne nuit. »

Les portes se refermèrent. Jin Li attendit. Quand l'ascenseur atteignit le niveau du parking, l'employée poussa le bac jusqu'à la déchiqueteuse mobile. Jin Li se dégagea des sacs en se tortillant et sauta hors du bac. Est-ce que la caméra l'avait filmée ? Probablement. Elle avait du mal à se concentrer à cause du rugissement de la déchiqueteuse.

« Il a dit qu'ils allaient mettre de nouvelles procédures en place ? demanda-t-elle à l'employée.

— Oui. »

La Mexicaine osait tout juste croiser son regard. Je lui fais peur. Elle sait, pour les deux filles mortes.

« Tu étais au courant ?

— Oui. Hier ils nous en ont parlé.

— Qu'est-ce qu'ils ont dit ?

— Ils disent qu'on ne fait plus cet immeuble. Ils ne veulent plus de nous. Alors on va travailler ailleurs. Quelque chose comme ça, je crois. »

Jin Li dévisagea la femme. Celle-ci ne comprenait pas un mot de ce qu'elle disait. Elle faisait simplement ce qu'on lui disait de faire et ne se demandait pas pourquoi Good Pharma se débarrassait de CorpServe. Mais Jin Li, elle, comprenait. Et à présent il fallait qu'elle dise à Chen d'être prudent, en supposant que l'entreprise ne l'avait pas déjà identifié et ignorait toujours qu'il était à New York. S'ils savent qu'il est ici, se dit-elle, ils lui feront du mal.

22

Elle avait été extrêmement patiente. Elle avait attendu quelques jours avant de parler à Tom de ce qui s'était passé à la soirée de Martz, ce qui ne l'avait pas empêchée de repasser leur conversation dans son esprit pour essayer de comprendre ce qu'elle signifiait pour son mari. Dès l'instant où le vieil homme avait agité ses doigts merdeux devant son visage, quelque chose s'était figé en elle… elle en voulait à Tom, et certainement à Martz, qu'elle ne considérait pas comme un patient ni comme quelqu'un digne de son avis médical. De fait, aucun diagnostic ne lui avait été donné directement. Il avait simplement lâché sa main et remonté son pantalon.

« Je sais que j'ai un putain de problème de prostate », avait-il ronchonné.

Elle avait retourné ses gants et les avait jetés dans la poubelle.

« Allez, rétorqua-t-elle sèchement. Tournez-vous, regardez-moi. Je vous mets au défi de me regarder en face ! »

Mais il le fit, se retourna brusquement pour affronter Ann.

« Votre mari a de gros problèmes, ma petite dame. Concentrez votre attention sur lui. » Il s'éclaircit la gorge : « Bon, à propos, c'est quoi, votre diagnostic ? »

Ce type est un trou-du-cul et je viens d'y mettre les doigts, se dit Ann.

« Mon diagnostic, c'est que vous devriez craindre le chaos – sous toutes ses formes – cellulaire, psychologique, relationnel et existentiel. »

Martz, en vieux briscard, esquissa un sourire dégoûté.

« C'est tout ?

— C'est tout ce que j'ai à vous dire. »

Il grogna, apparemment aussi irrité par lui-même que par elle, puis quitta la pièce, laissant la porte entrebâillée. Elle perçut le tintement de l'argenterie et le brouhaha des conversations. Elle s'assit pour se ressaisir, regarda par la fenêtre d'angle. Une vue magnifique, avec les lumières de Manhattan au sud et le New Jersey à l'ouest. L'appartement était si haut qu'on voyait tous les ponts et la statue de la Liberté. L'argent vous permettait d'acheter beaucoup de ciel.

Connie Martz accourut avec un air interrogateur.

« Il prétend que vous ne lui avez rien dit... »

Ann dévisagea Connie. Que savait exactement cette femme sur son mari ? Que savaient les femmes en général ? Et moi, qu'est-ce que je sais sur Tom ? se demanda-t-elle.

« Il avait l'air impatient de rejoindre ses invités, répondit-elle avec diplomatie, sa colère refluant devant l'angoisse manifeste de Connie. Je suis censée lui dire directement mon diagnostic mais je vais vous le dire à vous.

— S'il vous plaît.

— Au vu des quelques éléments que vous m'avez donnés et de mes propres impressions, je pense qu'il a besoin d'une biopsie immédiate de la prostate, ainsi que d'un test PSA. Je suis sûre qu'il en a déjà passé un, étant donné son âge. Mais les lobes de sa prostate présentent des nodules, une surface irrégulière, et ce que nous appelons une consistance hétérogène – dure à certains endroits, molle à d'autres. Mauvais signe. Cela correspond parfaitement au tableau clinique du cancer de la prostate, mais ça ne prouve rien pour autant. Seule une biopsie permettra de confirmer le diagnostic. Moi je la ferais faire demain.

— Un test demain ?

— Une fois que le cancer s'échappe de la glande elle-même, le traitement est bien plus problématique. Le cancer essaime. Le traitement n'est plus limité à l'organe lui-même mais devient systémique. En théorie, la fuite d'une seule cellule constitue le point de bascule entre un cancer localisé et un cancer avancé de la prostate. Si vous intervenez avant la fuite de cette première cellule, alors…

— Oui, oui ! Je comprends ! » Les beaux yeux bleus de Connie s'emplirent de larmes, puis elle hocha la tête avec détermination : « Merci, docteur. »

Quand elle avait rejoint la réception, Ann avait retrouvé Tom et lui avait demandé s'ils pouvaient partir. Il avait paru soulagé, mais il leur avait fallu un quart d'heure pour s'éclipser gracieusement. Connie remarqua leur sortie, Martz, non. Dans l'ascenseur, Tom lui demanda où elle était passée.

« J'ai juste pratiqué un examen de la prostate sur ton ami Martz.

— Quoi ! Pendant une réception ?

— Sa femme a beaucoup insisté.

— Et ?

— Il faut qu'il fasse d'autres examens, biaisa-t-elle, vaguement consciente que ce n'était pas le moment de violer le secret médical.

— Il n'est pas mourant au moins ?

— Non », avait-elle affirmé laconiquement.

Deux jours avaient passé depuis, pendant lesquels elle n'avait cessé d'épier son mari.

Et là, alors qu'ils s'apprêtaient à se mettre au lit, elle déclara :

« Ce Martz m'a dit deux, trois choses l'autre soir.

— Quel genre de choses ? » s'enquit Tom avec calme.

Ann se tenait à côté du lit, attendant d'avoir toute son attention.

« Il a dit que tu avais de gros ennuis, Tom. Que des sommes considérables appartenant à d'autres gens étaient en jeu. Il a dit qu'il fallait que tu lui donnes certaines informations. Que tu lui avais menti ! C'est quelqu'un de très menaçant, malgré son problème de prostate. Ou peut-être à cause de sa prostate.

— Il t'a menacée ?

— Non, c'est toi qu'il a menacé, Tom. Moi, je suis juste une toubib qui fourre ses doigts dans les gens. Toi, tu es la grosse pointure qui fait joujou avec des centaines de millions de dollars.

— Bon, ça va, j'ai compris. »

Elle le regarda enfiler son pyjama. Il avait la taille trop épaisse ; bientôt la graisse allait attaquer les organes. Nous sommes entre deux âges maintenant, songea-t-elle. Pas d'enfants. D'un point de vue biologique, nous avons échoué.

Tom avala un Ambien, comme chaque soir.

« Tu dis qu'il serait peut-être menaçant *à cause* d'un problème de prostate ? »

Ann soupira. Comme à son habitude, Tom noyait le poisson, gagnait du temps pendant qu'il cherchait quoi dire ensuite.

« Il existe une théorie, commença-t-elle, juste une théorie, mais brillante, qui veut que quand un cancer de la prostate atteint une certaine masse critique, il commence à altérer le cycle endocrinien de l'homme. Le perturbe complètement. Les cellules cancéreuses de la prostate aiment la testostérone, s'en nourrissent. C'est pour cela que, dans les cas avancés, on pratique une orchidectomie, une castration, en d'autres termes, ou une castration chimique par administration de Lupron. Ce qu'il faut retenir, c'est qu'un cancer de la prostate peut perturber le niveau de testostérone. La maladie elle-même est un facteur de stress, ainsi peut-être que la conscience somatique d'être malade ; et s'il y a quelque chose dont je suis convaincue, c'est que nous nous savons malades avant de vraiment sentir les effets de la maladie ou d'apprendre que nous le sommes. Mais dans tous les cas le niveau de testostérone libre présent dans le sang, et donc dans le cerveau, fluctue énormément. L'organisme est complètement déréglé. Ce qui peut provoquer une légère confusion mentale, un état dépressif, une irritabilité. Ou alors parfois des manifestations d'agressivité inappropriées, comme celle dont j'ai été témoin. La glycémie des personnes âgées est aussi plus volatile, et on assiste à des effets combinatoires intéressants entre les niveaux de sucre et les niveaux hormonaux. Il avait probablement bu un verre ou deux, ce qui a pour effet d'augmenter brièvement le taux de testostérone et d'atténuer les inhibitions, bien sûr. Mais je suis presque certaine que les autres facteurs ont joué. De nombreuses recherches sont consacrées à cette question. Chez les patients concernés, la prise de décision peut être affectée. Mais c'est délicat, surtout parce que passé la cinquantaine les mécanismes de la prise de décision sont fortement déterminés. Les individus raisonnent comme ils l'ont toujours fait, à moins que l'état général du cerveau ne commence à se dégrader, généralement à cause de plaques séniles ou d'ischémies cérébrales transitoires. »

Tom écoutait attentivement à présent. Comme si sa vie en dépendait.

« Attends, reviens à Martz.

— Très bien. Je pense que tu as des ennuis, Tom, et que tu ne m'en as pas parlé ! »

Il resta silencieux.

« Et, d'après mon expérience clinique, et un bref tête-à-tête, on ne peut pas attendre de l'homme avec lequel tu as des ennuis qu'il soit parfaitement rationnel ! Ni gentil ni convenable ! Et je me fous de tout son fric ! C'est un animal sous pression ! Son taux de cortisone est anormalement élevé, il est hypertendu, et que sais-je encore. Manifestement, c'est aussi un prédateur, si l'on considère la fortune qu'il a amassée. En fait, d'aucuns affirment que l'accumulation excessive de richesse est un signe d'obsession pathologique, de trouble de la personnalité, le signe d'un syndrome d'agressivité réactionnelle, de mégalomanie, et autres gracieusetés.

— Qu'est-ce que vous suggérez, docteur ?

— Je suggère que tu te sortes du sac de nœuds dans lequel tu t'es fourré ! Enfin, Tom ! Que veux-tu que je te dise d'autre ? »

Elle voyait bien qu'il était sur le point de se confier.

« Tom ? De quoi s'agit-il ? Tu ne peux pas me le dire ? »

Il se mordit discrètement la lèvre.

« C'est un truc de boulot.

— Tu ne veux pas m'en parler ? Tu vas garder ça pour toi, c'est ça ?

— C'est… c'est juste que je ne veux pas me lancer dans une explication. »

Il la regarda d'un air qu'elle trouva plaintif, tellement absorbé dans les structures et les projets de Good Pharma qu'il était plus ou moins impossible de l'en extraire. Elle éteignit la lumière, se mit au lit, l'esprit parfaitement alerte à présent, même après une longue journée de travail. Tom était la société, la société était lui. Il n'était plus le Tom Reilly qu'elle avait épousé. Cet homme-là avait disparu depuis au moins dix ans. Cet homme-là était un amant merveilleux, un compagnon plein d'humour. Que Dieu lui pardonne d'avoir ne serait-ce que cette pensée, mais le fait est que Tom était devenu, quoi, une machine à traiter des informations à l'intérieur de la structure informationnelle qu'était la société. Good Pharma fabriquait des médicaments et du matériel médical, mais ceux-ci n'étaient que les résultats finaux de la structure. En réalité, la société ne fabriquait même pas ses médicaments. La fabrication était sous-traitée dans des usines pharmaceutiques à louer, généralement situées à Porto Rico ou en Inde, et de plus en plus souvent avec des licences propriétaires. La société était une gigantesque matrice de machines humaines de traitement de l'information qui utilisaient et étaient utilisées par les technologies de l'information. Les niveaux d'abstraction, de la composition chimique des médicaments eux-mêmes jusqu'aux protocoles de recherche en passant par l'organisation de chaque division et le management de la société dans son ensemble – ses relations avec le marché de la santé, l'application de la réglementation ou encore son interaction avec les marchés financiers –, exigeaient des individus tels que Tom, des processeurs humains superintelligents capables de jongler avec des niveaux d'abstraction énormes, de passer subtilement de l'un à l'autre, et, pour chacun d'eux, de choisir le bon input et d'en dériver l'output approprié. Pour cela, il fallait un esprit extrêmement cloisonné et, en même temps, la capacité d'aller chercher dans un compartiment des éléments d'information pertinents. Tom était ainsi fait, et cela s'était encore accentué au fil des années, le fonctionnement global de son cerveau devenant, sans doute, plus spécialisé afin de répondre exactement aux exigences de la société. L'interaction classique entre l'inné et l'acquis. L'environnement sollicitant et mettant en sommeil tels ou tels gènes en temps réel, ce que les chercheurs commençaient à entrevoir comme une possibilité. Les preuves qui étayaient sa théorie étaient extrêmement subjectives, il fallait bien le reconnaître, mais elle était *sa femme*, après tout. Il avait perdu son enjouement. Son sens de l'humour était beaucoup moins subtil, plus brutal et sombre. Il lisait plus vite ; elle le constatait le matin avec le journal. Certaines de ses fonctions mentales s'étaient plus développées que d'autres. Il n'avait aucune difficulté à mémoriser les chiffres, peut-être parce qu'ils revêtaient davantage de signification. Il s'exprimait mieux en société. Il était, en fait, très doué pour ce qui concernait l'aspect social du boulot, savait caresser les investisseurs potentiels dans le sens du poil, les divertir, négocier lorsque le moment était venu. Elle l'avait entendu parler au téléphone à la maison, avait écouté sa voix, et avait été impressionnée par sa faculté à passer de l'affabilité instantanée au jugement sans appel en fonction des exigences du moment. Mais elle avait fini par comprendre qu'il ne s'agissait pas de réactions authentiques. Elles étaient maniérées… non, ce n'était pas le terme approprié… elles étaient *algorithmiques*. Tom comprenait quelle était la position de la plupart des gens à qui il avait affaire. Il savait plus ou moins ce qu'ils voulaient et pour quelle raison ils s'adressaient à lui. Dans ces circonstances, un certain algorithme relationnel était requis. C'était de la conversation, certes, mais pas vraiment un contact humain spontané riche de découverte et d'intimité. Elle-même comprenait cela, car elle en usait ainsi avec ses patients. Quand vous avez dit à plusieurs centaines de patients qu'ils ont de l'hypertension, vous commencez à le dire de la même manière. Alors, oui, elle comprenait. Mais dans le cas de Tom l'essentiel de la conversation portait sur des abstractions appelant des réponses abstraites. Les gens qui lui parlaient fonctionnaient également à l'intérieur d'un algorithme. Ce qui faisait que Tom avait très peu de véritables conversations. Il s'entretenait avec des dizaines de personnes tous les jours, mais toujours dans son rôle de dirigeant d'entreprise et dans les limites de l'algorithme approprié. Il était pris au piège. Ce personnage avait éclipsé, et peut-être même dévoré, l'homme qu'il avait été autrefois. Irrémédiablement. Nous ne changeons que dans une seule direction. Nous ne faisons jamais machine arrière. Elle aimait toujours Tom, supposait-elle, au moins en vertu d'une sorte d'habitude ; son esprit aussi était pris au piège de ses propres algorithmes, bien sûr.

Mais une autre image vint s'incruster dans l'idée générale qu'elle se faisait de son mari, lequel se brossait les dents dans leur salle de bains. Tom avait commis une erreur. Une grosse erreur humaine. Il avait méjugé un être humain. Peut-être Martz, peut-être quelqu'un d'autre. Une erreur de jugement sérieuse, lourde d'énormes risques personnels et professionnels. Cela lui inspira une autre hypothèse.

Tom cherchait à gagner du temps parce qu'il n'avait pas d'algorithme.

Il n'avait jamais été confronté au problème auparavant.

Il ne savait pas quoi faire.

23

Victor palpa le gros rouleau de billets de cent dollars qu'il avait dans la poche, tandis que lui et Ears entraient dans l'établissement, sa boîte préférée sur Broadway, mieux que celles du Queens, de Brooklyn, du New Jersey, de Long Island, toutes minables comparées aux clubs de Manhattan, qui devaient satisfaire une clientèle internationale plus fortunée. Il adressa un signe de tête aux videurs, des armoires à glace en costard les mains croisées devant eux, les pieds écartés, examinant de près chaque client et faisant en sorte que chaque client se sente examiné de près. Ils n'impressionnaient pas Vic. Il avait lui-même été videur quand il était plus jeune. Dans les années 1980. La plupart de ces types baisaient une des filles, leur fourguaient peut-être des amphètes ou du crystal meth. Ears ouvrait le chemin, la musique était assourdissante. La scène se trouvait devant, où officiaient trois pole danseuses. L'endroit comptait une centaine de tables, occupées pour la plupart, et peut-être soixante-quinze filles assises à côté des clients, dansant pour eux, ou se promenant à l'affût du prochain boulot. La plupart ne portaient qu'un string et des talons hauts. Elles étaient toutes belles, évidemment, on était à New York, des filles venues du monde entier, Noires, Blanches, Latinos, Asiatiques, grandes, petites, voluptueuses, maigrichonnes, et mêmes quelques spécimens bien en chair pour les clients qui aimaient ça.

Victor et Ears s'attablèrent. La serveuse arriva. Elle n'était pas vilaine non plus, mais rien à voir avec les danseuses.

« Tu prends quoi ?

— Vodka glaçons, répondit Ears.

— Mettez-en deux.

— Bon, écoute, Vic, j'ai eu une petite conversation cet après-midi, commença Ears. Au sujet de ton problème de station-service. Les gars, ils comprennent et proposent qu'on se voie pour en parler, histoire de mettre les choses au clair.

— C'est très bien, je te remercie », répondit Victor.

Il n'en croyait pas un mot. Dans le meilleur des cas, Ears n'avait parlé à personne. Au pire, ils savaient qu'il y avait un problème maintenant et voulaient mettre Vic sur la touche, se débarrasser de lui. Il était quoi, débile ? Non. Il avait un coup d'avance, un plan. Et ce fut à ce moment-là qu'il la vit, celle dont il avait besoin, le genre qu'aimait Ears. Il lui fit signe d'approcher, une toute petite blonde avec de grands yeux et une poitrine encore plus grande. Et des tétons fantastiques – petits et fermes, des boules de gomme. On lui aurait donné dix-neuf ans, sous le maquillage. Elle lui sourit, mais il désigna Ears. Le timing était crucial. Elle s'approcha en roulant des hanches.

« Salut les gars. »

Elle posa la main sur la nuque de Victor, commença à le masser tranquillement comme si elle était sa chérie attitrée et l'avait fait une centaine de fois. Il pouvait sentir son parfum.

Victor produisit sa liasse de billets, laissa la fille les voir, lui laissa s'imaginer qu'il allait faire des folies avec.

« Mademoiselle, dit-il, j'offre à mon ami ici présent deux ou trois danses. » Il tira deux coupures de cent et les lui tendit : « Trois danses, histoire de chauffer l'ambiance.

— Dites donc, c'est très sympa de faire ça pour votre ami. »

La fille rejeta ses cheveux en arrière d'un brusque mouvement de tête, sorte de remise à zéro mentale, et, prenant Ears par la main, le conduisit dans le fond, où les filles préféraient danser, face au type adossé au mur. De cette façon elle pouvait se lâcher, travailler le client au corps pour qu'il sorte ses gros billets pour ensuite l'entraîner dans un des salons privés et lui faire raquer deux bouteilles de champagne à neuf cents dollars pièce.

Victor observait. C'est bien parti, pensa-t-il. Il savait qu'Ears avait les vingt mille dollars dans sa poche et, quand bien même ça le chagrinait, il allait devoir y renoncer. Le donner à l'univers. Une petite assurance sur la vie. La serveuse apporta les deux vodkas. « Eh, génial. Merci, ma jolie. » Il lui donna vingt dollars pour sa peine. Il but son verre à petites gorgées, avec modération, et récapitula son plan. Ce genre d'endroit était truffé de caméras de surveillance, une dizaine au moins. Tout ce qu'il faisait ici à la table ou sur la piste de danse était filmé. Mais ça aussi il en avait tenu compte. Oui, monsieur. Nous parlons du Grand Vic, là, bonnes gens, et pas d'une petite frappe sortie de nulle part. Il se leva avec son verre, se fraya un chemin jusqu'aux toilettes des hommes sous l'œil pas franchement intéressé des videurs. Monsieur pipi, un Indien minuscule dans un smoking de si mauvaise qualité qu'il semblait avoir été taillé dans du caoutchouc, sourit et mit de l'ordre dans son assortiment de confiseries, gommes à mâcher, bonbons à la menthe, etc. Victor alla aux urinoirs. La règle voulait que vous ne regardiez jamais votre voisin pisser. Surtout dans une boîte de strip-tease. Et c'était le seul endroit où l'on ne risquait pas d'être surveillé, parce que si jamais il se savait qu'une caméra filmait des centaines de types en train de faire prendre l'air à popaul, dont des dirigeants d'entreprise, des sportifs célèbres, et des gens de la télé, les gens de la boîte se feraient lyncher, tout simplement. Comme de juste. Quant aux cabines, il supposait que les caméras y avaient accès pour dissuader les gens de s'enfiler, de se piquer ou de dealer.

Mais dans les pissotières ? Pas de problème. Il posa son verre sur l'urinoir et se débraguetta de la main gauche. Il glissa la main droite dans la poche de son pantalon et y trouva le flacon de cent millilitres qu'il y avait mis. La mixture était parfaite, il en était sûr, une recette transmise et améliorée par certains hommes de l'art au cours des vingt ou trente dernières années. Dix comprimés d'hydrate de chloral empruntés à Violet, six Tylenol PM, deux Xanax, le tout dilué dans du diméthylformamide, de la gelée de phénol, et de la méthyléthylcétone. Trente millilitres de ce breuvage suffisaient à tuer un cheval. Dissous dans l'alcool, il était pratiquement inodore. Le Tylenol PM contenait la douleur et l'hydrate de chloral assommait la victime avant qu'elle puisse dire à quiconque ce qu'elle ressentait.

S'appliquant à ne pas renverser la moindre goutte du flacon, Vic ôta le bouchon en verre avec le pouce. L'Indien lui tournait le dos, comme le voulait l'usage. Vic cacha le flacon au creux de sa paume et versa son contenu dans le verre, puis reposa celui-ci sur l'urinoir. Le verre paraissait plein à présent. Il reboucha le flacon et le rempocha. Après quoi il remonta sa braguette et actionna la chasse, dont le bruit incita l'Indien à faire couler l'eau dans le lavabo.

« Vous avez un bonbon à la menthe ? demanda Vic tandis que le Monsieur pipi lui tendait une serviette.

— Ouimissieu. »

Victor se lava les mains, les sécha avec la serviette, attrapa un bonbon à la menthe, et dit : « Oh, attendez », en allant récupérer le verre sur le dessus de l'urinoir. Il tendit à l'homme un billet de cinq.

Il revint à la table, où Ears avait laissé son verre, et posa le sien tout à côté. Il vit Ears en terminer avec la fille. Elle était penchée sur lui, les seins à deux centimètres de son visage. Ils allaient bavarder un peu, après quoi Ears reviendrait s'asseoir. Victor prit le verre d'Ears, repoussa le sien de quelques centimètres, et but tranquillement une bonne moitié de la vodka d'Ears d'un seul trait. Puis il reposa le verre devant lui, donnant l'impression qu'il avait bu avec régularité. Le verre de Vic, à présent additionné du contenu du flacon en verre, semblait être le verre inentamé d'Ears. Vic sortit son portable, l'alluma, fit mine d'écouter quelque chose, hocha la tête plusieurs fois, puis l'éteignit d'un coup sec au moment où Ears et la fille arrivaient.

« Quoi de neuf ? fit Ears.

— Violet était à la fenêtre, elle a vu quelqu'un sur le parking. Un type a franchi les grilles. »

Ears s'assit, jeta à la fille un regard concupiscent.

« Tu es né parano, toi.

— Il faut que j'aille voir. J'ai pas envie que les flics se radinent, non plus. Putain, ça fait chier ! »

Victor savait qu'Ears avait déjà fait comprendre à la fille qu'il était plein aux as, encore que ce fût la première chose que les filles qui travaillaient ici essayaient d'évaluer. Victor se leva, tapa son poing contre celui d'Ears.

« Je sais que tu me prends pour un dingue.

— Exact. T'es sorti du cul de ta mère complètement parano.

— Pour cette histoire du pognon, on verra plus tard…

— Je l'ai là, mec, fit Ears, en tapotant sa poche poitrine.

— Bah, tu m'as l'air d'être agréablement occupé par cette charmante jeune femme, déclara Vic, magnanime. Pas besoin de faire du business ici. On finira ça demain, qu'est-ce que t'en dis ?

— Comme tu voudras, Vic. J'espère pour toi que je vais pas tout claquer ce soir. On ne sait jamais ce qui peut se passer, je vais peut-être échouer à Atlantic City.

— Mais je n'oublie pas ma part du marché. » Vic se tourna vers la fille : « C'est un type bien, lui dit-il. Un vieux copain, d'accord ? »

Il vida ce qui, au départ, était le verre d'Ears, jusqu'à la dernière goutte, avec les glaçons et tout. Puis, sortant sa liasse de billets de cent, lui en donna dix.

« Alors, écoute, je lui offre une très belle soirée, vu ?

— Oh, waouh, murmura-t-elle.

— Hé, Vic, c'est beaucoup trop, t'étais pas obligé, dit Ears avec excitation, avant d'attaquer résolument ce qu'il croyait être son verre.

« C'est pas un problème. »

Il toucha de nouveau le poing d'Ears et s'en alla.

À la porte, il fit signe à un des videurs, qui approcha d'une démarche chaloupée.

« Je suis venu avec mon ami, expliqua Victor, en sortant un billet de cent dollars. Mais je dois m'en aller, là. »

Il tendit le billet à l'homme, qui l'accepta comme si c'était son dû, tout en vérifiant son authenticité.

« C'est quoi le problème ?

— Mon ami prend… il boit trop, il a le foie flingué, et il prend ce médoc qui vous fait vomir si vous buvez trop d'alcool, ça vous rend malade très vite.

— Il va être malade ?

— J'en sais rien, répondit Victor. Mais s'il est malade, je veux que vous le sortiez dehors et que vous le mettiez dans un taxi direction le SoHo Grand Hotel.

— Pour cent dollars ?

— Non. Ça c'était juste pour la conversation. »

Victor sourit et sortit un second billet que le videur empocha prestement.

« Quel hôtel ?

— Le SoHo Grand. Très cool, mec. La grande classe.

— Ça marche.

— Cool. »

Dehors, Victor tourna l'angle, sortit le flacon de sa poche et le jeta dans la rue, où il explosa. Le lendemain matin des milliers de voitures auraient pulvérisé les morceaux de verre. Il avait vu Ears boire au moins trente millilitres de sa vodka, soit quinze millilitres de mixture. Encore une bonne lampée, et il aurait trente millilitres dans l'organisme. La méthyl-éthyl-cétone se retrouvait instantanément dans le système sanguin. Et ce poison vous tuait au moins de trois façons différentes. Peut-être qu'il aurait dû éliminer Richie de cette manière. Mais il ne l'avait pas fait parce qu'il y avait une chance pour que Sharon se mélange les pinceaux et se tue à la place de Richie.

Encore que cela lui aurait évité pas mal de tracas, le nettoyage de la maison, le déplacement du corps… Mais non, ç'avait été une chance, se dit-il, parce que c'était pendant qu'il faisait le ménage qu'il avait découvert que quelqu'un s'était introduit dans la maison. C'était l'odeur de Javel et la lumière éteinte dans la chambre qui l'avaient trahi. Il continua à marcher. La nuit était douce, et il allait s'asseoir au bar du Plaza, parler au barman, et à toute femme esseulée qui se trouverait là, se laisser filmer par environ cinq caméras de surveillance différentes, au cas où quelqu'un chercherait à savoir où il avait passé la soirée, et, plus important, trouverait un moyen de piéger le type qui le traquait.

Quand j'aurai eu ce type, pensa Vic, j'en aurai terminé.

À l'intérieur du club de strip-tease, Ears but une autre bonne lampée de vodka, finit son verre. Cela faisait très longtemps qu'il ne s'était pas senti aussi bien, détendu, soulagé que Vic et sa parano soient partis. Non que Vic eût tort d'être parano, parce que les patrons avaient remarqué qu'il se comportait vraiment bizarrement et n'étaient pas contents du tout. Ils avaient déjà décidé qu'ils le feraient marcher avec l'histoire de la station-service, puis qu'ils passeraient à l'action quand il serait calmé. Lui régleraient son compte à l'improviste. Du coup James Tonelli pourrait s'attaquer au dirigeant du labo pharmaceutique, Tom quelque chose, qui avait mis un contrat sur l'entreprise de nettoyage. Ce type allait payer très cher pour qu'on ne parle pas des Mexicaines. *Très cher.* Ils étaient tombés sur une mine d'or ! Et les patrons n'allaient certainement pas laisser Vic faire foirer la combine. Vous pouviez le piquer avec une fourchette, le Vic, parce qu'il était cuit.

En attendant, Ears avait l'intention de prendre du bon temps. Il aimait cette fille et ses petits tétons tout durs, et il allait assurément l'entraîner dans un salon privé et faire bon usage de l'argent de Vic.

« Je m'éclate, dit Ears en hochant la tête comme pour confirmer ce qu'il savait déjà. Et toi, t'es une nana superclasse.

— On pourrait aller au fond, dans le salon Champagne », suggéra la fille, qui s'était présentée sous le nom de Barbi, un nom bidon bien sûr, et qui faisait en sorte de laisser sa main sur la jambe de son pantalon, son ongle rose agaçant son pénis à travers l'étoffe.

« Commande une bouteille, et on pourra jouer à montre-et-raconte.

— Montre-et-raconte ?

— Oui, expliqua Barbi, enjôleuse. Je montre et toi tu me racontes comme je suis belle.

— Hé, hé, ça me paraît... »

Ears la regardait bizarrement, avec incompréhension.

« Ça va, monsieur ?

— Ouais, ouais, j'ai juste ce... »

Il tomba, un genou à terre, la gorge gargouillante. Son verre se renversa sur la moquette. Se rendant compte qu'elle n'en tirerait plus un dollar, Barbi se leva et tourna les talons, se repliant dans les toilettes des femmes. C'était bien pour ça que les filles filaient la pièce aux videurs, non ? Pour qu'ils s'occupent des clients ivres morts.

Voyant un homme tomber, les videurs échangèrent un signe de tête et allèrent soulever Ears par les coudes. Il pesait son poids. Il bavait, la bouche grande ouverte.

« Okay, l'ami. »

Ils le traînèrent jusqu'à la porte tandis qu'un gosse mexicain épongeait le contenu du verre. Un taxi attendait. Il y avait toujours un taxi qui attendait devant la boîte. Ears émettait des gargouillis et balançait sa tête dans tous les sens.

« SoHo Grand », indiqua le videur, poussant Ears dans la voiture et claquant la portière. Il donna un billet de cinquante au chauffeur, plus qu'assez pour le faire taire, tout en se félicitant de l'argent facile qu'il venait de se faire. Le gros type s'était effondré sur la banquette.

« Il va descendre tout seul ? s'alarma le chauffeur.

— Le portier vous donnera un coup de main. »

Le chauffeur tourna ses paumes en l'air.

« Vous déconnez ou quoi ?

— Très bien. »

Le videur détacha un autre billet de vingt. Soixante-dix dollars pour une course qui en valait quinze.

Le taxi hocha la tête d'un air dégoûté, prit le billet, et décolla son pied du frein. Trente blocs plus au sud il s'engagea dans une ruelle. Le SoHo Grand était un endroit très couru, rempli de stars de cinéma et de riches Européens. Les portiers ne voudraient pas de ce type. Et puis le silence à l'arrière ne lui disait rien qui vaille. D'habitude les types bourrés s'agitaient un peu, se mettaient à ronfler. Il arrêta le compteur. Si on lui posait la question, ce qui n'arriverait pas, il dirait que le client ne se sentait pas bien et avait eu envie de marcher, de prendre l'air. Il éteignit les phares, le moteur, et attendit.

Rien. La rue était déserte. Il remarqua une odeur dans son taxi, une sale odeur, et démarra.

Il était sur le point de balancer son client dans le caniveau pour avoir souillé son taxi quand il décida de voir s'il avait de l'argent sur lui. Une rapide inspection de la poche de son blouson révéla une enveloppe contenant plus de vingt mille dollars.

Je pourrais me payer une nouvelle voiture, calcula le chauffeur.

Il gifla Ears, pour tester sa réaction.

Aucune, il avait la tête rejetée en arrière, le souffle court, les yeux ouverts mais dans le vague.

Ears fit neuf courses distinctes au cours des trois heures qui suivirent. Le chauffeur roulait vitres ouvertes. Chacune des courses était vraisemblable, du sud au nord, du nord au sud, et d'est en ouest, au départ et à destination des endroits habituels. Chaque fois il notait soigneusement la course sur son journal de bord, déchirait le reçu et le jetait. Il faisait en sorte de rouler quelques minutes entre deux courses, comme s'il était en maraude. Finalement, vers la fin de son service, il se rangea sur une bretelle obscure du FDR Drive, là où les longues barrières de sécurité en ciment étaient parallèles les unes aux autres et séparées par une ouverture étroite de près d'un mètre de profondeur. C'était un sacré boulot, mais il réussit à hisser Ears et à le faire basculer entre les deux barrières, encore vivant mais pas pour longtemps. Il produisait une sorte de râle. Il pouvait très bien s'écouler des semaines avant qu'on le retrouve. Le taxi balança son portefeuille par la fenêtre quarante blocs plus au sud, et, une heure plus tard, s'était garé dans son allée de Sunnyside, dans le Queens, où on pouvait le voir en train d'essuyer la banquette arrière avec du désinfectant parfumé Lysol, fidèle à son habitude, impatient de rafraîchir son taxi en prévision du lendemain.

24

Ce sont les pauvres qui prient pour que Dieu les rende riches. Quant aux riches, ils peuvent évidemment se permettre de prier pour obtenir d'autres choses. Mais on ignore généralement qu'en devenant très riches, avec un revenu net annuel minimum de, disons, cent millions de dollars, les hommes désertent les lieux de culte habituels. Il se peut qu'ils continuent à fréquenter l'église, la synagogue ou la mosquée, mais s'ils le font, la qualité de leur prière se trouve diluée voire invalidée par les attentions, opportunes ou non, que les autres leur témoignent. Les gens les observent, ils le savent, à l'affût du moindre signe de félicité, de tourment, de cupidité, de maladie, de santé, de grandeur, de générosité… Et il est alors difficile de faire preuve d'une dévotion sincère. L'alternative serait de se rendre dans un endroit où l'on est inconnu, or les hommes riches préfèrent être connus, car leur notoriété d'hommes vraiment riches confère des protections, des avantages et une identité qui sont refusés à ceux qui ne le sont pas. Bien sûr, il est possible que ce genre d'hommes ne prie aucun dieu, et beaucoup ne le font pas – notamment les plus jeunes, qui, jusqu'ici, ont été épargnés par la maladie, le chagrin et la malchance. Mais, en vieillissant, les hommes très riches choisissent généralement d'affronter les grandes questions existentielles dans des havres de tranquillité. Les endroits qui se prêtent le mieux à cette activité sont soit ceux où ils peuvent être seuls, soit ceux où ils semblent être occupés à autre chose qu'à leurs prières.

East Hampton, dans l'État de New York, l'une des villes balnéaires les plus chères au monde, est remplie d'hommes suffisamment vieux et suffisamment fortunés pour ne plus s'embêter à fréquenter les lieux de culte. Le week-end les trouve généralement sur un court de tennis ou un terrain de golf, comme de juste. Mais il est possible d'en croiser un nombre non négligeable aux pépinières Gooseman, à quelques kilomètres de la ville. Très souvent ils échouent là sans nécessairement en avoir eu l'intention ni averti quiconque du but de leur promenade. Attirés par l'endroit, ils garent leur Mercedes, leur Land Rover ou ce qu'ils peuvent bien conduire ce jour-là, et, sans parler à personne, se lancent dans un voyage intime. La pépinière s'étend sur quatre hectares plantés des plus beaux arbres d'ornement qu'on puisse trouver, acheminés par camion ou par avion des quatre coins du monde afin d'orner le visage toujours changeant des Hamptons. En quel autre lieu peut-on flâner à travers un bosquet d'admirables cerisiers Kanzan, une belle forêt miniature de cèdres bleus de l'Atlas, admirer une variété presque illimitée d'érables japonais, rouges, jaunes, orange, puis emprunter un sentier qui sinue entre des bouleaux pleureurs, marcher encore et encore à travers des rangées innombrables d'arbres magnifiques ? Chênes des marais, cornouillers, bouleaux blancs, épicéas d'Alaska, sycomores, poiriers nains, houx, pins d'Autriche, mélèzes dorés, saules pleureurs… Ils sont tous là. Plus intime qu'un parc, et néanmoins plus ordonné qu'une forêt. L'homme qui se promène dans les pépinières Gooseman est confronté à une profusion divine, à une infinité de formes, à la promesse spectaculaire de la croissance. Au pouvoir du temps, qui s'exprime sous la forme d'un petit arbre. Car la réalité est que les hommes ne peuvent planter et déplacer que des arbres de petites tailles. Un spécimen vraiment grand, de plus de vingt mètres, disons, ne peut être déplacé. Contempler un petit arbre, c'est contempler l'avenir, et, comme chacun sait, les arbres peuvent vivre bien plus longtemps que n'importe quel homme. Prenons un homme riche d'une soixantaine d'années, effleurant les aiguilles douces de pins blancs de deux mètres de haut ; il sait que ces arbres seront encore jeunes quand il sera vraiment âgé et vivront bien après lui. Regarder les arbres, c'est appréhender le temps et la mort.

Martz adorait les pépinières Gooseman. Il y venait plusieurs fois dans l'année. Connie ignorait jusqu'à leur existence. Seule sa première femme connaissait l'endroit parce qu'ils y avaient acheté des plantes d'ornement. Il y avait des années de cela. Des maisons de cela. Leur première maison de vacances avait été rasée et remplacée par une monstruosité de style maison à bardeaux de mille mètres carrés, elle-même supplantée par une villa toscane de deux mille mètres carrés. Il n'aimait pas y penser, voulait juste profiter de sa promenade au milieu des cèdres et des épinettes, en particulier, s'asseoir sur son banc préféré pour se reposer. Ce qu'il était en train de faire, en nage mais heureux d'avoir marché au soleil dans la bonne odeur des arbres.

Il consulta sa montre. C'était l'heure.

« Je me suis trompé de rangée », fit une voix rauque.

Un homme en short écossais et chemisette de tennis blanche émergea d'entre les pins. Il traînait un peu les pieds, attentif à ne pas perdre l'équilibre dans le sable, ses mollets de coq zébrés de varices.

« Par ici », dit Martz, qui ne se donna pas la peine de se lever mais tendit la main pour serrer celle d'Elliot Sassoon.

« Comment vas-tu, Bill ?

— Pire que jamais. »

Elliot s'esclaffa en s'asseyant.

« Tu dis toujours ça.

— Eh, merci d'avoir fait le déplacement.

— Pour toi, mon ami, je ferais n'importe quoi. Ça fait un bout de temps.

— Cinq ans.

— Toujours avec Connie ? Parce que si tu n'es plus avec elle, je veux son numéro.

— Toujours avec elle.

— J'imagine que si elle t'a regardé, j'ai mes chances.

— Elle en regarde probablement quelques autres, mais je ne peux décemment pas le lui reprocher. Et toi ?

— Je suis diabétique maintenant, c'est la grande nouvelle. Je prends des pilules. J'ai dû faire une croix sur le sucre.

— Tu as maigri, on dirait.

— On est des vieux bonshommes maintenant, Bill.

— J'en connais qui prennent de l'hormone de croissance humaine, ils ne jurent que par ça. »

Elliot haussa les épaules. La mort n'épargnait personne.

« Alors, qu'est-ce qu'on fait aujourd'hui ? »

Le regard de Martz s'adoucit tandis qu'il paraissait inspecter la grotte de son imagination. Une grotte habitée de désirs monstrueux, de combines grouillantes, de souvenirs pétrifiés.

« Je vais bientôt effectuer un rachat massif d'actions, et j'aurais besoin d'un coup de main.

— Quand ?

— Bientôt. Je pensais commencer lundi soir.

— C'est ce que j'appelle *très* bientôt. Quelle est la cible ?

— Good Pharma. J'ai investi un gros paquet. Je suis dedans d'environ trois cents millions.

— Grosse position.

— Le cours a dévissé, trente pour cent.

— *Gros* trou. Je croyais que c'était un bon cheval. Avec des trucs prometteurs en cours de réalisation.

— C'est le cas. Ou c'était le cas. Il y a eu des fuites et des Chinois en ont profité pour jouer à la baisse. Ils se sont goinfrés en vendant à découvert. Mais moi, je ne suis pas short dessus, il faut que le cours remonte. »

Elliot opina.

« Il faut que je fasse ce dernier coup et après je me calme, Elliot. J'ai Connie, des pépins de santé, je veux juste débrouiller ce petit problème, me retirer au sommet, et passer le relais aux jeunes cow-boys.

— Je te comprends parfaitement. C'est quoi la capitalisation totale ?

— Dans les trente milliards. »

Elliot fredonna bouche fermée.

« À mon avis on peut faire décoller l'action avec quatre cents millions, dit Martz.

— Je n'ai pas autant de disponibilités aujourd'hui. On peut liquider quelques trucs dans la matinée.

— Ça va venir vite.

— Donne-moi les chiffres. Je n'ai pas suivi le cours.

— On est autour des trente et un. J'aimerais que ça remonte à quarante-cinq, mais je me contenterais de quarante-trois. J'apprécierais d'être soutenu dès le début autour de trente-quatre, et tu pourrais peut-être sortir à trente-huit ?

— Je préférerais démarrer à trente-deux, sortir à trente-cinq, trente-six. »

Martz sourit.

« Je savais que tu dirais ça.

— Je savais que tu saurais.

— D'accord, ça marche. Trente-deux à l'entrée, trente-six à la sortie.

— Tu as autre chose à dire ?

— Prépare ton pognon. Soit prêt à trader de nuit. On va jouer la partie contre une bande d'enfoirés chinois qui ne remarqueront rien avant le début de leur journée normale de transactions.

— Volume ou vitesse ?

— Je te ferai savoir comment ça va se goupiller. Je n'ai pas encore rassemblé tous les éléments.

— Mais tu vas le faire ? Parce que si je dois réunir le cash, n'attends pas notre prochain rendez-vous…

— Je mets les pièces en place. Ne t'en fais pas.

— Je suis trop vieux pour ça. À la place, je mastique mentalement

— Tu t'astiques ?

— Ce serait une sensation qui me ferait extrêmement plaisir. J'ai dit mastiquer. Tu sais, mâcher. »

Les deux hommes se levèrent et marchèrent d'un pas tranquille sur le sentier sablonneux entre des rangées de pins de deux mètres de haut. Alors qu'ils approchaient la partie la plus fréquentée de la pépinière, Elliot se tourna vers Bill et lui serra la main.

« D'accord, mon grand. »

Bill regarda Elliot qui s'éloignait d'une démarche traînante. Il s'attarda une minute ou deux, pour s'assurer qu'Elliot partait le premier. Connie pensait qu'il était allé chercher le journal. Il n'aimait pas ce genre de manœuvre boursière, n'y avait eu recours que quatre fois au cours de ces quinze dernières années, toujours avec Elliot. Chaque fois, il s'agissait d'une petite entreprise en forte croissance, dont l'action avait chuté après la survenue d'un événement anormal. Les rachats massifs étaient risqués : ils pouvaient échouer après que beaucoup d'argent eut été dépensé. Le cours de l'action pouvait plafonner, ne pas décoller vraiment, trop d'acteurs profitant de l'augmentation artificielle des ordres d'achat pour vendre. Il pouvait même baisser. Cela s'était vu ; le volume augmentait, mais les actionnaires cherchant à solder des positions importantes sans se faire plumer, le prix baissait légèrement. Et puis il y avait toujours le risque que la SEC découvre la combine. Elliot était le meilleur, mais cela ne le rendait pas invincible pour autant.

Je vais vraiment faire ça, réalisa Martz avec découragement. Putain, mais j'ai quel âge pour jouer à ces conneries ! Il regagna sa voiture et boucla sa ceinture. Il fallait qu'il mette Tom Reilly dans sa poche et il avait besoin de Chen. Bon, Chen, c'était fait, il l'avait appelé quelques heures à peine après la livraison du taureau, et ils étaient convenus de se voir le lendemain soir. Une bouffée d'agressivité l'envahit tandis qu'il s'immisçait brusquement dans la circulation. Il ouvrit son portable, contrevenant à la législation de l'État de New York, et appela son attachée de direction, bien que l'on fût samedi matin.

« Appelez Kepler en Chine et passez-le-moi », ordonna-t-il.

L'établissement de la connexion prit un moment.

« Bill ?

— Qu'est-ce que vous avez sur Chen ?

— Pas mal de choses. Il est lié à de très gros intérêts. Banques, industrie lourde. Lui-même se prend pour le maître du monde. Il est en ce moment à New

York pour chercher sa sœur. On a eu l'info par son assistante. »

Ça, il le savait déjà, bien sûr. Mais il fallait qu'il en sache davantage avant leur dîner prévu le lendemain soir.

« Il est un des principaux investisseurs du groupe Dwai, qui commence à peser lourd. Beaucoup de leurs membres ont des sièges ou des affiliations à la Bourse de Shanghai. Des investisseurs très coriaces. Instinctivement, je dirais que s'il décidait de rameuter quelques copains influents pour lancer une opération d'envergure sur une entreprise américaine cotée en Bourse, ils diraient banco. Il leur a fait gagner beaucoup d'argent et, le sachant sur place, ils vont se dire qu'il a été en contact avec des hommes tels que vous, enfin, des gens bien informés, et je les imagine bien tenter le coup. Mais il est très loyal envers ses investisseurs, Bill, il ne va pas tourner casaque sur un claquement de doigts.

— Il lui faut la motivation adéquate.

— On en est tous là, non ? »

Oui, songea Martz après avoir raccroché. C'est l'élément que je ne possède pas encore. Je suis un vieux bonhomme, avec une prostate qui déconne et une femme avec de magnifiques faux nibards, et, pour que je sois heureux, il faut que j'arrive à comprendre un jeune arnaqueur de Shanghai parti de rien. Parfaitement ridicule et pourtant parfaitement logique.

25

Violet l'avait appelé, ce qui était tout à fait inhabituel. Il attendit le grésillement de l'interphone, puis gravit les marches. Elle était au lit, rideaux tirés, en train de fumer, une pile de magazines sur le dessus-de-lit.

« Bon dieu, Violet, tu devrais peut-être te bouger un peu, tu sais ? »

Elle remua son énorme masse sous les couvertures.

« Peux pas, bébé.

— Pourquoi ?

— J'ai plus ou moins tout ce qu'il me faut à portée de main.

— Alors, tu voulais quoi ?

— J'ai entendu un truc qui va beaucoup t'intéresser.

— Quoi ?

— Tu veux bien me servir un verre d'abord ? »

Il alla jusqu'à la coiffeuse. La bouteille qu'il lui avait achetée la veille était toujours là, à moitié vide.

« Alors écoute, Victor, j'étais avec des gens qui parlaient de ces filles qu'on a retrouvées près de la plage…

— En quoi ça me regarde ?

— Peut-être en rien, d'accord ? »

Il lui apporta le verre et s'assit près d'elle. Elle but à petites gorgées.

« Je me suis juste dit que tu devais savoir », dit Violet, une lueur inquiète dans le regard. Cela faisait longtemps qu'il ne l'avait pas vue comme ça.

« Bon, quoi ?

— Il y avait une troisième fille dans la voiture.

— Quoi ? »

Mais bien sûr ça se tenait. Il avait cru voir trois personnes quand il filait la voiture sur le Belt Parkway, puis, plus tard, il s'était dit qu'il s'était trompé.

« Oui, elle est sortie des herbes près du petit parking où elles s'étaient garées. La cousine de Mme Polanzi a une maison par-là bas, elle ne dort pas beaucoup parce que son mari est sous oxygène. Elle a vu une jolie Chinoise courir sur la route. Il pleuvait, on n'y voyait pas grand-chose. Ce n'est qu'après qu'elle y a pensé. Elle en a parlé à la police le lendemain, en allant sur place, et ils lui ont dit merci pour l'info, comme s'ils étaient déjà au courant. Et puis deux, trois jours plus tard, elle a vu une grosse limousine blanche, là-bas, sur le parking, avec une bande de Chinois en costards. Elle n'avait jamais vu *ça*. Ça lui a rappelé la Chinoise. Elle a noté le nom de la société de location quand la limousine est repartie. Elle l'a donné à son cousin Frank, Frank m'en a parlé et…

— Frank, un des types qui jouent à cache-salami avec toi ? »

Elle lui donna un coup de poing.

« Qu'est-ce que ça peut te foutre ?

— Je suis juste curieux.

— Tu veux savoir ? le défia-t-elle. Tu veux que je te raconte tout ? »

Il se leva, faisant mine de partir.

« Écoute-moi, Vic. J'essaye de t'aider. Mon ami Ronnie, qui dirige ce service de limousines à Bay Ridge, je lui ai demandé d'appeler l'autre boîte même si elle se trouve à Manhattan, il a des relations là-bas, tu sais, et il a réussi à parler au patron, qui lui a dit que cette limousine-là avait été louée par de vrais Chinois, des Chinois de Chine, je veux dire, et que la facture avait été envoyée à une sorte de banque chinoise ou quelque chose comme ça. Il leur a fait payer trois fois le tarif normal, juste pour voir, et ils ont dit très bien, ça ira, envoyez la facture à notre société, et il a demandé à son chauffeur, qui n'est pas chinois, où est-ce qu'ils étaient allés et tout et, en gros, le chauffeur a dit qu'il n'avait rien compris sinon qu'ils se démenaient pour retrouver la fille qui était dans la voiture. » Violet joua avec l'ourlet de sa nuisette : « Vic, c'est quelqu'un qui compte beaucoup pour un Chinois plein aux as, d'accord ? »

Il s'assit sur le lit, réfléchissant à cette histoire, caressant distraitement la poitrine imposante et douce de Violet. Et tant pis si elle déduisait de son silence que cette information était importante pour lui. Le chauffeur en savait sans doute plus qu'il ne le disait, genre où la limousine était allée et qui d'autre avait pu se trouver dans la voiture. Vic se pencha et embrassa Violet sur la joue.

« Qu'est-ce que je ferais sans toi ?

— Oh, Vic. » Elle prit sa main et embrassa ses doigts : « C'est que je me suis inquiétée, tu sais. »

Il laissa son autre main lui caresser la nuque. Elle aimait ça, il le voyait. Ah, sa liaison avec Violet. Entre eux, c'était à la vie, à la mort, à n'en pas douter. Triste mais vrai. Elle était peut-être la seule personne à se soucier vraiment de lui. Et pour ce qu'il en savait, elle venait peut-être de lui sauver la mise. J'ai repris la main, se dit Vic, et je vais me faire ce type.

26

Son père dormait, et Ray l'observa attentivement, sentant un grand calme l'envahir. Cette sensation ne lui était pas inconnue, il l'avait éprouvée en remettant le corps d'un petit garçon de huit ans à son père sur le flanc d'une colline du Cachemire et, bien que l'enfant fût mort depuis plus d'un jour, le froid avait raidi le corps, qui sentait la poussière de pierre sous laquelle il avait été enseveli. Ray avait vu le père s'effondrer par terre, sans un bruit, assommé de chagrin, et, pendant que quelqu'un courait chercher de l'eau et une couverture, Ray avait tenu le garçon dans ses bras, regardant le vent soulever ses magnifiques cheveux noirs. C'était un privilège de tenir la dépouille de ce fils tant aimé, ainsi qu'une leçon d'humilité, et Ray avait su alors qu'il continuerait à porter l'enfant aussi longtemps qu'il le faudrait. À cet instant, il avait pris conscience que tout ce qu'il avait désiré ou pourrait jamais désirer était parfaitement insignifiant, et que le secret pour parvenir à la paix intérieure, si une telle chose était possible, était de vouloir le moins possible pour soi-même et le plus possible pour les autres, surtout pour ceux qui ne voulaient aucun mal à personne. Dans de tels moments – comme les quarante-six jours d'affilée qu'il avait passés à transporter les victimes du tsunami vers le village de tentes construit au flanc d'une montagne de Turquie –, il sentait qu'il se dépouillait d'anciennes parties de lui-même. L'éducation religieuse qu'il avait reçue enfant, sans jamais y adhérer vraiment, s'était lézardée et l'avait déserté. Et une nuit, alors qu'il faisait l'amour avec une jeune infirmière italienne, une fille adorable, pleine d'allant, sincère, qui ne semblait pas affectée par la sinistre besogne de la journée, il avait compris qu'il baisait un futur cadavre, et elle aussi. Vers, poussière et putréfaction, une vérité terrible à connaître sur soi-même. Le parfum de la mort avait-il accru son désir ? Il ne le savait pas. Il ne savait plus grand-chose. Il ne savait plus, par exemple, s'il était américain. Bien sûr d'autres l'identifiaient comme tel, et même s'il aimait l'Amérique, en dépit de ses maux et de ses travers, son amour était un sentiment triste, peut-être même un fardeau inéluctable. Les Américains savaient si peu du reste du monde. Les expatriés qu'il avait rencontrés et qui avaient passé de nombreuses années à l'étranger admettaient que leur identité américaine avait commencé à s'effacer, qu'ils le veuillent ou non. Et c'était le cas avec Ray. C'était peut-être la raison de son retour. Il était rentré pour être avec son père mais peut-être aussi pour s'assurer que l'Amérique était toujours son pays. Ou pourrait le redevenir.

Son père gémissait dans son sommeil, tendait le menton, le baissait. Dans ce lit gisait le petit gars intelligent de Brooklyn qui était devenu l'inspecteur costaud ne craignant personne, lequel était devenu à son tour le presque mort, l'ombre attendant d'être libérée. *Ne te laisse pas hanter*, s'exhorta Ray. Il avait envie de pleurer mais n'osait pas, parce que s'il commençait il ne pourrait peut-être jamais s'arrêter. Vous en pleuriez un, vous les pleuriez tous.

Il valait mieux se mettre en route, chercher ces camions à Red Hook. Il prit le Belt Parkway, puis le Gowanus, et tourna dans Hamilton Avenue. Red Hook, occupé jadis par de longs docks en bois et des entrepôts en brique, avait été plus ou moins abandonné à l'indifférence du temps. Il subsistait encore un ou deux pâtés de maisons où quelques vieux bâtiments en bois bordaient des rues pavées, des maisons de marins et de dockers d'un étage dont le bardage avait été refait une dizaine de fois au fil des années. À l'exception de quelques nouvelles boutiques, les aventuriers urbains n'avaient pas vraiment encore débarqué en masse parce qu'il n'y avait pas de métro, pas d'espaces verts dignes de ce nom, pas d'écoles. Vous vous rendiez à Red Hook pour être à l'écart des choses, même en étant de Brooklyn. Un gang de bikers y occupait une maison, mais sinon le quartier était calme, très calme.

Il roula lentement dans les rues, examinant tous les espaces ouverts, jusqu'à ce qu'il tombe sur un terrain entouré d'une clôture galvanisée de six mètres de haut elle-même surmontée de trois mètres de barbelés acérés. Des barbelés qu'il avait vus dans tous les pays où il s'était trouvé, autour des bases militaires, des check-points, des chantiers navals, des aéroports, des camps de réfugiés. Une vraie saloperie. Il y avait sept camions broyeurs de plus de douze mètres de long sur le terrain, chacun portant l'inscription CorpServe. Des véhicules grands, neufs, bien entretenus, à deux cent cinquante mille dollars pièce, et il lui apparut alors clairement que CorpServe était une plus grosse entreprise qu'il ne l'avait cru et que Jin ne l'avait laissé entendre.

« C'est juste une petite boîte, avait-elle dit. Rien d'extraordinaire. »

Mais l'achat et l'entretien de ce genre de véhicules, le loyer du terrain, l'assurance représentaient déjà quelques millions de dollars. Au fond du terrain il aperçut un bâtiment en brique peu élevé et en mauvais état. Il y avait une inscription sur la porte. Il sortit ses jumelles. Des caractères chinois.

Cela lui suffisait. Il se gara et trouva la grille d'entrée. Le cadenas était solide, et seuls un coupe-boulons ou une scie à essence en viendraient à bout, outils qu'il n'avait pas en magasin. Il fit le tour du terrain à la recherche d'un point d'entrée plus facile. Il n'y en avait pas. Un vieux château d'eau délabré se dressait à trente centimètres à peine du périmètre de la clôture. Il retourna à son pick-up, en sortit une corde en nylon de vingt-cinq mètres, un harnais d'escalade, et un long pied-de-biche. Il accrocha la corde autour de son cou et glissa le pied-de-biche sous sa ceinture.

Le château d'eau était probablement condamné ; l'échelle à crinoline fixée sur le côté de l'ouvrage avait l'air rouillée et faiblarde, mais il ne lui demandait que de pouvoir supporter son poids une seconde ou deux. Il escalada le pilier en métal qui soutenait l'échelle, se hissa à l'échelon inférieur depuis longtemps bloqué par la rouille, et monta jusqu'à la passerelle circulaire six mètres plus haut. Elle était complètement pourrie, et Ray dut sauter par-dessus les trous pour éviter de passer à travers et de se casser les deux jambes. De l'autre côté du château d'eau, la passerelle surplombait la clôture en barbelés. Il accrocha un mousqueton à un montant en métal qui avait l'air solide et se laissa descendre en rappel en repoussant les barbelés avec les pieds. La corde toucha le sol, et il la laissa pendre là, parce que c'était sa seule porte de sortie.

Il longea lentement la clôture jusqu'au bâtiment en brique. La porte principale était fermée et il ne voulait pas entrer par là. Après vérification, il constata qu'il n'y avait pas de détecteurs d'alarme aux fenêtres. Mais il s'agissait d'un verre armé incorporant un treillis métallique. Pas impossible à forcer mais certainement pénible. Il trouva le compteur électrique à l'extérieur du bâtiment. Il était paramétré pour pouvoir recevoir mille ampères, une puissance considérable. Le bâtiment avait peut-être abrité une activité industrielle quelconque à un moment ou à un autre. Le disque du compteur tournait à peine. Il ne se passait pas grand-chose à l'intérieur, électriquement parlant. Sur l'arrière, les fenêtres étaient munies de barreaux et la porte était cadenassée du dehors, ce qui, il le savait, constituait une infraction aux normes anti-incendie en vigueur à New York. Il prit le pied-de-biche et, lentement, ouvrit le cadenas fixé à la porte métallique. Il poussa sur la porte. Verrouillée aussi de l'intérieur. Mais avec le pied-de-biche il parvint à plier suffisamment la tôle pour se glisser à l'intérieur. Un travail de sagouin, se dit-il.

Le bâtiment était plongé dans l'obscurité. Il alluma sa torche et tomba sur une poubelle à roulettes pleine de papier. Il trouva un commutateur. Le bâtiment était en fait rempli de papier déchiqueté, entreposé soit dans des bacs à roulettes soit dans de gros sacs de trois cents litres. Il remarqua que les sacs bleus étaient étiquetés. Les informations d'identification rédigées en chinois. À l'autre bout, sous une grosse horloge, il y avait un bureau, des lampes, et une sorte de planning, lui aussi en chinois.

CorpServe semblait s'être installé dans une ancienne usine à l'abandon ; des lignes jaunes peintes sur le sol suggéraient, à nouveau, l'existence d'une chaîne de fabrication quelconque – datant de l'époque où l'Amérique fabriquait encore des choses que le monde entier voulait acheter – et ces lignes dessinaient une série d'opérations effectuées en parallèle, probablement des bandes transporteuses conduisant à l'aire de chargement située à l'arrière du bâtiment.

Au mur, sous des néons agressifs, était accroché un grand tableau blanc montrant une trentaine d'adresses en centre-ville et quadrillé par date, personnel, début d'intervention, fin d'intervention, nom du superviseur, et poids net reçu. Un autre grand tableau était consacré aux véhicules : date, poids du chargement, chauffeur, heure d'arrivée et heure de départ, niveau de prestation, et kilométrage au départ et à l'arrivée. Une sacrée organisation, Jin Li, pensa Ray, pourquoi ne pas m'en avoir parlé ?

Il avisa un bureau, dont la porte était verrouillée. C'était peut-être le centre d'opérations. Il s'arma du pied-de-biche et força rapidement la porte. Un grand bureau, avec d'énormes classeurs. Chacun d'eux était consacré à une société en centre-ville. Il vit qu'il contenait quantité d'informations confidentielles, rapports de ventes, mémos, rapports juridiques, toutes sortes de documents. Qu'est-ce que ça faisait là ?

Il continua à farfouiller dans les papiers sur le bureau. Jetant un coup d'œil rapide à chaque document. Rien de vraiment intéressant… sauf une lettre type faxée par une certaine Norma Powell disant : « Votre précédente locataire, NOM : Jin Li, a déposé un dossier de location dans mon immeuble, et nous a communiqué vos coordonnées en tant qu'ancien propriétaire. Veuillez confirmer que… »

Il vérifia la date sur le fax. Envoyé juste deux jours auparavant. Une adresse ? Oui, à Harlem. Tout près d'Adam Clayton Powell Boulevard. Jin Li était à Harlem ? D'accord, se dit-il, j'arrive. Elle avait peut-être déjà emménagé. Il emporta le fax, afin que personne d'autre ne tombe dessus, et, traversant le bâtiment en hâte sans se donner la peine d'éteindre les lumières, il se glissa à travers la porte enfoncée.

Il grimpa à la corde jusqu'au château d'eau, à la force des bras, repoussant à nouveau les barbelés du pied, se hissa sur la passerelle, jeta la corde et les outils par terre, puis descendit l'échelle rouillée et se laissa tomber lourdement de l'autre côté.

Un instant plus tard, il se retrouvait au volant de son pick-up, fonçant vers Harlem, remarquant à peine le vieux Chinois à vélo qui avait assisté à la spectaculaire intrusion de Ray par le château d'eau. L'homme avait par ailleurs passé plusieurs minutes à inspecter le pick-up. Devant la précipitation de Ray, il se demanda s'il devait sortir le téléphone qui se trouvait dans sa poche. Mais Jin Li lui avait demandé de l'appeler, alors il le ferait.

27

Tout est une question de timing ! Martz attendit une seconde de plus, se retourna pour regarder Phelps, qui hocha la tête. Phelps, qui connaissait le responsable de la sécurité, avait organisé leur expédition à l'hôtel East Side. C'était un très bel endroit mais Martz aurait plutôt imaginé Tom Reilly au Pierre, disons, ou au Peninsula. Ou au Ritz Carlton. Qu'il avait lui-même fréquenté quelques fois, dans le temps. Les femmes adoraient toujours ça, étaient enthousiasmées par l'atmosphère.

Martz frappa à la porte laquée blanche.

Pas de réponse.

Il frappa de nouveau, poliment.

La porte s'entrebâilla, et le visage d'une belle jeune femme apparut.

« Oui ? »

Martz passa en force.

« Hé ! »

Phelps lui emboîta le pas, ferma la porte, se mit à expliquer gentiment à la jeune femme qu'il fallait qu'elle s'habille et parte rapidement.

Le grand lit était vide. Martz vit de la vapeur s'échapper par une porte ouverte, entendit la douche.

Il pénétra dans la salle de bains, vit Reilly dans la grande cabine de douche vitrée se savonner la bite avec déférence.

« Pas mal, commenta Martz.

— Quoi ? il y a quelqu'un ? » s'écria Reilly en entendant une voix d'homme.

Martz ouvrit la porte de la douche.

« Vous voyez ce que vous m'obligez à faire.

— Foutez le camp ! » hurla Reilly.

Phelps s'encadra dans la porte de la salle de bains.

Martz tendit le bras et ferma la douche, mouillant sa manche.

« J'ai essayé de vous parler, Tom. J'ai appelé de nombreuses fois. Je vous ai fait suivre au Yankee Stadium. Je vous ai invité chez moi. En conséquence de quoi, bizarrement, votre femme m'a fourré les doigts dans le cul. Nous avons eu une petite conversation, elle et moi. Je suis sûr qu'elle vous en a parlé. Oui, j'ai fait beaucoup pour obtenir votre attention. Mais vous savez quoi ?

— Quoi ? » demanda Reilly misérablement nu.

Martz regarda son entrejambe.

« Vous avez perdu un peu de votre superbe. Comment ça se fait ? Je ne vous excite pas, Tom ? Même après tout le mal que je me suis donné ? Je ne vous affole pas le palpitant ?

— Qu'est-ce que vous avez dit à mon amie ? Où est-elle ?

— Partie, répondit Phelps. Rhabillée et partie.

— Qu'est-ce que vous voulez, Martz ? »

Martz se retourna vers Phelps.

« Vous pouvez partir et fermer la porte maintenant. »

Ce qu'il fit. Martz se pencha à l'intérieur de la cabine de douche.

« C'est très simple, dit-il d'une voix posée. Vous savez qu'il y a de sérieuses fuites chez Good Pharma. »

Il entra dans la douche, ses chaussures à huit cents dollars sur le carrelage mouillé, obligeant Tom à reculer, puis reprit dans un souffle :

« Ce qui a affecté le cours de l'action. Mais vous n'avez rien dit à personne. C'était tout à fait *illégal*. »

Reilly étudia le visage ravagé par le soleil de Martz, ses yeux tombants et malveillants.

« Les types de la SEC à Washington seraient ravis de beurrer leur tartine avec vous, Tom, poursuivit Martz. Croyez-moi sur parole, je suis dans la course depuis suffisamment longtemps pour les voir venir. Vu vos agissements, il ne faudrait pas grand-chose pour les mettre en branle. Ils beurrent la tartine et puis ils mordent dedans du bout des dents, des tas de petites bouchées, jusqu'à ce que la tartine disparaisse. Mais ça, c'est juste les avocassiers du gouvernement, Tom. Pensez aux investisseurs, aux avocats qu'ils peuvent se payer, eux ! siffla-t-il. Pensez aux honoraires des avocats que *vous* auriez à engager ! La charmante jeunesse qui vient de partir ? Un des avocats des plaignants voudra la faire témoigner. Pour voir de quoi vous avez discuté sur l'oreiller. Quels secrets d'entreprise se sont trouvés mêlés à vos fluides corporels. Allez, bonhomme, on est à New York ! La ville où l'on fait de l'argent avec du sang ! Pensez aux articles dans le *Wall Street Journal* ! Pensez à votre *femme* ! L'impact sur sa réputation et sa clientèle. La tête que vont lui faire ses patients. Je veux dire, les effets multiplicateurs sont sans fin… »

Reilly secoua lentement ses cheveux mouillés, sans jamais quitter Martz des yeux.

« Mais… pour revenir à nos moutons… même s'il était illégal de ne pas avertir immédiatement les nombreux et fidèles investisseurs détenant pour trente milliards d'actions Good Pharma, c'était également malin.

— Pourquoi dites-vous ça ? demanda Tom, surpris.

— Parce que vous avez un bon ami qui peut vous aider à résoudre votre petit problème à condition… à condition que vous lui parliez.

— Qui ça ?

— Moi. »

Tom souffla par le nez, dévisageant Martz.

« C'est simple, continua celui-ci. Vous et moi allons renouer avec nos origines anthropologiques. Soit nous chassons le gros gibier ensemble, soit nous nous faisons la chasse jusqu'à ce que l'un de nous d'eux l'emporte.

— Vous me donnez la chasse, là.

— Non, je ne fais que vous pister. » Martz se fendit d'un sourire formidable, la prunelle pétillante, les dents éclatantes : « La chasse, c'est quand vous procédez à la mise à mort. »

28

Le Gowanus Canal retrouvera-t-il un jour sa limpidité d'autrefois ? La veine verte d'eaux stagnantes qui traverse aujourd'hui South Brooklyn est le vestige topographique de ce qui était jadis un petit cours d'eau murmurant, et les bâtiments d'usine en brique du XIXe siècle qui le bordent et qui s'écroulent lentement dans ses eaux paresseuses et peu profondes font l'objet d'une spéculation sans fin de la part des investisseurs locaux qui rêvent du jour prochain où le canal sera le nouveau quartier « chaud » sur le marché immobilier new-yorkais. Le bruit court que le grand filou américain, Donald Trump en personne, en aurait discrètement acheté des rues entières. De fait, les quartiers voisins ont commencé à attirer une faune portant lunettes branchées et ordinateurs portables, mais personne n'est pour l'instant en mesure de dire qui se chargera de draguer et d'évacuer les milliers de tonnes de vase toxique accumulées sur les berges du canal – une boue chargée de métaux lourds, de PCB, et de pratiquement toutes les autres substances cancérigènes jamais rejetées par l'industrie américaine.

C'est pourquoi le quartier abrite encore majoritairement des ateliers de réparation automobile, des menuiseries, un ou deux fabricants de cercueils, ainsi que d'autres entreprises aux activités plus floues et plus ou moins légales. L'endroit parfait où avoir une petite conversation avec le chauffeur de la limousine qui avait baladé les Chinois.

C'était un homme de petite taille nommé DiLetti, gras du bide, maigre des bras, avec une fossette au menton. Il était assis sur une chaise en bois dans une pièce pratiquement nue.

« On sait que tu es nerveux, dit Victor, debout sur le parquet gauchi. Ça se comprend.

— Vous m'êtes tombés dessus. » Il regarda Victor d'un air confus et servile : « Pourquoi, qu'est-ce que j'ai fait ?

— Tu conduis une limousine, pas vrai ?

— Ouais. Mais je ne vous apprends rien.

— On veut certaines informations.

— Quelles informations ?

— Où tu étais il y a trois, quatre jours ? On sait que tu te promenais dans Brooklyn.

— Je n'ai pas mon livre de bord sous les yeux.

— Moi, si. »

Victor brandit la feuille. Elle lui avait coûté cent dollars exactement.

« Tu as chargé un groupe de Chinois au Time Warner Building, ensuite tu les as baladés. Je veux savoir où vous êtes allés exactement. »

Le chauffeur était réticent, et Victor en déduisit qu'il connaissait la réponse à sa question. Cela avait dû être une soirée mémorable, pas la clientèle habituelle pour une banale société de location de Manhattan. Pas de faux nababs du rap se faisant sucer par des professionnelles tarifées, pas de filles des écoles privées de l'East Side, en jean et en chaussures de soirée, allant fêter les seize ans d'une copine. Mais quelque chose de bizarre, qu'on se rappelle facilement.

« Eh bien, vous avez… vous en avez discuté avec Lem ? »

Le propriétaire du service de limousine.

« Où est-ce que tu crois que j'ai dégotté ce papier ? fit Victor calmement, sentant que la partie était en train de s'engager avec DiLetti, que les pourparlers avaient commencé. Lem nous a donné le feu vert.

— Vous êtes flics ? »

C'était une question intéressante. Parce qu'elle fournissait une opportunité à Victor.

« Je vais te répondre ceci : nous avons autorité pour faire ce que nous faisons. »

L'ambiguïté de cette déclaration parut soulager le chauffeur.

« Très bien, fit celui-ci en hochant la tête comme s'il savait exactement ce à quoi Victor faisait allusion. Je les ai chargés au Time Warner, comme vous avez dit. Ils étaient quatre, en fait. Il n'y en avait qu'un ou deux à baragouiner l'anglais. Il y en avait un qui traduisait. Alors je les ai ramassés et ils m'ont donné une adresse à Bay Ridge. La séparation est restée baissée presque tout le temps.

— Bay Ridge.

— Ouais. Trois types sont descendus là.

— Parle-moi d'eux.

— Baraqués. Très grands pour des Chinois, dans les un mètre quatre-vingt-cinq.

— Ensuite ?

— Ensuite ils sont entrés dans la maison.

— Adresse ?

— Je ne me rappelle plus l'adresse. Troisième ou quatrième maison sur la gauche dans la 78e Rue au niveau de Ridge Boulevard. Porte verte. Véranda aussi.

— On la retrouvera. » Il pointa le doigt sur Jimmy qui lui servait de gorille, comme Richie avant lui : « Appelle Violet, dis-lui de trouver cette adresse. Qu'elle envoie quelqu'un sur place dans cinq, dix minutes, et demande-lui de se rencarder. » Il se retourna vers DiLetti : « Bon. Continue.

— Donc les types entrent dans la baraque et quelques minutes après il y en a deux qui ressortent avec un truc dans un carton. Il y en a un qui est resté à l'intérieur. Les autres remontent dans la voiture. Ce qui fait qu'ils ne sont plus que trois maintenant. Ça jacassait ferme en chinois, je peux vous le dire. J'étais vachement intrigué. J'ai regardé dans le rétro mais je n'ai pas vu grand-chose. Ensuite on va à une autre adresse, à quelques minutes de là. Il y a un pick-up rouge dans l'allée…

— Vieux… un Ford rouge F-150 ? demanda Vic, en se rappelant le véhicule conduit par l'homme venu chercher des renseignements sur Richie dans la cabane de chantier de l'entreprise.

— Vieux, oui, Ford, j'ai pas fait attention. J'y connais rien en pick-up.

— Ensuite ?

— Ensuite les trois types entrent dans une maison et ressortent une minute plus tard les mains vides, et puis ils entrent dans la maison d'à côté, où les lumières sont allumées, et deux, trois minutes plus tard ils sortent un type de force et le mettent dans la voiture. » Le chauffeur s'interrompit. « Un Blanc, je l'ai entendu parler anglais. Ils l'ont appelé Ray.

— Ce type, il a la petite trentaine, brun, bien bâti ?

— Oui…

— Il t'a fait l'impression d'être du genre dur à cuire ?

— Ouais, on peut dira ça. »

Vic sentit une bouffée de rage monter en lui.

« Continue.

— Ouais, ouais, je vais continuer. Mais je commence à me demander pourquoi ces informations sont, comme qui dirait, tellement précieuses.

— Tu te demandes », répéta Victor.

Le chauffeur sourit nerveusement, se reprit, puis reformula sa phrase.

« Ouais, vous savez, c'est quelque chose qui est, euh, *précieux*.

— Pour nous.

— C'est ce que je veux dire.

— Tu veux être payé en échange de ces informations ?

— Ben, vous savez, c'est que… »

Victor opina avec componction.

« Elles valent combien ces informations d'après toi ?

— Ben, je sais pas, deux, trois mille.

— Quoi ?

— J'ai dit, deux, trois mille…

— Non, non, j'ai entendu. C'est juste que je ne suis pas d'accord.

— Alors…

— Ce n'est pas la bonne somme.

— Alors peut-être mille, sept cent cinquante ? »

— On n'y est toujours pas.

— À mon avis…

— À mon avis tu ne sais pas te vendre, déclara Victor en hochant la tête d'un air averti. C'est que nous voulons être justes, nous voulons être raisonnables.

— Vraiment ? demanda DiLetti, qui n'en revenait pas de sa chance.

— Oh, mais oui. Honnêtement, ces informations valent bien plus que quelques milliers de dollars pour nous.

— C'est vrai ? demanda le chauffeur avec espoir, sa voix résonnant dans la pièce délabrée et vide.

— Oh, ouais. Elles valent… voyons, peut-être un million de dollars, en fait.

— Sans blague !

— Si tu es en mesure de nous les communiquer avec précision.

— Oh, je me souviens de tout, ne vous en faites pas pour ça. »

Victor pointa le doigt sur Jimmy, qui souriait déjà, bien que le chauffeur ne puisse pas le voir.

« Va chercher un million cash pour M. Dick-Leety. »

Il fit un geste de la main vers la pièce adjacente, dont le plafond était effondré et le sol tapissé de plantes grimpantes.

« Juste là, dans mon coffre. En petites coupures, Jimmy.

— Tout de suite, patron. »

Le chauffeur, anxieux, regarda autour de lui.

« Attendez, attendez, je n'ai pas…

— Alors continue avec ton histoire, d'accord ? On va te dédommager pour ta peine. »

Le chauffeur était à présent sérieusement inquiet.

« Alors, d'accord, on a pris ce type…

— Alors, ça vient ce million, Jimmy ? »

Une voix de la pièce du fond. Indistincte.

« Je le trouve pas, patron !

— Quoi ? Putain il est bon à rien ce Jimmy, marmonna Victor.

— Attendez, attendez, alors on est entrés en ville.

— Jimmy, il est où ce million, bordel ! On ne veut pas faire attendre M. Dick-Beetle !

— Je cherche, patron !

— Qu'est-ce que tu as trouvé ?

— Une sorte de tuyau d'arrosage et un vieux sac de charbon de bois.

— Je croyais t'avoir dit un million de dollars ! »

Victor dégaina brusquement son arme et tira au-dessus de la tête du chauffeur, apparemment sur Jimmy, qui en fait se tenait sur le côté, fumant une cigarette. « Apporte son fric à Beetledick ou bien il ne nous racontera pas son histoire ! »

Il agita son flingue dans tous les sens. Tira à nouveau, en l'air. Un morceau de vieux plâtre au crin de cheval se détacha du plafond.

Le chauffeur se laissa tomber par terre en sanglotant, la tête entre les bras. Il leur dit tout, à commencer par la conversation que les Chinois avaient eue avec le type appelé Ray au sujet d'une Chinoise, qui était sa petite amie à ce qu'il semblait, puis son portable qu'ils avaient balancé par la vitre, le retour à l'immeuble Time Warner, une heure d'attente avant qu'ils ne reviennent s'entasser dans la voiture une seconde fois, puis nouvelle visite à la maison de Bay Ridge, et les deux gorilles chinois qui emmenaient Ray dans la maison en portant le truc dans le carton, et le premier Chinois qui était sorti de la maison moins d'une minute plus tard en se tenant le nez, un autre la main plaquée sur son oreille qui pissait le sang, et le troisième aveuglé par de la peinture. Ils avaient filé dans un cabinet médical de Chinatown, gémissant et jurant tout ce qu'ils pouvaient, mettant du sang partout à l'arrière de la limo. Victor était fasciné, en pleine euphorie. C'était *bon*. Il avait trouvé le filon ! C'était son homme ! L'homme qu'il allait tuer !

Quand ils en eurent fini avec le chauffeur, ils le remirent debout en ignorant l'odeur qui émanait de son pantalon, et lui firent boire cinq doses de whisky, cul sec, sous la menace d'une arme. Mais ils firent ça dans la bonne humeur, comme s'ils le félicitaient, avec une claque dans le dos. Tu t'en es tiré, mec. Personne ne t'a fait mal, pas vrai ? On t'a pas touché un seul cheveu ! Le chauffeur se montra d'abord hésitant, mais à la troisième lampée de whisky, il était à nouveau content de son sort, esquissant même un sourire.

« On va te raccompagner chez toi », lui dit Jimmy, escortant l'homme jusqu'à la voiture qui attendait dehors. Victor avait déjà vu faire ça ; l'alcool résorbait rapidement la peur, après quoi vous laissiez votre client quelque part près de chez lui, et s'il parlait à quelqu'un, on comprenait à peine ce qu'il racontait, ensuite il s'endormait et quand il se réveillait, il avait un méchant casque à pointes et se sentait tout chose mais se rendait compte qu'il était sain et sauf… et estimait en général qu'il valait mieux taire son aventure.

Le téléphone de Victor sonna. C'était Violet.

« J'ai trouvé l'adresse dans la 78e Rue. Le propriétaire s'appelle Raymond E. Grant.

— On le connaît ?

— Bien sûr. Ça a été facile à vérifier, et ça va t'intéresser de savoir qui c'est.

— C'est qui ?

— Un flic à la retraite. Quelque chose comme vingt-sept ans dans la police. Le pick-up rouge est à son nom. »

Il ne dit rien.

« Victor ? C'est le genre de chose qui ne me dit rien qui vaille, tu sais ? »

Un flic. Le plus jeune s'appelait Ray, son fils, sûrement. Il le saurait bien assez tôt.

29

« Un homme très courageux, très fort. »

Zhao pointa le doigt sur le château d'eau, comme s'il parlait à Jin Li en personne, et non dans un portable.

« Il est descendu à la corde de très haut et ensuite il a grimpé, rien qu'avec ses bras. »

Ray, pensa Jin Li. Très peu d'hommes avaient cette force.

« De quelle couleur était son pick-up ?

— Rouge, répondit Zhao. Une bonne voiture, un peu vieille. Je l'ai examinée. Il a une drôle de chaussure jaune sur le tableau de bord.

— Comme une chaussure de tennis, mais jaune ?

— Oui, c'est exactement ça. »

Un mois plus tôt seulement, elle était allée chez Ray, attendant dehors dans ce même pick-up pendant qu'il allait voir à l'intérieur si son père allait bien. C'était une chaude journée, et elle balançait son pied par la vitre, profitant du soleil. C'était peut-être à ce moment-là qu'elle avait perdu la chaussure. Elle n'était jamais entrée dans la maison pour faire la connaissance du père de Ray, peut-être parce qu'elle avait peur de le faire.

« Qu'est-ce que vous croyez qu'il faisait, Zhao ? demanda Jin Li.

— Oh, je sais ce qu'il faisait.

— Dites-moi.

— Il vous cherchait.

— Qu'est ce qui vous fait dire ça ? demanda-t-elle, pour le tester.

— Parce qu'un homme ne fait ce genre de chose que s'il a un grand cœur, et comme vous êtes la seule personne qu'il connaît dans cette entreprise, je pense qu'il fait ça pour vous. Il a un grand cœur pour vous, Jin Li. »

Et tant pis si elle en avait pour soixante dollars de taxi depuis Harlem. Ça lui était égal. Mais la traversée du pont de Brooklyn prit un certain temps, et elle regardait avec anxiété par la vitre. Ray lui avait laissé des messages et elle ne l'avait jamais rappelé. Elle s'en voulait énormément. Je crois avoir fait une grosse erreur, se dit-elle. Je vais me rattraper. Il verra combien il m'a manqué. On ira peut-être parler à la police, à cet inspecteur Blake. Elle demanda au taxi de tourner dans le quartier jusqu'à ce qu'elle trouve la bonne rue. La maison avait une véranda verte, se rappela-t-elle avec excitation. Après avoir fait le tour de quelques pâtés d'immeubles, elle repéra la maison.

« Laissez tourner le compteur, dit-elle au chauffeur. J'ai oublié de faire quelque chose.

— Si vous avez l'argent, j'ai le temps. »

Elle farfouilla dans son sac et y trouva un tube de rouge à lèvres et un miroir. Sa bouche avait besoin d'un petit replâtrage. Elle se maquilla, embrassa un mouchoir en papier pour enlever l'excédent. Elle se donna un coup de brosse, mit un tout petit trait d'eye-liner, une touche de blush. Et pour finir, le parfum.

Elle espérait bien embrasser Ray… et ne pas se priver, vu ?

« Madame, ça vous dérange pas que je vous dise un truc ?

— Je suppose que non.

— Je ne sais pas qui c'est, mais il a de la chance.

— Merci.

— Et je ne dis pas ça pour le pourboire. »

Elle paya le chauffeur et descendit du taxi.

Oui, c'était la bonne adresse, une maison d'un étage avec un toit à forte pente et ce que les Américains appellent des fenêtres à mansarde. Elle avait passé des heures et des heures à éplucher les petites annonces immobilières, à la fois à Shanghai et à New York. On oubliait ce que l'architecture de Shanghai devait à l'Occident avant la révolution. Le Bund, le long de la rivière Huangpu, était entièrement constitué de bâtiments monumentaux britanniques, français et allemands, d'inspiration néoclassique et Art déco. La maison s'ornait d'une petite véranda fermée, peinte récemment. La pelouse et les arbustes avaient l'air soigneusement entretenus. Quelqu'un s'occupait de la maison, Ray sans doute, ce qui devait signifier qu'il était toujours là, non ? Elle jeta un coup d'œil sur le côté de la maison, vit un abri de jardin cadenassé et une mangeoire à oiseaux repeinte. Oh, pourvu qu'il soit là ! Elle monta sur la véranda et frappa timidement à la porte. Pas de réponse. Un carillon décoratif occupait le centre de la porte vitrée. Elle l'actionna et une sonnette retentit à l'intérieur. Un instant plus tard, elle aperçut une femme se frayant un chemin dans le couloir encombré.

« Oui, je peux vous aider ? » demanda la femme de derrière la porte.

— Je suis venue voir Ray. »

La porte s'ouvrit.

« Il est là, dit la femme. Elle avait un stéthoscope autour du cou. Entrez. »

À l'intérieur il faisait étonnamment chaud pour une journée de printemps. Jin Li suivit la femme dans le salon, où un homme émacié d'environ soixante-dix ans était alité, le dos calé contre des coussins, les bras le long du corps, les deux poignets perfusés.

« Oh, je suis désolée, tellement désolée, protesta Jin Li. Je voulais dire Ray Junior.

— Il ne devrait pas tarder », dit l'infirmière.

Jin Li se figea sur place, elle ne voulait pas s'imposer. En Chine, on ne violait jamais l'intimité d'un malade.

« Je… je ne…

— Je vous en prie, restez, insista l'infirmière. M. Grant ne reçoit pas beaucoup de visiteurs, et assurément aucune visiteuse aussi charmante que vous. » L'infirmière sourit. « Il va se réveiller d'un instant à l'autre.

— Vous êtes sûre ?

— Autant vous avertir, c'est un charmeur. »

Alors elle prit place sur le canapé, essayant de ne pas avoir l'air d'attendre, de se faire le plus discrète possible. Elle regarda M. Grant, autour de la pièce, dans le couloir, partout où elle le pouvait. C'était la maison où Ray avait grandi. Pas franchement luxueuse pour une maison américaine, et pourtant elle la trouvait très belle avec ses beaux parquets et ses grandes pièces toute simples. Il a été enfant *ici*, songea-t-elle. Tellement différent de l'endroit où j'ai grandi.

« Je pense qu'on me donne trop de médicaments, fit une voix rauque, celle de M. Grant, qui avait ouvert les yeux et l'examinait intensément, avec inquiétude même. Si je ne me trompe pas, encore que je *puisse* me tromper, j'ai devant moi une Chinoise exceptionnellement belle, sans doute la plus belle femme, ma femme Mary exceptée, à avoir jamais pénétré dans cette maison ces trente-neuf dernières années, et ce n'est pas peu dire, croyez-moi ! »

Jin Li se leva mais ne savait pas trop si elle devait s'approcher du lit. Il avait l'air tellement malade, et sentait un peu aussi.

« Oh, bonjour, excusez-moi, monsieur Grant, je suis vraiment désolée de vous avoir réveillé, j'espérais voir Ray, votre fils. Je m'appelle Jin Li. Je ne pense pas que vous sachiez qui…

— Mademoiselle, je sais que je suis sur mon lit de mort, mais laissez-moi vous dire que je sais parfaitement qui vous êtes ! »

Le père de Ray jeta un regard furtif en direction de la cuisine. Plissa les yeux.

« S'il vous plaît, je vais vous demander…, dit-il dans un chuchotement sonore. Elle est peut-être dans la salle de bains. Soyez gentille, allez dans la cuisine me chercher un petit café. Il est sur la gazinière d'habitude. Ça me réveille les neurones. Vous feriez ça pour moi ? »

Elle se leva avec hésitation. Elle sentait, effectivement, une odeur de café.

« C'est parfait. Mais faites vite ! dit M. Grant. Un nuage de lait, sans sucre. »

Elle gagna la cuisine sur la pointe des pieds. Elle était très démodée pour une cuisine américaine. Elle lui rappelait la cuisine d'une série doublée en chinois qu'elle avait vue de nombreuses fois, un truc qui s'appelait *The Brady Bunch*. Elle remplit une petite tasse à café en ajoutant du lait trouvé dans le réfrigérateur et revint au salon.

« Je sais très bien qui vous êtes, reprit M. Grant.

— Vraiment ?

— Bien sûr… vous êtes la fille pour qui mon fils se fait tant de souci. Un sang d'encre, vraiment, il fait tout ce qu'il peut pour vous trouver… »

Il prit la tasse de café à deux mains et but une gorgée. Puis une autre.

« C'est bon », déclara-t-il.

Une machine installée près de M. Grant émit un bip, suivit d'un cliquetis mécanique. Il se tourna vers l'appareil et s'humecta les lèvres.

« Plus tôt que prévu », remarqua-t-il tout haut.

Il hocha la tête d'un air mystérieusement satisfait, puis son regard revint se poser sur Jin Li. Sauf que cette fois il ne clignait presque pas des yeux. Était-il en train de s'endormir ? Elle vit qu'il allait faire tomber sa tasse et se précipita pour la saisir avant que le café ne se renverse sur le drap.

« Merci… », dit-il, bizarrement.

Elle posa la tasse par terre, à ses pieds, hors de vue de l'infirmière au cas où elle reviendrait.

Une idée lui vint brusquement à l'esprit.

« Monsieur Grant ? Je peux vous demander quelque chose ?

— Oui, je suppose que vous pouvez.

— Qu'est-ce que Ray a fait pendant toutes ces années passées loin des États-Unis ?

— A fait ? »

La machine près de M. Grant cliqueta de nouveau mais il n'eut pas l'air de l'entendre.

« Oui. Est-ce qu'il était dans l'armée, est-ce qu'il s'est battu dans une guerre ? »

Le vieux Grant fronça les sourcils.

« C'est ce qu'il vous a dit ?

— Non.

— C'est bien ce que je pensais… il ne vous a rien dit, c'est ça ? »

Comment le savait-il ? Elle se sentit humiliée.

« Oui, c'est ça.

— Il les sauvait… les aidait… ouragans et tremblents de terre, tremblements, je veux dire… des centaines de gens, beaucoup de pays… »

Il ferma les yeux, comme pour mieux visualiser ce qu'il décrivait, et elle observa le mouvement rapide de ses globes oculaires sous ses paupières, cherchant, voyant peut-être.

« Parfois j'en entendais parler dans le journal… les choses terribles qu'il a vues, bien pires que tout ce que j'ai jamais… il en a vu trop, oh, ça arrive, de voir trop de choses ! » M. Grant leva le visage vers le plafond, les joues creusées. « Ne voulait jamais en parler, ça m'a brisé le cœur, vous comprenez, j'aimerais qu'il… c'est bon pour un homme, une femme, des enfants… parfois il descendait… tout au fond, là où étaient tous les morts… il était censé trouver les gens, les enfants… très, très difficile… parfois… il… mon jardin, vous avez vu les roses… ? »

Sa tête tanguait. Il n'était plus qu'un homme en proie à ses visions.

« Monsieur Grant, comment Ray s'est fait cette terrible cicatrice sur le ventre ?

— Aaah… »

Il gémit de manière horrible.

« Monsieur Grant ?

— … c'était… Dieu la lui a donnée ! »

Ses yeux s'ouvrirent, puis se révulsèrent. Il souffla une haleine fétide, montée du plus profond de lui-même. Puis sa tête retomba sur le côté. Un œil presque fermé, l'autre ouvert. Jin Li détourna le regard. Pourquoi pensait-elle à son grand-père ? Je dois le regarder, se dit-elle, je dois regarder ça pour comprendre Ray.

Une minute passa, en silence. La poitrine maigre de M. Grant continuait à se soulever et à retomber, et son visage s'était détendu.

L'infirmière revint, en regardant sa montre.

« Vous avez pu bavarder ? » demanda-t-elle jovialement.

Jin Li se rendit compte qu'elle respirait rapidement.

« Oui.

— Et vous vous êtes pris un petit café ?

— Oui.

— C'est un homme très bien. »

Quand elle souleva le drap pour l'arranger un peu, Jin Li vit la poche d'urine à moitié pleine.

« Il va dormir un moment à présent.

— Je ferais peut-être mieux d'attendre Ray dehors…

— Comme vous voudrez. »

Jin Li opina de la tête et se leva, avec l'envie soudaine de quitter la pièce en courant. Au lieu de quoi elle se pencha et déposa un baiser très doux sur le front du malade.

« Vous êtes mignonne, dit l'infirmière. Je lui dirai quand il se réveillera. Ça lui fera plaisir. »

Jin Li regagna discrètement le couloir, étudiant vaguement quelques photos de famille. Elle ne les avait pas remarquées en entrant. Il y avait une photo de Ray en tenue de footballeur, et une autre de lui en uniforme des pompiers de New York, recevant une médaille sur un lit d'hôpital. Avec son père et sa mère de chaque côté. Et un chauve souriant dont elle reconnut le visage. Le maire Giuliani.

POUR SERVICES VALEUREUX RENDUS À LA VILLE DE NEW YORK LE 11 SEPTEMBRE 2001, disait la légende écrite en lettres d'or.

Oh… alors, il y était.

Elle sortit sur la véranda. Pourquoi ne lui avait-il pas dit ? Comme elle aurait voulu savoir, comme Ray lui manquait à présent… comme elle l'aimait, même. Tout… tout se tenait.

Elle se dirigea lentement jusqu'au trottoir, un peu étourdie par le soleil éclatant, se demandant pourquoi elle pleurait. Peut-être que le fait d'avoir vu M. Grant, la conversation au sujet de Ray, les photos, ça faisait un peu trop…

Trop, en fait, pour remarquer le fourgon cabossé qui s'était rangé le long du trottoir. Un homme massif portant des vêtements de travail élimés se planta devant elle. La dévisageant de ses yeux sombres.

« Mais, qu'est-ce que… ! »

Il l'empoigna d'une main sale, ouvrit brusquement la portière du fourgon, et la jeta à l'intérieur. Elle se cogna la tête contre le plancher en métal. Il tendit la main à l'intérieur et lui arracha son sac à main. Elle aperçut un bout de corde et un seau en plastique vide. La portière se referma en claquant, fut verrouillée de l'extérieur, et le fourgon démarra dans une embardée. Elle allongea le bras pour ne pas glisser dans le noir.

Un bruit de coulissement. La lucarne arrière du chauffeur communiquait avec le corps du fourgon. Derrière un grillage, elle vit son visage.

« T'avise pas de gueuler », menaça-t-il.

Le fourgon roula encore quelques minutes. Elle chercha à tâtons les portières latérales et celle du fond. Verrouillées. En marchant à quatre pattes elle trouva la corde et le seau en plastique, rien d'autre.

Le fourgon stoppa. Elle entendit la portière du conducteur s'ouvrir, claquer, et l'homme marcher vers l'arrière.

« Je vais ouvrir. Ne fais pas de bêtises. »

La portière s'ouvrit, inondant le fourgon de lumière. Il grimpa à l'intérieur, alluma le plafonnier, et referma la portière.

« Ne crie pas, je te préviens. »

C'était un homme de forte corpulence. Il lui saisit la main et lui tordit le bras, si bien qu'elle se retrouva sur le dos.

Elle le frappa avec ses pieds, de toutes ses forces. Il appuya son genou contre sa poitrine, et elle le frappa avec ses poings. Cela ne lui fit ni chaud ni froid. Il sortit un gros rouleau d'adhésif, en déchira un morceau, et lui en couvrit la bouche. Elle continuait à le frapper, mais il était grand et lourd et son genou lui écrasait la poitrine. Il la tourna sur le côté. Avec un autre morceau d'adhésif il lui lia les mains derrière le dos. Puis les chevilles, malgré les coups de pied qu'elle lui envoyait. Quand il eut fini, elle se tortillait sur le dos, tentant de se libérer.

Il déchira un autre morceau d'adhésif qu'il tint au-dessus de son visage.

« Ferme les yeux », commanda-t-il.

Ce qu'elle fit. L'adhésif recouvrit ses paupières, attrapant quelques mèches de cheveux.

Son ravisseur avait l'air pressé. Il était à califourchon sur elle, si près qu'elle sentait l'odeur de son chewing-gum, une odeur de cannelle.

« Tu m'as échappé une fois, mais pas cette fois. »

Sa main courut le long de son chemisier, le déchira. Il respirait bruyamment par le nez. La main palpa ses seins, les broya. Puis se retrouva entre ses jambes, baissant sa culotte, le pouce cradingue s'introduisant un instant en elle, douloureusement. Il fouilla son intimité, frétilla, puis ressortit. Elle l'entendit à nouveau respirer par le nez. Elle se demanda s'il n'était pas en train de renifler son doigt.

Il la retourna et la ligota avec la corde. Elle lui comprimait les mains, les bras, les jambes. Elle le sentit qui doublait les nœuds.

Puis il lui mit le seau sur la tête, le scotcha à ses vêtements, sa respiration résonnant dans ses oreilles.

Noir sur noir. Il lui avait peut-être dit quelque chose mais elle était incapable de savoir quoi. Tous ses muscles se relâchèrent à cause de l'épuisement, ses vêtements étaient trempés de sueur. La portière se referma de nouveau, et, tandis que le véhicule se remettait en mouvement, elle fut brutalement projetée vers l'arrière sur le plancher en métal dur, ligotée, impuissante, sans la moindre chance que quelqu'un sache où elle était.

30

« Un gigolo pour handicapées ?

— Oui, il ne le fait… enfin tu vois, qu'avec des femmes en fauteuil roulant. »

Connie baissa la voix. Elle n'avait pas envie qu'on l'entende, y compris les domestiques, qui en savaient déjà trop sur son compte.

« Des vieilles ?

— Non, non. Jeunes, trente, quarante, cinquante ans peut-être.

— Elles le *payent* ?

— Ben, oui. Très bien à ce qu'il paraît. Mais elles s'en moquent. Ce n'est pas cher payé, *quand on y pense*.

— Quand on pense à quoi ? demanda-t-elle.

— Que c'est un supercoup ! Tu serais étonnée du nombre de femmes riches en fauteuil qu'il y a à New York. Tu sais, chutes, problèmes de dos, sclérose en plaques… des centaines, en tout cas.

— Je ne les vois jamais, pourtant.

— C'est que la plupart vivent cachées. J'en ai une dans mon immeuble. C'est comme ça que j'ai su pour lui.

— Et ton amie, combien de fois… ?

— Une fois par mois, environ. Son mari ne la touche jamais. Depuis des années.

— Elle t'a raconté ce que… oh, mon Dieu, attends une seconde. »

Connie écouta les bruits qui parvenaient du toit. Son mari et ce drôle de petit Chinois appelé Chen qu'ils venaient d'avoir à dîner étaient montés sur la terrasse pour boire et fumer le cigare. Cela faisait un moment qu'ils étaient là-haut. De quoi pouvaient-ils bien discuter à présent ? Cela avait été sans conteste la pire conversation à laquelle elle ait jamais assisté – empruntée et bizarre, surtout parce que le Chinois parlait un anglais exécrable, sans parler de son inaptitude à utiliser une fourchette, et Bill qui se comportait comme s'il avait affaire à un gros bonnet. Eh bien, pardon, mais elle les avait pratiqués tous ces types, surtout les milliardaires de Hong Kong et de Singapour, et ce Chen ne leur arrivait pas à la cheville. Bill avait dit que d'autres hommes les rejoindraient peut-être plus tard. Elle tendit à nouveau l'oreille, n'entendit rien.

« Désolée, vas-y, continue, tu disais que son mari ne la touche jamais et qu'elle s'envoie en l'air avec le gigolo et tout ça.

— La voisine les a entendus un après-midi, l'a entendue, elle.

— Allez, c'est qui ce type ?

— Eh bien, c'est le genre grand bûcheron campagnard à chemise à carreaux. Il a vingt-neuf, trente ans. Il vient une semaine par mois. Il se les tape toutes, et il repart.

— C'est… ce n'est pas un peu malsain ? ou bizarre ?

— En fait, je trouve ça mignon.

— Enfin, quand même, elles le *payent*.

— Bien sûr, mais il n'est pas obligé de faire ça ! J'ai entendu dire que tout a commencé parce qu'il venait livrer des sapins de Noël et du bois à brûler en ville chaque hiver, un boulot régulier, et je suppose qu'un jour c'est une femme en fauteuil qui lui a ouvert et, de fil en aiguille, comme on dit.

— À mon avis, c'est un mégalo qui se fait un délire de puissance.

— C'est ce que j'ai pensé. Exactement. Mais j'ai eu d'autres sons de cloche. Il est doux, paraît-il. Ferme, mais doux. Beaucoup de ces femmes souffrent de douleurs chroniques, ont des articulations ankylosées, des problèmes médicaux bizarres, la colonne… tu *imagines* les difficultés. »

Connie éprouva un agacement bizarre et fit claquer ses ongles sur la table en marqueterie qu'elle avait trouvée à… enfin, peu importe, Portobello Road à Londres, rue Jacob à Paris, peut-être.

« Ça doit être… »

L'interphone de la chambre bourdonna.

« Connie, aboya la voix de son mari. Quand ces types arriveront, envoie-les sur la terrasse. Tout de suite.

— Oui, monsieur mon mari. » Elle coupa la communication, reprit le téléphone : « Je disais que ce devait être un délire de puissance bizarre.

— Connie, je te dis que ça, c'est ce que je pensais *avant*.

— Jusqu'à ce que… ?

— … je le voie.

— *Quoi ?* s'étrangla-t-elle.

— Je lui ai parlé. »

Une bouffée de jalousie la saisit.

« Tu as fait ça ?

— Il est sympa. Très intelligent. Peut-être même un peu timide. »

Pourquoi ces informations la tourmentaient-elles ? « Est-ce qu'il fait ça avec, tu sais, des femmes normales ?

— Connie, il faudrait que tu sois désespérée pour…

— Mais je suis désespérée.

— Qu'est-ce qui est arrivé à ce type que tu avais ?

— Il a commencé à avoir des doutes au sujet de Bill, tu sais, tout cet argent.

— Qu'est-ce qui se passe… avec Bill ?

— Eh bien, je l'aime, c'est sûr. Mais, tu sais… je ne t'ai jamais dit qu'il pissait dans la baignoire tous les matins ?

— Oh, mon Dieu.

— Tant que quelque chose l'intéresse, un de ses contrats ridicules ou la question de savoir pourquoi une entreprise qui vaut des milliards ne tourne pas rond, il est supportable. Ce soir, il est justement occupé à ce genre d'affaire. J'essaye de l'encourager, tu sais, de lui donner quelque chose à faire ! Autrement, je…

— Tu serais en train d'acheter un fauteuil roulant !

— Ne parle à personne de ce type ! Je ne déconne pas ! Bientôt *New York* va sortir un article sur lui, tout le monde sera au courant, et ce sera râpé.

— Je tiendrai ma langue, promis.

— Tu sais comment on le rencontre ?

— Bien sûr. Il passe dans l'immeuble.

— C'est quand, la prochaine fois ? Je veux… » Elle entendit l'interphone de l'immeuble bourdonner : « Désolée, il faut que j'aille répondre. Ne quitte pas. »

On accédait au toit terrasse par un ascenseur privé depuis l'intérieur de leur appartement. Elle avait insisté pour le faire installer afin qu'elle n'ait pas à emprunter l'ascenseur normal, dans lequel, après tout, il y avait tout le temps un liftier, et elle aimait monter sur la terrasse en maillot de bain pour faire sa gym ou prendre un bain de soleil. L'interphone bourdonna à nouveau. Elle ouvrit la porte et fut surprise de voir cinq hommes en costume, chacun muni d'un porte-documents. L'un d'eux était ce petit vieux qui s'appelait Elliot et qu'elle avait rencontré des années auparavant.

« Vous avez organisé une véritable réception, plaisanta-t-elle tandis qu'il lui serrait poliment la main. Mais je suppose que les filles ne sont pas invitées. »

Elliot sourit, vaguement amusé.

« Votre mari est un homme remarquable, dit-il. Et son amitié compte beaucoup pour moi.

— Bill est là-haut sur le toit avec un certain M. Chen, qui nous vient de Chine. »

Elliot la regarda droit dans les yeux.

« Madame Martz, je puis vous assurer que nous connaissons très bien ce M. Chen. »

Elle les conduisit au bout du couloir jusqu'à l'autre ascenseur, les regarda monter dans la cabine, puis se rappela… le gigolo pour handicapées !… et courut reprendre le téléphone.

31

Le plus long voyage de toute sa vie. Ils avaient suivi une sorte d'avenue à Brooklyn – elle le savait à cause de la conduite saccadée, des coups de klaxon et des sirènes – puis, après qu'ils eurent pris un virage sur un terrain cahoteux, elle avait entendu un moteur de camion et senti une odeur de *merde*, une immense bouffée enveloppante. Comme si le fourgon creusait un tunnel sous une montagne d'excréments. Ils s'étaient immobilisés quelques secondes plus tard, on avait soulevé une porte de garage, et le véhicule avait pénétré à l'intérieur d'un bâtiment. Maintenant elle attendait. Elle éprouvait une gêne entre les jambes, là où le pouce l'avait pénétrée, et elle sentait l'odeur de sa propre sueur et de sa peur. Son cou lui faisait mal après leur corps à corps. Mais c'était l'adhésif qui était le plus douloureux. Chaque fois qu'elle clignait les yeux, il tirait sur ses sourcils et ses cils. Elle respirait par le nez, et le bruit de sa respiration résonnait dans le seau en plastique. Difficile d'entendre grand-chose d'autre, mais à cet instant, elle sentit que l'on éteignait le moteur du fourgon, puis entendit la portière avant s'ouvrir et se fermer, et la portière latérale coulisser.

Et la voix, basse, haineuse et ferme :

« Très bien, je vais te sortir de là. Pas de résistance. »

Elle voulait résister mais n'en avait pas la force.

« Hoche la tête pour me montrer que tu comprends. »

Elle obtempéra, le seau cognant contre sa poitrine.

Il l'empoigna avec ses grosses mains, comme un sac, et la traîna sans ménagement sur le plancher du fourgon.

Puis il la souleva et la jeta sur son épaule, qui lui écrasa le ventre. Il descendait… des *marches*, semblait-il. Elle entendit un grincement. Une odeur bizarre de produit chimique lui brûla les narines, lui donnant la nausée.

Il la déposa sur quelque chose, lit ou canapé.

« Tu pèses pas bien lourd », observa-t-il.

Elle ignorait ce qu'il entendait par là.

« Maintenant tiens-toi tranquille, il faut que je te fasse quelque chose. »

Elle se raidit, s'attendant au pire. Mais il ne faisait que lui entourer la taille avec un objet lourd et métallique qui vint peser contre ses hanches. Elle entendit une clé tourner.

« Je vais enlever le seau. »

Elle sentit l'adhésif tirer sur ses vêtements et ses cheveux, et une fois le seau enlevé, elle ne s'entendit plus respirer par le nez.

Les doigts de son ravisseur effleurèrent son visage, et elle se mit à se débattre et à pleurer.

« Oh ! J'enlève juste le scotch sur ta bouche ! »

Elle s'efforça de rester tranquille. L'odeur de produit chimique la gênait vraiment, lui donnait envie de vomir, en fait. Ou peut-être était-ce lui… si proche d'elle. Elle sentit ses ongles décoller l'extrémité de l'adhésif, et l'adhésif lui-même se décoller de sa joue gauche, de ses lèvres, puis de sa joue droite. Une douleur cuisante. Elle fit jouer les muscles de son visage.

« Tiens, une bouteille d'eau. »

Quelque chose toucha ses lèvres. Elle secoua violemment la tête.

Il la gifla.

« Bois. Ne sois pas bête. »

Elle but, ouvrant la bouche en aveugle, faisant en sorte de ne pas s'étouffer. C'était bien de l'eau, pour autant qu'elle put en juger.

« Très bien, commença-t-il. Je sais que tu t'appelles Jin Li, quelle que soit la façon dont ça se prononce. Mais à part ça ? »

Elle s'éclaircit la voix. Elle aurait voulu le voir.

« Pourquoi je vous le dirais ?

— Parce que je te l'ai demandé, putain !

— Et vous, qui êtes-vous ?

— Moi ? »

Il accompagna la question d'un grognement.

Dans ce seul mot elle entrevit toute une philosophie : un orgueil pugnace, une incrédulité totale quant à l'indifférence que lui témoignait la terre entière et, derrière tout ça, la violence sans frein de la haine de soi.

« Ouais, qui êtes-vous ? répéta-t-elle effrontément.

— Moi, je suis celui qui gagne. C'est ce que veut dire mon nom, en fait.

— C'est quoi, votre nom ? »

Il la frappa, fort.

« C'est moi qui pose les questions. N'oublie pas ça. »

Sa tête pivota et elle tomba en arrière, s'attendant à être frappée à nouveau. Mais elle avait parfaitement mémorisé ce qu'il venait de lui dire.

« Bon, j'ai quelques questions. Est-ce que tu étais dans cette voiture avec les Mexicaines ? »

Je ne veux plus qu'on me frappe, pensa Jin Li.

« Non. »

Il cogna de nouveau.

« Si, tu y étais. Maintenant je sais que tu es une menteuse et maintenant *tu* sais que *je* le sais. Pigé ? Alors te fous pas de ma gueule, OK ? Bon… la limousine. C'était qui les Chinois qui te cherchaient en limousine ? »

Oh, songea Jin Li, il sait des choses. Je vais devoir faire attention à tout ce que je dis.

32

Il ne se doutait encore de rien. Croyait encore qu'il s'agissait d'une visite de courtoisie. D'une parade nuptiale entre hommes riches. Cognac et cigares. Qu'on applaudirait aux succès de l'économie chinoise, ses réserves en devises étrangères, la puissance de sa marine, le lancement programmé de sa fusée lunaire. Eh bien non, ce n'était pas une parade nuptiale, même si l'un des deux allait immanquablement se faire baiser. Et je ne serai pas celui-là, pensa Martz. Ils s'étaient installés dehors sur des chaises longues en teck, les gratte-ciel de Manhattan illuminés autour d'eux. La 5ᵉ Avenue, le Rockefeller Center, le Chrysler Building, l'Empire State, les ponts de Brooklyn, toutes ces fenêtres éclairées à la fois familières et grandioses. Même Chen, malgré son ego boursouflé, avait l'air impressionné.

« Combien coûte ce genre d'immeuble ? » demanda-t-il.

Une question d'une stupéfiante grossièreté.

« Tout l'immeuble ? fit Martz d'un ton égal. Difficile à dire.

— J'ai appartement dans Time Warner Center.

— Oui, j'ai entendu dire qu'ils étaient très bien. » Martz ne voulait surtout pas donner l'impression qu'il se moquait de son hôte. « Ce qui se fait de mieux à New York. »

Les portes de l'ascenseur s'ouvrirent. Les hommes sortirent en file indienne, porte-documents à la main.

Chen, surpris, se retourna vers Martz.

« Qui sont ces gens ?

— Des amis à moi.

— Oui, je vois. »

Mais Chen s'était redressé sur sa chaise, pressentant des ennuis.

Martz se pencha alors en avant et, très doucement, le repoussa au fond de sa chaise : le ton de la soirée avait changé.

Chen se figea.

« Mon ami, annonça Martz, nous sommes maintenant arrivés au moment de la soirée qui revêt le plus d'importance à mes yeux. »

Les sens en alerte, agrippé aux accoudoirs de la chaise longue, Chen ne bougeait pas. Ses gardes du corps étaient restés dans le susmentionné immeuble Time Warner, à boire de la bière et à regarder la télévision câblée américaine, probablement. Il avait laissé Martz lui envoyer une voiture et n'avait pas voulu que ses hommes l'accompagnent. Une erreur, semblait-il comprendre à présent, une erreur qu'aucun homme vraiment riche ne commettrait jamais en Amérique.

Martz se retourna vers lui.

« Chen, vous êtes ici ce soir pour une seule et unique raison. À travers ma société, je suis un des principaux investisseurs dans un petit, mais très prometteur laboratoire pharmaceutique appelé Good Pharma. »

Il fit signe à l'interprète, un svelte Sino-Américain doctorant à l'université de Columbia, de les rejoindre.

Les autres hommes assis à la table près de l'ascenseur ouvrirent leurs portables.

« Commencez à traduire tout ce que je dis. Je ne veux aucun malentendu. Je veux qu'il se familiarise avec votre voix et vous avec la sienne. »

Le jeune homme salua Chen avec cérémonie. Les yeux de Chen faisaient la navette entre Martz et son interprète.

Martz reprit.

« Mon ami Hua ici présent travaille pour moi depuis huit ans. Il connaît l'accent de votre région. Il traduira. Vous avez récemment vendu à découvert des titres Good Pharma, ce qui a entraîné une baisse du cours. Et quand je dis vous, j'inclus tous les investisseurs chinois que vous conseillez. Très impressionnant, si ce n'est que vous avez fait cela en vous basant sur des informations piratées. »

L'interprète traduisit.

« Je vous écoute, dit Chen en anglais, comme s'il cherchait une occasion de négocier.

— Ce soir, vous allez appeler vos amis investisseurs en Chine, un par un, et leur dire d'acheter du Good Pharma à l'ouverture des marchés, à dix heures du matin, heure de Shanghai. Ils passeront leurs ordres d'achat à Shanghai, Pékin, Hong Kong, et partout où ils font des affaires.

— Pourquoi feraient-ils ça ?

— Parce que vous allez leur dire de le faire. »

Chen secoua la tête.

« Ça ne sera pas suffisant.

— J'ai dans l'idée que vous saurez trouver les bons arguments.

— Comment ?

— Très simple. Vous leur direz que vous disposez de nouvelles informations confidentielles. De très bonnes informations qui vont leur faire gagner beaucoup d'argent. »

Chen ne dit rien.

« Hua s'assurera de l'exactitude de vos propos. En fait, nous sommes équipés d'un dispositif qui crée un décalage de dix secondes entre l'émetteur et le récepteur d'une conversation téléphonique. Il a été mis au point par certaines stations de radio afin d'empêcher la diffusion accidentelle d'expressions prohibées par la FCC[1]. » Martz pointa le doigt sur l'interprète : « C'est bon, il a compris ça ? Ce dispositif est également utilisé par des traders sans scrupules pour faire du *front-running*[2] sur de grosses transactions passées sur des lignes téléphoniques conventionnelles. C'est illégal parce que redoutablement efficace. Hua va écouter tout ce que vous direz et s'il a l'impression que vous ne dites pas exactement ce que nous vous avons ordonné de dire, il appuiera sur un bouton et votre voix ne sera plus audible.

» De plus, M. Phelps, un des messieurs assis à la table là-bas près du barbecue, surveillera votre voix sur un analyseur de stress, et s'il estime que votre voix trahit le mensonge, il effacera les fréquences hautes de sorte qu'un analyseur vocal installé à l'autre bout de la ligne, ou l'oreille humaine, laquelle, à mon sens, est tout aussi sensible, ne percevra aucune sonorité douteuse. M. Phelps a passé vingt-trois ans à la CIA et il maîtrise parfaitement ces techniques. Monsieur Phelps ? »

Ce dernier vint se planter devant Chen, main tendue.

« Vous allez à présent nous remettre vos téléphones portables, appareils électroniques, etc. »

1. Federal Communications Commission, le CSA américain.
2. Délit d'initié qui consiste à passer ses propres ordres au détriment de ceux des clients.

Chen lui donna deux portables et un biper.

« Je vous en prie, restez assis là confortablement », dit Martz, qui se leva pour aller voir Elliot de l'autre côté de la terrasse.

« Salut, Billy Martz. Oui, tout est en place, plus ou moins. J'ai passé la journée au bureau à tout préparer. »

Il avait trois écrans ouverts, branchés sur l'une des prises électriques étanches que Connie utilisait pour son vélo elliptique qu'elle entreposait sur la terrasse, passant des heures à pédaler pour se rapprocher un peu plus du paradis ou de l'endroit qu'elle comptait un jour atteindre.

« Tu as toute ta puissance de feu, toutes tes communications ?

— Oui.

— C'est très difficile, techniquement ?

— Cette technologie existe depuis un certain temps déjà. Si tu veux un truc vraiment compliqué, va manipuler des cellules souches.

— Si tu le dis.

— Bill, tu es en train de devenir un vieux bonhomme pinailleur. » Elliot sourit, lui tapota le dos : « Fais ce que tu as à faire de ton côté, et laisse-moi travailler. »

Mais Martz s'attarda, embrassant du regard les différents appareils, stupéfié par leur très faible encombrement, n'était la grosse parabole blanche déployée à l'extrémité d'un trépied télescopique de trois mètres de haut qui avait été montée et positionnée plus tôt dans la journée. Martz n'ignorait pas que la réussite d'une telle opération, maintenant qu'il était possible de localiser presque toutes les transmissions électroniques, consistait non pas uniquement à transférer la communication d'un endroit à un autre, d'une juridiction étatique à l'autre, mais à utiliser différentes technologies. Le franchissement successif de ces frontières compliquait la tâche de toute autorité souhaitant recréer la séquence d'une communication illégale. D'après ce que comprenait Martz, les hommes d'Elliot seraient en liaison directe avec un bateau mouillé au large du port de New York. Le mode de transmission était un faisceau à ondes courtes compressé et crypté numériquement, qui nécessitait une visibilité directe entre l'émetteur et le récepteur et dont la portée était limitée à quelques kilomètres seulement. Il ne pouvait pas s'affranchir de la courbure terrestre. Ne fonctionnait pas par nuit de brouillard ou par temps de pluie, non plus. Le faisceau était pointé sur un récepteur grand comme un parapluie et ne faisait lui-même que cinquante millimètres de diamètre. Mais ce mode de transmission était absolument intraçable. À tel point que la Citibank utilisait cette technique pour transmettre des données de ses célèbres bureaux de la 53e Rue Est à son back-office du Queens construit à cette fin de l'autre côté de l'East River. Il regarda les hommes s'affairer. Ils avaient passé des heures à vérifier et à vérifier encore le vecteur de transmission. Le bateau, enregistré au Liberia, disposait d'une liaison téléphonique avec un réseau satellite privé hollandais, utilisé exclusivement par les compagnies maritimes, qui relayait et acheminait les paquets de données jusqu'à un chantier naval grec appartenant à Elliot. L'endroit était plein de tankers rouillés attendant d'être révisés, mais les câbles qui serpentaient sous et autour d'eux étaient ce qui se faisait de mieux en matière de fibre optique. Grâce à ce dispositif, Elliot était en mesure de communiquer en toute confidentialité avec n'importe qui dans le monde. Le grand nombre de relais dégradait la qualité du son et créait un léger décalage d'environ quatre secondes dans la transmission.

Mais la contribution d'Elliot ne se limitait pas à cela, loin s'en faut. Après tout, quiconque possède quelques millions de dollars et une personnalité antisociale est capable de mettre sur pied une liaison internationale intraçable associant différentes technologies. M. Ben Laden, par exemple, entre autres mécréants. La véritable valeur d'Elliot, et la raison pour laquelle il touchait des millions de dollars pour ce qui lui revenait à sept ou huit heures de travail environ, était qu'il faisait advenir des choses qui n'auraient pu exister sans sa médiation ; il fournissait les capitaux et la jugeote et savait en tirer un profit illégal maximum. Avec sa poignée d'infidèles il avait analysé plusieurs milliers de hausses boursières et avait méticuleusement élaboré un programme de trading pour comptes propres permettant de dessiner des courbes de régression linéaire à travers les nuages de points correspondant à l'historique constaté de ces hausses. Il commençait alors à acheter l'action en question, ce qui, évidemment, faisait grimper le cours. Mais ce n'était pas tout ; une fois la manœuvre enclenchée, Elliot ne se contentait pas de reconstituer bêtement l'évolution de la courbe en achetant et en vendant de temps en temps ; non, il la créait de toutes pièces, il l'*enfantait*, et ce en utilisant plusieurs milliers de plates-formes de *trading* interconnectées capables d'effectuer des affectations aléatoires par blocs, et qu'il laissait tourner de façon autonome, donnant aux plates-formes un biais acheteur, mais les laissant également réagir en temps réel et de manière différenciée aux informations spontanées du marché. Ce qui signifiait qu'il autorisait certaines plates-formes à prendre de « mauvaises » décisions, exactement comme l'auraient fait des *traders* de chair et d'os, entrant ou sortant d'une hausse de cours trop tôt ou trop tard. Il panachait également les outils de modélisation généralement utilisés par les *day traders*, les courtiers indépendants, les gestionnaires de portefeuilles privés, les banques d'investissement, et les grands acteurs institutionnels tels que les gérants de fonds de pension et les OPCVM. Ses plates-formes négociaient non seulement avec et contre tous les *traders* intervenant de manière légitime sur le marché, mais aussi à l'aveugle, les unes contre les autres. Il en résultait non pas une simulation mais une véritable hausse observable en temps réel qui, d'un point de vue statistique, était parfaitement fondée.

L'astuce consistait à générer un volume suffisant de transactions dans un laps de temps assez court pour dissimuler l'activité des plates-formes de *trading* d'Elliot à l'intérieur de l'évolution générale du cours. Il démarrait un petit feu spéculatif, en espérant qu'il prendrait, puis l'arrosait d'essence. Ce qui signifiait également que si d'aventure la SEC mettait son nez dans les données générales des transactions, il lui serait très difficile de repérer les plates-formes d'Elliot. C'est dire à quel point le dispositif était élaboré. Ce qui voulait dire aussi qu'Elliot avait probablement réussi à se procurer au marché noir le petit logiciel utilisé par la SEC, quasiment introuvable, et qu'il l'avait examiné de près.

Elliot avait toujours obtenu d'excellents résultats. Aucun soupçon, aucune enquête. Il faut dire qu'il était extrêmement sourcilleux. Avait plusieurs fois refusé les offres de Martz. En règle générale, il avait un penchant pour les secteurs d'activité ou les entreprises marqués par une forte volatilité. Peaufinant constamment son modèle, Elliot se déplaçait furtivement entre New York, Londres, Francfort, Paris, Tokyo, Milan, Shanghai, Johannesburg, Melbourne. Chaque place financière avait ses propres failles, bien sûr, ses propres règles de transaction, ses fêtes nationales, ses saisons, ses cycles électoraux et ses événements sportifs. Le meilleur moment pour effectuer un rachat massif en Angleterre ? Quand la Coupe du Monde se jouait le même week-end que la finale de Wimbledon. Le volume des transactions était toujours restreint ce vendredi matin-là, fin juin, début juillet. Au Japon ? Pendant les World Series avec un typhon annoncé sur Tokyo. Etc. Le titre devait avoir une histoire rendant le rétablissement de son prix plus ou moins plausible. Ce qui était impossible dans une industrie moribonde ou lors d'une OPA, car les transactions étaient alors très étroitement surveillées. L'opération ne pouvait concerner des systèmes d'armement, une question de principe pour Elliot, ni enrichir directement un certain nombre de personnalités, dont Rupert Murdoch, tous les amis de Donald Rumsfeld, ou encore George Soros. Elliot respectait *quelques* règles. Le cas échéant, il était capable de négocier un titre simultanément sur de nombreuses places financières, avec des schémas de négociation paramétrés en fonction de l'environnement. Ce qui exigeait des compétences époustouflantes en matière de recherche et de programmation informatiques. Cela signifiait également qu'Elliot ne pratiquait que deux ou trois opérations de ce type par an, pas plus. Il n'avait pas envie de se faire pincer, après tout.

Même s'il intervenait pour le compte de tiers, Elliot surveillait la hausse du cours avec son propre objectif en tête, lequel était de sortir progressivement du jeu avant que le cours ne plafonne. Cette stratégie était, par essence, paradoxale, puisque chaque ordre de vente exerçait une pression à la baisse sur le cours. L'astuce consistait à anticiper la conclusion naturelle du marché sur la tendance haussière du prix de l'action à court terme. Acheter moins et vendre plus simultanément. Quand l'action avait atteint son plus haut niveau, Elliot avait déjà profité de la demande très forte qu'il avait lui-même créée pour revendre ses actions, engranger des dividendes fabuleux à court terme, et initier un mouvement secondaire et camouflé d'achats et de ventes, qui, très souvent, maintenait un cours artificiellement élevé, lui-même à cinq ou dix pour cent en dessous du cours le plus haut. Ce combat d'arrière-garde se soldait souvent par des pertes à court terme qui restaient marginales par rapport à l'ampleur des gains réalisés, et cependant confirmaient et ratifiaient publiquement le mouvement général de l'action. L'ensemble de l'opération pouvait s'étaler sur deux, voire trois jours, mais la manœuvre essentielle se dessinerait dans les cinq ou six prochaines heures.

Et alors je pourrai me détendre, pensa Martz, et aller me faire faire ma biopsie de la prostate. Une fois que le cours de l'action Good Pharma aurait presque atteint son point mort, ses propres *traders* réduiraient ses participations, le laissant non pas avec un compte créditeur mais avec des pertes de quelques points de base – ce qui n'était pas mal, vu les circonstances. Il avait perdu cent sept millions ; s'il pouvait en récupérer quatre-vingts ou quatre-vingt-cinq, il se considérerait comme satisfait et trouverait un moyen de combler la différence.

Tout cela se présentait très bien en théorie. Mais la réussite de l'opération reposait quand même sur deux hommes, Tom Reilly et Chen. Il faudrait bientôt commencer, quand les marchés allaient ouvrir de l'autre côté de la planète. Il retourna à l'endroit où Chen était assis.

Celui-ci se leva.

« Je vais partir maintenant.

— Je vous le déconseille, rétorqua Martz.

— Pourquoi ?

— Parce que vous seriez arrêté pour transactions boursières frauduleuses avant d'avoir pu quitter les États-Unis. »

Chen sourit.

« Je suis un ressortissant chinois.

— Et alors ?

— Mon gouvernement ne le permettrait pas.

— Chen, expliqua Martz en s'asseyant à côté de lui, comme vous le savez, il ne se passe pas un jour sans que les autorités chinoises arrêtent des étrangers sur leur sol. C'est une pratique qu'elles assument parfaitement. Nous aussi. Beaucoup de gens sont très hostiles au comportement de la Chine qu'ils considèrent comme un État voyou. Chez les conservateurs, surtout. Votre arrestation serait pour eux un motif de satisfaction personnelle. Je peux faire le nécessaire pour qu'ils applaudissent à cet événement sur les bancs du Sénat. Vite. Dans un jour ou deux. J'ai le bras très long, Chen. Je finance tous leurs comités de réélection. »

L'interprète traduisit tout cela mais en paraissant lui-même un peu estomaqué. Chen écouta, puis hocha la tête, sans que ses yeux noirs expriment quoi que ce soit.

« Vous ne voudriez surtout pas être arrêté pour transactions illégales ici. On se mettrait à enquêter sur toutes vos activités passées et, comme un virus mortel, cela affecterait tous les gens à qui vous avez transmis des informations. Beaucoup perdraient la face. Tous ces hommes d'affaires et ces hauts fonctionnaires. Toutes ces sociétés occidentales qui ont monté ces gentilles petites combines avec vous et vos associés. Vous savez cela mieux que moi, Chen. Vous seriez *persona non grata*. Non, *pire*. Vous choperiez le cancer et vous seriez condamné. » Il se tourna vers Hua : « Ça se traduit, ça ?

— Plus ou moins. »

Il prononça encore quelques mots.

« Bon, reprit Martz, faisant signe à un autre homme qui venait de sortir de l'ascenseur, vous allez appeler vos amis et leur dire de commencer à acheter du Good Pharma. On vous expliquera tout. Mon ami Tom Reilly est ici…

— Le numéro deux de Good Pharma ? coupa Chen.

— Lui-même. »

Un bel homme à la taille imposante et vêtu d'un costume de bonne coupe s'approcha, serra la main de Chen. Comme s'ils étaient là pour parler affaires. Ce qui, en un sens, était le cas. *Just business*.

33

Harlem avait changé, yo. Des *Blancs* y vivaient à présent ! Il frappa à la porte de Norma Powell dans la 146e Rue. L'heure du dîner était passée depuis longtemps, et il aurait bien de la chance si quelqu'un venait lui ouvrir. La circulation sur le FDR Drive avait été infernale ; presque deux heures pour aller de Red Hook à West Harlem. La station 1010 WINS avait annoncé qu'on avait découvert le cadavre d'un membre du milieu, abandonné entre deux barrières de trafic en ciment. La chaussée dans les deux sens grouillait de flics et de techniciens de l'identité judiciaire. Ray vit qu'on s'agitait derrière le rideau, et, un instant plus tard, un Noir impressionnant ouvrit la porte, une délicieuse odeur de cuisine italienne dans son sillage.

« Je suis bien chez Norma Powell ? demanda Ray.

— C'est ma mère. C'est pour quoi ?

— Je suis à la recherche d'une jeune femme chinoise. Elle s'appelle Jin Li.

— On ne dit pas qui habite ici, monsieur. Encore moins à huit heures du soir. »

Ray lui tendit le fax trouvé à Red Hook.

L'homme examina la feuille de papier, la lui rendit. Pas évident de contester ça.

« Vous êtes flic ?
— Non.
— Alors on n'a rien à se dire. »
Il se pouvait qu'elle soit dans son appartement ou dans sa chambre à cet instant même.
« Et si vous l'appeliez de ma part pour lui demander si elle veut bien me voir ?
— Vous avez un portable ?
— Non.
— Pourquoi ça ?
— C'est une longue histoire. »
L'homme produisit son propre téléphone.
« Vous avez son numéro ? demanda Ray.
— J'ai l'air d'un abruti ?
— Non, vous n'avez pas l'air d'un abruti. »
L'homme composa le numéro, attendit, une expression de patient dégoût sur le visage.
« Messagerie, dit-il en refermant le téléphone.
— Vous auriez dû dire que…
— Eh là, deux minutes, John Wayne. Je croyais que vous aviez répondu à *ma* question.
— Quelle question ?
— Que je n'étais pas un *abruti*. Vous n'avez pas dit un truc comme ça ? Ce n'est pas parce que je l'appelle qu'un Blanc zarbi va lui causer, surtout sur *mon* forfait. »
Ray pencha la tête en arrière. Il te hait, pensa-t-il. Mais ça n'a rien de personnel. Laisse pisser. Cherche une sortie élégante. Mais encore ? Essayant de gagner du temps, il regarda la façade de l'immeuble. Ce qui lui donna une idée.
« Très bien. Au revoir et merci. À propos, je ne sais pas ce que vous mijotez, mais ça sent bon. »
Peut-être parce que c'était en train de brûler ? L'homme fronça un sourcil inquiet et ferma la porte. Ray le vit se hâter vers la cuisine.

Ray examina les noms sur l'interphone. La case du 4R était vide. Ce devait être la chambre de Jin Li. Quatrième sur rue. Il passa directement du rebord du perron à l'échelle de secours. Norma Powell et son fiston semblaient faire les choses selon les règles. Le règlement de la ville de New York en matière d'incendie stipulait que chaque chambre à coucher devait comporter deux issues différentes, généralement une porte et une fenêtre. Il savait que Jin Li n'aurait jamais loué une chambre sans fenêtre ; elle était un peu claustrophobe. Il grimpa à l'échelle de secours jusqu'au quatrième, ses bottes faisant tomber une pluie d'écailles de peinture. Le palier à lattes métalliques du quatrième étage courait sous trois fenêtres, et il jeta un coup d'œil dans chacun des logements. Dans le premier un vieux Noir était assis dans un fauteuil en train de regarder un match de base-ball à la télévision. Une bouteille de bière d'un litre à la main. La deuxième fenêtre était sombre ; Ray ne vit personne à l'intérieur. La dernière fenêtre révéla une jeune femme extrêmement maigre portant soutien-gorge, jean et masque filtrant qui faisait de grands moulinets avec le bras. Elle ressemblait à une mante religieuse humaine. Qu'est-ce qu'elle fabriquait ? Il se colla à la vitre. Elle peignait à la bombe une toile de très grand format. Foutrement dangereux. Il cogna bruyamment au carreau.

« Qu'est-ce que c'est ? Qui êtes-vous ? »

Elle n'avait l'air ni effrayée ni surprise de le voir devant sa fenêtre.

« Inspection des normes incendie. »

Elle entrebâilla la fenêtre de quelques centimètres, laissant un écran-moustiquaire entre eux.

« C'est pour quoi ?

— Service incendie. Vous faites un usage industriel illicite de propulseurs aérosols dans un logement collectif, dit-il. Mais je ne vous dresserai pas de contravention si vous me promettez une chose.

— Quoi ?

— Ventilez votre chambre, mademoiselle. Gardez cette fenêtre ouverte.

— Oui, monsieur. Merci.

— Des activités illégales ont-elles cours dans l'appartement d'à côté ?

— La chambre, vous voulez dire ? Non, elle vient d'emménager. Je ne sais pas ce qu'elle fait.

— Où est la locataire en ce moment ?

— Je crois l'avoir vue monter dans un taxi il y a peut-être deux ou trois heures. Elle vit en Corée, un truc comme ça.

— Était-elle seule ?

— Je ne sais pas. »

Deux ou trois heures ? En taxi ? Ray redescendit par l'échelle de secours et se dirigea vers son pick-up. Le fait que Jin Li soit partie en taxi n'était pas anodin, dans la mesure où il était bien plus facile de rejoindre le bas de Manhattan en métro. Quand on vivait à Harlem, c'était pour se rendre dans des endroits moins accessibles qu'on prenait un taxi. Comme les aéroports. Le Queens. Ou bien Brooklyn ? Il avait un mauvais pressentiment. Il faut que je me creuse les méninges, se dit-il. Il avait atterri dans une impasse. Ce n'était pas parce qu'il ne l'avait pas trouvée que quelqu'un d'autre ne l'avait pas fait.

34

La marge bénéficiaire sur un paquet de chips individuel était colossale. La plupart des gens n'en avaient aucune idée. Et c'était tout l'intérêt de posséder une station-service. Il fallait avoir la supérette qui va avec, parce que les marges nettes sur l'essence à la pompe étaient très serrées, dans les quatre pour cent par gallon. Le marché de l'essence au détail était extrêmement concurrentiel et parfaitement transparent. Les gens avaient le prix sous les yeux et pouvaient littéralement traverser la rue pour comparer. Alors que les marges sur le café, la confiserie et autres articles de supérette – oui, il vendrait du porno, ce qui n'était rien comparé à ce que les gamins mataient sur l'Internet – étaient environ cinq fois supérieures. La station du Turc sur Flatbush Avenue était une mine d'or. Encore mieux que ce qu'il espérait. Il avait tous les chiffres à présent, grâce au type qui faisait la compta du Turc, un Pakistanais qui n'avait eu aucun scrupule à vendre son coreligionnaire et à se faire mille dollars en photocopiant une déclaration de revenus. Le comptable savait tout. Le Turc écoulait près de cent vingt-cinq mille gallons par mois. Sa franchise Dunkin' Donuts, démarrée quelques mois auparavant, rapportait en moyenne cinquante mille dollars par mois, et le bénéfice brut augmentait de jour en jour. La supérette de l'autre côté de la propriété engrangeait en moyenne vingt-trois mille dollars par mois, sans compter les recettes supplémentaires générées par le DAB, l'aspirateur de voiture, le distributeur de cigarettes (les cigarettiers ne reculaient devant rien pour rendre les ados accros), et les cartes téléphoniques nationales et internationales prépayées. Deux ans d'activité sur un bail de dix ans. L'implantation d'un fast-food Blimpie avait également été autorisée. Et, cerise sur le gâteau, c'était un point de vente idéal pour le Loto, certains clients venant acheter pour une centaine de dollars de billets d'un coup. Mexicains, Haïtiens, Gambiens, tout le monde venait, à l'exception des juifs hassidiques avec leurs drôles de bonnes femmes à perruque et des pauvres vieilles Italiennes vivant de l'aide sociale. Cet endroit était une machine à faire de l'argent.

Il savait également tout sur ce secteur d'activité. Les grandes compagnies pétrolières se retiraient de la vente au détail. Chevron, ConocoPhillips, ExxonMobil, toutes vendaient des milliers de stations. En même temps, les grandes surfaces discount commençaient à investir le marché. Wal-Mart et Costco. *Mais pas à Brooklyn, les gars*. Grâce à une législation sévère en matière environnementale, il était très difficile d'enterrer de nouvelles cuves à essence. Ce que vous voyez, c'est ce que vous avez déjà, et ce qu'il allait avoir, c'était la station au carrefour de Flatbush et de l'Avenue J.

Et sa nouvelle meilleure amie, la nana chinoise, allait l'aider… *considérablement*. Il ne pensait pas la trouver chez le vieux flic, mais bon, il avait eu du pot pour une fois, et à la seconde où elle avait passé la porte, il avait su qu'il avait besoin d'elle. Elle l'avait peut-être vu la nuit où Richie et lui avaient agressé les filles dans la voiture, mais, plus important, il avait le sentiment que celui qui avait envoyé la limousine blanche à la recherche de son petit copain était exploitable, financièrement parlant. Il suffisait de lui passer quelques coups de fil et d'organiser le ramassage du pognon. Il n'avait pas l'intention de faire du mal à la fille. À part quelques calottes sur la tête, mais ça, ce n'était rien, ça ne comptait pas. Elle lui plaisait, pourtant, il avait du mal à ne pas la toucher, et l'idée qu'elle était sa prisonnière, et qu'il pourrait lui faire n'importe quoi, l'excitait. Elle avait sans nul doute un corps de rêve, et il l'imaginait très bien sous lui. Quel pied ce serait de l'enfiler, surtout si elle résistait. Elle pouvait bien le mordre, lui donner des coups de pied ou quoi, mais à la fin, il faudrait qu'elle se couche et qu'elle serre les dents. Domination totale. Le simple fait d'y penser réveilla la bête sauvage qui sommeillait entre ses jambes.

Mais te détourne pas de l'objectif, Vic. Agis en homme d'affaires, pas en obsédé. Son plan, échafaudé pendant qu'il retournait au dépôt, était simple. Il possédait une douzaine de vieux téléphones clonés – très difficiles à se procurer depuis que les fabricants avaient pigé le truc – et il allait les utiliser pour appeler qui de droit et le faire cracher au bassinet.

Il ouvrit la trappe et redescendit. La baignoire en émail était pratiquement pleine de liquide brunâtre, et ce qui restait du squelette de Richie continuait de s'y dissoudre. L'odeur était forte. Il se demanda à quel point elle incommodait Jin Li. Mais bon, elle avait d'autres sujets de préoccupation. Il l'avait mise dans l'ambiance, et il était temps de passer à la vitesse supérieure. Elle était couchée en boule sur le canapé, les yeux bandés. Il lui avait bâillonné la bouche avec un autre morceau d'adhésif.

Une vraie chambre de tortures, cette piaule, pensa Vic.

« Voilà un seau, lui dit-il. Et un rouleau de PQ. Je veux que tu restes propre. »

Il coupa l'adhésif qui lui liait les poignets.

Elle pointa le doigt sur ses yeux, lui faisant comprendre qu'elle ne serait pas capable de voir ce qu'elle faisait.

Une ruse, probablement.

« Tu veux que je t'enlève le scotch sur les yeux ? »

Elle hocha la tête.

« Ça veut dire que tu me verrais. Et ce ne serait peut-être pas bon pour toi. »

Elle haussa les épaules.

« Tu m'as vu avant de toute façon ? »

Elle opina.

« Je vais y réfléchir. »

Elle secoua la tête. *Combative.*

Il lui fourra le seau et le papier toilettes dans les mains.

« Je crois que tu arriveras à te débrouiller. »

Elle ne dit rien. Il se pencha et lui caressa les seins. Elle fit un bond en arrière, surprise et effrayée.

« Tu as peur que je te viole ? »

Elle ne bougea pas. Pas un muscle. Mais sa respiration s'accéléra.

« Réponds à la question. Est-ce que tu as peur que je te viole ? »

Elle hocha la tête.

« Bien. Tu as raison d'avoir peur. C'est une réelle possibilité. Ça me fait fantasmer à fond. D'un autre côté, j'ai besoin que tu sois calme pour ce que j'ai en tête. »

Elle ne répondit pas.

« Bon, on va appeler ton frère. Tu as bien conscience, bien sûr, que personne, et je dis bien *personne*, ne sait que tu es là ni que cette pièce existe. »

Il l'observa. Il vit que, sous l'adhésif, elle avait plissé le front. Elle pleurait… mais sans faire de bruit.

Il arracha son bâillon d'un coup sec.

« Donne-moi le numéro. »

Elle s'exécuta.

« C'est quoi ce numéro bizarre ?

— C'est un numéro international », dit-elle en toussotant.

Il appela sur le téléphone cloné. Un message d'accueil se fit entendre, en chinois. Il ne laissa pas de message.

« Il ne parle pas anglais, dit-elle. Il faut parler chinois. »

La barrière de la langue. *Tu n'avais pas pensé à ça, Vic. Tu t'imagines que tout le monde parle anglais.* Il se serait giflé… ou pire. Mais il était lancé. Pas question d'annuler la mission. Il recomposa le numéro et tendit le portable à la Chinoise.

« Dis-lui que tu as été kidnappée et qu'il faut qu'il réunisse cinq cent mille dollars pour demain matin dix heures. »

Quand la messagerie se mit en route, Jin Li dit rapidement en chinois : « Chen, j'ai besoin d'aide. Je suis prisonnière dans une sorte d'entreprise de vidange à Brooklyn. En anglais, le nom de l'homme signifie *vainqueur*. Je suis à l'endroit où les camions à merde sont garés, je crois. Le type veut beaucoup d'argent. »

Il lui retira le téléphone d'un geste brusque. « Ça suffit largement. » Il essaya de rappeler. Pas de réponse. « Il va falloir attendre. Pendant ce temps nous allons explorer d'autres possibilités prometteuses. »

Jin Li se laissa tomber en arrière sur le vieux canapé, transporté là à l'origine pour des nécessités d'ordre sexuel. Violet et lui, quand ils avaient dix-sept, dix-huit ans.

Oui, elle allait lui être *très* utile. Il avait déjà vidé son sac et trouvé, entre autres choses, sa carte de visite. Elle était vice-présidente et directrice d'une boîte américaine appelée CorpServe. Une grosse légume. Génial ! Mais plus intéressante était la liste qu'il avait également trouvée dans son sac. Elle était écrite sur le papier à lettres d'une société appelée Good Pharma, qui avait ses bureaux dans le centre de Manhattan, près de l'endroit où il avait attendu la voiture des Mexicaines. Datée de la veille, le document avait été mis en forme par un tableur spécial ; le destinataire des appels figurait en haut de la page, un certain Thomas Reilly, à l'attention duquel la secrétaire avait tapé le nom du correspondant, ainsi qu'un message ; en dessous apparaissait la fonction de la personne, son numéro de téléphone, et des informations personnelles, comme le nom de madame et des enfants, ainsi que la date du dernier appel passé ou reçu par cette personne.

NOM : James Tonelli. *S'est excusé de ne pas avoir rappelé plus tôt. Sait que vous vouliez lui parler de toute urgence.*

NOM : Ann Reilly [la femme de Thomas Reilly, à l'évidence]. *A appelé de son portable. Bill Martz a cherché à vous joindre chez vous, elle vous demande de voir ça avec lui.*

NOM : William Martz, P-DG de Martz New Century Partners Fund. Cinq appels. *Tom, il insiste pour que vous le rappeliez. A appelé en personne, pas secrétaire. Franchement, un grossier personnage.*

NOM : Christopher Paley, avocat interne, Good Pharma Corp. *Nous avons reçu une demande de renseignements de la part de la police de New York concernant la mort de deux employées mexicaines de notre service d'entretien CorpServe.*

NOM : Ann Reilly. *Encore Martz.*

Il était en train d'entrevoir un truc. Les deux Mexicaines étaient employées par CorpServe, entreprise dont cette Jin Li était plus ou moins la patronne. Les filles avaient travaillé dans les bureaux de Good Pharma. Jin Li se trouvait *hier* dans les bureaux de Good Pharma. Tonelli et un certain Martz avaient appelé le grand manitou de Good Pharma, Tom Reilly. Il y avait peut-être un lien. Tous ces types avaient accès à énormément de pognon, et une partie de ce pognon allait se retrouver dans sa poche. Il regarda Jin Li qui se recroquevillait. Je vais transformer cette bombe chinoise en station-service sur Flatbush Avenue, se promit-il. Il remarqua qu'elle l'observait.

« Ouvre la bouche, dit-il.

— Pourquoi ? demanda-t-elle craintivement.

— Ouvre la bouche, je te dis ! »

Elle s'exécuta.

« Plus que ça, en grand. »

Elle obéit.

« J'enlève le scotch. » Il tendit la main et l'arracha d'un coup sec. « Là. N'ouvre pas les yeux !

— Je ne les ouvre pas, murmura-t-elle.

— Sors la langue. »

Elle n'obéit pas.

« Fais-le ! » hurla-t-il.

Le son de sa voix l'effraya, lui fit cligner les yeux. Mais elle fit ce qu'il avait ordonné, yeux fermés, bouche grande ouverte, langue sortie.

« Agite la langue, comme si tu léchais un truc. »

Elle le fit, des larmes perlant sous ses cils.

« Bien, fit Vic, très, très bien. »

35

Les hommes aiment bien boire un verre à la fin de la journée. Surtout moi, se dit Carlos Montoya en écartant le rideau de perles rouges dans l'entrée de son bar du Queens. Combien de charges de linge peut-on superviser avant de devenir fou ? Même si l'on pouvait le savoir, il avait franchi la limite depuis belle lurette. Il s'installa à sa table habituelle. Je suis fatigué et gras, songea-t-il, et à part ça, quoi de neuf ? L'endroit paraissait tranquille, assourdi. Quelqu'un avait éteint la musique. Où étaient tous les habitués, les Mexicains, les Guatémaltèques et les Équatoriens qui venaient là dépenser quelques-uns de leurs dollars durement gagnés et boire de la bière ?

Le serveur, Manny, s'approcha nonchalamment avec un verre et une bouteille.

« Salut, boss.

— C'est mort ce soir. »

D'un brusque mouvement de menton, Manny désigna l'extrémité du bar où un homme plus âgé, grand et maigre, était assis en silence.

« Boss, vous avez un nouvel ami. »

L'homme se faufila entre les chaises et tendit une carte à Carlos.

« Monsieur Montoya, je suis l'inspecteur Peter Blake.

— Bonsoir, inspecteur.

— Je vous la fais courte. Je sais que vous avez eu une rude journée à essayer de nous faire croire que vous étiez un citoyen au-dessus de tout soupçon. La police de la route de Californie a serré deux de vos gars il y a quelques heures, on avait transmis leur signalement après leur départ précipité.

— Ils n'ont rien fait.

— Alors pourquoi ont-ils pris la fuite après que je les ai interrogés ?

— Je leur ai conseillé de partir à l'aventure. Ce sont de bons petits gars, ils sont *clean*, et il faut qu'ils voient notre grand et beau pays. »

Blake mâchouillait une touillette à cocktail, prenant apparemment sur lui pour ne pas objecter à cette interprétation délirante de la réalité. Il est en service, en déduisit Carlos, peut pas boire.

« Je peux considérablement leur faciliter l'existence, fit Blake.

— Si quoi ?

— Si vous me dites ce qui se passe vraiment.

— Ils n'ont rien fait. Pourquoi est-ce qu'ils tueraient deux gentilles Mexicaines ? Ça ne tient pas debout.

— En fait, je commence à me ranger à cette idée. »

Le jeu qu'il avait en main ne plaisait pas à Carlos. Tous les flics mentent, se rappela-t-il.

« Monsieur Montoya, poursuivit l'inspecteur, j'ai quelques vieux amis dans les services de l'immigration de Californie. On peut mettre vos gars au frais dans un centre de détention pendant six mois facile sans qu'aucun juge nous cherche des poux dans la tête. Ou bien je pourrais les faire extrader ici et leur proposer de plaider coupable avec un accord très intéressant en échange de la description complète des filières mexicaines du trafic de drogue dans la grande ville de New York. Si leurs infos sont suffisamment bonnes, permettent de coincer quelques gros poissons, on peut même leur offrir la citoyenneté américaine, histoire de les inciter à poursuivre leur coopération. Vous me suivez, monsieur Montoya ? Vous n'avez pas d'avocat et cette conversation n'a jamais eu lieu, mais vous voyez bien que je ne plaisante pas. »

Il était temps d'abandonner la partie. Ce flic était un pur et dur.

« Ce que j'ai entendu dire, c'est que c'était un type qui possède une entreprise de vidange à Marine Park.

— Quoi ? »

Carlos expliqua que son jeune « cousin », qui travaillait là-bas, avait vu certaines choses troublantes. Désolé, pas de nom. De toute façon son « cousin » était retourné au Mexique.

« Des noms, il me faut des noms », pressa Blake.

Carlos se gratta la tête. Il y avait probablement du fric à se faire, mais il n'en voulait pas. Tu deviens un mouchard salarié par le gouvernement, ensuite tu vas en taule, où ça finit par se savoir, et tu finis avec une brosse à dents aiguisée plantée dans la gorge.

« Le patron de l'entreprise de vidange s'appelle Victor. Je lui ai parlé moi-même.

— Vraiment ? »

Il but quelques gorgées de bière froide. « Je l'ai appelé. Lui ai dit que j'étais au courant. Et il a menacé de tuer ma famille. Et je me demandais ce que j'allais lui faire pour ça, un truc qu'il n'oublierait jamais, voyez ce que je veux dire ? »

Blake se toucha le nez avec l'index.

« Enfin, Carlos, vous auriez dû nous en causer.

— J'avais mes priorités, inspecteur. »

Blake se levait pour partir.

« Je vais vérifier ça immédiatement, et si vous vous trompez, alors…

— Alors que Dieu me foudroie, coupa Carlos, se sentant délivré de son fardeau. Parce que ces beautés sont au paradis maintenant, la section spéciale, réservée aux anges mexicains. »

36

Quel endroit pourri pour mourir ! Il lui avait laissé ouvrir les yeux, et elle regardait la petite pièce aveugle aux murs de ciment d'environ quatre mètres cinquante de côté. Près d'elle elle découvrit une vieille baignoire en émail alimentée par un étrange système de tuyauterie. Mais plus bizarre encore était l'épaisse soupe marron qu'elle contenait, et qui dégageait cette forte odeur chimique, une puanteur qui lui rappela le chantier de ferraille de Shanghai où elle avait travaillé un été à s'occuper de la paperasse dans les bureaux, pendant que des adolescents à peine débarqués de leur campagne par le train faisaient de très longues journées à décaper de vieilles plaques de tôle. Un filet d'eau tombait goutte à goutte du tuyau qui sortait de la baignoire et s'écoulait dans une bonde de sol. Au plafond, il y avait une unique ampoule à incandescence, aveuglante, trop haute pour qu'elle puisse l'éteindre.

Elle était assise sur un vieux matelas, les jambes toujours ligotées avec de la corde et du gros scotch, tout comme ses poignets. Une solide chaîne en métal, fermée par un cadenas et fixée à un piton en acier planté dans le sol en ciment, lui enserrait la taille. Il y avait assez de mou dans la chaîne pour qu'elle puisse s'asseoir sur le matelas, mais pas assez pour se lever.

Ce type va me violer et me tuer, pensa Jin Li. C'est le genre d'endroit où les dingues torturent et tuent sauvagement les femmes. Elle savait qu'il y avait beaucoup d'hommes comme ça en Amérique, et en Chine aussi.

Elle avait faim mais elle avait surtout très soif, peut-être à cause des émanations chimiques. Il lui fallait plus d'eau, mais son ravisseur avait monté l'escalier pour aller faire quelque chose, laissant la trappe ouverte. Il était plus grand que Ray mais plus âgé et en moins bonne condition physique. N'empêche qu'elle avait peur de lui, pas seulement à cause de ce qu'il lui avait déjà fait, mais à cause de la force malveillante qui émanait de lui. Elle savait qu'il la reluquait, comme un perceur de coffre-fort essayant de trouver la combinaison, et elle n'avait certainement pas oublié ses mains sur et en elle, quand ils étaient dans le fourgon. S'il lui avait fait ça à ce moment-là, qu'est-ce qu'il finirait par lui faire, bien à l'abri dans l'obscurité de cette tanière sans fenêtre ? Elle voyait que ça le travaillait. Qu'il goûtait l'idée dans sa tête pour ainsi dire et en salivait déjà.

Victor avait laissé la trappe ouverte mais il savait qu'elle n'irait nulle part. Il fallait qu'il se concentre à présent et il composa le numéro de portable de la femme de Tom Reilly.

On décrocha.

« Madame Reilly ?

— Oui. Qui est à l'appareil ?

— Je cherche votre mari.

— Ce n'est pas son numéro.

— Je comprends bien, dit-il d'un ton égal.

— Qui est-ce ?

— Quelqu'un qui a besoin de joindre votre mari.

— Je ne parle pas aux gens qui ne me disent pas leur nom. »

Elle raccrocha.

Victor attendit une minute. Puis rappela avec un autre téléphone cloné.

« Allô ? fit une voix prudente.

— Madame Reilly, donnez-moi le numéro de votre mari.

— Il a une réunion de travail ce soir.

— Je m'en moque.

— Lui, non. »

Elle raccrocha de nouveau.

Il rappela avec le premier téléphone.

« Écoutez, dit-elle, j'appelle la police.

— Je vous le déconseille, avertit Vic. Ce n'est pas une bonne idée, vu les circonstances. »

Il y eut un silence comme si elle réfléchissait à quelque chose.

« Qui dois-je annoncer ? demanda-t-elle d'une voix empreinte de sarcasme.

— Répétez-lui les mots que je vais vous dire.

— Des mots ?

— Oui. Les voici. Écrivez-les. Le premier mot est CorpServe. C-O-R-P-S-E-R-V-E. Le deuxième mot est Mexicaines. Comme dans Mexique, le pays. Mexicaines. Le troisième mot est "mortes". Dites-lui ces trois mots. Après il aura très envie de me parler. Je vous rappelle dans trois minutes. »

Il raccrocha. Ça va marcher, se dit-il.

Alors, là, on a passé les bornes, pensa Ann. Elle considéra le téléphone dans sa main. Elle avait noté les trois mots sur la couverture d'un dossier de patient.

« Ouais, répondit Tom. C'est toi, Ann ?

— J'ai eu un appel bizarre, Tom.

— Bizarre comment ?

— D'un homme qui veut te parler. Il a refusé de me donner son nom. Il m'a donné trois mots pour toi.

— Quoi ?

— Qu'est-ce qui se passe, Tom ? Je commence à avoir le sentiment…

— Donne-moi ces mots, Ann, on se souciera de tes putains de sentiments une autre fois ! »

Cela faisait des années qu'elle n'avait pas entendu ce ton-là.

« Les mots sont "CorpServe", "Mexicaines", comme le pays, et le dernier mot est "mortes".

— OK.

— OK ! Des Mexicaines mortes, c'est OK, ça ? s'emporta-t-elle.

— Oui. Quoi d'autre ?

— Il veut ton numéro, Tom. »

L'angoisse fit monter sa voix dans les aigus.

« Il est sur le point de rappeler.

— Donne-le-lui. Je crois savoir qui c'est. »

Ça ne pouvait pas tomber plus mal. Le type appelé Elliot avait commencé à passer ses premiers ordres d'achat, asséchant la réserve de titres Good Pharma immédiatement disponibles, mais ils n'arrivaient pas à faire décoller le cours parce que M. Chen refusait de parler. Tom observa Martz qui le regardait de l'autre côté de la terrasse, puis se retourna vers Elliot. Cette tentative insensée pour booster le cours de l'action Good Pharma était vouée à l'échec. Il le sentait à présent, aussi distinctement qu'il voyait les lumières rouges et vertes au sommet de l'Empire State Building, redevenu l'édifice le plus haut de New York.

Vic rappela en utilisant un téléphone cloné différent.

« Voilà son numéro, dit Ann Reilly, en le répétant. Il est joignable en ce moment.

— Merci pour votre assistance, dit Vic.

— Va te faire foutre, connard. »

La ligne fut coupée.

Il appela Tom Reilly.

« Ouais, c'est vous, James ?

— Quoi ? répondit Vic, se demandant s'il avait la même voix que James Tonelli, l'un des noms figurant sur la liste.

— On peut savoir pourquoi vous appelez sur le portable de ma femme ! Comment avez-vous eu son numéro ? »

Il faut que j'agisse vite, pensa Vic.

« James, c'est Tom Reilly qui vous pose la question. Parlez, putain.

— Les Mexicaines.

— Je sais. J'ai entendu. Alors, qu'est-ce qui vous prend d'appeler ma femme, James ?

— Ce n'est pas James, Tom. »

Une pause.

« Qui est-ce ?

— Quelqu'un qui sait ce que tu as demandé à James Tonelli de faire.

— Je ne lui ai rien demandé.

— Ben voyons. Tu lui as dit de liquider des employées de CorpServe.

— Qui est-ce ?

— Je veux de l'argent, Tom. Beaucoup d'argent. Je sais ce que tu fais, je sais où est ta femme.

— Écoutez…

— Non, c'est toi qui vas écouter. Je vais rappeler dans une minute. Réfléchis à ce que ça te coûterait de me payer ou bien à ce que ça te coûterait *personnel-*

lement si je racontais ce que tu as demandé à James Tonelli de faire. »

Il attendit trois minutes. Puis rappela.

« Deux millions, Tom. Je veux cette somme en liquide demain soir. »

Il raccrocha.

Tom examina le téléphone. Il savait que Martz se demandait pourquoi il répondait à un appel personnel dans un moment pareil. Mais il fallait qu'il coopère avec ce type. S'il ne le faisait pas, alors… *alors* il se retrouverait assis dans un tribunal en train d'écouter James Tonelli déposer à la barre en tant que témoin à charge après avoir obtenu une réduction de peine, expliquant comment Tom avait commandité le meurtre de sang-froid de deux jeunes femmes d'origine mexicaine. Entre-temps, il aurait perdu son boulot, sa femme, son univers tout entier. Il pouvait se procurer deux millions de dollars assez facilement ; il suffisait de passer un petit coup de fil à son banquier. Je devrais peut-être essayer de gagner du temps, se dit Tom. Mais il se rappela que le type avait le numéro de portable d'Ann, qu'en général elle ne donnait jamais. Elle s'en servait uniquement pour les urgences. Et pour parler à Tom. Et s'il avait son numéro, il connaissait peut-être leur adresse.

« Tom ? » appela Martz de l'autre côté de la terrasse.

Mais il fut distrait par Phelps qui tenait un portable.

« Notre ami M. Chen a reçu un message, d'un portable de Brooklyn, je crois.

— Mettez-le sur haut-parleur. »

C'était une femme piaillant en chinois d'une voix hystérique. Tom crut reconnaître le mot « Brooklyn » mais n'en était pas sûr. Chen, remarqua-t-il, avait réagi au quart de tour. Il devint très agité.

« Qu'est-ce qu'elle a dit ? demanda Martz à Hua.

— Elle dit qu'elle est kidnappée à Brooklyn et qu'elle croit que l'endroit est plein de merde et que le nom du ravisseur signifie vainqueur.

— C'est vrai, intervint Chen. Exactement. C'est ma sœur ! »

Le portable de Chen sonna de nouveau.

« Remettez le haut-parleur », ordonna Martz.

Une voix d'homme, rugueuse.

« Qui est-ce ?

— Pourquoi appelez-vous ce numéro ? répondit Martz.

— Je cherche un type appelé Chen.

— Qu'est-ce que vous avez à dire ?

— Laissez-moi parler à Chen. »

Martz secoua la tête.

« Impossible. »

Ils entendirent une femme crier en chinois, hurler, sangloter.

« Jin Li ! hurla Chen. Je t'entends.

— Tu vas la fermer, oui ! » rugit la voix au téléphone.

Ils entendirent encore la femme, qu'on frappait.

« Chen, j'ai ta frangine avec moi, reprit la voix. Je veux de l'argent, et vite. Tu as entendu son message. Il se pourrait qu'elle n'ait plus beaucoup de temps à vivre. »

Martz leva la main.

« Vous êtes qui ? demanda-t-il.

— Quelqu'un qui veut parler à Chen. »

La ligne fut coupée.

« Laissez-moi téléphoner. Il faut que j'utilise mon téléphone, supplia Chen.

— Non. Personne ne fait rien. »

Martz avait besoin d'examiner la situation en détail. La sœur de Chen travaillait pour CorpServe, supervisait le nettoyage des bureaux de Good Pharma. Leur manœuvre boursière était engagée mais ils perdaient du temps, n'arrivaient à rien.

« Je crois savoir qui c'est, dit Tom, qui cherchait à se dédouaner. C'est là que nos problèmes ont commencé, par la faute de Chen. »

Nouvelle sonnerie de téléphone, celui de Tom cette fois.

« Oui ?

— Branchez le haut-parleur, Tom, ordonna Martz.

— Ne quittez pas, fit Tom. C'est un coup de fil perso.

— Pas maintenant ! hurla Martz. Vos couilles m'appartiennent, Tom Reilly, j'en ai assez de vos conneries ! »

Tom mit le haut-parleur.

« Allez-y.

— Écoute-moi, écoute-moi bien, avertit la voix masculine. Je vais t'expliquer…

— C'est la même voix, glapit Martz. La même que sur l'autre portable ! Qui vous appelle !

— C'est qui, ça ? interrogea la voix. C'est vous qui étiez sur l'autre ligne ! »

On entendit une sorte de remue-ménage, des parasites.

« Attendez un peu, bande de fils de putes, attendez voir. »

Le téléphone sonna dans la main de Phelps. Le portable de Chen.

« Mettez-le sur haut-parleur, dit Martz. Putain. On a les deux maintenant. »

La voix de l'homme sortit des deux téléphones :

« À qui je parle, là, bordel ? »

Un sifflement parasite bizarre altérait sa voix.

« Je parle à tout le monde ? »

Personne ne répondit. Une rafale de vent balaya la terrasse.

« Écoutez, bande d'enculés, écoute Thomas Reilly, ou William Martz, ou Christopher Paley…

— Qui c'est ça ? interrompit Martz.

— L'avocat de la société, répondit Tom.

— Écoutez, fils de putes, et Chen, s'il est là, écoute ça… »

On entendit trois détonations, *pan-pan-pan*, puis le hurlement de la Chinoise, un cri déchirant. L'avait-il tuée ?

« Vous avez entendu ça ? Je veux un million en cash immédiatement. Ou cette femme est morte. Je rappellerai dans dix minutes. »

On raccrocha sur les deux téléphones avec un bruyant clic.

« C'est une demande de rançon, résuma Martz. Je ne comprends pas. »

Ce fut au tour de Chen de poser une question.

« C'est faux, c'est pour me faire appeler en Chine ?

— Mais non, bon sang, répondit Martz, un œil sur sa montre. Non. Réunir un million de dollars en pleine nuit n'est pas facile. » Il soupira bruyamment, la facture s'alourdissait. « Écoutez, Chen, je ne sais pas qui est ce type, mais ce n'est pas un million de dollars qui va m'arrêter. Vous comprenez ? J'ai beaucoup plus en jeu. Et vous, vous avez votre sœur. On pourrait aller à la police…

— Non, pas police, fit Chen. Je n'aime pas police.

— Moi non plus. »

Chen paraissait calme, résolu.

« Vous allez me laisser passer un appel, et après j'appellerai en Chine pour vous. J'appellerai tout le monde en Chine pour vous. C'est ma sœur. »

Martz regarda les autres, ne sachant pas trop s'il avait été roulé. Tom Reilly haussa les épaules.

« Il faut qu'on fasse quelque chose. »

Martz dévisagea Chen d'un air farouche :

« Ça marche. »

Ils rendirent son portable à Chen. Qui composa un numéro.

« Qui appelez-vous ? » s'enquit Martz, mais Chen, attentif à composer le bon numéro, n'écoutait pas.

37

Où était l'infirmière ? Le téléphone sonnait. Ray Senior l'écoutait. Il étendit le bras d'un grand geste et décrocha le combiné.

« Allô ? souffla-t-il.

— Monsieur Ray Grant ? »

Une voix bizarre qu'il n'avait jamais entendue.

« Oui.

— Jin Li est dans pièce prison. Dans immeuble homme merde. Je n'ai pas les mots. Le nom est mot anglais qui veut dire vainqueur. Beaucoup danger. Vous comprenez ?

— Non.

— Pièce prison. Grand immeuble homme merde. Son nom veut dire vainqueur. »

On raccrocha.

Cette fois il avait un bloc et un stylo à portée de main. Il écrivit : *prison/immeuble homme merde/nom signifie vainqueur.*

Vainqueur. Champion. Victorieux. Conquérant. Il fixa la feuille de papier. Il y avait un gamin…

La pompe à Dilaudid émit un clic. Il savait que l'infirmière avait récemment augmenté la dose. Il continua à fixer la feuille. Gagnant. Le gagnant était le vainqueur. Victorieux. Il savait ce que cela voulait dire. Oui. Mais ses paupières se firent lourdes et il sombra. Il y avait un gamin prénommé Victor, crut-il dire à l'infirmière. Mais était-il en train de parler ? Il n'en était pas sûr. Pas tellement plus âgé que mon fils. Lui et un copain de son équipe de base-ball s'étaient fait tabasser par des Russes. C'est l'autre gamin qui avait pris surtout, on lui avait défoncé le crâne. J'ai interrogé Victor à l'hôpital. Il était salement amoché. On n'avait pas tout à fait assez de preuves pour arrêter les coupables. On avait commencé à interroger les Russes, séparément. Et puis un matin ils ont retrouvé le plus costaud sous la promenade à Coney Island. Tué par balle. Le tueur avait utilisé un silencieux artisanal, une bouteille de Clorox fixée avec du scotch d'électricien. Puis avait fait joujou avec le cadavre. Avait mis ses couilles dans ses orbites et ses yeux dans ses mains. Violent. L'autre Russe, on ne l'a jamais revu. Je ne pensais pas que ça puisse être Victor. Il était tellement jeune, seize, dix-sept ans. Un grand gamin aux cheveux noirs, beau comme tout. Des yeux fiévreux. Mais qui parlait bien, intelligent. Je l'ai surveillé quelques mois. Je songeais à le convoquer, et c'est ce que j'ai fini par faire. Je n'avais rien sur lui et je n'ai rien obtenu de lui. Le père possédait un genre de grosse entreprise de vidange de fosses septiques à Marine Park. La nuit où le Russe avait été tué, Victor était avec sa douce, la sœur du copain qui s'était fait dérouiller. C'est ce qu'elle a affirmé, en tout cas. Je l'ai interrogée à part. Elle a dit que Victor et elle avaient fait l'amour dans une sorte de pièce secrète dans le sous-sol de l'entreprise du père du gamin. Ils avaient fait l'amour et s'étaient soûlés. Ou bien le contraire. C'était son alibi. Ses parents n'étaient pas très présents, n'étaient au courant de rien. Le paternel de la fille était déprimé à cause de son fils. Je ne m'imaginais pas que Victor puisse être le tueur. Il ne s'était pas encore endurci. En règle générale, on voit rarement un Russe de vingt-quatre ans et de plus de cent kilos se faire tuer et mutiler par un adolescent de dix-sept ans soûl. Ça ne collait pas. Je n'arrivais pas à faire le lien. Vous comprenez ? Ça se tient ce que je raconte ?

L'infirmière entra dans la chambre, entendit M. Grant parler dans son sommeil en produisant de drôles de gargouillis. Elle remonta ses couvertures et retourna dans le salon télé pour profiter de cette soirée tranquille.

38

Il l'avait laissée là. Après les coups de feu et les hurlements au téléphone. Peut-être avait-il parlé à Chen ; ce n'était pas clair. Pourquoi était-il parti, attendait-il quelqu'un ? Pendant ce temps, quelque chose – une idée, un fantasme dicté par la panique – la tenaillait, alors même qu'elle ne se faisait aucune illusion sur sa situation. Elle se surprit à regarder fixement la baignoire fumante remplie de liquide marron. Toutes les boîtes de produits chimiques. Elle avait reconnu l'odeur, puis s'était rappelé un cours de chimie appliquée à l'Institut de technologie d'Harbin. Il fallait qu'elle augmente la densité du liquide gélifié. Pourrait-elle l'atteindre ? Elle réussit à s'accroupir, attrapa son seau, se leva tant bien que mal, traîna les pieds jusqu'à la baignoire, et remplit son seau de mixture mousseuse. Prends ton temps, se dit-elle. Elle s'agenouilla, posa le seau par terre, puis s'assit.

Elle retira sa chaussure et s'en servit pour remuer la mixture, et regarda les matières en suspension se déposer tout doucement tandis que l'eau remontait à la surface. Elle inclina le seau pour vider l'eau brunâtre qui s'écoula lentement sur le sol en ciment jusqu'au drain. Lorsque la chaussure fut trop ramollie et rongée pour remplir son office, Jin Li avait réussi à vider un quart de seau. Plus concentrée, la mixture était bien plus odorante. Ses yeux larmoyaient. Oui, débarrassé de son eau, le liquide semblait s'évaporer plus facilement. L'évaporation, se rappela-t-elle, était la réalisation de l'état gazeux. Je sais ce que j'ai à faire, se dit-elle. Elle prit le talon de sa chaussure et le plongea dans la mixture. Puis elle le secoua de bas en haut en visant l'ampoule. Un lancer parfait. Une des gouttelettes s'écrasa sur l'ampoule, y adhéra, chauffa, puis s'enflamma aussitôt en retombant par terre, produisant une horrible fumée et achevant de se consumer sur le sol en y laissant une tache noire.

Jin Li toussa un moment, puis s'empressa de glisser le seau sous le bord du matelas, où son ravisseur aurait moins de chances de le voir et de découvrir ce qu'elle avait trafiqué.

39

Je vais convaincre ce type, se jura Tom, tandis que Martz le regardait faire. Il était assis à côté de Chen à la table.

« Bon, j'ai ici un document qui atteste de l'efficacité du nouveau programme de peau synthétique Good Pharma. C'est une étude digne de foi. »

Il laissa à l'interprète le temps de traduire ses paroles.

« Elle montre que la peau s'est avérée viable dans des cas de brûlures au troisième degré, et de plus en plus efficace en gériatrie. Comme vous le savez, la population de tous les pays développés vieillit rapidement, et nous croyons que ce produit sera facilement adopté. »

Chen dit quelque chose à l'interprète, qui se tourna alors vers Tom.

« Il dit que d'après les informations dont il disposait jusque-là, ce produit ne marchait pas. Que les premiers tests cliniques avaient conclu à son inefficacité. Il dit qu'on l'interrogera à ce sujet. »

Tom hocha la tête.

« C'est une très bonne remarque, tout à fait pertinente. Mais les essais auxquels vous faites référence ont pâti de problèmes méthodologiques, le produit, lui, n'est pas en cause. Nous testions la peau synthétique sur des patients sous anticoagulants et sur des chéloïdes. Ces deux problèmes ont été réglés et nos taux de réussite ont grimpé en flèche. »

L'interprète relaya cette mise au point.

Chen hocha la tête pour signifier qu'il avait compris.

Tom poursuivit.

« Dans approximativement une heure, une fuite concernant les résultats positifs de notre peau synthétique va apparaître sur le forum d'un site Internet consacré aux soins en gériatrie. Ce n'est pas un site d'investisseurs. Mais son contenu est partagé par un certain nombre de sites partenaires s'intéressant aux patients âgés et à leurs familles. D'expérience, nous savons que ce genre de pépite n'échappera pas aux blogs d'investisseurs et autres, créant bientôt une rumeur virale comme quoi Good Pharma est sur le point de sortir un produit sensationnel. »

Chen hocha la tête. Il pigeait vite, finalement.

« Il me faut des chiffres, expliqua le Chinois.

— Oui, donnons-lui les chiffres, approuva Martz.

— Si la FDA donne rapidement son aval, le produit sera mis sur le marché dans dix-huit mois. Pour la première année, nous tablons sur huit cents millions de dollars de ventes, un milliard neuf la deuxième année, etc. N'oubliez pas que la population cible est en croissance rapide. Les estimations que je vous donne, à propos, concernent uniquement le marché national, il faut au moins doubler les prévisions pour l'international. Avec une pénétration rapide et une domination du marché que nous espérons de quatre-vingts pour cent, plus une augmentation des marges unitaires induite par la baisse des coûts de production, nous tablons sur des bénéfices nets de plus de deux milliards de dollars à cinq ans…

— Attendez, s'il vous plaît, coupa l'interprète. Ça va trop vite.

— Non, répliqua Chen, pas trop vite. J'ai saisi. Je comprends. Mes amis en Chine, ils vont aimer ça. »

40

Elle m'a abandonné. Il appela l'infirmière, mais n'obtint aucune réponse. Elle devait regarder la télé, en avoir assez d'attendre sa mort. Il en toucherait deux mots à son fils. Celui-ci n'allait pas tarder à rentrer mais il n'y avait pas de temps à perdre. Il examina ses différents tubes. Un pour la douleur, un pour l'hydratation, trois pour la pisse ; les cathéters rénaux plus la sonde plantée dans son sexe.

Il les arracha un à un, à l'exception du cathéter de son rein gauche. Qu'il n'arrivait pas à sortir. Peu importait. Il retira l'extrémité raccordée à la poche à pisse, laisserait le tube traîner derrière lui.

Il repoussa brutalement les couvertures. Merde ! il avait oublié la longue incision aux bords secs et ourlés qui n'avait pas cicatrisé et qu'un bandage couvrait presque entièrement. Il faut que je trouve la réponse. Il prit les oreillers qui lui calaient le dos et la tête et les jeta par terre. Puis il se laissa tomber du lit et se reçut lourdement.

Pas de bobo ? Non. Il se demanda s'il serait capable d'avancer sur le ventre. Il tenta de se mettre à quatre pattes. Une douleur fulgurante parcourut son torse, et il sentit des adhérences et des points de suture se déchirer. Non, ça ne marchera pas. Il roula sur le dos et rampa sur le sol, se poussant avec les pieds et se tractant avec les mains en s'accrochant aux pieds de table, aux montants de porte, tout ce qui se présentait. Il constata qu'il avait encore de la force dans les mains.

Les marches du sous-sol. Il les considéra avec appréhension. Inutile de les compter, il savait très bien qu'il y en avait dix-neuf. Il les avait peintes, en avait réparé les girons, les planches branlantes. Il tourna lentement sur lui-même, jambes tendues, comme un gosse en haut d'un toboggan, et descendit la première marche. L'idée était d'effectuer une glissade contrôlée, de les surfer une par une en glissant sur son postérieur osseux jusqu'en bas.

Il franchit sans encombre la première marche, puis la deuxième et la troisième. Mais il se mit en travers et roula en boule, incapable de se rattraper – on lui avait tellement charcuté les abdominaux ! – et dévala les dix dernières marches cul par-dessus tête. Il n'atteignit même pas le bas de l'escalier mais passa sous la rampe et finit sa course sur un carton de filtres de chaudière.

Il y avait un gamin qui s'appelait Victor…

Je suis entier, haleta-t-il. Ça fait mal mais je ne me suis pas cogné la tête. Sa plaie s'était rouverte, et un trait rouge barrait sa veste de pyjama.

Se laissant glisser doucement sur le sol froid du sous-sol, il se retrouva face au mur de classeurs, organisés par année, et leur contenu par lettre. L'année ? En quelle année avait-il interrogé Victor ? De quoi peuvent discuter un adolescent taciturne et un flic ? Les Yankees. Les Mets. Le gamin avait quelques années de plus que Ray. Ce devait être à la fin des années quatre-vingt. Il repéra le tiroir étiqueté 1989. Il tendit le bras pour voir s'il pouvait l'atteindre. Trop haut, trop difficile à ouvrir. Il avisa un balai, glissa l'extrémité du manche dans la poignée et tira. Le tiroir coulissa sur ses roulettes de quelques centimètres. Bien. Mais comment allait-il s'y prendre pour parcourir les dossiers ?

C'était sans espoir ; il n'arriverait jamais à se mettre debout. Il faudrait qu'il se débrouille pour prendre appui sur quelque chose. Il se servit du balai pour rapprocher le tabouret à roulettes qui était sous l'établi, et suivit du regard la lente progression des roues pivotantes tandis qu'elles franchissaient les minuscules fissures sur le sol.

Il réussit miraculeusement à se hisser sur le tabouret en gardant une main sur le classeur et en se poussant du pied au bon moment. Il se retrouva la poitrine sur le coussin, la tête pendant dans le vide. En prenant appui sur la main gauche, il redressa le buste et coucha sa tête sur les dossiers. Ils étaient bien là, rigoureusement classés par ordre alphabétique.

Le nom. Comment le trouver ? Vic, Victor. Ça, c'était le prénom. Mais son nom de famille ? L'affaire avait dû être classée au nom de la victime. Anthony. Est-ce que tu les as vus frapper Anthony ? Anthony Del-quelque chose, Depasso, DeVecchio. Del-quelque chose.

Il avait la tête au milieu du tiroir, masquant une partie des étiquettes alphabétiques. Alors il prit un dossier à la fois et fit défiler les lettres de l'alphabet à rebours – H, G, F, E, D. Il sortit les dossiers D... Delancy, Dingel. Le dossier suivant était Charnoff. Pas de Del-quelque chose. S'était-il trompé de nom ?

Non, probablement d'année. L'année d'avant. Un tiroir plus haut.

Une impossibilité.

Il haletait à présent, une sueur aigre trempant son pyjama. Il perdait son énergie. Il se rendit compte qu'il ne pouvait pas monter assez haut pour lire les dossiers dans le tiroir suivant.

Mais l'ouvrir, oui. Ce qu'il fit, tâtonnant en aveugle au-dessus de sa tête et faisant coulisser le tiroir.

Il savait ce qu'il allait se passer. Ce qui ne manqua pas. Le meuble classeur, avec ses deux tiroirs du haut ouverts, était déstabilisé et tomba lentement en avant, le renversant et répandant son contenu par terre.

Il n'y a pas de mal, se dit-il. Les D de 1988... ? Il les voyait. Depasso. Le voilà. Il sortit le dossier. Il se rappelait Depasso. Il avait une sœur qui s'appelait Violet. Belle fille. Mince. Le dossier avait l'air complet ; il avait beaucoup travaillé, accumulant les pièces, y compris une copie du dossier du meurtre du Russe découvert sous la promenade de Coney Island. Toutes ses notes sur Victor, les formulaires DD-5. Concernant son domicile et l'entreprise de vidange de son père installée dans une sorte d'usine désaffectée. Il l'avait parcourue en long et en large avec le gamin, Vic. Pour vérifier son alibi. Voir si le cadavre d'un autre Russe ne s'y trouvait pas. Le père n'avait pas voulu qu'un flic vienne y mettre son nez. Il y avait une sorte de pièce secrète, de bunker. Décrite dans ses notes, son emplacement, tout.

Il s'extirpa de sous les dossiers et le meuble classeur. La tubulure de son cathéter était coincée derrière lui, mais il continua à pousser, sentant le tube labourer sa chair en profondeur avant de rompre. Il rampa sur le ciment froid du sous-sol en s'aidant avec les pieds, progressant centimètre par centimètre. Le dossier dans la main gauche.

L'escalier. Il leva les yeux... dix-neuf marches. Une montagne. Il tendit le dossier aussi loin qu'il put, sur la deuxième ou troisième marche. Appela. Cria. Hurla. Mais aucun son ne sortit de sa bouche.

Pas dans son lit ? Elle vit les tubes qui pendaient, les oreillers par terre. Elle pensa d'abord qu'il s'était débrouillé pour sortir de la maison.

Puis elle vit que la porte du sous-sol était ouverte. M. Grant gisait sur les marches au bas de l'escalier, un dossier à la main.

« Monsieur Grant ! »

Il l'entendit, mais ne dit rien. Au lieu de quoi il brandit la chemise et l'agita, comme si les papiers qu'elle contenait pouvaient être importants.

41

Il avait tous les numéros. Dans son téléphone, un répertoire de lignes privées appartenant à des dizaines de gros bonnets en Chine. Le staff d'Elliot transféra les numéros sur leur matériel de communication, de manière à rendre les appels intraçables, et, après quelques délibérations, convint d'un ordre, les hommes les plus faciles à convaincre devant être appelés en premier. Ils équipèrent Chen d'un casque et relièrent son micro au dispositif de transmission différée, tandis que l'interprète écoutait et, plus ou moins simultanément, répétait les paroles de Chen à Martz, en anglais.

« Je suis vraiment désolé de vous déranger, monsieur. Oui, je sais que tout cela est précipité. Mais je suis à New York et j'ai reçu un très bon tuyau concernant cette société pharmaceutique américaine que nous avons shortée il y a un mois environ. Good Pharma. Vous l'avez sur votre écran ? Je viens d'entendre parler d'un gros mouvement à la hausse, c'est pour très bientôt. Un gros projet de recherche va être annoncé, des marchés entièrement nouveaux. Vous êtes le premier que j'appelle. Le cours a peut-être déjà commencé à bouger. C'est le cas ? Bien. Je crois que ça va monter bien plus haut. Cela vous prouve que je sais de quoi je parle. De combien ? Moi, je vous conseillerais de foncer. Doublez, voire triplez la mise habituelle. Oui, oui, je le vois monter aussi. Vous voulez peut-être mettre vos amis dans la confidence, à propos, pour qu'ils en profitent eux aussi. »

Chen écoutait intensément son interlocuteur, tenant le rapport fourni par Tom Reilly.

Hua, qui traduisait à voix basse, jeta un coup d'œil à Martz.

« Ce type est bon », souffla-t-il.

Mais ça, Martz le savait déjà. Assis à l'autre table, Elliot sirotait son café en regardant ses écrans. Ils avaient enregistré une brusque hausse de l'action Good Pharma. Quatre points déjà, et ça allait en s'accélérant, la courbe se redressant au moment où les premiers *traders* européens se réveillaient.

Quant au million de dollars exigé pour la sœur de Chen, où qu'elle se trouve, le problème semblait lointain à présent. Phelps avait confisqué les téléphones de Chen et de Tom Reilly – ceux que le maître chanteur avait appelés – et les avait éteints. Chen, de son côté, n'avait pas demandé comment Martz comptait s'y prendre pour payer la rançon. Parfait. Ils s'occuperaient du maître chanteur plus tard. Ou alors, étant donné la vitesse avec laquelle l'action Good Pharma grimpait, peut-être jamais.

42

Le poids d'un père. Terriblement léger dans ses bras ; il avait porté des enfants qui pesaient plus lourd.

« Vous êtes rentré à temps, Dieu merci, dit Wendy.

— Il est blessé ? »

Ray gravit les marches une à une avec précaution, franchit la porte en se tournant de côté. Installa son père dans le lit d'hôpital. L'infirmière commença par poser l'intraveineuse d'hydratation. Puis la perfusion de Dilaudid. Le vieil homme respirait difficilement et était à peine conscient.

Elle vérifia qu'il n'avait pas de fracture, prit son pouls.

« C'est quoi le sang sur sa poitrine ?

— C'est sa cicatrice qui suinte. Je ne vois aucune hémorragie. Mais il est très déshydraté, c'est sûr.

— Et ses cathéters ?

— Il y en a un que je vais pouvoir remettre facilement. L'autre va me demander un peu de travail.

— Qu'est-ce qu'il fabriquait en bas ?

— Vous n'avez pas vu ?

— Non.

— Il a fouillé dans les classeurs, tous ces papiers.

— Quels papiers ?

— Ses vieilles archives, je crois. Il avait un dossier à la main quand je l'ai trouvé.

— Quel dossier ? »

Elle désigna une chemise verte sur la table. « Celui-ci. »

Ray prit la chemise. Il avait déjà trouvé les notes que son père avait griffonnées d'une écriture devenue presque illisible : *prison/immeuble homme merde/ nom signifie vainqueur.* Il parcourut le dossier. Victorious Vidange à Marine Park. Avec un croquis du bâtiment au fond du terrain.

« Lui qui était tout joyeux après la visite de votre amie.

— Mon amie, quelle amie ?

— Cette Chinoise sublime. Vous voyez bien de qui je parle, non ?

— Si, je vois…

— Eh bien, elle est passée pour vous voir, et c'est lui qu'elle a vu.

— Quand est-ce qu'elle est partie ?

— Ça fait des heures ! Elle a dit qu'elle ferait un tour et qu'elle reviendrait, mais je me trompe peut-être. Elle était venue pour vous et j'ai dit que vous étiez sorti. »

Mais Ray courait déjà vers son pick-up, le dossier de police à la main.

Ce ne fut que plus tard, alors qu'il était presque arrivé à Marine Park, qu'il se rendit compte qu'il avait oublié les armes cachées sous les sacs d'engrais dans l'abri de jardin de son père. Mais il était trop tard pour faire demi-tour.

43

Un visiteur ? Victor se tenait sur le parking de son entreprise, essayant un téléphone cloné après l'autre et n'obtenant aucune réponse, lorsqu'il vit une voiture arriver. Ces enfoirés avaient éteint leurs portables… il leur ferait payer ça. Mais là, il regardait la voiture. Il n'aurait pas dû laisser la grille ouverte. Le conducteur ralentit et regarda autour de lui. Vic se planqua derrière un de ses camions. La voiture avança jusqu'à la cabane de chantier avant de décrire un lent cercle exploratoire autour du préfabriqué. Elle s'arrêta, et un homme âgé, grand et maigre, s'extirpa de la portière conducteur, gravit les marches et frappa à la porte. On ne lui répondrait pas ; les bureaux étaient fermés aujourd'hui, tout le monde était parti.

L'homme frappa de nouveau. Rien. Il sortit un objet de sa manche et l'introduisit dans la serrure. Ah ah, pensa Vic, ça ne marchera pas ; la chaîne était mise à l'intérieur. L'intrus réussit à ouvrir la porte juste assez pour passer la tête à l'intérieur et jeter un rapide coup d'œil avant de tourner les talons et de descendre les marches. Il fit le tour des énormes camions de vidange, s'arrêtant pour relever leur immatriculation sur un bloc. C'étaient des manières de flic, estima Vic, mais bon, pas la peine d'être dans la police pour rattacher une immatriculation à une identité ; il suffisait juste d'avoir un ami qui l'était.

Au bout de quelques minutes, l'intrus dirigea ses pas vers l'entrepôt. Vic courut déverrouiller la porte, l'entrebâilla même, non seulement pour l'attirer, mais également pour qu'il ne rechigne pas à pratiquer une perquisition illégale, au cas où ce serait un flic. Si la porte n'était pas verrouillée et ouverte, alors il ne pourrait pas s'empêcher d'entrer ; il se glisserait prudemment à l'intérieur et regarderait autour de lui.

Et c'est ce que l'homme fit, même s'il avait son arme à la main à présent. Parfait, se dit Vic. Ça aussi je peux le faire. J'ai gâché un tas de balles pour faire peur à la Chinoise, mais il m'en reste deux. Personne n'entendra rien de toute façon.

44

Il faut que je passe voir Ray Senior une dernière fois, se promit Peter Blake, je ferai un saut chez lui quand j'aurai fini de fouiller ce trou à merde. S'il ne trouvait rien, il irait arrêter Carlos Montoya.

Il vit que la porte de l'entrepôt avait été laissée ouverte. Y avait-il quelqu'un à l'intérieur ? Blake sortit doucement son revolver de service et le garda le long de sa cuisse. Pas un chat dans les camions de vidange et dans la cabane de chantier. S'il y a quelqu'un, c'est là-dedans, en déduisit-il. Il poussa la porte du bout du pied. Jeta un coup d'œil à l'intérieur.

Un vaste espace lugubre qui puait le moisi. Des pièces de camion, de la vieille ferraille, des tuyaux, des piles de pneus. Pas évident de voir dans le noir.

Jin Li entendit le coup de feu. Un claquement sec. Puis un silence. Puis une autre détonation. Elle mit un moment à décrypter ce qu'elle venait d'entendre.

Puis elle comprit.

« Oh, Ray ! » cria-t-elle.

45

La grille était ouverte. Près de la cabane de chantier était garée ce qui ressemblait à une voiture de police banalisée. Il passa devant tous les camions de vidange et fila droit vers le vaste entrepôt qui se trouvait derrière. Il descendit de voiture et essaya d'ouvrir la porte. Verrouillée. Puis les grandes portes industrielles. Idem. Il fit le tour du bâtiment. Aucune fenêtre au rez-de-chaussée, et une porte de l'autre côté, condamnée elle aussi. Cet endroit était une vraie forteresse. Il pouvait essayer d'entrer avec le pied-de-biche, mais les portes avaient l'air costaudes. Et il y avait peut-être un moyen plus facile. Ray attacha une corde à l'extrémité de son pied-de-biche. La corde faisait trente mètres de long. Il prit l'outil par son extrémité droite et le lança vers les fenêtres, à la manière d'un tomahawk. L'outil heurta les parpaings sous les fenêtres et tomba sans dommages par terre, suivi de la corde en nylon jaune. Ray ramassa le levier et fit une nouvelle tentative. Puis une autre, essayant de viser assez haut pour briser une fenêtre. À la cinquième tentative, le pied-de-biche tournoyant monta suffisamment haut, brisa la vitre, et passa à travers. La corde jaune s'éleva dans les airs à toute allure.

Mais il fallait encore que le pied-de-biche accroche quelque chose de solide. Ray fit un essai en tirant dessus d'un coup sec, relâcha la tension, puis tira de nouveau. Rien. Il ramena alors lentement la corde à deux mains, en espérant qu'elle se prendrait à quelque chose à l'intérieur. En vain. Il continua à ramener la corde par à-coups, et elle finit par accrocher un objet quelconque… une applique, une gaine électrique, une canalisation, quelque chose comme ça. Il se suspendit de tout son poids pour tester sa solidité. À première vue, ça avait l'air de tenir.

Un instant plus tard il avait escaladé le mur et se tenait dans l'encadrement de la fenêtre brisée. Il avait effectué exactement la même manœuvre dans un immeuble détruit par le tsunami. Se tenant au cadre de la fenêtre d'une main, il donna du mou à la corde en nylon pour dégager le crochet du pied-de-biche. Après quoi il ramena la corde, détacha l'outil, le glissa dans la boucle de sa ceinture, puis attacha la corde au cadre de la fenêtre, en veillant à la nouer à plusieurs montants. Il y avait peu de chances qu'ils cèdent tous en même temps. La corde assurée de la sorte, il pourrait effectuer une classique descente en rappel sur le mur intérieur de l'entrepôt.

Ce qu'il fit, posant pied sur le plancher du premier étage. Il commença fébrilement ses recherches, renversant des cartons, fouillant les débris. Où es-tu Jin Li ? Au bout d'une minute il avait acquis la certitude qu'elle ne s'y trouvait pas. Restait le rez-de-chaussée, qu'on rejoignait par une volée de marches en béton. Ray explora chaque recoin. Il y avait quantité de pneus, de pièces de camion, de vieux pots de produits chimiques et de solvants. De quoi déclencher un bel incendie.

« Jin Li ! » appela-t-il.

Rien. Le bâtiment était vaste ; il lui faudrait des heures pour explorer chaque mètre carré du rez-de-chaussée.

Il scruta le sol, cherchant une ouverture, une trappe. Peut-être que la pièce secrète sur le croquis de son père n'existait pas. Ou qu'il s'y prenait mal. Le bâtiment était alimenté en électricité par un câble enterré qui arrivait certainement dans un boîtier quelque part au niveau du pignon donnant sur la rue. Et il était là, effectivement, au fond dans un coin. Mais n'importe quel idiot était capable de suivre le cheminement d'un fil électrique sortant d'un compteur. Si vous vouliez dissimuler des fils électriques conduisant à une pièce secrète, vous montiez un circuit en dérivation en aval du tableau principal. Une solution plus discrète encore consistait simplement à se brancher sur une prise de courant ordinaire en utilisant une rallonge. Il n'y avait alors aucun câblage permanent conduisant dans la cache. On pouvait faire de même avec l'eau. En branchant un simple tuyau d'arrosage à un robinet, vous pouviez amener l'eau où vous vouliez. Mais ça ne pouvait se faire qu'à l'intérieur, du moins pendant les mois d'hiver.

Il remonta l'escalier en ciment du premier étage quatre à quatre et examina la charpente apparente à la recherche d'indices. Vous étiez obligé de ventiler ce genre de pièce parce que tôt ou tard l'air y devenait irrespirable. Une colonne de ventilation était accolée au mur nord. Probablement le conduit d'évacuation du système de chauffage. La colonne était ancienne, noyée dans l'amiante. Mais il semblait que le coude d'un tube en PVC de dix centimètres de diamètre y était abouché juste avant qu'elle traverse le toit. Peint de la même couleur que le vieil enrobage en amiante, il était facile de passer à côté. Il suivit le trajet de la canalisation, laquelle sortait directement du mur extérieur. Bizarre, non ? Le mur était monté en parpaings et rien n'indiquait que la canalisation y ait été encastrée. Autrement il y aurait eu une saignée dans les parpaings qui montaient jusqu'au toit. Mais peut-être le tube traversait-il le mur. Il se précipita à la fenêtre, brisa la vitre d'un coup de coude, et jeta un coup d'œil à l'extérieur.

La ventilation disparaissait dans une descente en aluminium ordinaire qui drainait probablement l'eau du toit. Très ingénieux.

Redescendu au rez-de-chaussée, il grimpa sur une pile de pneus et cassa la fenêtre située juste en dessous de celle par laquelle il avait regardé à l'étage, puis, avec son pied-de-biche, crocheta la descente et tira dessus d'un coup sec. La canalisation se plia vers lui, et dans la jointure à présent ouverte entre deux raccords, il vit un tuyau de jardin vert et une grosse rallonge électrique de couleur orange.

Il suffisait à présent de suivre le trajet de la descente. À un mètre cinquante du sol, elle s'incurvait brusquement vers l'angle nord-est du bâtiment.

Il savait où cela se trouvait. Il sauta à bas des pneus, se fraya un chemin au milieu du bric-à-brac, et trouva l'angle nord-est du bâtiment au bout d'un couloir non éclairé. Un vieux fourgon cabossé était garé à l'intérieur. Il chercha du regard des outils d'atelier, des bidons d'huile. Rien. Ce n'était pas un endroit où l'on révisait les véhicules. Qu'est-ce que ce fourgon faisait là ? L'avait-on caché ?

Il inspecta le châssis, les roues. Et découvrit la trappe aménagée dans le sol, juste sous la roue avant gauche.

« Jin Li ! » cria-t-il. Il frappa sur la trappe avec son pied-de-biche.

L'avait-il entendue ? En tout cas, il avait entendu *quelque chose*.

La portière du fourgon était ouverte. Il examina le tableau de bord, le dessous du siège, la boîte à gants. Pas de clé. Il jeta un coup d'œil par la lucarne arrière.

Un corps gisait là. Jin Li ? Il descendit d'un bond et fit coulisser la portière latérale.

C'était Pete Blake, la moitié du crâne emportée. Il est arrivé avant moi, pensa Ray. Comment avait-il su pour Victor ?

Il retourna à la trappe, donna à nouveau de grands coups dessus. Cette fois il était sûr de l'avoir entendue.

« J'arrive ! » cria-t-il.

Il fallait qu'il enlève la roue qui bloquait la trappe. Ce qui était relativement facile. Il trouva trois madriers de 15 sur 15 et les glissa sous le fourgon, juste au-dessous du bloc-moteur, les uns sur les autres. Puis il sortit son couteau et sectionna la valve du pneu arrière droit, qui laissa fuser un jet d'air confiné sentant le caoutchouc, et le véhicule commença à pencher du côté du pneu crevé. Tandis que l'air s'échappait en sifflant, le châssis vint s'appuyer sur les madriers, sur lesquels Ray fit levier pour soulever les roues avant. Il répéta l'opération avec la roue arrière gauche, qui s'affaissa d'une quinzaine de centimètres. Ray entendit le corps de Pete Blake rouler vers l'arrière du fourgon. Les roues avant se trouvaient maintenant à une trentaine de centimètres du sol… juste assez pour ouvrir la trappe.

« Jin Li ? appela-t-il.

— Ray ! Ici ! »

Furieusement impatient de la retrouver, il ouvrit la trappe qui révéla une échelle en bois rudimentaire disparaissant dans un espace sombre. Il y descendit prestement en promenant le faisceau de sa torche autour de lui. Une sorte de baignoire gouttait et dégageait une odeur pestilentielle. D'où la nécessité de ventiler la pièce.

Sur un matelas jeté dans un coin gisait Jin Li, ligotée avec du ruban adhésif et de la corde.

« Ça va, dit-il en tirant sur la chaînette de l'ampoule. C'est fini. »

La lumière allumée, il y voyait mieux. Elle avait reçu plusieurs coups au visage. Elle se mit à pleurer. Il la serra contre lui, embrassa ses cheveux, la sentit trembler dans ses bras. Il coupa les cordes avec son couteau et mit un moment pour venir à bout du ruban adhésif.

Elle fut prise de convulsions et il l'étreignit à nouveau.

« Oh, Ray !

— Tirons-nous d'ici.

— Il y a une chaîne. »

Oui. Le cadenas et les maillons étaient trop solides pour être brisés, si bien qu'il s'attaqua au piton à œil, qu'il ouvrit rapidement avec le pied-de-biche avant de faire coulisser le dernier maillon de la chaîne.

« Tu vas devoir la porter jusqu'à ce que je puisse la couper.

— D'accord. »

Il l'aida à se lever ; elle tenait à peine debout.

Il caressa sa joue.

« Tu as soif ?

— Non.

— Faim ?

— Juste faiblarde, je suppose. »

Trop faible pour rester longtemps debout. Il s'accroupit et la coucha doucement sur son épaule, la tête pendant dans son dos.

« On appelle ça la prise du pompier.

— Ça paraît logique.

— Pourquoi ?

— Parce que tu es un pompier, même si tu ne me l'as jamais dit. »

Il la porta jusqu'en haut de l'échelle, et quand sa tête dépassa de l'ouverture, Victor le frappa à la tempe avec une pelle. Ray s'effondra et tomba lourdement au bas de l'échelle, Jin Li s'affalant sur lui de tout son poids.

« Ray ! » cria-t-elle en voyant l'énorme entaille sur son crâne.

Victor sauta dans le vide, atterrissant en plein sur la poitrine de Ray avec ses bottes. Ray gémit. Le devant de la chemise de Victor était éclaboussé de sang. Il avait l'arme du flic en cas de besoin, mais avait envie de s'amuser un peu avant.

Jin Li poussa un cri.

Victor fit mine de la frapper avec la pelle pour la tenir à distance. Puis il souleva l'outil comme un couperet de guillotine au-dessus du cou de Ray, prêt à frapper, mais Ray roula de côté et la lame heurta le sol en ciment.

Ray se traîna jusqu'à Jin Li. Elle recula, se saisit du seau de gelée chimique nauséabonde et le tendit à Ray.

« Mets-y le feu ! » hurla-t-elle. Elle se mit devant Ray juste au moment où Victor brandissait la pelle. Le coup l'atteignit à l'épaule et elle tomba à terre.

Ray comprit. Il souleva le seau et enfonça l'ampoule dans la mixture, qui s'enflamma instantanément. Au moment où Victor portait la main à sa poche, Ray balança le seau. Son contenu brûlant éclaboussa le visage de Victor, adhérant à ses yeux, son nez et sa bouche, carbonisant sa peau. Aveuglé, Victor hurla et se jeta sur Ray, le saisissant à la gorge, et les deux hommes chancelèrent en arrière vers la baignoire… et c'est là que Ray trébucha, et, en tombant, se tourna de côté, tandis que son assaillant plongeait dans la mixture grumeleuse en même temps qu'il y mettait le feu. L'homme massif se tordit de douleur sous la surface gélifiée en flammes, s'agrippant mollement aux bords de la baignoire, battant des pieds pour tenter de se mettre debout. L'espace d'un instant, il souleva la forme noire de sa tête, puis ses mouvements cessèrent et il s'affaissa dans les flammes, qui carbonisèrent rapidement ses vêtements et sa peau.

Le réduit se remplit de fumée noire. Ray prit une goulée d'air au niveau du sol, où il était plus respirable, chargea de nouveau Jin Li sur son épaule, et grimpa l'échelle en titubant. Une fois à l'extérieur de la pièce, il poussa la jeune femme sous le châssis du fourgon et se glissa tant que bien mal à sa suite. Il ferma la trappe d'un coup de pied, sachant que ce qui subsistait de Victor ne serait bientôt plus qu'une enveloppe sans visage dévorée par les flammes.

Il porta Jin Li à l'extérieur, et, tandis qu'elle haletait bruyamment, il se fit la réflexion que lui, un pompier, venait d'immoler un être humain, même s'il n'avait jamais voulu ça. Il sentit le sang qui coulait sur son front. Mais à part quelques vertiges, il allait bien. C'était vraiment bizarre qu'il ait trébuché et que Victor soit passé par-dessus lui. Tu ne peux pas être plus chanceux que ça, pensa-t-il… aussi chanceux, peut-être, mais pas plus.

46

Tout plaisir a une fin. Trente étages au-dessus de Central Park, un homme pesant 1,2 milliard de dollars pisse dans sa baignoire. Son ablation de la prostate est prévue pour le lendemain matin. C'est une intervention sanglante assortie d'une longue convalescence. Je peux vous donner dix ans de plus, lui a dit le chirurgien, et il n'en demande pas davantage. Mais il ne sera pas de retour avant des semaines, et il suppose, il sait, qu'il ne sera jamais plus le même. Il sera fatigué, pusillanime, diminué. *Plus vieux*. C'est vraiment une bonne chose que le dossier Good Pharma soit clos, résolu. Le cours de l'action a retrouvé son niveau antérieur normal, ses blocs d'actions ont été vendus, et les quatre-vingt-neuf millions dégagés placés chez Martz New Century Partners Fund, où ils resteront bien à l'abri. Bien sûr, cela avait été quelque peu déplaisant d'impliquer le spéculateur chinois, mais Martz va bientôt se faire opérer et n'a pas franchement envie de se rappeler les détails. Quant à Tom Reilly, il s'en est sorti finalement, et c'est ce genre de capitaine qu'on veut avoir aux commandes. Quelqu'un qui sait retomber sur ses pieds ! L'animal a les faveurs de Wall Street. Et son avenir se présente sous les meilleurs auspices. Il divorcerait, paraît-il. Mais un type comme lui n'aura aucun mal à se remarier.

Dans la cuisine, sa femme brouille des œufs, les saupoudre de piment séché, et prend conscience, comme pour la première fois, qu'elle n'aura jamais d'enfant si elle reste mariée à cet homme. J'ai été très bête, se dit-elle, riche mais bête.

Une vague de chagrin la submerge.

L'instant d'après elle pense à la façon dont elle pourrait redécorer la salle de yoga de leur villa de Palm Beach.

À Shanghai un homme informe ses coïnvestisseurs qu'il est rentré plus tard que prévu de son séjour à New York à cause de rendez-vous d'affaires importants. Ils hochent poliment la tête ; ils savent qu'il boit trop et qu'il a un faible pour les prostituées de luxe. Et, après tout, ce qui se passe en Amérique reste en Amérique. Ils sont plus intéressés par la nouvelle directrice de CorpServe, une autre Chinoise. Pour sa part, l'homme a réfléchi à son expérience new-yorkaise et suppose qu'il ne verra plus jamais sa sœur. Elle l'a appelé pour dire qu'elle était saine et sauve. Et qu'elle ne travaillerait plus pour lui. Où vas-tu habiter ? a-t-il demandé à sa petite sœur. Et elle de répondre : « Ne t'en fais pas pour moi, oublie-moi. » Les Américains sont plus agressifs que je ne l'avais cru, se dit-il. Il semble certain que la Chine et les États-Unis, qui déclinent de jour en jour, seront un jour en guerre, et comme nombre de ses coïnvestisseurs, il attend avec impatience cet événement historique.

Dans son cabinet d'avocats du centre-ville, une femme d'une quarantaine d'années se remémore son cinq-à-sept avec l'homme qui possédait un vieux pick-up rouge. Elle a trop souvent pensé à lui, et se demande encore ce qui lui est arrivé après que les hommes dans la limousine blanche l'ont emmené. Elle reporte son attention sur *New York*, dans lequel un article traite de la vie sexuelle des femmes en fauteuil roulant. Elle lit une page puis repousse brusquement la revue. Basta, se dit-elle. Ce soir elle se fera un bar ou deux.

Dans le village mexicain de San Jacinto, à huit cents kilomètres au sud de la frontière du Texas, une femme d'une cinquantaine d'années, vêtue de noir, marche d'un pas traînant sur le dallage froid de l'église et allume un cierge à la mémoire de sa fille chérie. Qui repose désormais en paix dans le cimetière de l'église, le coût de rapatriement du cercueil ayant été pris en charge par un Mexicain de New York appelé Montoya. L'autre fille a elle aussi été inhumée dans son village. La femme se dit qu'elle doit penser à acheter de la farine de maïs. Et aussi des chaussures pour sa fille cadette. Celle-ci a décidé qu'elle irait Al Norte. Malgré ce qui s'est passé. L'Amérique est riche, *mami*, dit-elle. Et on ne peut rien objecter à cela.

À Brooklyn, la propriétaire obèse d'un bureau d'encaissement de chèques soupire ; elle n'a pas encore trouvé le courage de réclamer le corps de Victor. On lui a dit qu'il n'en restait pas grand-chose. Je suis la seule qui le fera, s'avise-t-elle. Elle a pensé aux deux Mexicaines et à leurs familles et a fait le nécessaire pour vendre Victorious Vidange, à un prix des plus raisonnables : terrain, bâti, camions, fichier de la clientèle – à un jeune homme entreprenant originaire de New Delhi, et, une fois qu'elle aura reçu le chèque, elle enverra tout l'argent aux familles des filles, jusqu'au dernier dollar taché de sang. Ce geste ne ressuscitera personne, mais elle a le sentiment que c'est le moins qu'elle puisse faire. Une restitution karmique, comme elle l'appelle ; et si ce n'est pas pour Vic qu'elle le fait, alors c'est peut-être pour elle-même, car elle l'aimait. Un tueur paranoïaque, effroyable, insensible. Mais elle l'aimait, oui, elle l'aimait. Il reste un fond de Drambuie dans la bouteille qu'il lui avait apportée il n'y a pas si longtemps. Elle tend la main pour s'en saisir, et la vide. Le liquide épais et sucré se répand en elle, la réchauffe, et elle décide d'appeler un autre homme, un Nigérian à la voix profonde à qui elle a fini par accorder sa préférence.

À quarante blocs de là, un jeune homme avec une vieille cicatrice sur le ventre tient une Chinoise dans ses bras. Elle a le menton appuyé contre son front. Il se fera bientôt enlever ses points de suture à la tempe. Plus tôt dans la soirée, elle a pris un bain après l'amour, s'est enroulée avec délectation dans son peignoir chaud, et ils ont passé la nuit à parler et à profiter l'un de l'autre. Elle a dû l'embrasser plusieurs centaines de fois, partout, c'était plus fort qu'elle. Elle dort à présent et rêve de son grand-père et des pommes qu'il lui avait données. L'homme écoute sa respiration et se demande si les gens dans ses rêves parlent anglais ou chinois. Il lui posera la question à son réveil.

Au rez-de-chaussée, l'inspecteur retraité de la police de New York a dit à l'infirmière ce qu'elle devait faire. Il le lui a déjà répété de nombreuses fois, implorant, suppliant, ordonnant, mais, songe-t-elle, ils disent tous la même chose. C'est elle qui sait quand il est trop tôt ou quand le temps est venu. Et à présent cet homme a suffisamment souffert. Mais c'est une bonne chose qu'il ait vécu aussi longtemps. Certains événements heureux n'auraient pu avoir lieu autrement. Même si son ami, l'autre inspecteur, a été tué. Le cancer a envahi son œil et son palais. Et a très probablement migré dans son cerveau. En tant qu'être humain, il ne lui reste plus beaucoup de temps à vivre, mais il pourrait agoniser comme un animal pendant des jours et des jours. Elle charge la pompe à Dilaudid, tape le code, et, pressant doucement le bouton toutes les minutes, elle l'endort. Ses derniers mouvements traduisent les ratés du système nerveux, qui font qu'il agite les bras de façon saccadée comme s'il dirigeait une grande symphonie. Ses yeux sont fermés, sa bouche ouverte, sa tête blanche enfoncée dans l'oreiller. Mais ses bras décharnés s'agitent furieusement, avec passion. Ce spectacle sinistre pourrait la mettre mal à l'aise, mais elle y a déjà assisté et y trouve une certaine beauté, l'ultime manifestation de la force vitale. Elle appuie à nouveau sur le bouton, et encore une fois, et bientôt ses bras retombent doucement sur la couverture, et si l'homme a une dernière pensée, elle est pour son fils. L'infirmière l'embrasse tendrement sur le front, comme elle le fait avec tous. Elle veut croire qu'ils sentent cette dernière bénédiction. Ensuite elle retire toutes ses perfusions et l'arrange dans le lit. Elle lira sa bible jusqu'à ce que son fils descende.

Un typhon de quatre cent quatre-vingts kilomètres de diamètre tournoie au large de l'Indonésie, prêt à submerger une centaine de villages. Des humanitaires vont arriver du monde entier aussi vite que possible. Ils découvriront que l'on a besoin d'eux. Ils trouveront la vie et ils trouveront la mort.

Un pompier de New York tient une Chinoise dans ses bras.

Le monde est vieux, le monde est jeune.

REMERCIEMENTS

Chaque histoire surgit dans des circonstances qui ne se répéteront jamais – une mystérieuse entreprise, l'écriture de romans. Mais ce qui n'est pas mystérieux, c'est que l'on reçoit de l'aide en chemin. Je tiens à témoigner ma gratitude et à remercier :

Brian DeCubellis, Susan Moldow, Kim Schefler, William Oldham, mon fidèle agent Kris Dahl, Rose Lichter-Marck, John Glusman, Karen Thompson, Jennifer Joel, Nancy et Rich Olsen-Harbich, Suketu Mehta, Don et Janet Doughty, Nan Graham, Dana et Stephanie Harrison, Bart et Renata Harrison, Matt Kaye, Jonathan Galassi, John McGhee, Katherine McCaw, Roz Lippel, Carolyn Reidy, Marion Duvert, Joyce McCray, Jeff Seroy, Abby Kagan, John Fulbrook, Lisa Drew, Frances Coady, Chuck Hogan et Robert Ferrigno, Ted Fishman, David Rogers, Guy Lawson, Don Snyder, Cailey Hall, Françoise Triffaux, et Richard Schoch. Tous m'ont aidé, chacun et chacune à sa manière.

Mon éditeur, l'incomparable Sarah Crichton, qui, outre ses conseils et ses encouragements, a considérablement amélioré ce livre. Elle possède à la fois un œil infaillible et un esprit intrépide. Merci, Sarah.

Ma femme, Kathryn, et nos enfants, Sarah, Walker et Julia. *All of me for all of you.*

Havana Room

n° 3921 - 9,60 euros

À New York, les fortunes se perdent aussi vite qu'elles se gagnent et Bill Wyeth va en faire la cruelle expérience. Au terme d'une vertigineuse descente aux enfers, lui, l'avocat prestigieux, l'époux adoré, n'est bientôt plus qu'un client désœuvré, ruminant chaque soir son malheur à la table dix-sept du même restaurant. Sous son apparence feutrée, l'endroit abrite un salon très privé, le Havana Room. Intrigué, Bill n'a bientôt plus qu'une obsession : y pénétrer. Lui qui pensait que désormais plus rien ne pouvait lui arriver avait bien tort...

« Colin Harrison brode un roman d'amour et de haine pour New York, ses nuits sombres et ses déchets humains, ses tueurs et ses passants en quête de rédemption. »
Christine Ferniot - *Télérama*

MIXTE
Papier issu de
sources responsables
FSC® C003309
FSC
www.fsc.org

10/18, une marque d'Univers Poche,
est un éditeur qui s'engage pour
la préservation de son environnement
et qui utilise du papier fabriqué à partir
de bois provenant de forêts gérées
de manière responsable.

Impression réalisée par

CPI
BRODARD & TAUPIN

La Flèche (Sarthe), 72456
Dépôt légal : juin 2010
Nouveau tirage : mars 2013

Imprimé en France